普通高等教育『十三五』规划教材

应用型本科院校财会专业教改系列

商业银行财务管理

（第二版）

编著　张高丽

立信会计出版社

图书在版编目(CIP)数据

商业银行财务管理 / 张高丽编著. —2 版. —上海：
立信会计出版社，2020.10
ISBN 978 - 7 - 5429 - 6592 - 9

Ⅰ. ①商… Ⅱ. ①张… Ⅲ. ①商业银行—财务管理
Ⅳ. ①F830.33

中国版本图书馆 CIP 数据核字(2020)第 179297 号

策划编辑　　蔡伟莉
责任编辑　　余　榕
封面设计　　南房间

商业银行财务管理(第二版)

Shangye Yinhang Caiwu Guanli

出版发行	立信会计出版社		
地　　址	上海市中山西路 2230 号	邮政编码	200235
电　　话	(021)64411389	传　　真	(021)64411325
网　　址	www.lixinaph.com	电子邮箱	lixinaph2019@126.com
网上书店	http://lixin.jd.com		http://lxkjcbs.tmall.com
经　　销	各地新华书店		

印　　刷	浙江临安曙光印务有限公司	
开　　本	787 毫米×1092 毫米	1/16
印　　张	20.25	
字　　数	520 千字	
版　　次	2020 年 10 月第 2 版	
印　　次	2020 年 10 月第 1 次	
印　　数	1—2 100	
书　　号	ISBN 978 - 7 - 5429 - 6592 - 9/F	
定　　价	55.00 元	

如有印订差错，请与本社联系调换

总 序

自 20 世纪末期开始,我国高等教育步入大众化教育发展阶段。当前,我国已建成了世界上最大规模的高等教育体系。随着经济发展进入新常态,经济结构深刻调整、产业升级步伐加快、社会文化建设不断进步,党中央、国务院适时作出了引导本科院校向应用型高校转变,推动高等院校转型发展的重大战略部署,以便为生产服务一线培养出大量的、急需的高层次应用型人才。

广东金融学院创建于 1950 年,是一所省属公办普通本科院校。近年来,学校以"建成国内知名的应用型金融品牌大学"为发展目标,坚持"面向金融、面向地方、面向需求"的办学思路,秉承"金融为根、育人为本、应用为先、创新为范"的办学理念,不断提高办学质量,在人才培养、科学研究、社会服务等方面履行大学职能和社会责任,赢得了良好的社会声誉。

广东金融学院会计系创立于 1993 年。伴随着我国会计市场化、国际化改革进程,以及我国会计规则体系的不断完善,会计系获得了"跨越式、可持续"的高速发展。20 余年来,会计系始终立足于"培养高层次应用型会计人才",在会计学科建设、专业建设、人才培养模式、师资队伍建设、课程建设等方面进行了积极探索,取得了可喜的成就。

教材是体现教学内容和教学方法的知识载体,是组织教学的基本工具,也是深入教学改革、提高教学质量的重要保证。教材建设是专业建设、课程建设的基本要素,也是教师教学、科研水平及其成果的重要反映。我们推出的"应用型本科院校财会专业教改系列"教材,是会计系近年来教材建设成果及应用型人才培养教改成果的集中体现。

"应用型本科院校财会专业教改系列"教材建设的指导思想及目标定位是:

(1) 坚持和服务于应用型本科会计人才的培养定位。应用型本科会计人才,是能够将会计学专业知识和技能应用于会计工作实践的高级专门人才。应用型本科院校教材建设,始终要坚持以社会人才需求为导向,坚持以本科层次的学科教育为依托,以应用型专业教育为基础,服务于高层次应用型会计人才的培养目标。

(2) 坚持"突出基础、突出应用、突出技能、突出特色"来构造教材体系和教材内容。在理论知识上,以保证系统性为前提,突出基础知识,以"应知应会"为度;在体例结构上,强化业务举例、知识链接、习题练习、实训案例等应用技能要素。以期打造出"在基础理论上弱于研究型本科、在知识体系上强于高职高专",符合应用型本科层次会计人才培养定位的专业教材。

(3) 坚持"系统性",兼顾"可行性"和"开放性"。坚持"系统性",我们全面推出了财会专业的系列核心课教材、选修课教材及部分实验课教材；坚持"可行性"，此次组织编写的教材均具备一定的历史积累，主编均具有本门学科的编写经验或具有本门课程长期的执教经历；坚持"开放性"，对暂时不成熟的课程，将进行持续积累建设，陆续推出。

（4）坚持、发挥金融行业特色和优势。我校有几十年金融行业办学的历史积累和优势，在金融企业会计教学和课程建设中，已形成自己的特色和优势。在本系列教材中，我们组织推出了《银行会计》《非银行金融企业会计》《银行财务管理》三部金融行业特色专业教材。

本系列教材的推出，首先得益于我们拥有的一支"双师型、双强型"专业师资团队，我校会计系现有 19 名教授、20 名副教授、22 名博士，教授和博士的全面参与，构成了系列教材建设的中坚力量；其次也得益于会计系在"十一五""十二五"期间积累和取得的一系列教学成果，过去的 10 年间，会计系会计学专业、财务管理专业取得省级质量工程立项建设，会计学基础、会计信息系统、银行会计获得省精品课程立项建设；会计系在国家级教学实验中心建设、国家级教学实习基地建设、人才培养模式创新、校企协同培养班等方面取得的教学成果，均为推出本系列教材提供了基本的支撑和保证。

本系列教材的推出，凝结着全体参编人员的辛勤付出和智慧，也得到立信会计出版社同仁的大力协作和支持。同时我们深知，随着财会体制变革的不断深化，加之编写人员的水平所限，教材的不足和错误之处在所难免，恳请读者不吝赐教，多提宝贵意见，以便我们继续修订完善，不断提升本系列教材建设的质量和水平。

第二版前言

　　商业银行经营的本质是对风险的承担和管理。商业财务管理是组织银行财务活动、处理银行财务关系的一项经济管理工作,商业银行的经营本质决定了商业银行财务管理的核心是风险管理。由于商业银行对于经济发展的重要性及自身经营的特殊性,银行业是受到政府最为严厉监管的行业之一,商业银行的财务管理活动要在监管框架下开展。近年来,随着人们对于商业银行经营本质认识的深化以及信息技术的迅猛发展,国际银行业监管组织巴塞尔委员会以加强银行风险管理为核心更新和出台了一系列以银行资本充足性和流动性管理为主要内容的监管协议,监管的内容和要求日益精细化、复杂化。我国银行业作为巴塞尔协议积极的实践者,根据监管要求不断更新经营理念,完善风险管理体系,提高经营管理水平和风险控制水平,商业银行财务管理的内容和方法都发生了很大的变化。本书在第一版的基础上做了大量的修改:①对原有章节进行了调整,原第十二章的内容整合到第二章。②各章的内容均进行了大幅删减和更新,增加了"本章小结",以更好地满足教学需要。③按照新的监管要求编写流动性风险管理和利率风险管理的内容。④按照新的财务准则要求,对第二章内容进行规范。⑤进行了数据更新,所有数据尽可能到2019年年末。⑥补充和修改案例和习题。

　　本书在编写中参阅了大量文献和资料,在此对所有文献和资料的作者表示诚挚的谢意。因本人水平有限,书中难免存在不足之处,恳请读者批评指正。

　　另外,本书配有两套模拟试卷,读者可扫描本页下方二维码获取。

张高丽

2020 年 10 月

模拟试卷一

模拟试卷二

模拟试卷一
参考答案

模拟试卷二
参考答案

前　言

　　商业银行财务管理是在一定宏、微观环境下的一种管理活动,商业银行所处的经济、法律、金融环境以及商业银行内部管理体制和组织结构,对商业银行的财务管理活动必然产生影响和制约。在不同的宏、微观环境下,商业银行财务管理活动的内容也必然有差异。国外商业银行财务管理方面的先进经验值得借鉴,但我国商业银行的财务环境与国外商业银行有显著差异,立足于本国国情,熟悉我国商业银行开展财务管理活动的经济、法律环境和金融市场条件,熟悉我国商业银行财务运作的会计准则和税务要求,指导我国商业银行财务管理走向科学化,显得更为重要。本人长期从事"商业银行财务管理"课程教学,有一些心得体会。

　　本书编写的基本原则如下:

　　(1) 避免知识重复。本书的学习要求学员具备银行会计、财务管理等方面的知识,本书在内容安排上尽力避免与上述基础课程相重复的内容。

　　(2) 知识点求精。银行财务管理日益走向精细化、科学化,本人在编写教材中,避免条条款款的泛泛而谈,对每一项业务或概念,力求给出较全面的内容。

　　(3) 与实践相结合。我国银行业发展实践为教材提供了丰富的素材。本书力争对我国银行业实践活动进行介绍。避免脱离中国实践,片面介绍西方银行的做法。

　　(4) 内容最新。随着银行业实践的深入,银行业法规和相关会计准则不断修订完善。本书力求采用最新的法规和会计准则解释和规范业务的处理。

　　本书在编写中参阅了大量文献也有很多自己的思考,力争体现上述基本原则。但因本人水平有限,结果并非如愿,有欠缺和错误疏漏之处,恳请读者批评指正。

张高丽

目　录

第一章
总　　论

【学习目标】

　　通过本章的学习,学生应掌握商业银行的定义、业务内容、功能、经营特征和面临的风险,了解当前银行业发展概况,理解和掌握商业银行财务管理的内容、目标和方法。

【重点难点】

　　本章的重点是商业银行的定义、业务内容、功能、经营特征和面临的风险,商业银行财务管理的内容、目标和方法;难点是商业银行的经营特征和面临的风险。

【知识结构图】

```
            ┌ 商业银行概述 ┌ 商业银行的定义和业务内容
            │              ├ 商业银行的功能
            │              ├ 商业银行的经营特征
            │              ├ 商业银行面临的风险
            │              ├ 银行业监管
            │              └ 银行业危机
            │
 总论 ──────┤ 当前银行业发展概况 ┌ 银行业是世界三大产业之一
            │                    ├ 银行业全球格局
            │                    └ 我国银行业发展现状
            │
            └ 商业银行财务管理概述 ┌ 商业银行财务活动和财务关系
                                   └ 商业银行财务管理的目标
```

　　商业银行是经济体系中最大、最重要的金融中介机构。它的重要性不仅在于它是社会资金融通的中介及社会资金流动性的提供者和创造者,更在于它愿意承担风险。商业银行因为承担风险而生存和发展,商业银行的核心能力是风险管理能力。

第一节 | 商业银行概述

一、商业银行的定义和业务内容

商业银行是以吸收存款、发放贷款和办理结算为主要业务的金融机构。商业银行的全部业务分为资产业务、负债业务和表外业务。其主要的资产业务和负债业务是存贷业务,存贷利差是银行主要的收入。表外业务是指商业银行所从事的,按照现行的会计准则不计入资产负债表内,不形成商业银行现实的资产和负债,但能改变其损益的业务。表外业务又分为担保承诺类、代理投融资服务类和中介服务类。

二、商业银行的功能

在社会资金配置过程中,商业银行的作用和重要性远大于直接金融。由于交易成本的存在和市场信息的非对称性,直接金融市场远非有效市场,而商业银行可以大幅度降低交易成本,减少信息不对称造成的逆向选择和道德风险,从而提高资金配置效率。不仅如此,商业银行还承接风险并有效管理,从而为资金的供方提供稳定的收益,为投资者创造价值,增进社会福利。归结起来,商业银行在现代经济活动中所发挥的主要功能有:信用中介、风险管理、支付结算、信用创造和金融服务五个方面(见表1-1)。

表1-1	**商业银行的功能**

功能	内容
信用中介	商业银行吸收各类存款和非存款形式的资金,再以贷款和投资的方式把资金投向经济各部门,充当资金贷者与借者的中介
风险管理	商业银行有效管理信用风险、流动性风险和利率风险等风险
支付结算	商业银行利用活期存款账户,为客户办理各种结算、收付、兑换和转账等业务活动,成为客户资金的保管者、出纳和支付代理人
信用创造	商业银行通过发放贷款和投资等多倍地创造出派生存款,增加银行的资金来源,扩大社会货币供应量
金融服务	商业银行利用其在提供信用中介和支付中介业务的过程中所获取的大量信息,运用电子信息技术等先进手段,为客户提供财务咨询、代理融通、信托、租赁、理财、现金管理及金融衍生品交易等服务

(一)信用中介

信用中介是商业银行最基本、最能反映其经营活动特征的功能。商业银行先凭借信用以存款等方式从社会吸收资金,向资金提供者承诺到期或按期无条件偿还本金、支付利息;然后再按约定的条件将资金贷放给借款人或进行投资,以获得存贷利差为主的收益。商业银行将存款(由存款者持有的资产)转换成为贷款和投资(由银行持有的资产)的过程被称为资产转换。在这个转换的过程中,商业银行承接了资金融通中的信用风险、流动性风险和利率风险。商业银行必须随时满足存款人提现转账的需要并按期支付本息。若借款人违约或投资失败,商业银行只能以自有资本承担损失,并不能因此而拒付存款人的本金和利息。商业银行也必须自行承担因市场利率变化带来的收益和经济价值变化的风险。

(二) 风险管理

商业银行拥有专门的人才和较完善的技术手段,掌握较充分的信息,具有较高的风险识别和控制风险的能力。吸收了各类资金后,商业银行能够选择合适的借款客户以及对客户的资金使用进行监督,以减少信息不对称带来的逆向选择和道德风险问题,并通过资产负债配置组合控制流动性风险和利率风险等。商业银行还可以向客户提供风险管理服务,来对冲客户的风险,从根本上减少银行的风险敞口。

(三) 支付结算

借助现代化高效低成本的银行支付结算体系,商业银行提供便利一切经济活动的清算、结算体系,加速社会资金的周转速度,节约结算的时间和费用,提高经济运行效率。我国的支付结算体系是以人民银行现代化支付系统为核心,银行业金融机构行内支付系统为基础,网上支付跨行清算系统、银行卡支付系统、境内外币支付系统等为重要组成部分的支付清算网络体系,它在我国经济发展中起着至关重要的作用。2009 年,我国支付系统处理的业务金额为 1 207.58 万亿元;是同期 GDP 的 36 倍;2013 年处理的业务金额为是 3 388.85 万亿元,是同期 GDP 的 53.24 倍;2019 年处理的业务金额为 6 902.22 万亿元,是同期 GDP 的69.65 倍。

(四) 信用创造

商业银行的信用创造功能是在信用中介功能和支付结算功能的基础上产生的。借助于支票流通和转账结算制度,当商业银行发放贷款时,客户的活期存款会增加;转账结算制度下,客户间的债权债务依靠账户结转的方式了结,贷款使用后又形成银行体系的存款,成为商业银行新的贷款资金来源。这样,经过多次的贷款、转账、存款的循环之后,商业银行创造出数倍于原始存款的派生存款,即商业银行创造了货币供给的主要部分。信用创造是商业银行的特殊功能,正因为如此,商业银行在决定社会货币供应量和增长速度方面起着重要的作用,被认为是中央银行货币政策影响金融行业和整个经济的主要传导体。

(五) 金融服务

推动金融服务创新发展的重要力量是信息技术的迅猛发展。信息技术的运用将电子货币、电子银行和电子商务推向了前沿,极大地降低了金融交易过程的成本,使得银行能够在为公众创建新型金融产品和服务的过程中获得收益,银行业的产品及其分销体系得以迅速地改变。特别是大型商业银行,积极倡导"一站式"金融服务,为企业和社会公众提供各种信息处理和金融交易服务。商业银行的金融服务功能将银行业务与整个社会经济活动融为一体,使银行在经济中发挥更大的作用。

三、商业银行的经营特征

商业银行是经营资金的特殊企业,与一般的企业相比,具有独特的经营特征。

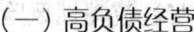

（一）高负债经营

商业银行的信用中介功能决定了其典型的高负债经营。首先,商业银行是从事资金融通业务的中介,只需要少量的资本就可以开展经营活动;其次,商业银行的收益来自贷款者使用借款开展经营而形成的利润的一部分再扣除支付给存款者的利息,资金收益水平不高,如果自有资本过多,会影响股东回报率;最后,政府对银行的担保(存款保险制度、大而不倒和最后贷款人等)起到了隐性资本的作用,提高了市场对银行高资产负债率的认可度。因此,商业银行普遍是高负债经营。但商业银行不能过分追求高负债经营:一方面,充足的资本可用来吸纳损失、防范银行破产倒闭;另一方面,商业银行资产负债率过高被认为可能会使道德风险的问题更加严重,即商业银行过分从事高风险活动,会加大商业银行破产以及使债权人遭受更大损失的可能性,从而商业银行会面临来自市场和监管更大的压力。

（二）高度社会性

商业银行通过存贷业务和中间业务与社会各方发生紧密的联系,为全社会提供支付交易服务和流动性,并传导货币政策。银行业的稳定与效率直接影响经济的运作与发展,甚至社会的安定。因此,政府对银行业实行最为严厉的监管以确保其稳健运行,并提供某些形式的担保或安全网,如存款保险制度、大而不倒和最后贷款人等。

（三）资产负债高度流动性

商业银行是全社会资金积聚和分配的重要中介,在创造社会资金的流动性方面起关键作用。各类存贷业务、资金业务期限长短不一、稳定性不同,使得资金频繁进出成为商业银行的经营常态。

（四）风险多样性

商业银行作为信用中介,必然会面临信用风险、利率风险和流动性风险。若商业银行跨国经营,还会面临汇率风险和国别风险。此外,商业银行还有可能因为自身的原因产生操作性风险和声誉风险等。

（五）管理的复杂性

商业银行业务种类多、分支机构多、员工数量多,在业务流程设计、成本控制、风险防范和促进业务发展等方面的运营管理较一般的企业更加复杂。尤其现代商业银行在风险管理方面治理结构的分权与制衡、风险管理的政策和程序、风险的测量和评估、防范欺诈和未授权行为的内控体系等日益精细化和复杂化。

（六）规模经济效应显著

商业银行具有管理不确定性和控制风险的专业技术。随着交易规模的扩张,单位交易成本(如分摊在每项交易上的计算机技术成本、专业人员的人力成本、法律成本、运营管理成本等)随之降低。在资金来源和配置方面,商业银行规模越大,越易低成本地进入货币市场和资本市场,越易实现资金运用的多元化,从而更好地分散风险。此外,商业银行规模越大,越有能力提供多元化的金融服务以开拓更多的收入来源。

四、商业银行面临的风险

资金贷者与借者之所以需要商业银行为中介,是因为商业银行愿意承担风险并有效管理风险。承接风险是银行存在的原因,有效管理和控制风险是银行生存和发展的根本。因此,商业银行经营的本质就是对风险的承担与管理,商业银行对风险的管理水平体现了其核心竞争能力。商业银行面临的风险主要有信用风险、流动性风险、市场风险、操作风险、声誉风险和国别风险(见表1-2)。

表1-2	商业银行面临的风险
风险类别	含义
信用风险	是指因借款人或交易对手未按照约定履行义务或责任从而使银行遭受损失的风险
流动性风险	是指银行无法以合理成本及时获得充足资金,用于偿付到期债务、履行其他支付义务和满足正常业务开展的其他资金需求的风险
市场风险	是指因市场价格(如利率、汇率、股票价格和商品价格)的不利变动而使银行表内和表外业务发生损失的风险。它包括利率风险和汇率风险
操作风险	是指由不完善或有问题的内部程序、员工和信息科技系统,以及外部事件所造成损失的可能性的风险。它包括法律风险,但不包括策略风险和声誉风险
声誉风险	是指由商业银行经营、管理及其他行为或外部事件导致利益相关方对商业银行负面评价的风险
国别风险	是指由于某一国家或地区经济、政治、社会变化及事件,导致该国家或地区借款人或债务人没有能力或者拒绝偿付银行债务,或使银行在该国家或地区的商业存在遭受损失或使银行遭受其他损失的风险

(一)信用风险

信用风险是商业银行面临的最大的风险,它最有可能对银行的资产造成严重的损失,甚至导致银行的破产倒闭。商业银行的贷款、资金业务(如存放同业、拆放同业、买入返售等)、金融投资业务(如企业债和金融债券投资等)、表外信用业务(如担保、承诺等)都有可能产生信用风险,这些业务涵盖了商业银行大部分的资产业务。信用风险产生的重要原因是信息不对称所产生的逆向选择和道德风险问题。

(二)流动性风险

商业银行吸收的各类资金大部分以贷款和投资的方式被运用出去,而商业银行必须随时满足客户提现的需求并偿付到期债务,因此银行一直会承受流动性的压力。由于商业银行资产负债期限错配,如果一定时间银行无法以合理成本及时获得充足资金满足客户提现和偿付到期债务的需求,则会发生流动性风险。引起银行流动性风险的事件或因素包括:批发或零售存款大量流失、批发或零售融资成本上升、债务人延期支付、资产负债结构不匹配、资产变现困难、经营损失、融资能力下降、衍生品交易风险和附属机构相关风险、社会公众对银行失去信心等。若商业银行发生严重的流动性风险,通常是因为产生了重大的信用风险事件。

(三)市场风险

市场风险包括利率风险和汇率风险。其中,利率风险是指利率水平、期限结构等要素发生不利变动导致银行账户整体收益和经济价值受损失的风险,它包括缺口风险、基准风险和期权性风险,其产生主要与商业银行资产负债期限结构和利率结构有关;汇率风险是指外汇资产与外汇负债之间币种结构不平衡产生的外汇敞口因汇率的不利变动而蒙受损失的风险。

(四)操作风险

商业银行在经营活动中开展的各种不同类型的业务操作遍布内部各业务环节、产品线和不同的管理层面,操作风险可能产生于经营的任何一个环节。银行可能面临的操作风险损失类别主要包括七大类:内部欺诈事件,外部欺诈事件,就业制度和工作场所安全事件,客户、产品和业务活动事件,实物资产的损坏,信息科技系统事件,执行、交割和流程管理事件。其中,外部欺诈事件,执行、交割和流程管理事件是操作风险损失的主要来源。操作风险损失的形态包括法律成本、监管罚没、资产损失、对外赔偿、追索失败、账面减值等。

(五)声誉风险

金融服务业竞争的三大要素是价格(存贷利率和金融服务收费)、便利程度(分支机构数量、资金划拨能力、提供产品和服务种类、产品和服务质量)和公信力(社会公众对银行的信心)。声誉风险的发生会对银行形象、声誉、品牌价值造成负面影响或损害。声誉风险可能产生于银行经营管理的任何环节,通常与信用风险、市场风险、操作风险和流动性风险等交叉存在、相互作用。

(六)国别风险

国别风险可能由一国或地区经济状况恶化、政治和社会动荡、资产被国有化或被征用、政府拒付对外债务、外汇管制或货币贬值等情况引发。按照表现形式的差异,国别风险主要划分为转移风险、主权风险、传染风险、货币风险、宏观经济风险、政治风险、间接国别风险七大类。

在现实中,商业银行各类风险相互依赖。例如,当利率上升时,客户会发现继续按期偿还债务更为困难,当利率上升到一定的幅度之后,信用风险和利率风险之间就会呈现正相关关系。商业银行可能还希望用还款的资金来满足流动性管理的需要,利率风险和信用风险又与流动性风险相关。客户不能按期还款,会影响到金融机构的收入和利润,最终会对其权益或资本状况产生影响。政策法规的变更、通货膨胀和失业率上升等宏观经济风险也直接或间接影响商业银行的利率风险、信用风险和流动性风险。风险之间的相互作用表明:商业银行管理层要对复杂的利弊关系进行权衡,当采取措施对某种风险进行管理时,还必须考虑对其他风险的影响。

五、银行业监管

商业银行必须接受政府监管机构强有力的监管。一是商业银行向经济领域各部门提供重要的金融服务,商业银行的稳定与效率关系到经济发展和社会安定,商业银行经营失败会给整个经济和社会造成损失;二是商业银行高负债经营,存在过度冒险的动机;三是商业银行资本金有限,自身抗风险能力不强,商业银行陷入困境时往往会得到政府的救助,因此商业银行理应接受政府机构的监管。有效的监管可以防止商业银行过度冒险以降低道德风险,同时也有助于进一步降低逆向选择带来的不良影响,因为商业银行从事高风险活动的机会越小,商业银行业对偏好风险的企业家的吸引力也就越低。然而,也可能出现的这样一种情况,由于监管约束过于繁杂,金融体系的运行效率因此受到损害。

政府监管机构对商业银行的监管主要包括六个方面:①安全性和稳健性监管。②信贷分配监管。③市场准入和经营许可监管。④风险管理评估。⑤信息披露要求。⑥对于竞争的限制(见表1-3)。

表1-3 政府监管机构对商业银行的监管

监管类别	内容
安全性和稳健性监管	商业银行要接受多层次的监管,以防止储户和借款者遭受因其倒闭而带来的损失
信贷分配监管	通过监管法规调节商业银行贷款投向
市场准入和经营许可监管	市场准入和业务活动方面的监管是降低金融行业中逆向选择和道德风险的重要方法
风险管理评估	强调银行风险控制管理过程的健全性
信息披露要求	监管机构要求商业银行披露一系列信息,帮助市场评估商业银行的资产质量和风险暴露程度,使商业银行接受来自市场的监管
对于竞争的限制	监管机构采取限制性措施避免银行间过度竞争

(一)安全性和稳健性监管

为了防止储户和借款者遭受商业银行倒闭的损失,监管机构设计出了多种层次的保护机制,以保证商业银行的盈利能力与其清偿能力、流动性和其他风险相适应。第一层保护是限制商业银行持有高风险资产,促进商业银行资产多样化。例如,禁止商业银行持有普通股股票,限制银行发放某类贷款,限制贷款发放的行业、地区和客户的集中度等。第二层保护是要求商业银行资本充足性达到最低水平,用资本金去约束银行风险资产的扩张规模,以此增加银行的安全性和稳定性。第三层保护是提供担保基金,如为银行设立存款保险制度,以保护小额储户的利益,并防止存款者因个别银行倒闭而对银行业失去信心,由此导致挤兑和恐慌。第四层保护是监督和检查。所有的商业银行都必须接受监管机构的监督和检查,按照有关规定定期提交报告,披露其资产和负债的情况、资本充足率、流动性状况、净利润、资本和资产利润率等,并接受监管机构定期和不定期的现场检查。

(二)信贷分配监管

监管机构通过监管法规引导商业银行贷款投向,限制或鼓励商业银行贷款流向某一行业或部门。在我国人民银行MPA(宏观审慎评估)考核中,"信贷政策执行"项目考核细分为信贷执行情况和央行资金运用情况两个指标,主要考核商业银行对于小微企业信贷、涉农信贷和新增本地存贷比、房地产贷款比,以及商业银行对带有信贷政策导向性质的央行资金(包括支农支小再贷款、再贴现等)运用达标情况。其目的是引导商业银行的资金投向符合央行当前的货币政策目标,以促进国民经济协调健康发展。

(三)市场准入和经营许可监管

商业银行在市场准入及其业务活动方面都要接受监管。银行监管机构对商业银行设立资格进行限制、对初始资本规模提出要求等,可以防止不合格的企业家进入银行业,降低银行业的逆向选择。监管法规对每一种经营方式下的业务许可证的范围进行了界定,只有具备相应的专业技术人才、管理信息系统和内控完善等条件的银行才能开展某种业务,这样可以防止商业银行过度冒险以降低道德风险。

(四) 风险管理评估

监管机构传统的对于商业银行的定期检查,主要注重评估其资产负债表在某个时点上的质量,以及核查其是否符合资本要求以及持有资产的限制性规定。金融创新的发展为商业银行提供了新的市场和工具,在这种新的金融环境中,在某一时点上财务健全的商业银行很容易由于交易亏损而迅速陷入资不抵债的境地。因此,仅仅着眼于商业银行某一时点上状况的检查可能无法有效判定其在不久的将来从事过高风险交易的可能性。金融环境的改变导致了在全世界范围内对审慎监管过程的认识发生了重大转变,监管机构更加强调评估商业银行风险控制管理过程的健全性。监管机构的监管重点向商业银行的风险管理程序转移,以保证商业银行对业务过程中所承担的风险已经设立适当的内部控制制度。在进行风险管理评估时,监管机构主要考察以下四个因素:①由董事会和高级管理层实施的监督活动的质量如何。②对于全部具有重大风险的业务活动所采取的政策和限制措施是否足够。③风险测量和监控体系的质量如何。④为预防员工从事欺诈和未授权活动的内部控制措施是否足够。

(五) 信息披露要求

信息披露的要求是一项关键性的金融监管措施。巴塞尔协议将信息披露作为监管的第三支柱以加强市场约束,体现了监管机构对信息披露的特别重视。其具体内容是强制商业银行更多地披露其信贷风险暴露水平、准备金和资本数额等方面的信息,使投资者在掌握信息的前提下进行交易。通过影响商业银行的筹资成本、资金流动等发挥市场纪律的监管作用,以限制商业银行承担过高风险,并提高金融市场资源配置效率。

(六) 对于竞争的限制

商业银行间过于激烈的竞争会导致商业银行利润的下降,从而刺激商业银行从事过高风险的经营活动,将会加大整个银行体系的风险,进而损害公众利益。因此,监管机构往往通过限制性措施降低商业银行间的竞争程度。例如,在我国,地方性商业银行的机构和业务经营范围一般局限在省内或者一定的区域内,在省外设立机构受到较大的限制。又如,我国存款和贷款利率虽相继实现了市场化,但为了避免商业银行间的过度竞争,中国人民银行依然制定存贷基准利率,同时建立了市场利率定价自律机制,由自律机制提供利率指导区间,并将商业银行的利率定价行为纳入 MPA 考核。在美国,美联储曾在 1933—1986 年实行长达 53 年的存款利率管制 Q 条例。Q 条例禁止会员银行向支票账户支付利息,同时规定定期存款利率上限,以此对银行过度的利率竞争行为进行管制,人们相信大萧条时无序的利率竞争对银行倒闭起了推进作用。1986 年 Q 条例废止,美联储不再规定定期存款利率上限,但支票存款利息依然受到严格限制,直到 2011 年被取消。

然而,银行监管并不总是有效。监管机构与商业银行不断展开猫鼠游戏,商业银行总是想方设法规避管制措施,监管机构则会竭力堵塞法规漏洞。监管机构与商业银行之间的博弈根源在于两者的目标不同,监管机构追求银行体系的安全、稳定和竞争性结构,商业银行追求自身利益的最大化。而受利益驱动的商业银行应对监管的措施来得更快更有效率,所以,在一个不断变化的金融体系中,监管机构不断面对新的挑战,需要不断地随之调整其监管行为。只有迅速对这些变化做出反应,才能有效阻止商业银行从事那些风险过高的业务活动。如果监管机构缺乏足够的资源或者专业技能,那么商业银行想方设法掩盖其行为和规避现有管制的问题就会变得更加严重。

我国银行业监管体系见图 1-1。

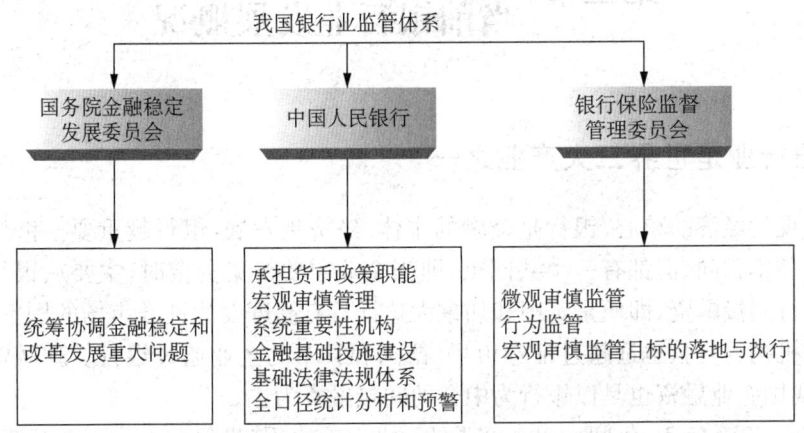

图 1-1　我国银行业监管体系

六、银行业危机

当经济体处于金融创新的阶段,如创造出新的贷款种类或其他金融产品,或者是在一个国家推进金融自由化的阶段,即削减对金融市场和金融机构的管制。从长期来看,金融自由化有利于加快金融发展的进程,激励运行良好的金融体系有效率地配置资金。但从短期看,商业银行可能会无节制放贷,信贷规模快速增长即信贷激增,商业银行的管理者可能不具备妥善管理这些新型金融业务所蕴含的风险的专业技能,或信贷激增很可能会超过这些商业银行和监管机构监控和管理信贷风险的能力,从而促成高风险信贷行为的产生。

如果大量的信贷增量资金被社会用于资产购置活动,进而推高资产价格,那么就会产生资产价格泡沫,如 20 世纪 90 年代后期美国出现的高科技股票泡沫,以及 2007 年美国房地产价格泡沫。当泡沫破裂以及资产价格向其基本经济价值回归时,会造成商业银行贷款损失的大量增加和银行资产负债表的恶化,许多商业银行处于净资产为负的破产状态。由于无法偿付存款人或其他借款者,一些商业银行无法继续经营,如果情况很严重甚至会破产。社会公众对于甚至银行系统健全性的不确定性导致挤兑和恐慌,促使众多商业银行快速变卖资产以获得所需资金,资产变现会变得更加困难或产生较大损失,使商业银行资产下降过多以至于无法继续运营,从而导致传染性的大规模商业银行破产和彻底的恐慌,最后政府采取调整货币政策、援助、接管等手段进行干预。接下来商业银行资产负债表恶化迫使其进行去杠杆化操作,收缩信贷规模,进一步抑制经济活动,又会导致经济的衰退。

每一次的银行业危机都会促进金融监管的变革。2007 年次贷危机的发生,使全球银行业监管理念发生变化。在危机前,监管机构实行的是微观审慎监管,即专注于单一金融机构的安全性与稳健性。危机发生后,监管机构认识到仅依靠微观风险管理,难以有效防范潜在的系统性风险的爆发,必须加强宏观审慎监管。所谓宏观审慎监管,就是着眼于金融系统总体的安全与稳健性,关注金融机构总体的资本充足性和流动性。自此,全世界范围内开启了微观审慎和宏观审慎相结合的金融监管新模式。

第二节 当前银行业发展概况

一、银行业是世界三大产业之一

金融是现代经济的核心,银行是金融的主体,经济越发展,银行越重要。世界各国企业融资的方式各不相同,但都有一个共同点:即当企业需要筹集资金时,主要从银行和非银行金融机构进行间接融资,即便是美国和加拿大这样具有高度发达证券市场的国家,企业来自银行等金融机构的贷款也远超过证券市场,德国和日本的企业通过银行贷款融资更是占比70%以上,我国企业融资也是以银行为中介的间接融资为主。

从 2010—2019 年 10 年间世界 500 强的行业分布来看,世界前七大行业呈现两级梯队,能源、银行、保险位居前三(见图 1-2)。

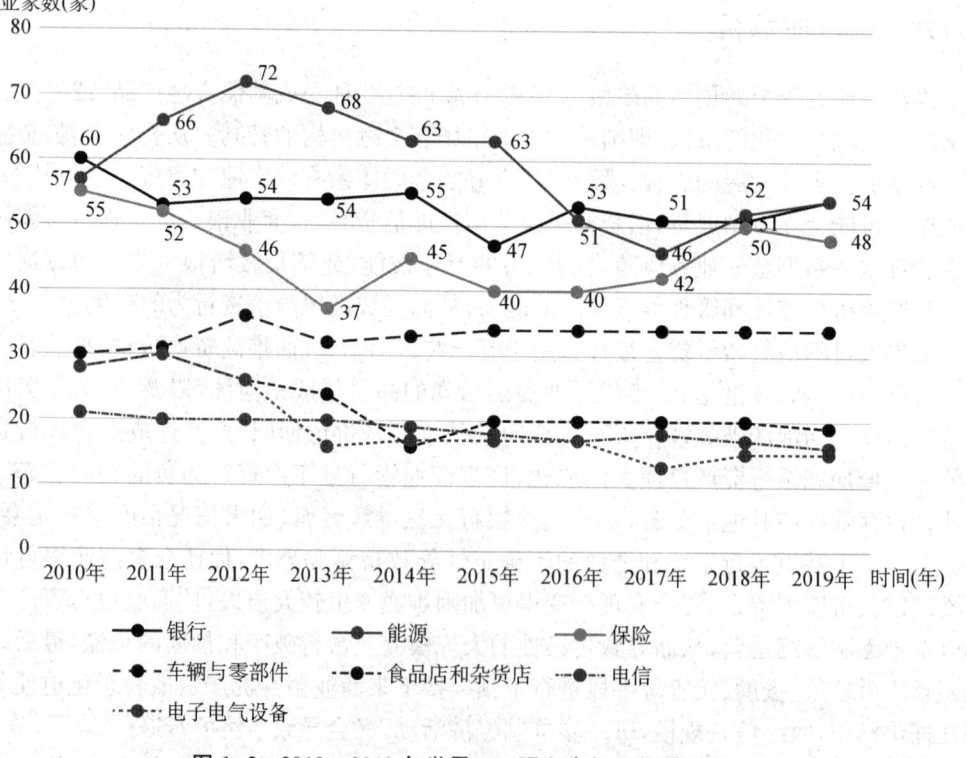

图 1-2　2010—2019 年世界 500 强七大行业数量分布

全球银行业总资产稳步上升,2018 年年末全球银行业总资产是全球 GDP 的 1.72 倍(见图 1-3)。

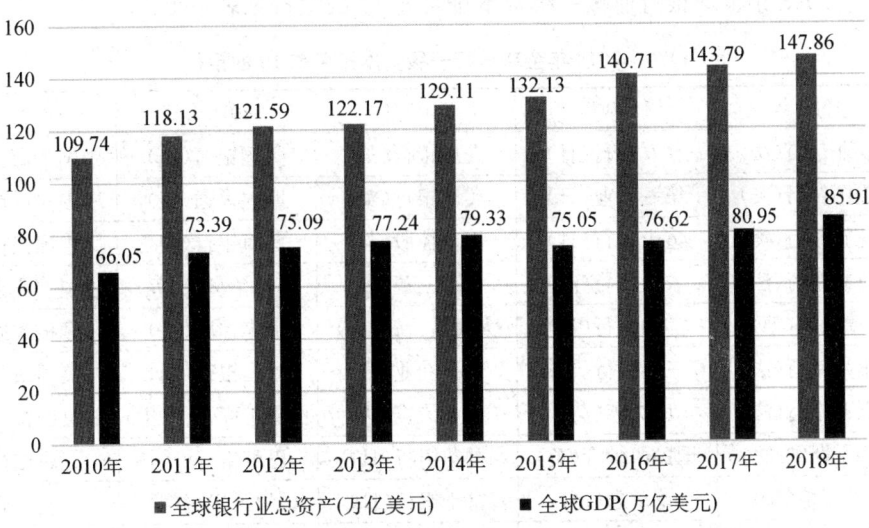

图 1-3　2010—2018 年全球银行业总资产和全球 GDP

世界大多数国家通常是 3～5 家大银行控制着整个银行业,以 2017 年年末的数据为例,美国前四大银行总资产占美国银行业总资产的 52.3%,日本前四大银行总资产占日本银行业总资产的 78.32%,英国前四大银行总资产占英国银行业总资产的 62.79%,中国前四大银行总资产占中国银行业总资产的 35.21%。

二、银行业全球格局

国际权威金融媒体英国《银行家》杂志每年对不同国家和地区银行的一级资本、总资产规模、税前利润、市值和同业竞争表现等指标进行排名,其排名结果已成为衡量全球各银行综合实力的重要标尺。

以一级资本排名,全球银行 50 强的地区分布见表 1-4。

表 1-4　　　　　　　2008 年和 2018 年一级本排名全球银行 50 强的地区分布

家数 国家或地区	2008 年	2018 年
欧洲	30	18
亚太地区	9	22
美洲	11	10
合计	50	50
其中:		
美国	7	7
中国	3	12
日本	5	4

1980—2018年全球银行业按一级资本排名前10的银行见表1-5。

表1-5 　　　　　　　1980—2018年全球银行一级资本排名前10的银行

排名	1980年	1990年	2000年	2010年	2018年
1	农业信贷(法)	住友银行(日)	花旗银行(美)	美国银行(美)	中国工商银行(中)
2	美国银行(美)	第一劝业(日)	美国银行(美)	摩根大通(美)	中国建设银行(中)
3	花旗银行(美)	富士银行(日)	汇丰控股(英)	花旗银行(美)	中国银行(中)
4	巴黎银行(法)	农业信贷(法)	东京三菱(日)	苏格兰皇家(英)	中国农业银行(中)
5	德意志(德)	三和银行(日)	大通曼哈顿(美)	汇丰控股(英)	摩根大通(美)
6	里昂银行(法)	三菱银行(日)	第一劝业(日)	富国银行(美)	美国银行(美)
7	兴业银行(法)	巴克莱(英)	农业信贷(法)	中国工商银行(中)	富国银行(美)
8	德雷斯纳(法)	国民西敏寺(英)	樱花银行(日)	巴黎银行(法)	花旗银行(美)
9	巴克莱(英)	德意志(德)	富士银行(日)	桑坦德银行(西)	三菱日联(日)
10	第一劝业(日)	工业银行(日)	中国工商银行(中)	巴克莱银行(英)	汇丰控股(英)

2012—2018年连续7年全球一级资本排名前10家的银行相同,只是位次有变化,中国工商银行连续7年居于榜首。以总资产规模排名,2016—2018年连续3年我国四大行位居世界前四甲,2013—2018年中国工商银行连续6年居于榜首。此外,从2011年起,金融稳定理事会(FSB)每年11月更新公布上一年度全球系统重要性银行名单。2018年11月,FSB公布的系统重要性银行共29家,我国有4家银行入选,分别是中国银行(2011年入选)、中国工商银行(2013年入选)、中国农业银行(2014年入选)、中国建设银行(2015年入选)。与世界上其他大银行不同的是,我国大型商业银行国际化水平低,如果剔除因历史原因形成的港澳地区的业务,无论是从资产结构还是收入结构而言,我国的大型商业银行仍然是以境内业务为主的本土银行。

三、我国银行业发展现状

我国银行业在社会融资活动中发挥重要的作用,银行贷款这种间接融资的方式在社会融资中占绝对的优势比重,见图1-4。

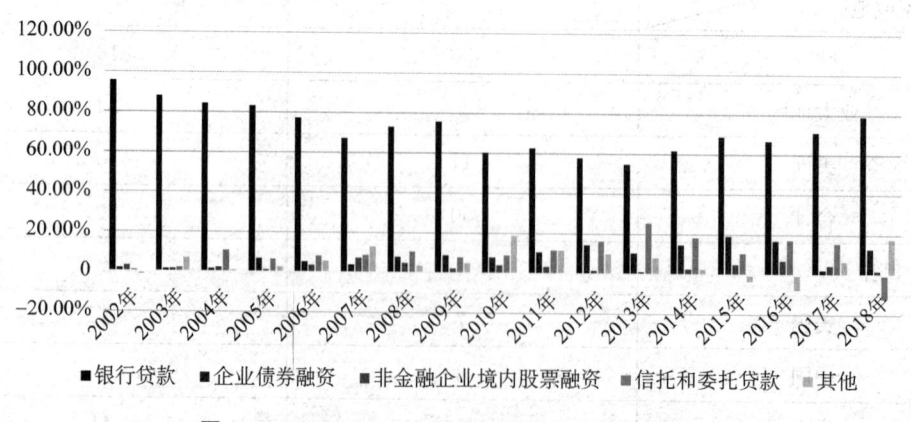

图1-4　2002—2018年社会融资各类方式新增占比

截至 2019 年 6 月底,我国共有 4 597 家银行业金融机构,其中股份制商业银行 12 家、国有大型商业银行 6 家、村镇银行 1 622 家、农村商业银行 1 423 家、农村信用社 782 家、企业集团财务公司 254 家、城市商业银行 134 家、金融租赁公司 70 家、信托公司 68 家、农村资金互助社 45 家、外资法人银行 41 家、农村合作银行 30 家、汽车金融公司 25 家、消费金融公司 24 家。

2019 年年末,我国银行业总资产达 290 万亿元人民币,占我国金融业总资产的 91%(见表 1-6)。

表 1-6　　　　　　　　　　我国各类金融机构资产总额及占比　　　　　　　金额单位:万亿元

项目	2011 年		2015 年		2019 年	
	总额	占比	总额	占比	总额	占比
银行业	113.28	93.75%	199.35	92.24%	290	91.00%
证券业	1.57	1.30%	4.4	2.04%	8.12	2.55%
保险业	5.98	4.95%	12.36	5.72%	20.56	6.45%
合计	120.83	100.00%	216.11	100.00%	318.69	100.00%

我国银行业金融机构总资产与 GDP 的比值较高,2005 年为 200%,以后各年呈增长趋势,2019 年为 292.67%,高于世界平均水平,也高于一些发达国家。

我国主要商业银行相继股份制改造上市后,随着经营管理水平和风险控制能力的提高,经济效益也不断提升。

我国银行业体系见图 1-5。

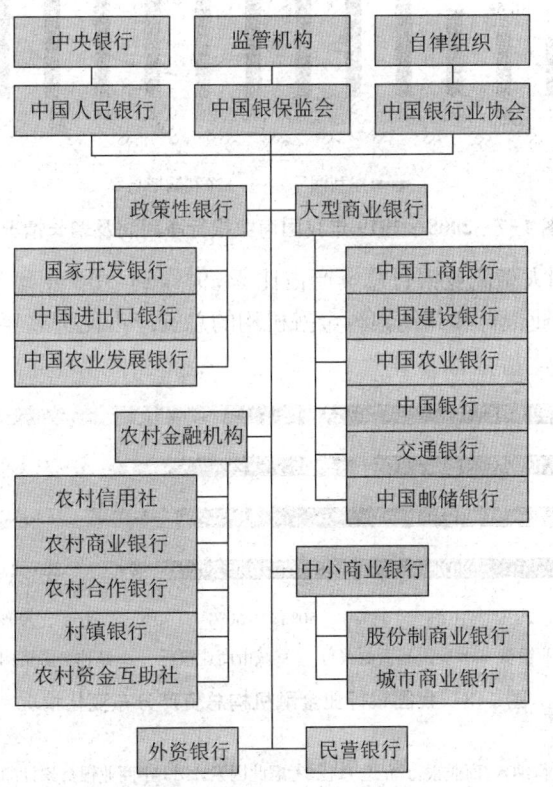

图 1-5　我国银行业体系

图 1-6 为 2005—2019 年我国银行业金融机构资产规模和我国 GDP。

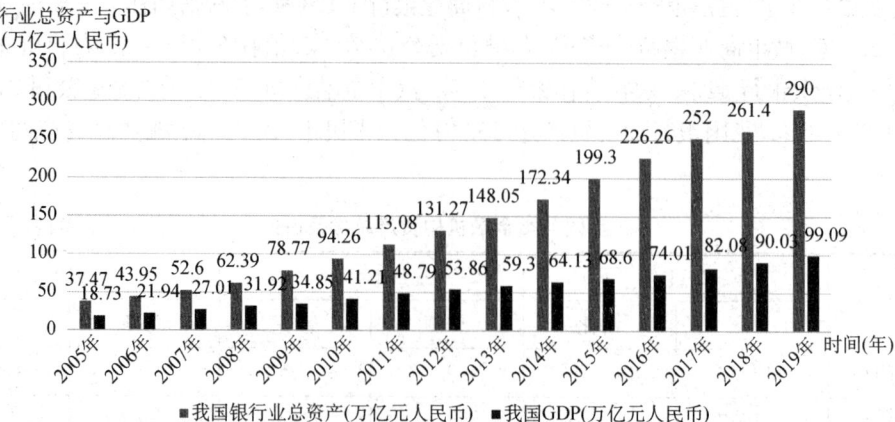

图 1-6　2005—2019 年我国银行业金融机构资产规模和我国 GDP

图 1-7 为 2008—2019 年我国商业银行净利润及增长情况。

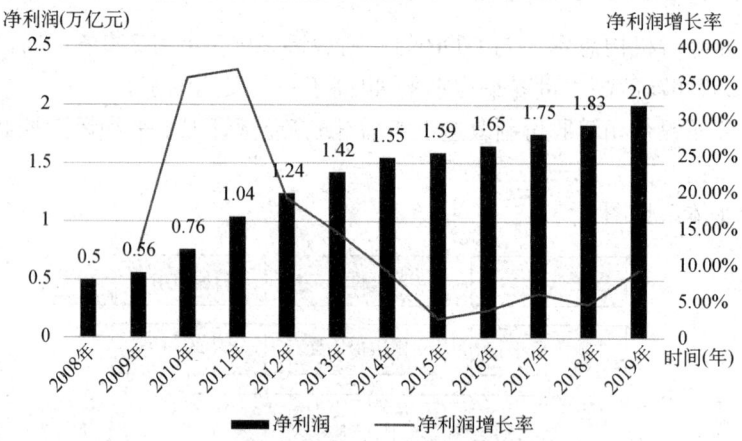

图 1-7　2008—2019 年我国商业银行净利润及增长情况①

2003 年年末,我国大型商业银行总资产占比 54.9%,到 2019 年年末已下降到 39.14%,股份制商业银行、城市商业银行和其他银行金融机构的总资产占比呈逐年上升趋势(见图 1-8)。

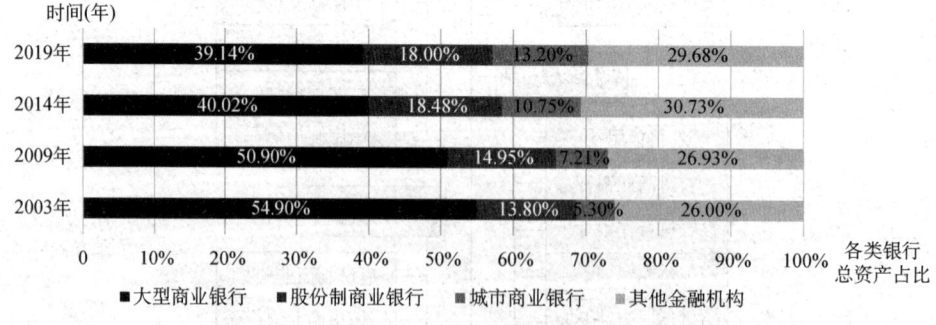

图 1-8　我国银行业金融机构总资产分布变化情况

---

① 自 2019 年起,邮储银行纳入"商业银行"汇总口径,考虑此因素,2019 年商业银行累计净利润同比增长约为 6.2%。

2014 年 1 月，银监会发布《商业银行全球系统重要性评估指标披露指引》。按照该指引要求，信息披露银行扩大至 13 家，包括五大国有商业银行，以及中信银行、光大银行、华夏银行、平安银行、招商银行、浦发银行、兴业银行、民生银行 8 家股份制商业银行。这 13 家银行可视为中国的"系统重要性银行"。我国 13 家商业银行总资产和净利润见表 1-7。

表 1-7 我国 13 家商业银行总资产和净利润

银行名称	2009 年		2014 年		2019 年	
	总资产（万亿元）	净利润（亿元）	总资产（万亿元）	净利润（亿元）	总资产（万亿元）	净利润（亿元）
中国工商银行	11.79	1 286.45	20.61	2 758.11	30.11	3 122.24
中国建设银行	9.62	1 067.56	16.74	2 278.30	25.44	2 667.33
中国农业银行	8.88	649.92	15.97	1 794.61	24.88	2 120.98
中国银行	8.75	810.68	15.25	1 695.95	22.77	1 874.05
交通银行	3.31	301.18	6.27	658.50	9.91	772.81
招商银行	2.07	182.35	4.73	559.11	7.42	928.67
兴业银行	1.33	132.82	4.41	471.38	7.15	658.68
浦发银行	1.62	132.17	4.20	470.26	7.00	589.11
中信银行	1.78	143.19	4.14	406.92	6.75	480.15
民生银行	1.43	121.04	4.02	445.46	6.68	538.19
光大银行	1.20	76.43	2.74	288.83	4.73	373.54
平安银行	0.59	50.31	2.19	198.02	3.94	281.95
华夏银行	0.85	37.60	1.85	179.81	3.02	219.05

2016 年 12 月，我国加入 WTO 过渡期结束，银行业正式对外全面开放，但外资银行在中国发展相对缓慢。截至 2019 年 10 月末，外资银行在华共设立了 41 家外资法人银行、114 家母行直属分行和 151 家代表处，外资银行营业机构总数 976 家，资产总额 3.37 万亿元人民币，外资银行资产占银行业资产比为 1.22%。

2014 年我国开始民营银行试点，截至 2020 年 1 月，监管机构共批准筹建 19 家民营银行，其中浙江网商银行注册资本为 65.714 亿元，其他银行初始注册资本规模在 20 亿～40 亿元，多家民营银行直接定位于互联网银行。

第三节 商业银行财务管理概述

商业银行财务管理是组织银行财务活动、处理银行财务关系的一项经济管理工作。

一、商业银行财务活动和财务关系

（一）商业银行财务活动

商业银行财务活动是银行资金收支活动的总称。商业银行是经营资金的特殊企业,其经营活动集中表现为资金的收支活动。

1. 筹资引起的财务活动

商业银行的设立和经营需要先筹集资金。筹资的方式有:①发行股票或接受投资者直接投入,形成所有者投入资本,在经营过程中自我积累留存下来的收益再进一步增加资本。资本是承担风险和吸收损失的缓冲器,商业银行应持有与其风险水平相应的资本规模。由于银行经营的高风险及风险传染性,监管机构对商业银行的资本金充足性有强制性要求。因此,商业银行对资本金的管理就是要采取各种方式使资本充足率达到监管标准。②借入资金。商业银行作为信用中介,借入资金是商业银行最主要的资金来源,商业银行通过吸收存款、同业业务、向中央银行借款、发行债券等形式向不同的交易对象借入资金,为此而承担按期还本付息的责任。商业银行必须加强流动性管理,以随时满足存款客户提现转账的需求和偿还到期的债务本息。借入资金的利息支出是影响商业银行利润水平的重要因素,利息支出的高低取决于社会整体利率水平和银行负债的规模与结构,负债的期限结构影响资产配置的期限结构进而影响资产的收益水平,因此商业银行应尽可能以低成本获得较为稳定的负债资金来源。

2. 银行投资引起的财务活动

商业银行主要通过发放贷款和对外投资等方式将筹集的资金运用出去以获得收益。首先商业银行要持有充足的现金资产,以满足存款支取、偿还债务及开展正常业务的需求。现金资产的形式有库存现金、存放中央银行款和存放同业等。现金资产流动性好,但盈利性差,因此现金资产的配置规模应适度。其次是形成贷款资产,贷款是商业银行最主要的盈利性资产,贷款的利息收入是利润的主要来源,但贷款流动性差,风险大。受限于银行监管部门流动性指标和资本充足率指标等的限制及银行内部管理的要求,商业银行发放贷款的规模应适度,并有能力进行信用风险管理。最后剩余的资金用来进行金融投资,金融投资既有收益性也有流动性,是现金资产配置和发放贷款之间的资产缓冲区。商业银行的固定资产占比一般比较低,主要是开展经营活动所需的电子设备。

3. 银行资金耗费引起的财务活动

银行在正常的经营活动中,除了按期偿付负债的利息,还会发生其他一系列的费用支出,如定期支付员工薪酬、缴纳各项税收及支付各项业务费用等,银行要严格进行成本管理与控制。

4. 银行利润分配引起的财务活动

银行在一个会计年度实现了利润,缴纳所得税后要按规定程序进行分配,首先要提取盈余公积金,其次提取弥补信用资产非预期损失的一般风险准备,最后向股东发放红利。如何发放股利取决于银行的股利政策,银行既要考虑业务发展所需的利润留存,也要考虑股东的利益、股票市值和银行的公众形象等。

上述四个方面的财务活动相互联系、相互依存,构成了银行财务管理的基本内容。

（二）商业银行财务关系

银行的财务活动是在社会环境中进行的，无论是资金的筹集活动、投资活动，还是利润分配活动，都必然会与各有关方面发生经济关系。银行在组织财务活动过程中与各方面发生的经济关系称为财务关系。

1. 商业银行同其所有者之间的财务关系

这是指商业银行的所有者投入资金，商业银行向其支付投资报酬所形成的经济关系。一方面，商业银行的所有者要按照投资合同、协议、章程的约定履行出资义务，并按《中华人民共和国公司法》（以下简称《公司法》）的规定享有股息红利分配权、新股认购权、剩余财产分配权及参与经营决策权；另一方面，商业银行拥有法人财产权，并以其全部的法人财产依法经营、自负盈亏，依法纳税，对所有者承担资本保全、增值的责任。商业银行同其所有者之间的财务关系体现的是经营权和所有权的关系。

2. 商业银行同其债权人之间的财务关系

这是指商业银行向债权人借入资金，并按借款合同的规定按时支付利息和归还本金所形成的经济关系。商业银行吸收社会公众、企业和机构的存款，要随时满足客户提现和转账结算的需求，并定期或到期按约定的利率支付利息。商业银行根据流动性需求，以接受同业存放、同业拆借、正回购及向中央银行借款等方式主动借入资金，要按时向同业和中央银行还本付息。商业银行发行金融债券筹资，要按发行约定向债券购买者付息还本。商业银行同其债权人的关系体现的是债务与债权的关系。

3. 商业银行同其被投资单位的财务关系

这是指商业银行以购买股票或直接投资的形式向其他企业投资所形成的经济关系。商业银行向其他企业投资，应按约定履行出资义务，按《公司法》享有参与股息红利分配权、新股认购权、剩余财产分配权及参与经营决策权。商业银行与被投资单位的关系体现的是所有权性质的投资与受资的关系。

4. 商业银行同其债务人的财务关系

这是指商业银行将其资金以发放贷款、购买债券、同业拆借等形式出借给其他单位所形成的经济关系。商业银行有权要求其债务人按约定的条件支付利息和归还本金。商业银行同其债务人的关系体现的是债权与债务关系。

5. 商业银行内部各单位的财务关系

这是指商业银行内部各单位之间资金调拨所形成的经济关系。在总分行制下，商业银行实行三级会计核算主体制，总行统一配置财务资源，内部各单位实行资金有偿使用。内部各单位按月根据总行公布的同期内部资金转移价格计提转移收支，计入当期损益。这种在商业银行内部形成的资金结算关系，体现了商业银行内部各单位之间的利益关系。

6. 商业银行与员工之间的财务关系

这是指商业银行向员工支付劳动报酬的过程中所形成的经济关系。商业银行以营业收入定期向员工支付工资、津贴、奖金。这种商业银行与员工之间的财务关系，体现了员工和商业银行在劳动成果上的分配关系。

7. 商业银行与税务机关之间的财务关系

这是指商业银行要按税法的规定依法纳税而与国家税务机关所形成的经济关系。商业银行按照国家税法的规定缴纳各种税款,包括所得税、增值税、城市维护建设税、教育费附加、印花税、房产税、土地使用税、车船税、土地增值税、契税等。及时、足额地纳税是商业银行对国家的贡献,也是对社会应尽的义务。商业银行与税务机关的关系体现的是依法纳税和依法征税的权利义务关系。

二、商业银行财务管理目标

商业银行财务管理目标是指商业银行财务管理活动要实现的结果,是在特定的经济体制和财务环境中,通过对商业银行财务活动的组织和财务关系的处理所要达到的根本目的。

现代企业理论认为,企业是多边契约关系的总和,股东、债权人、经理阶层、一般员工等缺一不可。各方都有各自的利益,共同参与构成企业的利益制衡机制。企业财务管理目标应与企业多个利益集团有关,是这些利益集团相互作用、相互妥协的结果。企业价值最大化这一目标具有与相关利益者利益相一致,保证企业战略发展的长期性、考虑风险及货币时间价值的风险性和时间性等特征。因此,实现企业价值最大化是商业银行财务管理的目标。

企业价值的计算方法有多种,在实践中,上市商业银行价值的计算采用下列方法:

$$Ev = 股权价值(总市值)＋带息债务$$

式中,Ev 为企业全部资产的总体价值,也称企业实体价值。理论上,企业价值是股权的公平市场价值与债务的公平市场价值之和,这里以带息债务账面价值代替债务的公平市场价值。股权价值(总市值)和带息债务的计算公式为:

$$股权价值(总市值) = A 股收盘价×A 股合计＋B 股收盘价×B 股合计×汇率＋H 股收盘价×$$
$$H 股合计×汇率＋海外上市股收盘价×海外上市股合计×汇率$$

带息债务 ＝ 负债合计－无息负债

商业银行财务管理目标和财务管理体系见图1-9。

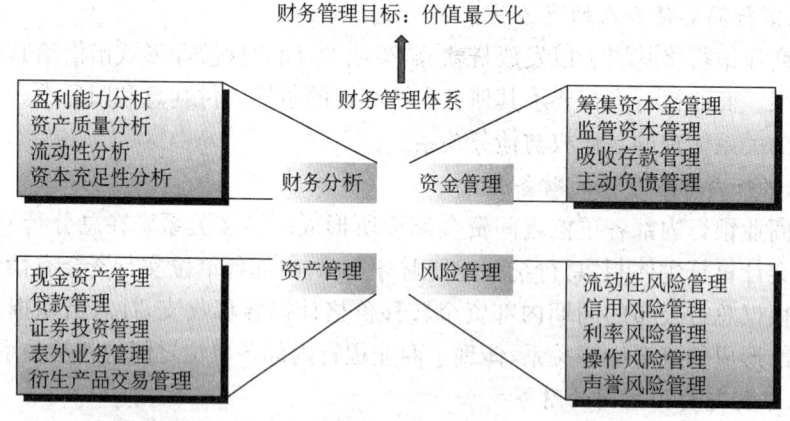

图 1-9　商业银行财务管理目标和财务管理体系

【知识链接】

全球系统重要性银行

2007 年爆发的金融危机对全球经济和金融体系造成了巨大冲击。危机促使国际社会对原有的国际金融监管体系和监管标准进行反思,并筹划建立新的金融监管合作机构,制定新的金融监管标准及评定全球系统重要性银行即是其中一项重要工作。2011年11月,金融稳定理事会(FSB)圈定了28家大银行为全球系统重要性银行(G-SIBs),并确定每年11月更新一次名单。按照FSB的定义,"系统重要性金融机构是指由于规模、复杂度与系统相关度,其无序破产将对更广范围内金融体系与经济活动造成严重干扰的公司"。根据FSB意见,2011年11月,巴塞尔委员会发布《全球系统重要性银行:评估方法和更高损失吸收能力》报告,提出从全球活跃程度、规模、关联度、可替代性和复杂性5个维度,采用12个指标评估银行的全球系统重要性,并要求相关银行披露全球系统重要性评估指标。FSB对全球系统重要性银行实行严格的监管,包括附加资本要求、更多信息披露,以及要求它们起草一旦破产后的恢复计划等,防止其盲目扩张给全球金融体系带来巨大风险。巴塞尔委员会每3年对上述方法重新评估调整一次。2018年7月,巴塞尔委员会发布了第二次修订后的全球系统重要性银行评估方法和监管要求。修订后的评估方法由原来的12个指标增加至13个指标,从2021年开始使用。FSB和巴塞尔委员会针对全球系统重要性银行的更高监管要求将在未来几年逐步开始实施,包括更高的资本充足率要求、杠杆率要求和总损失吸收能力要求等。评分体系包含跨境业务、规模、关联度、可替代性/金融基础设施和复杂性5个方面。一是跨境业务,包含跨境债权和跨境负债2个指标,衡量银行在本国之外的国家或地区的业务规模,跨境业务规模较大的银行,救助中的协调更为困难,银行倒闭的风险传染和溢出效应更显著;二是规模,包含调整后的表内外资产余额1个指标,银行规模越大,其业务越难以替代,银行倒闭可能引发市场崩溃和信心丧失;三是关联度,包含金融机构间资产、金融机构间负债、发行证券和其他融资工具3个指标,由于机构间的网络效应和风险传染,单家银行的倒闭可能引发其他机构出现危机;四是可替代性/金融基础设施,包含托管资产、通过支付系统或代理行结算的支付额、有价证券承销额和交易量4个指标,其中交易量为新增指标,如果一家银行在某种业务的地位非常重要或提供了市场的基础设施,该银行倒闭可能导致服务缺失或影响市场流动性;五是复杂性,包含场外衍生产品名义本金、交易类和可供出售类证券与第三层次资产3个指标,银行的业务、结构和操作的复杂性越高,银行倒闭对金融体系的影响越大,救助银行的成本和时间越多。评估方法见表1-8。

表1-8 **全球系统重要性银行评分指标及权重(2018年修订版)**

指标类别及其权重	权重	具体指标	具体指标权重
跨境业务	20%	跨境债权	10%
		跨境负债	10%
规模	20%	调整后的表内外资产余额①	20%
关联度	20%	金融机构间资产	6.67%
		金融机构间负债	6.67%
		发行证券和其他融资工具	6.67%
可替代性/金融基础设施	20%	托管资产	6.67%
		通过支付系统或代理行结算的支付额*	6.67%
		有价证券承销额	3.33%
		交易量	3.33%

（续表）

指标类别及其权重	权重	具体指标	具体指标权重
复杂性	20%	场外衍生产品名义价值	6.67%
		第三层次资产*	6.67%
		交易类和可供出售类证券	6.67%

注：① 调整后的表内外资产余额是指作为杠杆率分母的调整后的表内资产余额和调整后的表外项目余额之和，按照《商业银行杠杆率管理办法》规定的口径计算。

② 通过支付系统或代理行结算的支付额是指商业银行作为支付系统成员，通过国内外大额支付系统或代理行结算的上一年度支付总额。

③ 第三层次资产是指商业银行依据《企业会计准则》，运用非市场可观察参数计算公允价值的金融资产余额。

2018 年 11 月，FSB 公布的系统重要性银行共 29 家，分为 5 组，分别需要满足 1%～3.5% 的附加资本要求（见表 1-9）。

表 1-9　　　　　　　　　**2018 年 11 月全球 G-SIBs 名单及附加资本缓冲要求**

组别	附加资本缓冲要求	G-SIBs 名单
5	3.5%	无
4	2.5%	摩根大通
3	2.0%	花旗银行、德意志银行、汇丰控股
2	1.5%	美国银行、中国银行、巴克莱银行、法国巴黎银行、高盛集团、中国工商银行、三菱日联金融集团、富国银行
1	1.0%	中国农业银行、纽约梅隆银行、中国建设银行、瑞士信贷集团、法国人民储蓄银行集团、法国农业信贷银行、ING 集团、瑞穗金融集团、摩根士丹利、加拿大皇家银行、桑坦德银行、法国兴业银行、标准渣打银行、道富银行、三井住友金融集团、瑞银集团、裕信银行

【本章小结】

1. 商业银行是以吸收存款、发放贷款和办理结算为主要业务的金融机构，是经济体系中最大、最重要的金融中介机构。商业银行的全部业务分为资产业务、负债业务和表外业务。

2. 商业银行在现代经济活动中所发挥的主要功能有五个方面：信用中介（基本功能）、风险管理、支付结算、信用创造（特殊功能）和金融服务。商业银行是经营资金的特殊企业，与一般的企业相比，具有独特的经营特征，如高负债经营、高度社会性、资产负债高度流动性、风险多样性、管理的复杂性、规模经济效应显著等。商业银行在经营中面临诸多风险，主要有信用风险、流动性风险、市场风险、操作风险、声誉风险和国别风险等。

3. 银行业是受到政府最严厉监管的行业之一。商业银行的监管主要包括六个方面：①安全性和稳健性监管。②信贷分配监管。③市场准入和经营许可监管。④风险管理评估。⑤信息披露要求。⑥对于竞争的限制。

4. 高负债经营、信息不对称、市场主体非理性等因素决定了商业银行具有天然的内在不稳定性和脆弱性。银行业危机发生的路径是金融创新或金融自由化—信贷激增—资产泡沫—银行贷款损失和资产负债表恶化—银行挤兑、破产—银行业全面危机。

5. 商业银行财务管理是组织银行财务活动、处理银行财务关系的一项经济管理工作。商业银行财务活动包括筹资、投资、资金耗费和利润分配。银行在组织财务活动过程中与所有者、债权人、被投资单位、债务人、内部各单位、员工、税务机关发生的经济关系称为财务关系。商业银行财务管理的目标是实现企业价值最大化。

【关键术语】

商业银行的定义　商业银行的功能　商业银行的经营特征　商业银行面临的风险
银行业监管　银行业危机　商业银行财务管理　财务管理目标

【问题思考】

1. 商业银行的功能包括哪些?
2. 商业银行主要有哪些经营特征?
3. 商业银行面临哪些风险?
4. 银行业监管包括哪些方面?
5. 商业银行财务管理的对象是什么?
6. 商业银行财务管理的目标是什么?

本章练习
参考答案

补充案例

本 章 练 习

一、单项选择题

1. ( )是商业银行最基本的功能。
   A. 信用创造　　　　　　　　　B. 金融服务
   C. 信用中介　　　　　　　　　D. 支付结算

2. ( )是商业银行特殊的功能。
   A. 信用中介　　　　　　　　　B. 信用创造
   C. 金融服务　　　　　　　　　D. 支付结算

3. 现代企业理论认为,财务管理的最优目标是( )。
   A. 利润最大化　　　　　　　　B. 每股利润最大化
   C. 市值最大化　　　　　　　　D. 企业价值最大化

4. 下列各项中,不属于银行的经营特征的是( )。
   A. 高负债经营　　　　　　　　B. 高度社会性
   C. 业务流程简单　　　　　　　D. 规模经济效应显著

5. 商业银行以营业收入定期向员工支付工资、津贴、奖金,体现的是( )。
   A. 劳动成果分配关系　　　　　B. 债权债务关系
   C. 投资与受资关系　　　　　　D. 经营权与所有权关系

6. 商业银行无法以合理成本及时获得资金,满足资金需求的风险是( )。
   A. 市场风险　　　　　　　　　B. 流动性风险
   C. 信用风险　　　　　　　　　D. 操作风险

7. 因利率水平、期限结构等要素发生不利变动导致银行账户整体收益和经济价值受损失的风险是( )。
   A. 市场风险　　　　　　　　　B. 流动性风险
   C. 信用风险　　　　　　　　　D. 操作风险

8. 我国现行银行业监管体系中,负责宏观审慎监管的是( )。
   A. 金融稳定发展委员会　　　　B. 人民银行
   C. 银保监会　　　　　　　　　D. 金融监管局

9. 我国现行银行业监管体系中,负责微观审慎监管和行为监管的是( )。
   A. 金融稳定发展委员会　　　　B. 人民银行
   C. 银保监会　　　　　　　　　D. 金融监管局

10. 银行监管机构对商业银行设立资格进行限制,属于( )。
    A. 安全性和稳健性监管　　　　B. 风险管理评估
    C. 市场准入和经营许可监管　　D. 信息披露要求

二、多项选择题

1. 商业银行在现代经济中所发挥的功能有( )。
   A. 信用中介 B. 风险管理
   C. 支付结算 D. 信用创造
   E. 金融服务

2. 商业银行面临的风险主要包括( )。
   A. 信用风险 B. 市场风险
   C. 流动性风险 D. 国别风险
   E. 操作风险 F. 声誉风险

3. 政府监管机构对于商业银行的监管主要包括( )。
   A. 安全性和稳健性监管 B. 风险管理评估
   C. 税务监管 D. 市场准入和经营许可监管
   E. 信息披露要求

4. 商业银行在组织财务活动过程中与各方面发生为财务关系包括( )。
   A. 经营权与所有权关系 B. 债务与债权的关系
   C. 投资与受资的关系 D. 服务与被服务的关系
   E. 劳动成果的分配关系 F. 内部各单位利益关系
   G. 依法纳税和依法征税的权利义务关系

5. 商业银行的经营特征包括( )。
   A. 高负债经营 B. 高度社会性
   C. 资产负债高度流动性 D. 低风险
   E. 管理复杂

三、判断题

1. 商业银行、证券公司和基金公司都具有信用中介功能。 ( )
2. 风险管理是商业银行最基本的功能。 ( )
3. 在社会资金配置过程中,商业银行可以大幅度降低交易成本、减少信息不对称,从而提高资金配置效率。 ( )
4. 商业银行的信用创造功能决定了其典型的高负债高风险经营。 ( )
5. 银行业的稳定与效率直接影响经济的运作与发展,甚至社会的安定。 ( )

第二章
财务报表及主要财务指标

通过本章的学习,学生应把握银行资金来源和资产配置的全貌;掌握商业银行资产负债的特点,以及商业银行主要的业务内容和基本的经营模式;分析影响银行利润的主要因素,明确调整的方向;掌握商业银行现金及现金等价物的内容和经营活动的分类、构成,并能够根据商业银行财务报表对其经营活动的特点和效益进行评价。

本章的重点是商业银行财务报表的构成内容、分析和主要财务指标;难点是商业银行财务报表的分析。

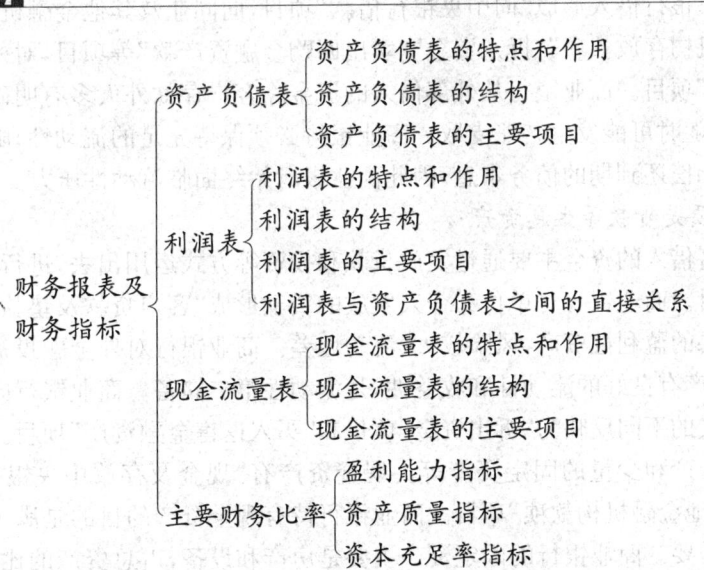

商业银行的财务报表是对其财务状况、经营成果和现金流量的结构性表述。它主要包括资产负债表、利润表和现金流量表。其中:资产负债表反映商业银行在某一特定时点上资金来源和资金运用的规模及结构的情况,并可用来解释其利润的形成机制;利润表反映商业

银行在某一会计期间通过资产负债的管理运作所实现利润的情况;现金流量表反映商业银行在一个经营期间内的现金流入和流出的情况。以财务报表资料为依据计算的相关财务比率,可以综合地反映商业银行的经营效率。

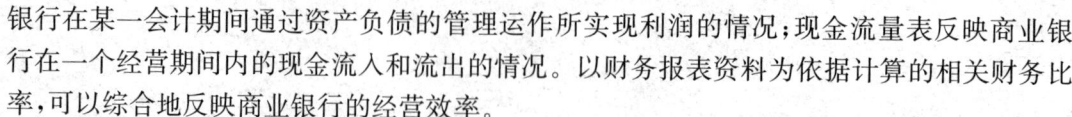

第一节 资产负债表

一、资产负债表的特点和作用

商业银行的资产负债表是反映某一特定时点财务状况的财务报表。它是商业银行经营活动的静态体现。它列示了商业银行某一特定时点资金来源方式和资金运用途径。商业银行资产负债表的编制原理与工商企业的相同,是根据"资产＝负债＋所有者权益"这个基本平衡式,依照一定的分类标准和一定的次序,将某一特定日期的资产、负债、所有者权益的具体项目予以适当排列编制而成。

(一)资产负债表的特点

1. 负债主要是存款等计息负债

商业银行作为信用中介,负债是其主要的资金来源。负债包括从外部借入的资金和少量的在经营过程中形成的负债(如应付职工薪酬、应交税费等)。从外部借入的资金根据交易对手和交易方式的不同形成相关的负债项目:吸收社会单位和个人的资金形成"客户存款"项目,向中央银行借入形成"向中央银行借款"项目,向同业及其他金融机构借入形成"同业及其他金融机构存放款项""拆入资金""卖出回购金融资产款"等项目,对外发行债务凭证形成"应付债券"项目。商业银行从外部借入的资金除客户存款外大多有明确的还款付息时间,客户存款则随时可能发生转账支取。商业银行必须保持充足的流动性,随时满足存款客户提现的要求和偿还到期的债务本息,因此商业银行始终面临流动性压力。

2. 资产主要是贷款等生息资产

商业银行将借入的资金主要通过发放贷款和投资等方式运用出去,进行资产转换,形成相关的资产项目。商业银行对单位和个人发放的贷款形成"客户贷款及垫款"项目。贷款资产是银行最重要的盈利性资产,风险较大、流动性差。商业银行对外金融投资主要是购买各类债券,债券资产有良好的流动性和收益性,是流动性第二储备。商业银行向同业借出的资金根据交易方式的不同反映为"拆出资金"项目和"买入返售金融资产"项目。商业银行总资产还包括现金资产和少量的固定资产等。现金资产有"现金及存放中央银行款项"项目和"存放同业及其他金融机构款项"项目。商业银行持有现金资产的目的是满足法定存款准备金和流动性的需要。商业银行的固定资产主要是房产和设备,占总资产的比重很小,一般不足2%。商业银行大部分的资产(如贷款、金融投资和同业资产等)都有可能遭受无法收回本息的信用风险,因此信用风险是商业银行面临的主要风险。

3. 资产和负债有其特有的分类方式

商业银行资产可划分为生息资产和非生息资产,负债可划分计息负债和非计息负债。

商业银行大部分的资产为生息资产,大部分的负债为计息负债,生息资产和计息负债均为以利率计价的利率产品,市场利率波动会给银行带来利率风险。对于跨国经营的商业银行,其持有的外汇资产和外汇负债还面临汇率风险和国别风险。此外,商业银行的资产、负债业务种类繁多,需要借助员工、计算机信息系统和相关流程进行复杂的操作,因而又面临操作风险。

商业银行的资产和负债的特有分类(见图2-1)。

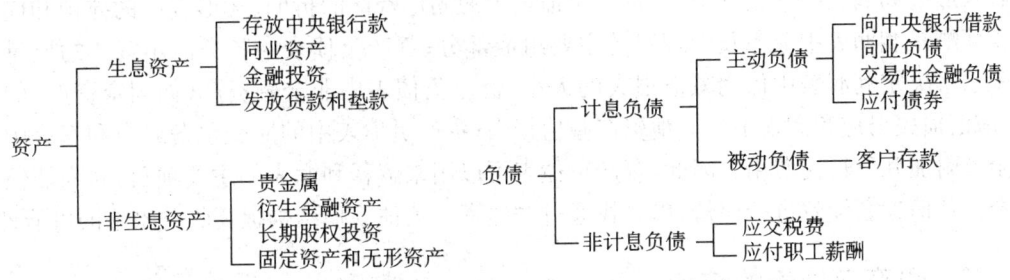

图2-1 商业银行的资产和负债的特有分类

(二) 资产负债表的作用

1. 反映商业银行在特定时点拥有的资产规模及配置结构

资产规模反映商业银行的经营实力,一般来讲,商业银行的规模越大、规模经济效应越明显,相对而言,经营管理水平更高,风险管理能力和抗风险的能力更强。商业银行的资产配置结构是资产的各个组成部分的分布、相对规模、相互关系和配合的状态。资产配置结构受到宏观经济运行、资本市场状况、货币政策和监管政策等的影响,同时也是商业银行资产管理水平、风险偏好的综合体现,不同的资产配置结构代表不同的收益性、风险性和流动性水平。在资产配置结构中,非生息资产占比较低,以生息资产为主,生息资产利息收入是商业银行利润的主要来源。不同的生息资产其利率水平不同。单从各生息资产的利率水平来看,从高到低依次是贷款、金融投资、拆出资金和买入返售、存放中央银行款。

2. 反映商业银行资金的来源渠道及构成

商业银行的资金来源包括负债和所有者权益,其中负债是最主要的来源方式。负债的规模和结构受到宏观经济运行、资本市场状况、货币政策等外部因素的影响,也与商业银行自身的信誉、实力和经营策略有关。负债中计息负债占主要比重,单从各计息负债的利息率水平来看,从低到高依次是存款、向中央银行借款、拆入资金和卖出回购、应付债券。计息负债的利息支出水平取决于负债的规模和结构。商业银行所有者权益所占比例较低,监管机构对商业银行的最低资本水平有强制性要求。由于所有者权益占比低,商业银行普遍有较高的权益乘数,权益乘数对总资产收益率具有放大效应。所有者权益可分为所有者投入和留存收益两大部分:所有者投入包括实收资本和资本公积;留存收益是商业银行从历年实现的利润中提取或留存于商业银行的内部积累,包括盈余公积、一般风险准备和未分配利润。留存收益的占比和增长情况可反映商业银行可持续发展的能力。

3. 综合反映银行资产、负债、所有者权益的增减变化,掌握财务状况的变动趋势

通过对资产负债表进行横向和纵向分析,商业银行可以分析判断商业银行财务状况优劣及发展趋势,发现存在的问题,不断地调整和优化银行资产配置结构和负债来源结构,保持资产负债业务协调发展,促使商业银行加强信用风险管理、流动性管理和利率风险管理,提高资产负债资源配置效率。

4. 解释、评价和预测银行的经营绩效

商业银行的资产负债表中,生息资产的规模和结构决定利润表中利息收入的水平,计息负债的规模和结构决定利润表中利息支出的水平。利息收入和利息支出的差额(即利息净收入)是商业银行主要的营业收入;资产负债表中的金融投资买卖价差和长期股权投资的股利收入形成利润表中的投资收益;资产负债表中的固定资产的折旧、无形资产的摊销和应付职工薪酬是利润表中业务及管理费的主要组成部分;资产负债表中各类信用资产的质量和风险水平决定利润表中信用减值损失的大小;资产负债表中非金融资产(如固定资产)的跌价、减值损失对应利润表中的其他资产减值损失;资产负债表中的应交税费对应利润表中的税金及附加和所得税费用。因此,资产负债表可以用来解释利润表的主要项目,对商业银行的资产负债运营绩效进行评价,以寻找通过调整资产负债规模结构提高收益水平的可能性。

二、资产负债表的结构

资产负债表包含资产、负债和所有者权益三大要素,其中每一个要素又分为若干个具体项目。资产负债表的左边是资产,资产类项目按流动性大小排列。资产负债表的右边是负债和所有者权益,负债类项目按清偿顺序排列,所有者权益类项目按资本的稳定性排列。我国商业银行资产负债表的格式见表 2-1。

表 2-1　　　　　　　　　　　　商业银行资产负债表

编制单位:　　　　　　　　　　年　　月　　日　　　　　　　　　　　　　　单位:

资产	期末余额	年初余额	负债和所有者权益	期末余额	年初余额
现金及存放中央银行款项			向中央银行借款		
存放同业及其他金融机构款项			同业及其他金融机构存放款项		
贵金属			拆入资金		
拆出资金			交易性金融负债		
衍生金融资产			衍生金融负债		
买入返售金融资产			卖出回购金融资产款		
客户贷款及垫款			客户存款		
金融投资			应付职工薪酬		
——交易性金融资产			应交税费		
——债权投资			应付利息		
——其他债权			应付债券		
——其他权益工具投资			递延所得税负债		
长期股权投资			其他负债		

（续表）

资产	期末余额	年初余额	负债和所有者权益	期末余额	年初余额
固定资产			负债合计		
无形资产			股本		
商誉			其他权益工具		
递延所得税资产			资本公积		
其他资产			其他综合收益		
			盈余公积		
			一般风险准备		
			未分配利润		
			所有者权益合计		
资产总计			负债和所有者权益总计		

三、资产负债表的主要项目

（一）资产类项目

资产是商业银行因过去事项而控制的现时经济资源。商业银行的资产主要有以下各项。

1. "现金及存放中央银行款项"项目

现金及存放中央银行款项是指库存现金和存放中央银行款项，是商业银行资产中流动性最强、安全性最好而盈利性较差的资产。

库存现金是商业银行现金资产的重要组成部分，其主要职能是用于满足银行客户提取现金以及银行本身的日常零星开支等需求，它在发挥银行体系支付职能、确保经济社会日常交易正常运行中具有不可替代的重要作用。商业银行的库存现金流动性强，但属于无息资产，其保管与整理清点等相关经营活动都需要承担一定的费用和风险，因此库存现金应保持适度合理的规模。

存放中央银行款项是指在中央银行开户而存入的用于支付清算、调拨款项、提取及缴存现金、往来资金结算的款项以及按吸收存款的一定比例缴存于中央银行的款项和其他需要缴存的款项。存放中央银行款项包括存款准备金和财政性存款，存款准备金又分为法定存款准备金和超额存款准备金，存放中央银行款项有一定的利息收入和手续费收入。

2. "存放同业及其他金融机构款项"项目

存放同业是指商业银行存放在境内、境外银行和非银行金融机构的存款。存放同业的目的是开展代理结算业务或获取利息，以活期存款和1年期定期为主（监管要求存放同业最长期限不超过1年），利息率水平可以由双方协商确定，一般高于普通存款利率水平。

3. "贵金属"项目

贵金属是指商业银行以交易、投资或融资为目的而持有的黄金、白银和铂金等贵金属。

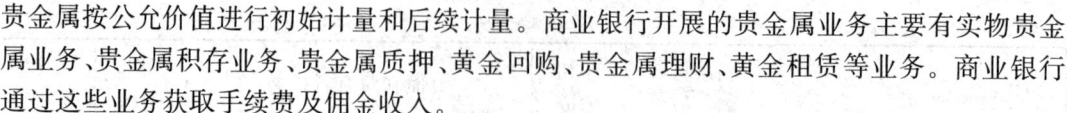

贵金属按公允价值进行初始计量和后续计量。商业银行开展的贵金属业务主要有实物贵金属业务、贵金属积存业务、贵金属质押、黄金回购、贵金属理财、黄金租赁等业务。商业银行通过这些业务获取手续费及佣金收入。

4．"拆出资金"项目

拆出资金是指银行拆借给境内、境外银行和非银行金融机构的款项，一般通过全国性的同业拆借市场进行。同业拆借是指金融机构（主要是商业银行）之间为了调剂资金余缺，利用资金融通过程的时间差、空间差、行际差来调剂资金而进行的短期借贷。我国金融机构间同业拆借是由中国人民银行统一负责管理、组织、监督和稽核。金融机构用于拆出的资金只限于交足准备金、留足备付金、归还人民银行到期贷款之后的闲置资金。商业银行线下向非银行金融机构的借出的款项也包含在本项目中。

5．"衍生金融资产"项目

衍生金融资产是指商业银行所运用的衍生金融工具在资产负债表日以公允价值计量为正数，作为一项资产反映。

衍生金融工具是指其价值随特定利率、金融工具价格、商品价格、汇率、价格指数、费率指数、信用等级、信用指数或其他类似变量的变动而变动的金融工具。银行运用的衍生金融工具包括远期、互换和期权。衍生金融工具的公允价值是指市场参与者在计量日发生的有序交易中，出售一项资产所能收到或者转移一项负债所需支付的价格。

6．"买入返售金融资产"项目

买入返售金融资产业务是指商业银行按协议约定先买入金融资产，再按约定的方式于到期日返售金融资产的业务。买入返售金融资产业务的实质是通过交易市场进行资金融出，买入的金融资产可以是票据、债券、同业存单和贷款等，按实际支付金额确认。

7．"客户贷款及垫款"项目

客户贷款及垫款包括长、短期贷款及垫款（含贷款、转贷款、账户透支、信用卡透支、信用证垫款、银行承兑汇票垫款、保证垫款等）、贴现（含贴现、买断式转贴现、信用证项下汇票贴现、信用证项下应收款买入、福费廷等）。

8．"金融投资"项目

商业银行根据管理金融资产的业务模式和金融资产的合同现金流量特征，在初始确认时将金融资产分为不同类别：交易性金融资产、债权投资、其他债权和其他权益工具投资。

9．"长期股权投资"项目

长期股权投资是指对被投资单位具有控制、共同控制或重大影响的股权投资，以及对被投资单位不具有共同控制或重大影响，并且在活跃市场中没有报价、公允价值不能可靠计量的权益性投资。

10．"固定资产"项目

固定资产是指商业银行为经营管理而持有的、使用寿命超过一个会计年度且单位价值在2 000元以上的有形资产。商业银行的固定资产包括房屋建筑物、机器设备、运输工具、飞行设备及船舶和在建工程等。

11．"无形资产"项目

无形资产是指商业银行拥有或控制的没有实物形态的可辨认的非货币性资产。它包括专利权、非专利技术、商标权、著作权、土地使用权、特许权等。

12."商誉"项目

商誉是指在非同一控制下的控股合并中,商业银行作为买方,支付的合并成本大于被购买方可辨认净资产公允价值份额的部分。

13."递延所得税资产"项目

递延所得税资产是指商业银行根据《企业会计准则第18号——所得税》确认的可抵扣暂时性差异产生的所得税资产。暂时性差异是指资产或负债的账面价值与其计税基础之间的差额;可抵扣暂时性差异是指在确定未来收回资产或清偿负债期间的应纳税所得额时,将导致产生可抵扣金额的暂时性差异。

14."其他资产"项目

其他资产包括那些金额小、不足以单独立户的项目,如预付款项、抵债资产、待结算及清算款、应收手续费及佣金收入等。

(二)负债类项目

负债是商业银行因过去事项而转移经济资源的现时义务。负债业务是商业银行最基本的业务,是开展资产业务的基础和前提。商业银行的负债主要有以下各项。

1."向中央银行借款"项目

商业银行向中央银行借款的形式有再贷款和再贴现两种。其中,再贷款是指中央银行向商业银行的担保或信用放款;再贴现是指经营票据贴现业务的商业银行将其买入的未到期的贴现汇票向中央银行申请再次贴现。

2."同业及其他金融机构存放款项"项目

同业存放可分为国内同业存放和国外同业存放两方面。其中,国内同业存放是指国内其他银行和金融机构为了方便结算,在本行开立存款账户;国外同业存放是指各国经营外汇业务的银行,为了便于国际业务的收付,在本行开立该货币的存款账户。其他金融机构存放款项是指因支付清算和业务合作等的需要,由其他金融机构存放于商业银行的款项,存放利率由双方协商而定。

3."拆入资金"项目

投入资金是指银行在同业拆借市场向境内、境外银行和非银行金融机构借入的款项。拆入资金用于弥补票据结算、联行汇差头寸的不足和解决临时性周转资金的需要。《中华人民共和国商业银行法》要求同业拆借应当遵守中国人民银行的规定,禁止利用拆入资金发放固定资产贷款或者用于投资。

4."交易性金融负债"项目

交易性金融负债是指资产负债表日商业银行承担的交易性金融负债,以及商业银行持有的直接指定为以公允价值计量且其变动计入当期损益的金融负债的期末账面价值。商业银行的交易性金融负债主要是其发行的结构性存款、与贵金属相关的金融负债及结构性金融工具。

5."衍生金融负债"项目

衍生金融负债是指商业银行所运用的衍生金融工具在资产负债表日以公允价值计量为负数,作为一项负债反映。

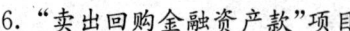

6."卖出回购金融资产款"项目

卖出回购金融资产款是指银行按回购协议卖出票据、债券、同业存单和贷款等金融资产所融入的资金,协议到期再按协议约定的方式买回金融资产,实质是通过交易市场融入资金。

7."客户存款"项目

客户存款是指社会单位和个人存入商业银行的货币资金。存款可按多种方式分类,如按来源可分为原始存款和派生存款,按期限可分为活期存款和定期存款,按存款者的不同可划分为单位存款和个人存款。个人存款即居民储蓄存款,是居民个人存入银行的货币。不同期限的存款品种,稳定性不同且利息率水平差异较大,直接影响银行的利息支出水平。

8."应付职工薪酬"项目

应付职工薪酬是指商业银行根据有关规定应付给职工的各种薪酬,包括"工资,奖金,津贴,补贴""职工福利""社会保险费""住房公积金""工会经费""职工教育经费""解除职工劳动关系补偿""非货币性福利""其他与获得职工提供的服务相关的支出"等明细项目。

9."应交税费"项目

商业银行应交的税种主要是所得税、增值税、流转税的附加税(城市维护建设税、教育费附加、地方教育附加)及房产税、城镇土地使用税、车船税、印花税等。

10."应付利息"项目

应付利息是指商业银行按照权责发生制原则确认利息费用而计提的应付未付的利息。

11."应付债券"项目

应付债券是指商业银行在国内外金融市场上发行的长期资本债券,包括次级债、二级资本债券、可转换公司债和普通金融债券。商业银行以发行长期资本债券的方式融资,其利率水平远高于存款和同业负债的利率水平,但它属于主动负债的方式,商业银行可以根据资金的需求和资产负债管理的需要等,以发债的方式在短期内筹资大量资金。符合一定条件的长期资本债券可计入二级资本以补充商业银行的资本金。

12."递延所得税负债"项目

递延所得税负债是指商业银行根据《企业会计准则第 18 号——所得税》确认的应纳税暂时性差异产生的所得税负债。应纳税暂时性差异是指在确定未来收回资产或清偿负债期间的应纳税所得额时,将导致产生应税金额的暂时性差异。

13."其他负债"项目

其他负债包括那些金额小、不足以单独立户的项目,如保险负债、待结算及清算款项、代收代付款项、递延收入、预收租金及押金、睡眠户、应付资本性支出等。

（三）所有者权益项目

所有者权益是商业银行投资者对银行净资产的所有权,即商业银行资产与负债差额。商业银行的所有者权益主要有以下各项。它包括商业银行投资者投入的资本(包括股本、其他权益工具和资本公积)、其他综合收益和留存收益(包括盈余公积、一般风险准备和未分配利润)。

1."股本"项目

银行收到投资者投入的资本时,按其在股本中所占份额确认为股本,差额部分作为股本溢价,计入资本公积。对于发行股票上市的商业银行,发行的股票的面值为股本,超过面值的部分,作为股本溢价,计入资本公积。商业银行还可按照相关规定和程序将资本公积、盈余公积转增股本,或以分配股票股利的方式增加股本。

2."其他权益工具"项目

其他权益工具是指商业银行发行的除普通股以外的归类为权益工具的各种金融工具,如优先股和永续债。

3."资本公积"项目

资本公积是指归所有者共有,非经营收益转化而形成的资本。它主要是资本(或股本)溢价。资本(或股本)溢价是指商业银行收到投资者的超过其在银行注册资本(或股本)中所占份额的投资。形成资本溢价(或股本溢价)的原因有溢价发行股票、投资者超额缴入资本等。

4."其他综合收益"项目

其他综合收益是指商业银行根据《企业会计准则》规定未在损益中确认的各项利得和损失扣除所得税影响后的净额。

5."盈余公积"项目

盈余公积是指商业银行从净利润中提取形成的、存留在商业银行内部、具有特定用途的收益积累。盈余公积包括法定盈余公积和任意盈余公积。法定盈余公积是根据《公司法》的要求按净利润的 10% 提取,法定盈余公积累计额已达注册资本的 50% 时可以不再提取。任意盈余公积是上市公司按照股东大会的决议提取。盈余公积可以用于弥补亏损、转增股本。在符合规定的条件时,也可以用盈余公积分派现金股利。

6."一般风险准备"项目

一般风险准备是金融类企业所有者权益中特有的项目。根据财政部《金融企业准备金计提管理办法》的要求,商业银行从净利润中提取一定金额作为一般风险准备,用于部分弥补尚未识别的可能性损失。计提的一般风险准备的余额,原则上不得低于风险资产期末余额的 1.5%。

7."未分配利润"项目

未分配利润是指商业银行当年实现的净利润经过弥补亏损、提取盈余公积和向投资者分配利润后留存下来及历年结存的利润。未分配利润有两层含义:一是留待以后年度处理的利润;二是未指明特定用途的利润。相对于所有者权益的其他部分来说,商业银行对于未分配利润的使用有较大的自主权。

第二节 利 润 表

一、利润表的特点和作用

利润表是反映商业银行在某一会计期间经营成果的财务报表。它是银行经营活动的动态体现。它依据"收入－费用＝利润"这一会计平衡式编制。

（一）利润表的特点

1. 营业收入包括利息净收入等六部分

银行的营业收入包括利息净收入、手续费及佣金净收入、投资收益、公允价值变动收益、汇兑收益和其他业务收入。其中,利息净收入、手续费及佣金净收入是主要项目,利息净收入是利息收入与利息支出的差额,利息收入对应生息资产,利息支出对应计息负债;手续费及佣金净收入是手续费和佣金收入与手续费和佣金支出的差额。

2. 营业支出包括税金及附加等五部分

银行的营业支出包括税金及附加、业务及管理费、信用减值损失、其他资产减值损失和其他业务成本。其中,业务及管理费和信用减值损失是主要项目,商业银行当期发生的营业费用全部作为业务与管理费,主要是员工的工资和固定资产折旧等;信用减值损失反映商业银行信用资产质量和信用风险水平。

（二）利润表的作用

1. 反映商业银行在一个会计期间里营业收入的来源和构成比例

通过对各项收入水平的分析,商业银行可以评价各项业务对营业收入的贡献度,及时发现在资产负债配置和业务发展方面存在的问题,为以后的调整和优化提供依据。通过不同时期或行业平均的营业收入规模和构成的比较,商业银行可以研究营业收入规模和构成比例的变动趋势,明确今后的业务发展方向。

2. 反映商业银行在一个会计期间的营业支出规模和构成情况,分析各项支出的合理性和必要性

通过不同时期或行业平均的营业支出的规模和构成的比较,商业银行可以了解营业支出的变动趋势,及时发现在成本管理和控制方面存在的问题,明确支出管理的重点。

3. 是分析、考核商业银行管理水平和经济效益的依据

通过利润表提供的信息,商业银行可以分析自身盈亏形成的原因,对自身的管理水平和经营业绩做出评价。

二、利润表的结构

商业银行的利润表包括收入、费用和利润三大要素。我国商业银行利润表的格式见表2-2。

表2-2 利润表

编制单位：　　　　　　　　年　　月　　日　　　　　　　　　单位：

项目	本期金额	上期金额
一、营业收入		
利息净收入		
利息收入		
利息支出		
手续费及佣金净收入		
手续费及佣金收入		

（续表）

项目	本期金额	上期金额
手续费及佣金支出		
投资收益		
公允价值变动收益		
汇兑收益		
其他业务收入		
二、营业支出		
税金及附加		
业务及管理费		
信用减值损失		
其他资产减值损失		
其他业务成本		
三、营业利润		
加:营业外收入		
减:营业外支出		
四、利润总额		
减:所得税费用		
五、净利润		

三、利润表的主要项目

（一）营业收入项目

商业银行营业收入包括利息净收入、手续费及佣金净收入、投资收益、公允价值变动收益、汇兑收益和其他业务收入六部分。

1.“利息净收入”项目

利息净收入是指利息收入减去利息支出的净值。利息收入可具体细分为:贷款利息收入,转贷款利息收入,贴现和转贴现利息收入,垫款利息收入,债券利息收入,存中央银行存款利息收入,以及存放同业、拆放同业和买入返售金融资产利息收入等。利息支出包括:存款利息支出,转贷款资金利息支出,转贴现利息支出,向中央银行借款利息支出,债券利息支出,以及同业存放、同业拆入和卖出回购利息支出等。

2.“手续费及佣金净收入”项目

手续费及佣金净收入是指手续费及佣金收入减去手续费及佣金支出的净值。手续费及佣金收入的主要来源有:银行卡业务手续费收入、汇款和结算业务手续费收入、投资银行业务收入、个人理财及私人银行业务收入、信托业务佣金收入、顾问及咨询业务收入、担保及承诺业务手续费收入、代理收付及委托业务收入等、托管类及其他受托业务收入。手续费及佣金支出包括银行卡业务手续费支出、结算业务手续费支出、代理业务手续费支出等。近年来我国商业银行中间业务和表外业务的品种日益丰富,银行手续费及佣金净收入的规模逐年增长,手续费及佣金净收入占营业收入的比重也逐年提高,营业收入来源的多元化可以降低银行经营的集中度风险。

3.“投资收益”项目

投资收益是指债券投资买卖损益、股利收入、股权投资买卖收益、资产支持证券收益、贵金属买卖收益、衍生金融工具损益、对联营合营企业投资收益等。

4.“公允价值变动收益”项目

公允价值变动收益是指交易性金融资产公允价值变动收益、交易性金融负债公允价值变动收益、衍生金融工具公允价值变动收益和卖出回购证券公允价值变动收益。

5.“汇兑收益”项目

汇兑收益是指因汇率的波动导致外汇买卖产生的外汇敞口发生的汇兑收益。

6.“其他业务收入”项目

其他业务收入是指信托收入、融资租赁收入、保管费收入、保险业务收入等各种非利息收入。

（二）营业支出项目

商业银行的营业支出包括税金及附加、业务及管理费、信用减值损失、其他资产减值损失和其他业务成本五部分。

1.“税金及附加”项目

税金及附加是指按增值税的一定比例计算缴纳的城市维护建设税、教育费附加和地方教育附加,以及房产税、城镇土地使用税、车船税、印花税等。

2.“业务及管理费”项目

业务及管理费是指职工费用、固定资产折旧、资产摊销及业务费用等。其中,业务费用包括行政费用、运营费用、交通费用、市场费用等。

3.“信用减值损失”项目

信用减值损失是指商业银行按照《企业会计准则第 22 号——金融工具确认和计量》(2017 年修订)的要求计提的各项金融工具减值准备所形成的预期信用损失。

4.“其他资产减值损失”项目

其他资产减值损失是指银行持有的非金融资产的跌价、减值损失,如固定资产减值损失、在建工程减值损失、抵债资产及其他资产减值损失等。

5.“其他业务成本”项目

其他业务成本是指银行发生的除上述营业成本以外的其他营业支出,如银行的保险业务支出。

（三）利润主要项目

1.“营业利润”项目

营业利润是指营业收支相抵后的余额。它反映商业银行一定时期正常经营活动的成果,是利润总额中最主要、最稳定的来源,其高低反映商业银行的经营管理效率。

2.“利润总额”项目

利润总额是指营业利润加上营业外收入,再减去营业外支出后的数额。它反映一定时期商业银行全部的经营成果。其中,营业外收入反映商业银行发生的除营业利润以外的收益,主要包括债务重组利得、与银行日常活动无关的政府补助、盘盈利得、捐赠利得等;营业外支出反映银行发生的除营业利润以外的支出,主要包括债务重组损失、公益性捐赠支出、非常损失、盘亏损失、非流动资产毁损报废损失等。

3."净利润"项目

净利润是指利润总额扣除所得税费用后的余额。它反映商业银行一定时期经营活动的最终成果,是进行绩效评价时的基本指标。商业银行每一纳税年度的收入总额,减去不征税收入、免税收入、各项扣除和允许弥补的以前年度亏损后的余额,为应纳税所得额。1997年以前,国有商业银行的所得税税率为55%外加7%的调节税;1997年,下调至一般企业的33%的税率,从2008年起,商业银行的所得税税率为25%。

四、利润表与资产负债表之间的直接关系

商业银行的利润表和资产负债表有着直接的联系,这种联系比一般的工商企业财务报表之间的联系更为紧密。利润表中的主要项目取决于资产负债表中的资产和负债规模、结构和利率水平,资产负债组合承受的信用风险、流动性风险和利率风险等影响利润相关项目的变动。商业银行的利润表和资产负债表的关系见图2-2。

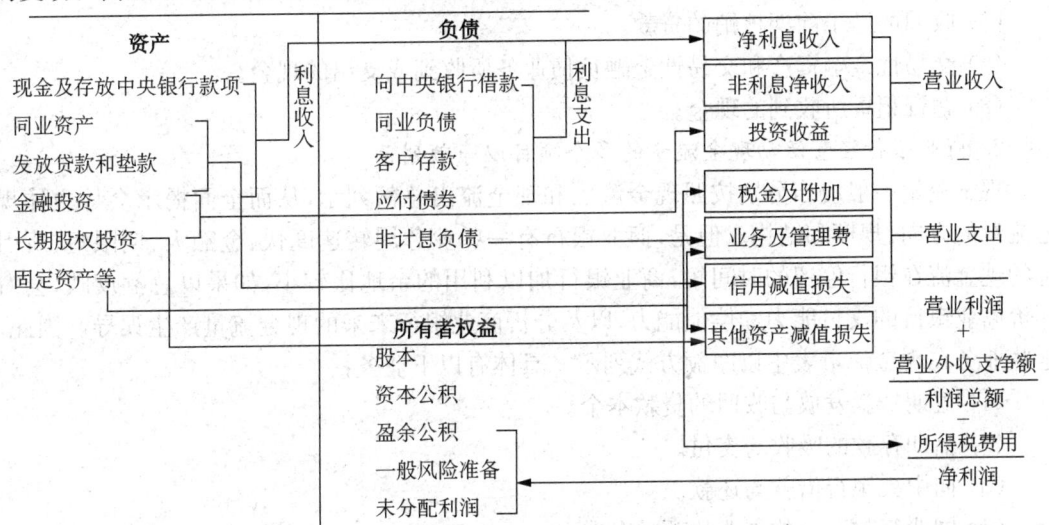

图2-2　商业银行的利润表和资产负债表的关系

第三节 现金流量表

一、现金流量表的特点和作用

商业银行的现金流量表是指以收付实现制为编制基础,反映商业银行在一个经营期间内的现金流入和流出情况的财务报表。现金流量表中的"现金"是指现金及现金等价物,包

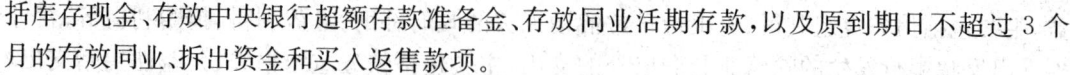

括库存现金、存放中央银行超额存款准备金、存放同业活期存款,以及原到期日不超过3个月的存放同业、拆出资金和买入返售款项。

(一)现金流量表的特点

1. 对商业银行的业务活动有其特有的分类

编制现金流量表,需要将会计主体的业务活动分为经营活动、投资活动和筹资活动三类。商业银行业务活动的性质和内容与工商企业不同,因而分类有所不同。例如,对于工商企业,贷款和证券投资业务属于筹资活动;而对于商业银行,吸收存款、发放贷款和交易性的金融资产投资业务是其日常的经营内容,这些业务属于经营活动。根据《企业会计准则第31号——现金流量表》对金融企业特殊项目的现金流量以及归类所做的规定,以下各项属于商业银行的经营活动:

(1)对外发放的贷款和收回的贷款本金。

(2)吸收的存款和支付的存款本金。

(3)同业存放及存放同业款项。

(4)向其他金融企业拆借的资金。

(5)利息收入和利息支出。

(6)收回的已于前期核销的贷款。

(7)交易性金融资产和交易性金融负债业务所收到或支出的现金。

(8)融资租赁所收到的现金。

2. 商业银行经营活动现金流量的多个项目以净额列示

现金流量一般应当分别按照现金流入和现金流出总额列示,从而全面揭示会计主体现金流量的方向、规模和结构。但是,商业银行有一些业务周转速度快、金额大、期限短,所引起的现金流在银行停留的时间短,商业银行加以利用的余地比较小,如果以总额反映,会对评价商业银行的支付能力和偿债能力,以及分析商业银行未来的现金流量产生误导。因此,这些业务在现金流量表中以净额方式列示。具体有以下业务:

(1)短期贷款发放与收回的贷款本金。

(2)活期存款的吸收与支付。

(3)向中央银行借款与还款。

(4)同业存款和存放同业款项的存取。

(5)向其他金融企业拆借资金。

实务中,一些商业银行在现金流量表中对贷款并不做短期贷款和长期贷款的划分、对存款不做活期存款和定期存款的划分,而是一并以客户存款增加净额和客户贷款增加净额列示。

(二)现金流量表的作用

1. 反映一定会计期间商业银行经营活动产生的现金流入、流出的情况

商业银行经营活动的现金流量可以分为资金来源和资金运用、营业收入和营业支出两部分。就资金来源和资金运用而言,通过存款和同业负债业务等增加净额与贷款和同业资产业务等增加净额的比较,商业银行可以分析其负债增长和资产增长的协调发展的能力。营业收入和营业支出现金流可以反映银行从主要业务活动中获取现金的能力和实际的利息收支水平。

2. 反映一定会计期间商业银行以现金方式进行固定资产投资、联营合营企业投资和取得投资收益的情况

根据现金流量表中投资活动的现金流入和流出情况,商业银行可以分析其固定资产和股权投资规模扩张及取得收益的情况。

3. 反映一定会计期间商业银行以发行股票、债券筹集资金以及分红付息的情况

根据现金流量表中筹资活动的现金流入和流出情况,商业银行可以分析其根据资产扩张和资本管理的需要,发行中长期债券筹集资金的能力和发行股票补充资本金的能力,以及各种筹资方式的资金成本。

二、现金流量表的结构

我国商业银行现金流量表的基本格式见表 2-3。

表 2-3　　　　　　　　　　　　　　现金流量表

编制单位:　　　　　　　　　　　年　　月　　日　　　　　　　　　　　单位:

项目	本期金额	上期金额
一、经营活动产生的现金流量:		
客户存款和同业及其他金融机构存放款项净增加额		
向中央银行借款净增加额		
拆入资金净增加额		
卖出回购金融资产净增加额		
交易性金融负债净增加额		
收取的利息、手续费及佣金的现金		
收到的其他与经营活动有关的现金		
经营活动现金流入小计		
客户贷款和垫款净增加额		
存放中央银行和同业款项净增加额		
拆出资金净增加额		
买入返售金融资产净增加额		
交易性金融资产净增加额		
支付的利息、手续费及佣金的现金		
支付给职工以及为职工支付的现金		
支付的各项税费		
支付的其他与经营活动有关的现金		
经营活动现金流出小计		

（续表）

项目	本期金额	上期金额
经营活动产生的现金流量净额		
二、投资活动产生的现金流量：		
收回投资收到的现金		
取得投资收益收到的现金		
处置固定资产和其他长期资产收回的现金净额		
投资活动现金流入小计		
投资支付的现金		
购建固定资产和其他长期资产支付的现金		
取得子公司、联营和合营企业支付的现金		
对子公司增资支付的现金		
投资活动现金流出小计		
投资活动所用的现金流量净额		
三、筹资活动产生的现金流量：		
吸收投资收到的现金		
发行债券收到的现金		
子公司吸收少数股东投资收到的现金		
筹资活动现金流入小计		
分配股利、利润或偿付利息所支付的现金		
偿还债务支付的现金		
支付的其他与筹资活动有关的现金		
筹资活动现金流出小计		
筹资活动所用的现金流量净额		
四、汇率变动对现金及现金等价物的影响		
五、现金及现金等价物净(减少)/增加额		
加:年初现金及现金等价物余额		
六、年末现金及现金等价物余额		

三、现金流量表的主要项目

（一）经营活动产生的现金流量项目

　　银行的存款业务、贷款业务、同业往来业务、回购业务、中间业务、处置抵债资产、交易性金融资产业务、交易性金融负债业务等为经营活动,由此引起的现金流入或现金流出在经营活动现金流量大类中以净额或总额分项列示。其主要包括以下各项。

1. "客户存款和同业及其他金融机构存放款项净增加额"项目

本项目反映商业银行本期吸收的境内外金融机构以及非同业存放款项以外的各种存款的净增加额。本项目根据"吸收存款""同业存放"等科目的记录分析填列。

2. "向中央银行借款净增加额"项目

本项目反映商业银行本期向中央银行借入款项的净增加额。本项目根据"向中央银行借款"科目的记录分析填列。

3. "拆入资金净增加额"项目

本项目反映商业银行本期从境内外金融机构拆入款项所取得的现金,减去拆放给境内外金融机构款项而支付的现金后的净额。本项目根据"同业拆入""拆放同业"等科目的记录分析填列。本项目如为正数,应在经营活动现金流入类中单独列示。

4. "卖出回购金融产净增加额"项目

本项目反映商业银行本期通过回购业务取得的现金净增加额。本项目根据"卖出回购金融资产"科目的记录分析填列。

5. "交易性金融负债净增加额"项目

本项目反映商业银行本期以公允价值计量且其变动计入当期损益的金融负债的方式融入现金的净增加额。本项目根据"交易性金融负债"科目的记录分析填列。

6. "收取的利息、手续费及佣金的现金"项目

本项目反映商业银行本期收到的利息、手续费及佣金的金额。本项目根据"利息收入""金融企业往来利息收入""手续费及佣金收入""应收利息"等科目的记录分析填列。

7. "收到的其他与经营活动有关的现金"项目

本项目反映商业银行收到的除上述各项目外,与经营活动有关的其他现金流入,如罚款收入、接受现金捐赠以及开展信托、租赁、保险等业务的收入。

8. "客户贷款和垫款净增加额"项目

本项目反映商业银行本期发放的各种客户贷款,以及办理商业票据贴现等业务的款项的净增加额。本项目根据"贷款""贴现资产""贷款损失准备"等科目的记录分析填列。

9. "存放中央银行和同业款项净增加额"项目

本项目反映商业银行本期存放于中央银行以及境内外金融机构的款项的净增加额。本项目根据"存放中央银行款项""存放同业""存放同业及其他金融机构款项"等科目的记录分析填列。

10. "拆出资金净增加额"项目

本项目反映商业银行本期从境内外金融机构拆入款项所取得的现金,减去拆放给境内外金融机构款项而支付的现金后的净额。本项目根据"同业拆入""拆放同业"等科目的记录分析填列。本项目如为负数,应在经营活动现金流出类中单独列示。

11. "买入返售金融资产净增加额"项目

本项目反映商业银行本期通过回购业务借出的现金净增加额。本项目根据"买入返售金融资产款项"科目的记录分析填列。

12. "交易性金融资产净增加额"项目

本项目反映商业银行本期以现金方式购买以公允价值计量且其变动计入当期损益的金

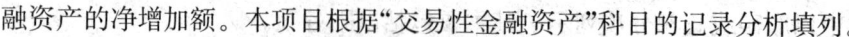

融资产的净增加额。本项目根据"交易性金融资产"科目的记录分析填列。

13."支付的利息、手续费及佣金的现金"项目

本项目反映商业银行本期以现金方式支付的利息、手续费及佣金。本项目根据"利息支出""金融企业往来利息支出""手续费及佣金支出""应付利息""应付款项"等科目的记录分析填列。

14."支付给职工以及为职工支付的现金"项目

本项目反映商业银行本期支付给职工以及为职工支付的现金。本项目根据"应付职工薪酬"科目的记录分析填列。

15."支付的各项税费"项目

本项目反映商业银行本期以现金方式支付的各项税费。本项目根据"应交税费""税金及附加""所得税费用"等科目的记录分析填列。

16."支付的其他与经营活动有关的现金"项目

本项目反映商业银行支付的除上述各项目外,与经营活动有关的其他现金流出,如捐赠现金支出、罚款支出、住房公积金支出、保险支出等。

（二）投资活动产生的现金流量项目

商业银行对子公司或联营及合营企业的投资、证券投资（除交易性金融资产）、固定资产和无形资产的购建或处置、取得投资收益等为投资活动,由此引起的现金流入或现金流出在投资活动现金流量大类中以净额或总额分项列示。其主要包括以下各项。

1."收回投资收到的现金"项目

本项目反映出售、转让或到期收回权益性投资和债权投资而收到的现金,不包括长期债权投资收回的利息,以及收回的非现金资产。本项目根据"债权投资""其他债权投资""其他权益工具投资"等科目的记录分析填列。

2."取得投资收益收到的现金"项目

本项目反映因股权性投资而分得的现金股利,从子公司、联营企业或合营企业分回利润而收到的现金,以及因债权投资而取得的现金利息收入,不包括股票股利。本项目根据"投资收益"科目的记录分析填列。

3."处置固定资产和其他长期资产收回的现金净额"项目

本项目反映银行处置固定资产和其他长期资产收到的现金。本项目根据"固定资产""无形资产""抵债资产""其他长期资产""固定资产清理"等科目的记录分析填列。

4."投资支付的现金"项目

本项目反映取得的权益性投资和债权投资所支付的现金以及支付佣金、手续费等附加费用所支付的现金。本项目根据"债权投资""其他债权投资""其他权益工具投资""长期股权投资"等科目的记录分析填列。

5."购建固定资产和其他长期资产支付的现金"项目

本项目反映购买、建造固定资产和其他长期资产所支付的现金及增值税款、支付的应由在建工程和无形资产负担的职工薪酬现金支出,以及融资租入固定资产支付的租赁费,不包括为购建固定资产而发生的借款利息资本化的部分。资本化的借款利息和融资租入固定资产支付的租赁费,在筹资活动产生的现金流量中单独反映。本项目根据"固定资产""无形资

产""抵债资产""其他长期资产""固定资产""在建工程""抵债资产及其他资产""无形资产"等科目的记录分析填列。

6. "取得子公司、联营和合营企业支付的现金"项目

本项目反映取得子公司、联营公司和合营公司所支付的现金。本项目根据"长期股权投资"等科目的记录分析填列。

7. "对子公司增资支付的现金"项目

本项目反映增加对子公司投资所支付的现金。本项目根据"长期股权投资"等科目的记录分析填列。

（三）筹资活动产生的现金流量项目

商业银行接受股东投入、发行股票、发行各类债券、支付股利或利息等为筹资活动,由此引起的现金流入或现金流出在筹资活动现金流量大类中以总额分项列示。其主要包括以下各项。

1. "吸收投资收到的现金"项目

本项目反映以发行股票、募集股本筹集资金实际收到的款项,减去直接支付的佣金、手续费、宣传费、咨询费、印刷费等发行费用后的净额。发行股票直接支付的费用,在"支付的其他与筹资活动有关的现金"项目反映。本项目根据"实收资本"科目的记录分析填列。

2. "发行债券收到的现金"项目

本项目反映发行债券筹集资金收到的现金。本项目以发行债券实际收到的现金列示。本项目根据"应付债券"等科目的记录分析填列。

3. "子公司吸收少数股东投资收到的现金"

本项目反映子公司吸收少数股东投资收到的现金。本项目根据"长期股权投资"等科目的记录分析填列。

4. "分配股利、利润或偿付利息所支付的现金"项目

本项目反映实际支付的现金股利、支付给其他投资单位的利润或用现金支付的拆入资金利息等。本项目根据"应付股利""应付利润""应付利息"等科目的记录分析填列。

5. "偿还债务支付的现金"项目

本项目反映以现金偿还债务的本金。本项目根据"应付债券"科目的记录分析填列。

6. "支付的其他与筹资活动有关的现金"项目

本项目反映除上述项目外与筹资活动有关的其他现金流出。其他现金流出若金额较大,应单列项目反映。

第四节　主要财务比率

财务比率是以财务报表资料为依据,反映有关项目之间相互关系的比率。完整的财务比率指标体系可以综合地反映商业银行的经营效率,并且通过对同一家商业银行不同经营期的财务比率的比较及在同一经营期与其他商业银行的比较,对商业银行经营活动的趋势

及经营活动的水平进行综合评价。本节介绍反映商业银行盈利能力、资产质量和资本充足率三方面情况的财务比率。

一、盈利能力指标

（一）总资产收益率

总资产收益率（ROA）反映每1元的资产所获得的净利润，体现银行运用其全部资金获取利润的能力。其计算公式为：

$$ROA = \frac{净利润}{总资产平均余额} \times 100\%$$

该指标越高，说明银行盈利能力越强。目前，该指标的监管标准是不应低于0.6%。

由于商业银行经营的特殊性，其总资产收益率远低于工商企业。2016—2019年，我国主要商业银行总资产收益率在0.7%~1.3%。次贷危机爆发之前，2007年全球银行业的总资产收益率达到顶峰1.28%，2008年跌到0.36%，2009年进一步下跌到0.04%，2013年度回升到1%以上。ROA受经济发展周期、宏观经济政策、货币政策、银行的规模、银行经营管理理念、管理水平和风险控制能力等多种因素的影响。如果要了解一家银行整体的风险状况，那么ROA的波动性是一个全面的衡量工具，它反映了银行所面临的利率风险、流动性风险和操作性风险等。ROA的标准差是反映ROA波动性大小的指标。标准差越大，表明ROA波动性越大，标准差越小，表明ROA越稳定。

ROA还可以进一步分解为营业收入净利润率（PM）和总资产周转率（AU）。其中，PM为每1元营业收入所带来的净利润；AU为每1元总资产带来的营业收入。计算公式为：

$$ROA = \frac{净利润}{营业收入}(PM) \times \frac{营业收入}{总资产平均余额}(AU)$$

PM反映了商业银行对费用支出的控制能力，费用控制得越好，净利润越高。但PM过高可能意味着一些潜在的问题，如商业银行员工的薪金和福利下降，PM会上升，但如果这种下降是因为许多高素质员工的离开，就会导致员工质量问题的产生，因此有必要做进一步的分析。

AU反映商业银行资产获取营业收入的能力，这个比率越高，说明商业银行在利用资源获取收入的效率越高。但是，某些问题的存在也可能导致较高的AU比率，如商业银行以高风险、高收入的贷款取代低风险、低收入的贷款时，总资产周转率会上升，但高风险贷款具有更高的违约风险，可能最终造成利息本金的损失和净利润的下降，因此也需要做进一步的分析。

表2-4列示了2013—2018年一级资本世界排名前十的银行ROA。

表2-4　　　　　　2013—2018年一级资本世界排名前十的银行 *ROA*

ROA	2013年	2014年	2015年	2016年	2017年	2018年
中国工商银行	1.44%	1.40%	1.29%	1.20%	1.14%	1.11%
中国建设银行	1.47%	1.42%	1.30%	1.18%	1.13%	1.13%

（续表）

ROA	2013 年	2014 年	2015 年	2016 年	2017 年	2018 年
中国银行	1.23%	1.21%	1.11%	1.05%	0.98%	0.94%
中国农业银行	1.20%	1.18%	1.07%	0.98%	0.95%	0.92%
摩根大通	0.75%	0.87%	0.99%	1.02%	0.97%	1.25%
美国银行	0.53%	0.23%	0.75%	0.83%	0.82%	1.21%
富国银行	1.48%	1.43%	1.32%	1.18%	1.14%	1.16%
花旗集团	0.73%	0.39%	0.96%	0.85%	—0.37%	0.96%
三菱日联	0.42%	0.57%	0.28%	0.07%	0.41%	0.24%
汇丰控股	0.60%	0.52%	0.54%	0.10%	0.44%	0.54%

（二）净资产收益率

净资产收益率（ROE）反映商业银行每 1 元净资产获得收益的能力，是商业银行资金运用效率和财务管理能力的综合体现，同股东财富直接相关，受到商业银行股东的格外重视。其计算公式为：

$$ROE = \frac{净利润}{净资产平均余额} \times 100\%$$

该指标越高，说明商业银行自有资本带来的收益越高。目前，该指标的监管标准是不应低于 11%。

2016—2019 年我国主要商业银行的 ROE 在 10%~16%。2007 年次贷危机发生后，全球银行业的平均净资产收益率曾下降到 3% 以下；2013 年，恢复到约 15% 水平。

ROE 可进一步分解为总资产收益率（ROA）和权益乘数（EM）。计算公式为：

$$ROE = \underbrace{\frac{净利润}{总资产平均余额}}_{(ROA)} \times \underbrace{\frac{总资产平均余额}{净资产平均余额}}_{(EM)}$$

EM 反映每 1 元净资产相对应的总资产，EM 越大，说明银行的资产负债率越高，财务风险越大。EM 是一把"双刃剑"，当 ROA 为正值时，EM 越大，其正向放大效应越大；而当 ROA 为负值时，EM 越大，其负向放大效应越大。如果两家商业银行的 ROE 相同，EM 值大的银行有更高的财务风险。例如，2014 年华夏银行和中国建设银行的 ROE 大体相同，但华夏银行有更高的 EM，其财务风险更大，ROE 波动性也更大（见表 2-5）。

表 2-5　　　　　　　华夏银行与中国建设银行 ROE 分解

比率	华夏银行	中国建设银行
ROA	1.02%	1.42%
EM（倍数）	18.86	13.90
ROE	19.24%	19.74%

2013—2018 一级资本世界排名前十的银行 ROE 见表 2-6。

表 2-6   2013—2018 年一级资本世界排名前十的银行 *ROE*

ROE	2013 年	2014 年	2015 年	2016 年	2017 年	2018 年
中国工商银行	21.90%	19.67%	16.69%	14.80%	13.96%	13.35%
中国建设银行	21.38%	19.74%	17.05%	15.38%	14.44%	13.56%
中国银行	17.95%	16.43%	13.97%	12.12%	11.86%	11.58%
中国农业银行	20.88%	19.15%	16.12%	14.55%	14.06%	13.10%
摩根大通	8.63%	9.82%	10.19%	9.86%	9.59%	12.68%
美国银行	4.87%	2.03%	6.36%	6.85%	6.83%	10.57%
富国银行	13.35%	13.01%	12.13%	11.18%	10.91%	11.11%
花旗集团	6.95%	3.52%	7.98%	6.67%	-3.19%	9.09%
三菱日联	8.90%	11.39%	5.54%	1.43%	8.48%	4.76%
汇丰控股	9.06%	7.35%	7.13%	1.36%	5.90%	7.29%

（三）净利差

净利差（NIS）即净利息差，是银行生息资产的平均收益率与计息负债的平均付息率之间的差额，反映银行获取净利息收入的能力。其计算公式为：

$$净利差（NIS）= 生息资产平均收益率 - 计息负债平均付息率$$

其中：

$$生息资产平均收益率 = \frac{利息收入}{生息资产的平均余额} \times 100\%$$

$$计息负债平均付息率 = \frac{利息支出}{计息负债的平均余额} \times 100\%$$

净利差的高低取决于商业银行的生息资产和计息负债的结构，这个结构不仅包括生息资产和计息负债的品种结构，也包括生息资产和计息负债所处的地区结构、行业结构等。商业银行生息资产和计息负债的结构受经济运行状况、金融市场发达程度和社会文化环境等宏观因素的影响，也与商业银行自身经营规模、经营策略和管理效率等相关。

生息资产和计息负债的结构也代表着不同的风险水平和流动性大小。如果商业银行更多地发放高风险、高利息率的贷款或购买信用等级低、利息率高的债券，会提高生息资产平均收益率，但可能带来更多的违约损失。如果商业银行尽可能采用短期负债的方式筹集资金，可以降低计息负债的平均付息率，但却造成了资金供给稳定性差，加大了银行的流动性风险。因此对净利差的分析应结合银行的风险状况和损失情况。

我国商业银行生息资产的主要构成是贷款，计息负债的主要构成是存款，因此存贷利差是决定净利差高低的重要因素。在利率管制时期，中国人民银行制定的存贷基准利率的调整基本上是同方向同幅度调整，存贷利差稳定在一个较高的水平，约 3% 左右。西方银行业的存贷利差约为 1%～1.5%。我国存款利率自 2015 年 10 月实现市场化，贷款利率自 2013 年 7 月实现市场化。表 2-7 是我国 13 家银行 2011—2017 年净利差，可以看到，各家商业银行净利差均在 2016 年出现明显的下降，表明存贷利率市场化后，净利差受到生息资产收益率下降和计息负债付息率上升的两边挤压。

表 2-7　　　　　　　　　　　2011—2018 年我国 13 家银行净利差

净利差	2011 年	2012 年	2013 年	2014 年	2015 年	2016 年	2017 年	2018 年
招商银行	2.94%	2.87%	2.65%	2.33%	2.59%	2.37%	2.29%	2.44%
中国农业银行	2.73%	2.67%	2.65%	2.76%	2.49%	2.10%	2.15%	2.20%
中国建设银行	2.57%	2.58%	2.56%	2.61%	2.46%	2.06%	2.10%	2.18%
华夏银行	2.63%	2.52%	2.50%	2.52%	2.40%	2.29%	1.88%	1.80%
平安银行	2.37%	2.19%	2.14%	2.40%	2.63%	2.60%	2.20%	2.26%
中国工商银行	2.49%	2.49%	2.40%	2.46%	2.30%	2.02%	2.10%	2.16%
中信银行	2.85%	2.61%	2.40%	2.19%	2.13%	1.89%	1.64%	1.85%
民生银行	2.96%	2.75%	2.30%	2.41%	2.10%	1.74%	1.35%	1.64%
兴业银行	2.49%	2.68%	2.23%	2.23%	2.26%	2.00%	1.44%	1.54%
浦发银行	2.42%	2.39%	2.26%	2.27%	2.26%	1.89%	1.75%	1.87%
中国银行	2.48%	2.19%	2.24%	2.31%	2.18%	1.84%	1.85%	2.25%
交通银行	2.49%	2.43%	2.33%	2.17%	2.06%	1.75%	1.44%	1.39%
光大银行	2.30%	2.34%	1.96%	2.06%	2.01%	1.59%	1.32%	1.50%

（四）净息差

净息差（NIM）即净利息收益率。其计算公式为：

$$净息差（NIM） = \frac{净利息收入}{生息资产平均余额} \times 100\%$$

该公式展开即为：

$$净息差 = \frac{利息收入}{生息资产的平均余额} - \frac{利息支出}{生息资产的平均余额}$$

其中，$\dfrac{利息支出}{生息资产的平均余额}$ 衡量的是每 1 元生息资产承担的利息支出水平。由于计息负债的资金也可能进行一些非生息资产的配置，$\dfrac{利息支出}{生息资产的平均余额}$ 可以反映银行生息资产的成本率或者说商业银行使用资金必须要取得的最低回报率，它与 $\dfrac{利息收入}{生息资产的平均余额}$ 的差额反映每 1 元生息资产获取净利息收入的能力。该指标越高，表明商业银行生息资产的盈利能力越强。

如前所述，如果商业银行更多地配置高风险高收益的资产项目，会提高净息差，但商业银行的风险增大，有可能损害其清偿能力和长期盈利能力。因此，在分析该指标时，商业银行同样要关注生息资产的风险状况和损失情况。

净息差的计算和数值大小与净利差紧密相关，净息差主要由净利差决定，但受生息资产与计息负债相对规模的影响。如果生息资产规模大于计息负债的规模，则净息差高于净利

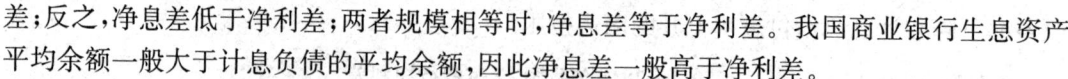

差;反之,净息差低于净利差;两者规模相等时,净息差等于净利差。我国商业银行生息资产平均余额一般大于计息负债的平均余额,因此净息差一般高于净利差。

商业银行利润的主要来自净利息收入,净利息收入又与商业银行的负债结构和资产配置结构相关,因此净利差和净息差是反映商业银行资产负债配置效率和盈利水平的重要指标。净息差可用于不同商业银行、不同时期资产负债管理效能的比较。商业银行在其财务报表中会提供生息资产和计息负债的平均余额、利息收入和支出、平均收益率和平均付息率的情况表。这为研究商业银行资产负债配置方面的特点、问题、变化趋势及利率变动对收益的影响等提供了重要的分析依据。

(五)手续费及佣金净收入对营业收入比率

手续费及佣金净收入对营业收入比率是指手续费及佣金净收入占营业收入的比重。它反映商业银行创新发展、开拓更多金融服务产品的能力。其计算公式为:

$$手续费及佣金净收入对营业收入比率 = \frac{手续费及佣金净收入}{营业收入} \times 100\%$$

其中:

$$手续费及佣金净收入 = 手续费及佣金收入 - 手续费及佣金支出$$
$$营业收入 = 净利息收入 + 手续费及佣金净收入 + 投资收益 + 公允价值变动收益 +$$
$$汇兑及汇率产品净收益 + 其他业务收入$$

该指标越高,表明商业银行中间业务越发达,也越有利于商业银行减轻对传统存贷业务的依赖性,改善收益结构,降低利率变动对利润的影响。

表 2-8 为目前我国商业银行手续费及佣金收入、支出项目,相对来说,手续费及佣金收入项目更多、更广泛,它们主要是针对社会客户而推出的。商业银行凭借丰富的社会客户资源,围绕客户需求,推出增值服务产品,从而增加手续费及佣金收入。而手续费及佣金支出项目主要是商业银行间一些代理业务产生的手续费及佣金支出,支出的规模比较小。

表 2-8 我国商业银行手续费及佣金收入、支出项目

手续费及佣金收入项目	手续费及佣金支出项目
结算、清算及现金管理	结算、清算手续费支出
代理业务手续费	代理业务手续费支出
顾问和咨询费	银行卡业务手续费支出
银行卡手续费	代收代付业务手续费支出
个人理财及私人银行	
对公理财	
资产托管及其他受托业务佣金	
担保及承诺费	
代理收付及委托	
代收代付业务收入	
网上银行业务收入	

近年来,由于我国存贷利率市场化,商业银行净利差收窄,净利息收入占营业收入比重下降,加之商业银行十分重视中间业务的拓展,因此非利息收入占比逐年提高。

表2-9列示了2010—2018年全球9家大型银行非利息收入占比。

表2-9   **2010—2018年全球9家大型银行非利息收入占比**

非利息收入占比	2010年	2011年	2012年	2013年	2014年	2015年	2016年	2017年	2018年
中国工商银行	20.20%	23.70%	22.20%	24.80%	25.10%	27.20%	30.19%	28.14%	26.01%
中国建设银行	22.25%	23.30%	23.34%	23.41%	23.33%	24.36%	30.95%	27.22%	26.20%
中国银行	29.93%	30.50%	29.81%	30.41%	29.63%	30.71%	36.72%	29.98%	28.64%
中国农业银行	16.62%	18.67%	18.98%	18.68%	17.46%	18.66%	21.33%	17.71%	20.18%
摩根大通	44.77%	44.70%	48.18%	50.14%	49.53%	49.53%	47.01%	43.48%	47.14%
美国银行	43.74%	42.44%	42.64%	45.90%	46.54%	46.48%	45.49%	42.57%	46.08%
富国银行	43.38%	43.59%	46.97%	46.53%	46.19%	45.27%	43.02%	39.73%	39.87%
花旗集团	28.66%	29.15%	24.88%	31.96%	31.90%	33.67%	30.07%	30.42%	28.68%
三菱日联	47.08%	40.12%	35.69%	46.00%	41.93%	49.57%	44.48%	28.58%	—

(六)成本收入比

成本收入比反映银行每1元营业收入对应的业务及管理费支出。其计算公式为:

$$成本收入比 = \frac{业务及管理费}{营业收入} \times 100\%$$

业务及管理费主要包括职工费用、折旧等,是商业银行开展经营活动所发生的经营费用。其主要项目有:工资、福利费用,房屋相关费用,计算机相关费用,交通费用,其他设备费用,市场费用,专业服务费用,运营费用,行政费用,研究开发费,资产折旧费,资产摊销等。商业银行经营规模、经营模式、经营理念、经营管理水平等不同,会使成本收入比表现出较大的差异。一般来讲,成本收入比指标越低,表明银行单位成本创造营业收入的能力越强,银行对成本的管理和控制越有效。当然成本收入比指标越低,并不意味着银行的利润一定高、经营效率一定高,因为营业收入转化为利润不仅要扣除业务及管理费,还要扣除资产减值损失。有时高的成本收入比可能意味着更高的风险管理水平更优质的人力资源、更先进的硬件系统、更低的经营风险损失、从而有更高的利润水平。目前,该指标的监管标准是不应超过35%。

在业务及管理费中,职工费用占比一般在60%以上,职工费用的高低取决于员工数量和各行制定的薪酬标准。从职工费占总资产的比重来看,国外大型银行职工费用占总资产的比重为1.5%左右,我国商业银行在0.5%~0.7%。而从员工数量来看,相较类似规模国外大型银行,我国大型商业银行的职工数更多。对职工费的管理,商业银行既要考虑到业务正

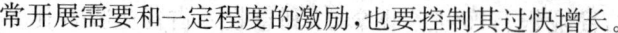

常开展需要和一定程度的激励,也要控制其过快增长。

二、资产质量指标

(一)不良贷款率

商业银行把贷款按信用风险程度分为正常、关注、次级、可疑和损失五类,其中后三类合称为不良贷款。不良贷款率是指不良贷款占总贷款的比重。它反映银行贷款质量高低的重要指标,该指标越高,表明贷款质量越差风险越大。其计算公式为:

$$不良贷款率 = \frac{不良贷款余额}{客户贷款及垫款总额} \times 100\%$$

由于商业银行的高财务杠杆,其承担风险的能力很脆弱,很小比例的贷款违约都会产生严重的不利后果,因此商业银行要控制不良贷款率,根据我国《商业银行风险监管核心指标》和《商业银行贷款损失准备管理办法》的监管要求,不良贷款率不得高于5%。

我国大型商业银行在2005年启动股份制改造之前有较高的不良贷款率,股份制改造过程中经过坏账核销、剥离和拍卖,不良贷款率大幅下降。2009年以来,我国银行业不良贷款率平均水平低于2%,但商业银行内部不良贷款率分化明显。大型商业银行的贷款通常投向国企和大型民营企业,抗风险能力较强,抵质押物充足,风险控制措施严格,资产质量相对较高,不良贷款的处置方式更丰富,不良贷款率较低;而中小银行贷款更多投向小微企业和个人,抵质押物质量不高,风险高,风险控制宽松,更易转变为不良贷款,不良贷款的处置方式较为有限,不良贷款率较高,尤其是农商行。

2003—2018年我国商业银行不良贷款额和不良贷款率见图2-3。

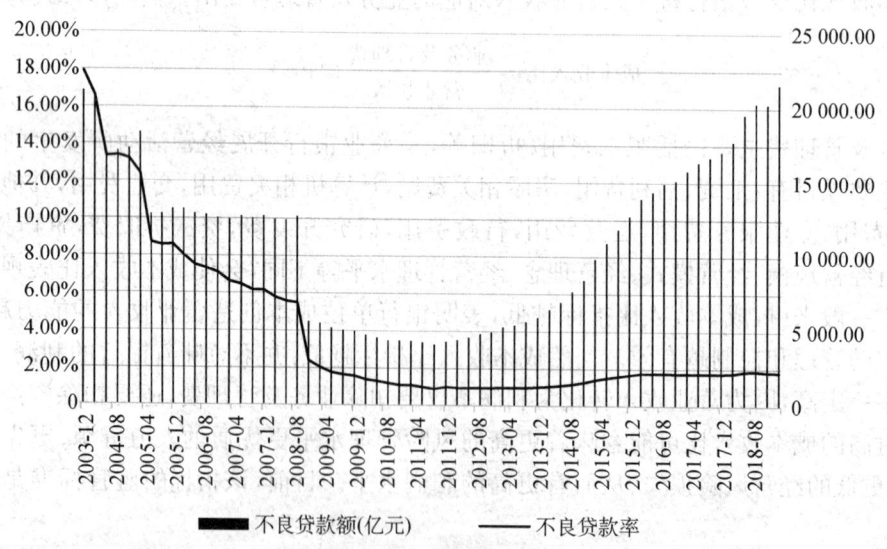

图2-3 2003—2018年我国商业银行不良贷款额和不良贷款率

表2-10列示了2012—2018年全球9家大型银行不良贷款率。

表 2-10　　　　　　　　　2012—2018 年全球 9 家大型银行不良贷款率

不良贷款率	2012 年	2013 年	2014 年	2015 年	2016 年	2017 年	2018 年
中国工商银行	0.85%	0.94%	1.13%	1.50%	1.62%	1.55%	1.52%
中国建设银行	0.99%	0.99%	1.19%	1.58%	1.52%	1.49%	1.46%
中国银行	0.95%	0.96%	1.18%	1.43%	1.46%	1.45%	1.42%
中国农业银行	1.33%	1.54%	1.54%	2.39%	2.37%	1.81%	1.59%
摩根大通	—	—	—	0.77%	0.77%	0.64%	0.47%
美国银行	—	—	—	1.03%	0.84%	0.68%	0.52%
富国银行	—	—	—	1.22%	1.04%	0.82%	0.67%
花旗集团	—	—	—	0.85%	0.89%	0.69%	0.52%
汇丰控股	—	—	—	2.30%	1.90%	1.50%	1.51%

不良贷款率指标建立在贷款五级分类的基础上。为检验贷款分类的准确性及反映贷款的真实质量,监管机构设计了逾贷比指标。逾贷比是指逾期 90 天以上的贷款与不良贷款之比。逾贷比在 100% 以下,一般认为贷款分类比较准确;超过 100%,比重越高,贷款五级分类越不准确,基本也预示了后续不良贷款率的大幅攀升。

此外,我国银行业的资产投向原来以信贷业务为主,不良贷款的分类和不良贷款率基本就反映了资产的质量。但近年来,商业银行资产配置日益多元化,非信贷资产的占比上升,在非信贷资产中,债券投资、同业资产、表外业务等同样面临信用风险,与信贷资产无实质区别,因此不良贷款率已不能全面反映商业银行的信用风险。目前,监管当局已将五级分类扩展至所有承担信用风险的表内外金融资产,包括但不限于贷款、债券和其他投资、同业资产、应收款项等,以及承担信用风险的表外项目。

（二）拨备覆盖率

拨备覆盖率是指贷款减值准备的余额与不良贷款余额的比值。它是衡量商业银行贷款损失准备金计提是否充足的一个重要指标,考察的是商业银行财务是否稳健,风险是否可控。其计算公式为:

$$拨备覆盖率 = \frac{贷款减值减备的余额}{不良贷款余额} \times 100\%$$

银行提取的贷款减值准备越多,利润和贷款的价值越低,符合会计信息质量的谨慎性要求。贷款减值准备对不良贷款的覆盖率越高,说明银行承担不良贷款损失的能力越强。拨备覆盖率的监管要求是 120%～150%。从实际执行情况来看,我国的商业银行维持了较高的拨备覆盖率水平,近年来商业银行拨备覆盖率的平均值基本在 150%～300% 的高位区间,这说明商业银行在计算提取贷款减值准备时较保守谨慎,其利润值和贷款价值趋于保守,表明商业银行为以后可能发生的贷款损失做了充分的准备。

（三）贷款拨备率

贷款拨备率是指贷款减值准备的余额与总贷款的比值。它是反映商业银行拨备计提水平的重要监管指标之一。其计算公式为:

$$贷款拨备率 = \frac{贷款减值准备的余额}{客户贷款及垫款总额} \times 100\%$$

一般来讲,拨备是为了覆盖预期损失,资本金用来应付非预期损失,或者说发生概率较小但损失较大的情形。所以,贷款拨备率的高低应适合贷款风险程度。如果贷款拨备率过低,会使利润虚增;贷款拨备率过高,会导致利润虚减。贷款拨备率的监管要求是 $1.5\% \sim 2.5\%$。近年来,我国商业银行贷款拨备率平均值在 2.8% 以上的较高水平。

不良贷款率、拨备覆盖率和贷款拨备率这三个指标的关系为:

$$贷款拨备率 = 不良贷款率 \times 拨备覆盖率$$

(四) 信贷成市

信贷成本是指本期计入资产减值损失的贷款减值损失部分占客户贷款平均余额的比例。其计算公式为:

$$信贷成本 = \frac{贷款减值损失}{客户贷款平均余额} \times 100\%$$

式中:

$$客户贷款平均余额 = \frac{期初客户贷款总额 + 期末客户贷款总额}{2}$$

它反映每 1 元客户贷款产生的损失。2017 年 4 月新修订的《企业会计准则第 22 号——金融工具确认和计量》将金融资产减值会计处理由"已发生损失法"改为"预期损失法"。"已发生损失法"是只有在客观证据表明金融资产已经发生损失时,才对相关金融资产计提减值准备。"预期损失法"要求考虑金融资产未来预期信用损失情况,采用三阶段法,分别按照 12 个月和整个存续期预期信用损失确认减值准备。计提贷款损失准备的对应科目是"资产减值损失"科目,在税前利润中列支。因此,贷款减值损失实际上是对当前贷款可能发生损失的估计值,其占客户贷款的比例反映贷款的质量,信贷成本越高,贷款质量越差。

三、资本充足率指标

资本充足性是银行持续经营的基本保障。资本充足率指标中的"资本"是指监管资本。监管资本包括核心一级资本、其他一级资本和二级资本。资本充足率指标监管可以说是整个银行业监管体系中最为重要的内容,商业银行应持续性地达到资本充足率的监管要求,否则,商业银行将面临严厉的监管措施。

(一) 核心一级资市充足率

核心一级资本充足率是指调整后的核心一级资本与风险加权资产的比率。其计算公式为:

$$核心一级资本充足率 = \frac{核心一级资本 - 对应资本扣减项}{风险加权资产} \times 100\%$$

式中:

$$风险加权资产 = 信用风险加权资产 + 市场风险加权资产 + 操作风险加权资产$$

核心一级资本包括实收资本或普通股、资本公积、盈余公积、一般风险准备、未分配利润、少数股东资本可计入部分。对应资本扣减项是指核心一级资本中不具备变现吸收损失能力的部分。风险加权资产是指根据监管当局资本管理办法规定的方法计算出来的信用风险资产、市场风险加权资产和操作风险加权资产之和。风险加权资产在计算时既考虑了表内业务又考虑了表外项目,反映了商业银行持有的各类风险资产总量。

商业银行核心一级资本充足率最低要求为5%,在最低资本要求的基础上计提储备资本和逆周期资本,储备资本要求为风险加权资产的2.5%,逆周期资本要求为风险加权资产的0～2.5%,对于系统重要性商业银行,附加资本要求为1%,均由核心一级资本满足。所以,系统重要银行性核心一级资本充足率要求最高达到11%。

(二) 一级资本充足率

一级资本充足率是指调整后的一级资本与风险加权资产的比率。其计算公式为:

$$一级资本充足率 = \frac{一级资本 - 对应资本扣减项}{风险加权资产} \times 100\%$$

一级资本是指核心一级资本加其他一级资本。其他一级资本包括其他一级资本工具及其溢价、少数股东资本可计入部分。对应资本扣减项是指一级资本中不具备变现吸收损失能力的部分。

商业银行一级资本充足率最低要求为6%,加上储备资本和逆周期资本要求及系统重要性银行附加资本要求,系统重要性商业银行一级资本充足率的要求最高达到12%。

(三) 总资本充足率

总资本充足率是指调整后的总资本与风险加权资产的比率。其计算公式为:

$$总资本充足率 = \frac{总资本 - 对应资本扣减项}{风险加权资产} \times 100\%$$

总资本为核心一级资本、其他一级资本和二级资本之和。二级资本包括二级资本工具及其溢价、超额贷款损失准备。对应资本扣减项是指总资本中不具备变现吸收损失能力的部分。

商业银行资本充足率最低资本要求为8%。加上储备资本和逆周期资本要求及系统重要性商业银行附加资本要求,系统重要性商业银行总资本充足率的要求最高达到14%。

(四) 股东权益比率

股东权益比率是银行所有者权益占总资产的比重。其计算公式为:

$$股东权益比率 = \frac{所有者权益}{总资产} \times 100\%$$

这里的所有者权益和总资产是资产负债表中的"所有者权益合计"和"资产总计"。该指标越高,意味着财务风险越小。该指标与资产负债率之和为1,即资产负债率越高,股东权益比率越低。股东权益比率的倒数称为权益乘数,股东权益比率越低,权益乘数越大。商业银行普遍有着较高的资产负债率水平,也就意味着商业银行有较低的股东权益比率和较高的权益乘数。

表2-11列示了2015—2018年一级资本世界排名前十的银行股东权益比率和权益乘数。

表 2-11　　　2015—2018 年一级资本世界排名前十的银行股东权益比率和权益乘数

银行名称	股东权益比率				权益乘数(倍)			
	2015 年	2016 年	2017 年	2018 年	2015 年	2016 年	2017 年	2018 年
中国工商银行	8.11%	8.21%	8.21%	8.47%	13.07%	12.18%	12.18%	11.81%
中国建设银行	7.88%	7.58%	8.12%	8.58%	12.70%	13.19%	12.32%	11.66%
中国银行	8.07%	8.19%	8.10%	8.11%	12.39%	12.20%	12.35%	12.33%
中国农业银行	6.81%	6.75%	6.79%	7.41%	14.68%	14.81%	14.73%	13.50%
摩根大通	10.53%	10.20%	10.09%	9.89%	9.50%	9.80%	9.91%	10.11%
美国银行	11.95%	12.20%	11.71%	11.27%	8.37%	8.20%	8.54%	8.87%
富国银行	10.85%	10.39%	10.66%	10.40%	9.22%	9.62%	9.38%	9.62%
花旗银行	12.89%	12.62%	10.95%	10.21%	7.76%	7.92%	9.13%	9.79%
三菱日联	5.29%	5.08%	4.97%	5.24%	18.90%	19.69%	20.12%	19.10%
汇丰控股	8.20%	7.69%	7.85%	7.59%	12.20%	13.00%	12.74%	13.17%

(五)风险加权资产占总资产的比率

风险加权资产占总资产的比率是指风险加权资产与总资产的比值。其计算公式为：

$$风险加权资产占总资产的比率 = \frac{风险加权资产}{总资产} \times 100\%$$

总资产是资产负债表中的"资产总计"。该指标反映商业银行承担风险的资产总量占总资产的比率,比率越高,说明商业银行持有风险资产越多。我国大型商业银行这一指标在 60% 左右。

表 2-12 列示了 2015—2018 年全球最大 9 家银行风险加权资产占总资产比。

表 2-12　　　　2015—2018 年全球最大 9 家银行风险加权资产占总资产比

风险加权资产÷总资产	2015 年年末	2016 年年末	2017 年年末	2018 年年末
中国工商银行	59.51%	60.34%	60.96%	62.06%
中国建设银行	58.43%	56.94%	58.40%	58.82%
中国农业银行	61.75%	60.59%	59.87%	60.65%
中国银行	63.36%	62.10%	62.45%	60.38%
摩根大通	62.31%	58.81%	59.18%	58.30%
美国银行	65.43%	63.95%	62.86%	61.03%
富国银行	73.94%	70.41%	65.87%	65.79%
花旗集团	67.17%	64.06%	62.69%	61.25%
汇丰控股	45.77%	36.09%	34.55%	33.83%

（六）杠杆率

杠杆率是指商业银行持有的一级资本净额与调整后的表内外资产余额的比率。其计算公式为：

$$杠杆率 = \frac{一级资本净额}{调整后的表内外资产余额} \times 100\%$$

该指标反映每1元资产对应的一级资本的净额。该指标越高，商业银行资本抵补资产风险的能力越强。

自2015年4月1日起，我国商业银行开始计算杠杆率指标。监管要求商业银行并表和未并表的杠杆率均不得低于4%。

【知识链接】

CAMELS 评价体系的构成

缩略词CAMELS是指资本充足性（capital adequacy）、资产质量（asset quality）、管理水平（management）、盈利状况（earnings）、流动性（liquidity）和市场风险的敏感性（sensitivity to market risk）。

资本充足性的评价：风险资产的数量；基本合格及质量较低的资产数量；银行增长的经历、计划及前景；管理方面的实力；金融机构资本比率与其同行的比较结果；金融机构的留存收益、股息政策以及进入资本市场或获取其他资金援助的能力。

资产质量的评价：不良资产的数量、分布状况及其严重性；无法获得利息和利率被迫降低等不良资产的数量及分布状况；贷款损失准备的充足性；监管者处理和回收风险贷款的能力；贷款的集中状况、资产质量的变化趋势、国外贷款的数量、其他不动产的数量和质量以及银行担保业务的状况。

管理水平的评价：取决于所有与银行的合规经营和安全稳健经营相关的因素。因此，管理水平评价的内容包括技术能力；领导者和行政监管者的能力；遵守银行管理条例和法规的情况；内部政策和内部控制措施的制定及其执行情况以及董事会的管理方案是否具有连续性；内部控制的质量、业务程序以及所有的贷款、投资和其他政策；对高级行政管理人员、董事和股东的构成、阅历、能力和事业心的分析和评估。

盈利状况的评价：挽回损失及保护资本的能力；收入的变化趋势；与其他同行的比较结果；净收入的质量及构成以及对利率敏感性资金的依赖性；银行的股息支付比率，留存收益的增长率以及银行资本的充足性；贷款损失准备的充足性以及异常损益项目、证券交易和税收结果对净收入的影响。

流动性的评价：存款的波动性；借款的频率和数量；经纪人存款的使用；与负债结构相关的技术能力和资产转变为现金的能力；进入货币市场或在其他方面借入资金的能力；资产负债管理的整体效果以及流动性政策的制定和执行情况；贷款承诺的性质、数量及按期使用的情况。

市场风险的敏感性的评价：这一部分内容反映的是利率、汇率、商品价格或股票价格变化对金融机构的收入或经济资本的影响。评价市场风险的敏感性，应考虑以下几种因素：高层管理者在确认、计量、监督和控制市场风险方面的能力；金融机构的规模；金融机构业务活动的性质和复杂性;资本的充足性以及收入与市场风险是否相当。

CAMELS评价体系的评价结果可分为以下5种情况。

综合结果1:此类金融机构各方面的状况基本健全。

综合结果2:此类金融机构基本健全,但存在着一些细小的缺陷,这些缺陷可以在正常的业务经营过程中得到纠正。

综合结果3:此类金融机构在财务、业务经营或法规执行方面存在着不能令人满意或较为严重的缺陷。

综合结果4:此类金融机构面临着许多严重的财务缺陷或其他各种难以解决的问题。

综合结果5:此类金融机构极有可能在短期内倒闭。

资料来源:安东尼·桑德斯.金融市场与机构[M].北京:机械工业出版社,2017.

【本章小结】

1. 商业银行资产负债是反映某一特定时点财务状况的财务报表,是商业银行经营活动的静态体现。商业银行的资金来源主要是负债,负债的构成主要是存款、银行间债务、发行债券和存单。商业银行资金运用的主要方向是现金资产、金融投资和贷款。商业银行资产和负债有特有的分类方式,资产类可划分为生息资产和非生息资产,负债类可划分计息负债和非计息负债。从商业银行资产负债构成来看,商业银行至少面临信用风险、流动性风险、利率风险、操作风险等。资产负债表可以反映商业银行在特定时点拥有的资产规模及配置结构,反映商业银行资金的来源渠道及构成,综合反映银行资产、负债、所有者权益的增减变化,掌握财务状况的变动趋势,以及解释、评价和预测银行的经营绩效。

2. 利润表是反映商业银行在某一会计期间经营成果的财务报表,是商业银行经营活动的动态体现。商业银行的营业利润=营业收入-营业支出,其中:营业收入=利息净收入+手续费和佣金净收入+投资收益+公允价值变动收益+汇兑收益+其他收入,营业支出=税金及附加+业务及管理费+信用减值损失+其他资产减值损失+其他业务成本。利润表反映商业银行在一个会计期间里营业收入的来源和构成比例,反映商业银行在一个会计期间营业支出规模和构成情况,用以分析各项支出的合理性和必要性,是分析、考核银行管理水平和经济效益的依据。

3. 现金流量表是以收付实现制为编制基础,反映商业银行在一个经营期间内的现金流入和流出情况的财务报表。商业银行的现金及现金等价物包括:库存现金、存放中央银行超额存款准备金、存放同业活期存款、原到期日不超过3个月的存放同业、拆出资金和买入返售款项。商业银行现金流量表的经营活动的分类有特殊性,为避免总额反映会对评价银行的支付能力和偿债能力、分析银行的未来现金流量产生误导,经营活动诸多项目以净额列示。

4. 本章介绍了三类财务指标:反映商业银行盈利能力的指标有总资产收益率(ROA)、净资产收益率(ROE)、净利差(NIS)、净息差(NIM)、手续费及佣金净收入对营业收入比率、成本收入比;反映商业银行资产质量的指标有不良贷款率、拨备覆盖率、贷款拨备率、信贷成本;反映商业银行资本充足率的指标有核心一级资本充足率、一级资本充足率、总资本充足率、股东权益比率、风险加权资产占总资产的比率、杠杆率。

【关键术语】

　　资产负债表　利润表　现金流量表　总资产收益率　净资产收益率　净利差　净息差
手续费及佣金收入对营业收入比率　成本收入比　不良贷款率　贷款拨备率　拨备覆盖率
信贷成本　核心一级资本充足率　一级资本充足率　总资本充足率　股东权益比率
风险加权资产占总资产的比率　杠杆率

【问题思考】

　　1. 简述我国商业银行三大财务报表的特点和作用。

　　2. 我国商业银行的生息资产项目和计息负债项目主要有哪些？

　　3. 我国商业银行的营业收入和营业支出是如何计算的？

　　4. 我国商业银行现行使用的反映盈利能力、资产质量状况和资本充足率三方面情况的
财务比率包括哪些？

本 章 练 习

本章练习
参考答案

补充案例

一、单项选择题

1. 商业银行资产负债表是反映某一时点( )的报表。
   A. 经营成果   B. 财务状况
   C. 财务流量   D. 现金流量

2. 各家银行可自行确定保持在人行的存款部分是( )。
   A. 超额存款准备金金额   B. 法定存款准备金
   C. 存款准备金   D. 财政性存款准备金

3. 一般风险准备是银行( )。
   A. 资产项目   B. 负债项目
   C. 所有者权益项目   D. 损益项目

4. 卖出回购金融资产款对应的业务是( )。
   A. 拆借业务   B. 存放业务
   C. 逆回购   D. 正回购

5. 商业银行因开展经营活动而产生的非计息负债是( )。
   A. 吸收存款   B. 向中央银行借款
   C. 同业拆入   D. 应交税费

6. 我国商业银行营业收入中占比最大的是( )。
   A. 手续费及佣金净收入   B. 利息净收入
   C. 投资收益   D. 汇兑收益

7. 商业银行计提的固定资产折旧计入( )。
   A. 业务及管理费   B. 手续费及佣金支出
   C. 资产减值损失   D. 制造成本

8. 商业银行缴纳的房产税计入( )。
   A. 税金及附加   B. 其他支出
   C. 业务及管理费   D. 所得税费用

9. 商业银行实现的经营成果扣除所得税费用后,称为( )。
   A. 营业利润   B. 应税利润
   C. 利润总额   D. 净利润

10. 商业银行的现金流量表中的现金不包括( )。
    A. 尾款箱现金   B. 法定存款准备金
    C. 超额存款准备金   D. 自动柜员机中的现金

二、多项选择题

1. 商业银行的生息资产包括(　　　)。
   - A. 库存现金
   - B. 存放中央银行款
   - C. 存放和拆放同业
   - D. 贵金属
   - E. 衍生金融资产
   - F. 贷款
   - G. 买入返售金融资产
   - H. 债权投资

2. 商业银行的计息负债包括(　　　)。
   - A. 向中央银行借款
   - B. 应交税费
   - C. 同业拆入
   - D. 正回购
   - E. 存款
   - F. 应付职工薪酬
   - G. 衍生金融负债
   - H. 已发行债务证券
   - I. 交易性金融负债

3. 商业银行的非计息负债包括(　　　)。
   - A. 递延所得税负债
   - B. 应交税费
   - C. 交易性金融负债
   - D. 正回购
   - E. 存款
   - F. 应付职工薪酬
   - G. 衍生金融负债
   - H. 已发行债务证券

4. 下列各项中,属于商业银行主动负债的方式有(　　　)。
   - A. 吸收存款
   - B. 拆放同业
   - C. 同业拆入
   - D. 正回购操作
   - E. 发行债券
   - F. 发行股票

5. 商业银行所有者权益项目中与经营活动成果无关的有(　　　)。
   - A. 实收资本
   - B. 资本公积
   - C. 盈余公积
   - D. 一般风险准备
   - E. 未分配利润

6. 商业银行的营业收入包括(　　　)。
   - A. 利息收入
   - B. 利息净收入
   - C. 手续费及佣金收入
   - D. 手续费及佣金净收入
   - E. 投资收益
   - F. 汇兑收益
   - G. 公允价值变动收益
   - H. 资产减值损失
   - I. 其他收入

7. 商业银行的营业支出包括(　　　)。
   - A. 利息支出
   - B. 税金及附加
   - C. 手续费及佣金支出
   - D. 业务及管理费
   - E. 投资损失
   - F. 汇兑损失
   - G. 资产减值损失
   - H. 其他支出
   - I. 营业外支出

8. 商业银行缴纳的记入"税金及附加"项目的税种有(　　　)。
   - A. 增值税
   - B. 教育附加费
   - C. 城市维护建设税
   - D. 所得税
   - E. 地方教育附加
   - F. 房产税

9. 下列各项中,记入"业务及管理费的支出"项目是(　　　)。
   - A. 利息支出
   - B. 手续费及佣金支出
   - C. 税金及附加
   - D. 职工费用
   - E. 折旧和摊销
   - F. 房产税
   - G. 业务招待费
   - H. 广告费

10. 商业银行的现金及现金等价物主要包括(　　　)。
    - A. 库存现金
    - B. 存放中央银行
    - C. 存放中央银行超额存款准备金
    - D. 原始期限不超过 3 个月的同业资产

E. 距资产负债表日不超过 3 个月的同业资产

11. 编制现金流量表时，商业银行的下列业务中，属于经营活动的有（　　）。

 A. 存款业务   B. 贷款业务   C. 利息收支业务

 D. 同业业务   E. 融资租赁业务   F. 固定资产业务

12. 为避免对现金收支情况的误判，银行的下列项目中，在现金流量表中应以净额列示的有（　　）。

 A. 活期存款业务   B. 短期贷款业务   C. 利息收支业务

 D. 同业业务   E. 向中央银行借款与还款业务

 F. 支付职工费用

13. 反映商业银行盈利能力的财务指标有（　　）。

 A. 不良贷款率   B. 总资产收益率   C. 净资产收益率

 D. 净利差   E. 贷款拨备率   F. 成本收入比

14. 反映商业银行资产质量的财务指标有（　　）。

 A. 不良贷款率   B. 总资产收益率   C. 拨备覆盖率

 D. 净息差   E. 贷款拨备率   F. 成本收入比

 G. 信贷成本

15. 反映商业银行资本充足率的财务指标有（　　）。

 A. 核心资本充足率   B. 一级资本充足率   C. 信贷成本

 D. 总资本充足率   E. 股东权益比率

 F. 风险加权资产占总资产的比率

 G. 杠杆率

三、判断题

1. 商业银行存款准备金包括法定存款准备金和财政性存款准备金。（　　）

2. 商业银行净息差一定高于净利差。（　　）

3. 商业银行成本收入比越低，表明成本控制越有效、利润水平越高。（　　）

4. 资产负债表中的衍生金融资产和衍生金融负债表示的是衍生品交易所涉及的未来流量。（　　）

5. 存款是所有计息负债方式中利率最低的借入资金的方式。（　　）

6. 贷款的特点是收益性好、流动性差，它是银行最主要的盈利资产。（　　）

7. 商业银行的 ROA 和 ROE 远低于一般的工商企业。（　　）

8. 商业银行的营业收入是利息收入和手续费及佣金收入之和。（　　）

9. 商业银行的核心一级资本充足率越高，表明安全性越高、收益性越好。（　　）

10. 手续费及佣金净收入占营业收入的比可用来反映商业银行多元化经营的程度。（　　）

四、计算题

 某银行的财务数据如表 2-13 所示。

表 2-13   **某银行财务数据**   金额单位:亿元

项目	2020 年	2019 年
营业收入	1 800	1 600
手续费及佣金净收入	330	290
业务及管理费	530	460
贷款减值损失	200	180
利润总额	840	800
净利润	660	620
资产总额	62 000	58 000
贷款总额	33 000	31 000
贷款减值准备	540	580
不良贷款	320	280
净资产	4 800	4 200
生息资产平均收益率	4.99%	4.89%
计息负债平均付息率	2.82%	2.56%

　　要求:计算 2020 年该商业银行的总资产收益率、净资产收益率,以及 2019 年和 2020 年净利差、手续费及佣金净收入对营业收入比率、成本收入比、不良贷款率、拨备覆盖率、贷款拨备率和信贷成本,并对指标变化趋势进行分析。

第三章
流动性风险管理

【学习目标】

通过本章的学习,学生应掌握流动性的含义,流动性供给如何满足流动性需求;理解流动性风险形成机制;掌握流动性风险的衡量指标和商业银行流动性风险管理体系;了解银行业流动性风险防范体系。

【重点难点】

本章的重点是商业银行流动性风险形成机制、流动性风险的衡量指标和流动性风险管理体系;难点是流动性风险管理体系的建立。

【知识结构图】

$$
流动性风险管理
\begin{cases}
流动性风险及流动性风险
\begin{cases}
流动性的含义 \\
流动性风险的含义及表现形式
\end{cases} \\
流动性风险监管监测指标
\begin{cases}
5个流动性风险监管指标 \\
9个流动性风险监测指标
\end{cases} \\
流动性风险管理
\begin{cases}
银行业流动性风险防范体系 \\
商业银行流动性风险管理
\end{cases}
\end{cases}
$$

商业银行是经济和金融市场流动性的主要提供者。商业银行必须保持资金的流动性来满足经常性的客户提现、偿还债务及贷款的需求。商业银行的流动性对于稳定整体经济以及增强公众对金融业和实业的信心起着巨大而重要的作用。由于商业银行在资产转换过程中借短贷长,导致资金流入和流出的时间不一致。在一定时间内若流动性供给无法满足流动性需求,就会产生流动性问题。没有流动性,商业银行就不能开门营业;只有拥有流动性,商业银行才有可能去解决其面临的其他问题。流动性风险是商业银行风险管理最基本的方面。商业银行要做好资产负债业务规划,以控制结构性的流动性风险,并有效处理每日每个时间段的资金流动性问题。

第一节／流动性及流动性风险

一、流动性的含义

流动性是指商业银行在一定时间内能够以合理成本及时获得充足资金,用于满足客户提现的需求、偿付到期债务、开展正常业务的资金需求和满足借款人正常贷款需求的能力。这里的合理成本是指不存在非意愿性的资产变现及带来的相应损失、不存在付出超过正常水平的风险溢价从外部金融市场筹集资金。

商业银行的流动性需求一方面主要来自客户提取存款的要求、支付到期债务本息及开展正常业务的需要;另一方面主要来自贷款需求。为前者提供流动性供给称为"基本流动性",基本流动性加上满足贷款需求称为"充足流动性"。

商业银行获得流动性供给以满足流动性需求的途径主要有两个:一是银行在资产负债表中"存储"流动性;二是商业银行在金融市场上"购买"流动性。

(一) 存储流动性

商业银行可以利用资产存储流动性。库存现金和超额存款准备金(两者合计称为超额备付金)的流动性最好,但流动性强的资产其收益率低,储备超额备付金存在一定的机会成本。因此,商业银行需要权衡资金的流动性和盈利性,持有适度规模的库存现金和超额存款准备金。商业银行还可以持有信誉好、流动性强、易变现的证券(如政府债券),在需要时通过出售证券获得流动性。但证券资产变现的能力取决于外部金融市场的流动性。一些被认为流动性很强的资产,包括一些低信用风险和市场风险、易于定价且价值平稳、市场交易活跃的资产,当宏观流动性发生变化之后,也会出现变现难的问题。例如,在 2009 年欧债危机前,欧洲国家主权债券一直被认为是风险较小且被市场普遍看好的资产,但欧债危机发生后,欧洲债务问题严重的国家的债券在市场上失去了原来的特性,成了低流动性的资产。商业银行持有的最主要的资产是各类贷款,贷款可以定期地产生本利现金流,有一定的自偿性,可以为商业银行提供定期的流动性资金来源。此外,贷款证券化和贷款出售业务也可以为银行创造流动性,但贷款能否顺利证券化和出售取决于银行信用风险管理水平和外部金融市场的流动性。总体来讲,贷款是商业银行盈利性资产中最缺乏流动性的一部分。

在负债方面,商业银行以其信用度和声誉增强社会公众的信心,稳定住核心负债,可抑制流动性需求和增加流动性供给。与购买流动性相比,核心负债具有更高的稳定性和较低的成本。

(二) 购买流动性

购买流动性是指商业银行通过同业拆借市场、回购协议、票据市场、大额存单市场、债券市场等主动筹集需要的资金。购买流动性赋予了商业银行在资产负债管理方面更多的灵活性,有利于商业银行资产的持续性扩张,但也扩大了流动性风险敞口。商业银行能否购买到流动性,一方面取决于银行自身的公信力,市场对商业银行安全性和稳健性评价越高,商业银行的筹资能力越强,筹资成本越低。因此,商业银行要尽力保持健康的资产负债表和良好的信誉,否则将不得不支付高额的违约风险溢价或者根本无法获得资金,这就是市场纪律的约束;另一方面,商业银行能否购买到流动性,还取决于市场的流动性状况,在极端不利的情形下,商业银行可能以任何代价都无法获取资金。

我国商业银行一定时期流动性供给和流动性需求的主要项目见表 3-1。

表 3-1　　　　　　　　　商业银行的流动性供给和流动性需求的主要项目

流动性供给项目	流动性需求项目
吸收客户存款	客户提取存款
同业存放、同业拆入、卖出回购	定期或到期支付存款利息
发行理财产品	偿还存款以外的债务本息
发行债券	支付业务及管理费
发行股票	支付手续费及佣金
证券变现	支付各项税费
收回客户贷款本息	分配现金股利
投资收益和投资收回	合理的客户贷款需求
利息收入和手续费及佣金收入	良好的投资机会

一定时期的流动性供给和需求构成了商业银行在一定时期的净流动性头寸,即商业银行一定时期的净流动性头寸＝流动性供给－流动性需求。净流动性头寸为 0,表明该时期流动性供需平衡;净流动性头寸为负,表明该时期流动性不足;净流动性头寸为正,表明该时期流动性盈余。由于商业银行的流动性供给和需求不断发生,并非同步和均衡,商业银行会经常出现流动性不足或盈余的情况。如果流动性不足,商业银行就有产生流动性风险的可能性。

以商业银行一个简单的资产负债表来说明流动性供给如何满足流动性需求及产生的财务后果。假定商业银行初始状态存款准备金 20 亿元,贷款 60 亿元,证券 20 亿元,资产合计100 亿元。存款 80 亿元,主动性负债 10 亿元,所有者权益 10 亿元,负债和所有者权益合计100 亿元。法定存款准备金率为 10%,因此初始状态存款准备金中超额存款准备金为 12 亿元。其初始资产负债表见表 3-2。

表 3-2　　　　　　　　　　　初始资产负债表　　　　　　　　　　单位:亿元

资产		负债和所有者权益	
存款准备金	20	存款	80
贷款	60	主动性负债	10
证券	20	所有者权益	10
合计	100	合计	100

如果存款客户支取 10 亿元,银行持有充足的超额存款准备金可满足支取的需求,支取后的超额存款准备金为 3 亿元,之后的资产负债情况见表 3-3。

表 3-3　　　　　　　　　　以现金资产满足支取需求　　　　　　　　　单位:亿元

资产		负债和所有者权益	
存款准备金	10	存款	70
贷款	60	主动性负债	10
证券	20	所有者权益	10
合计	90	合计	90

以存储流动性满足流动性需求,其结果是资产总额和负债总额下降,所有者权益不变,可见持有一定的优质流动资产的必要性。

如果存款客户支取 10 亿元,商业银行通过增加主动性负债即购买流动性来满足,支取后的超额存款准备金为 13 亿元,之后的资产负债情况见表 3-4。

表 3-4　　　　　　　　　　购买流动性满足支取需求　　　　　　　　　单位:亿元

资产		负债和所有者权益	
存款准备金	20	存款	70
贷款	60	主动性负债	20
证券	20	所有者权益	10
合计	100	合计	100

以购买流动性满足流动性需求,其结果是资产内部结构和总额不变,负债总额和所有者权益不变,说明购买流动性能够避免一般性的存款支取对资产总额的影响。当然,商业银行应当以合理的成本购买流动性。

如果存款客户支取 20 亿元,商业银行存储的流动性不足,若此时已难以用合理成本从外部资金市场购买流动性,商业银行只好将贷款半价出售,之后的资产负债表情况见表 3-5。

表 3-5　　　　　　　　　　出售资产满足支取需求　　　　　　　　　单位:亿元

资产		负债和所有者权益	
存款准备金	6	存款	60
贷款	48	主动性负债	10
证券	20	所有者权益	4
合计	74	合计	74

由于客户突然大额支取,商业银行无法以合理的成本及时获得充足的资金,半价出售贷款产生 6 亿元的损失,损失由所有者权益承担,所有者权益变为 4 亿元。

流动性需求也可能来自资产方。例如,有一个良好的证券投资机会,需要资金10亿元。商业银行以现金资产满足。资产负债表情况见表3-6。

表3-6　　　　　　　　　　以现金资产进行证券投资　　　　　　　　　单位:亿元

资产		负债和所有者权益	
存款准备金	10	存款	80
贷款	60	主动性负债	10
证券	30	所有者权益	10
合计	100	合计	100

商业银行以现金资产满足证券投资的需要,使资产内部结构发生了变化,超额存款准备金降至2亿元,资产、负债和所有者权益结构总额都不变。

如果购买流动性来满足证券投资需求,资产负债表情况见表3-7。

表3-7　　　　　　　　　　购买流动性进行证券投资　　　　　　　　　单位:亿元

资产		负债和所有者权益	
存款准备金	20	存款	80
贷款	60	主动性负债	20
证券	30	所有者权益	10
合计	110	合计	110

只要商业银行以合理的成本购买流动性,资产和负债会进一步扩张,商业银行仍持有12亿元超额准备金。

从上述讨论可以看出商业银行持有超额存款准备金的必要性。它可以让商业银行免于支付借入资金的成本和资产变现的成本,资金借入成本和资产变现成本越高,商业银行持有超额准备金意愿越强。

二、流动性风险的含义及表现形式

(一) 流动性风险的含义

流动性风险是指商业银行无法以合理成本及时获得充足资金,以偿付到期债务、履行其他支付义务和满足正常业务开展的资金需求的风险。流动性风险可以分为融资流动性风险和市场流动性风险。其中,融资流动性风险是指商业银行在不影响日常经营或财务状况的情况下,无法有效满足资金需求的风险;市场流动性风险是指由于市场深度不足或市场动荡,商业银行无法以合理的市场价格出售资产或以合理成本借入资金的风险。

(二) 流动性风险的表现形式

1. 优质流动资产不足

若商业银行持有的现金资产以及持有的能够通过出售或抵(质)押方式,在无损失或极小损失的情况下在金融市场快速变现的各类资产不足,难以应付短期负债的支付或未预料的资金外流,就可能引发流动性风险。因此,商业银行持有一定量的合格优质流动资产是在困难条件下帮助争取时间和缓和危机冲击的"安全垫"。

2. 筹资困难

商业银行出现筹资困难既与市场流动性有关,也与商业银行自身有关。市场的流动性状况对所有市场参与者产生影响,反映市场流动性的指标包括交易量、利率水平及波动性、寻找交易对手的难易程度等。在一定的外部市场环境下,商业银行自身在一定时期内的资金需求及其稳定性、债务发行的安排、自身财务状况、偿付能力、市场对该银行看法、信用评级等因素均影响银行的筹资能力。

3. 流动性极度不足

流动性的极度不足会导致商业银行破产,这种极端情况往往是其他风险所导致。例如,2007 年金融危机前,市场资金面宽松,一些金融机构大量借入短期资金投资于流动性不足的资产。当金融市场出现逆转时,短期融资渠道无法持续,潜在的流动性风险演化成真实的流动性危机。除此之外,信用风险、市场风险、操作风险等领域的管理缺陷最终也会表现为商业银行的流动性不足,甚至引发风险扩散,造成整个金融系统出现流动性困难。

(三)流动性风险产生的原因

商业银行的流动性天生脆弱,短借长贷(即资产负债期限错配)是商业银行的经营特点。一方面,商业银行以较低的利率采取各种方式从社会各方借入资金,只保留较少的现金资产,多数资金以较高的利率采取发放贷款或对外投资的方式运用出去,资产的期限显著高于负债的期限,资产和负债资金流入流出时间具有不一致性;另一方面,商业银行的贷款和投资等业务可创造派生存款,存款的规模进一步扩张,贷款和投资的期限较长,而派生存款随时产生流动性需求,从而进一步加剧了资产负债期限错配的程度。在资产负债期限错配的情况下,存款客户的随时转账提现和到期债务本息偿还的要求会给商业银行带来持续性的流动性压力。在一定时期内,如果商业银行无法以合理的成本取得流动性供给以满足流动性需求,就产生了流动性风险,因此说资产负债期限错配是商业银行流动性风险产生的根源。可能引发商业银行流动性风险的特定情景或事件包括宏观金融流动性压迫、客户流动性传导和银行自身管理不良。但如果商业银行发生严重的流动性风险,一般是因为该商业争银行发生了重大的信用风险事件,资产质量恶化侵蚀了银行资本,使得商业银行自身丧失流动性,外部金融市场拒绝向其提供流动性,社会公众丧失对其的信心,最后表现为严重的流动性风险而破产倒闭。

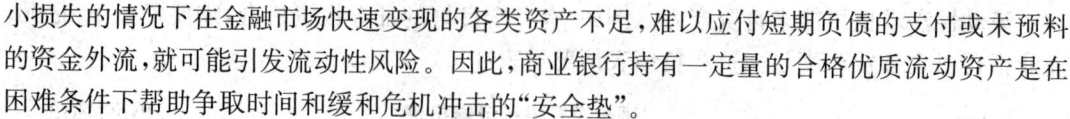

第二节 流动性风险监管监测指标

2008 年国际金融危机发生后,国际社会对金融机构流动性风险管理和监管予以前所未有的重视。2010 年《巴塞尔协议Ⅲ》提出了流动性覆盖率和净稳定资金比例两个监管指标。前者要求金融机构有充足的现金储备以应对短期流动性压力;后者要求金融机构保持合理的资产负债结构,从中长期的角度提升经营的稳健性。2014年2月银监会发布的《商业银行流动性风险管理办法(试行)》引入了《巴塞尔协议Ⅲ》,2018年5月银保监会发布正式的《商业银行流动性风险管理办法》,规定了5个流动性监管指标和9个监测指标(单一的流动性风险监管指标或监测工具在反映商业银行流动性风险方面有局限性)。这些指标着重于度量商业银行资产负债的期限错配的程度以及资产或负债的集中度,要求商业银行在经营过程中,不断提高对流动性风险的管理能力,不断平衡流动性和盈利性的关系,避免出现资产负债期限的过度错配,以及资产或负债期限、客户等过度集中的问题。可以说,这些监管监测指标既是监管意志的体现,也是商业银行流动性风险管理的内在要求。

一、5个流动性风险监管指标

5个流动性风险监管指标见表3-8。

表 3-8　　　　　　　　　　　　　5个流动性风险监管指标

指标名称	计算公式	监管要求	适用的商业银行
流动性覆盖率	流动性覆盖率＝合格优质流动性资产÷未来30天现金净流出量	≥100%	资产规模≥2 000亿元
净稳定资金比例	净稳定资金比例＝可用的稳定资金÷所需的稳定资金	≥100%	资产规模≥2 000亿元
流动性比例	流动性比例＝流动性资产余额÷流动性负债余额	≥25%	所有商业银行
流动性匹配率	流动性匹配率＝加权资金来源÷加权资金运用	≥100%	所有商业银行
优质流动性资产充足率	优质流动性资产充足率＝优质流动性资产÷短期现金净流出	≥100%	资产规模<2 000亿元

(一)流动性覆盖率

流动性覆盖率(LCR)用于衡量商业银行短期流动性风险程度,旨在确保商业银行具有充足的合格优质流动性资产,能够在规定的流动性压力情景下,通过变现这些资产满足未来至少30天的流动性需求。其计算公式为:

$$流动性覆盖率 ＝ 合格优质流动性资产 ÷ 未来30天现金净流出量$$

流动性覆盖率对商业银行一定期间的流动性风险的衡量敏感度高。如果要提高流动性覆盖率,商业银行应持有更多的优质流动性资产、适度发展同业业务、开展期限长稳定性强的负债业务(如大额存单和个人存款业务等)降低资产负债错配程度。

流动性覆盖率所设定的压力情景包括影响商业银行自身的特定冲击以及影响整个市场的系统性冲击,共分为以下7种:①一定比例的零售存款流失。②无抵(质)押批发融资能力下降。③以特定抵(质)押品或与特定交易对手进行短期抵(质)押融资的能力下降。④银行信用评级下调1～3个档次,导致额外契约性现金流出或被要求追加抵(质)押品。⑤市场波动造成抵(质)押品质量下降、衍生产品的潜在远期风险暴露增加,导致抵(质)押品扣减比例上升、追加抵(质)押品等流动性需求。⑥银行向客户承诺的信用便利和流动性便利在计划外被提取。⑦为防范声誉风险,银行可能需要回购债务或履行非契约性义务。

合格优质流动性资产是指在流动性覆盖率所设定的压力情景下,能够通过出售或抵(质)押方式,在无损失或极小损失的情况下在金融市场快速变现的各类资产。其构成见表3-9。

表3-9   合格优质流动资产构成

构成		资产名称	计入方式
一级资产		现金和存放于中央银行且在压力情景下可以提取的准备金等	按照当前市场价值计入合格优质流动性资产
二级资产≤40%	2A	评级在AA—以上的公司债券和担保债券等	在当前市场价值基础上按85%的折扣系数计入合格优质流动性资产
	2B≤15%	评级在BBB—至A+的公司债券等	在当前市场价值基础上按50%的折扣系数计入合格优质流动性资产

注:合格优质流动资产不包括同业存单与商业银行债券。

现金净流出量是指在流动性覆盖率所设定的压力情景下,未来30天的预期现金流出总量与预期现金流入总量的差额。可计入的预期现金流入总量不得超过预期现金流出总量的75%。其计算公式为:

$$现金净流出量 = \sum \frac{相关负债和}{表外项目余额} \times \frac{预计流失率}{或提取率} - \sum \frac{表内外相关契约}{性应收款项余额} \times 预计流入率$$

(二)净稳定资金比例

净稳定资金比例(NSFR)用于衡量商业银行中长期流动性风险程度,旨在确保商业银行具有充足的稳定资金来源,以满足各类资产和表外风险敞口对稳定资金的需求。其计算公式为:

$$净稳定资金比例 = 可用的稳定资金 \div 所需的稳定资金$$

该指标值越高,说明商业银行稳定资金来源越充足,应对中长期资产负债结构性问题的能力越强。净稳定资金比例的风险敏感度较高,计算较为复杂,是重要的流动性风险监管工具。

可用的稳定资金是指商业银行各类资本与负债项目的账面价值与其对应的可用稳定资金系数的乘积之和。其中,账面价值是指资本或负债项目在进行监管扣除或其他调整前的余额。其计算公式为:

$$可用的稳定资金 = \sum 各类资本与负债项目的账面价值 \times 对应的可用稳定资金系数$$

可用稳定资金系数的设定反映了负债的稳定性,包括负债期限及不同类型的资金提供者在收回资金倾向上的差异。一是体现融资期限差异。净稳定资金比例通常假定长期负债较短期负债更为稳定。二是体现融资类型和交易对手差异。净稳定资金比例假定短期(期限小于1年)零售客户存款和小企业客户融资较相同期限的来自其他交易对手的批发融资更为稳定。

所需的稳定资金是指商业银行各类资产项目的账面价值以及表外风险敞口与其对应的

所需稳定资金系数的乘积之和。账面价值总体上应按照会计价值填报,即扣除相应的减值准备。其计算公式为:

$$所需的稳定资金 = \sum 各类资产项目的账面价值以及表外风险敞口 \times 对应的所需稳定资金系数$$

所需的稳定资金取决于商业银行所持各类资产以及表外风险敞口的流动性特征、剩余期限。所需稳定资金系数的设定反映了商业银行资产和表外风险敞口的流动性特征,主要考虑了以下内容:一是稳定的信用创造。净稳定资金比例要求一部分对实体经济的贷款必须由稳定资金支持,以确保这类信用支持的连续性。二是银行行为。净稳定资金比例假定商业银行需要对相当一部分到期贷款进行展期以维护其客户关系。三是资产期限。净稳定资金比例假定一些短期资产(期限小于1年)需要的稳定资金较少,因为部分短期资产到期后无须展期。四是资产质量和流动性价值。净稳定资金比例假定可被证券化或交易,因此可以作为抵(质)押品获得额外资金或在市场上出售的无变现障碍的高质量资产无须全部由稳定资金支持。此外,商业银行需要有额外的稳定资金来源,至少可用于支持部分由表外承诺业务和或有融资义务带来的潜在流动性需求。

净稳定资金比例反映了商业银行中长期流动性风险水平。商业银行应当确保在出现外部流动性压力的情况下,仍有稳定的资金来源以支持其持续运营1年以上。

相较流动性覆盖率指标,净稳定资金比例反映的是商业银行的中长期流动性风险,侧重于资产负债结构分析:在假设的压力情景下,分析商业银行的资产负债结构是否合理,及能否提供足够的长期稳定资金,以满足业务持续健康发展的需要。而流动性覆盖率反映的是商业银行的短期流动性风险,侧重于现金流分析:在假设的压力情景下,分析商业银行是否有足够的流动性储备,能维持1个月的持续经营(不出现现金流断裂)。

(三)流动性比例

流动性比例(LR)反映的是银行持有的流动性资产用来偿还流动性负债的比重。其计算公式为:

$$流动性比例 = 流动性资产余额 \div 流动性负债余额$$

该指标越高,表明流动性负债偿还的保障程度越高,商业银行的流动性风险越小;反之,流动性风险越大。该指标分别计算本币及外币口径数据。

流动性资产项目与流动性负债项目见表3-10。

表3-10　　　　　　　　流动性资产项目与流动性负债项目

流动性资产项目	流动性负债项目
1. 库存现金	1. 1个月内到期的同业往来净额(负债方)
2. 在中国人民银行超额准备金存款	2. 活期存款(不含财政性存款)
3. 1个月内到期的同业往来净额(资产方)	3. 1个月内到期的定期存款(不含财政性存款)
4. 1个月内到期的贴现及其他买入票据	4. 1个月内到期的各种已发行的债券和票据
5. 1个月内到期的应收账款	5. 1个月内到期的应付款

（续表）

流动性资产项目	流动性负债项目
6. 1个月内到期的正常类贷款（包括正常类贷款和关注类贷款）	6. 1个月内到期的中央银行借款
7. 1个月内到期的债券	7. 其他1个月内到期的负债
8. 在国内外二级市场上随时可抛售的合格债券及可随时变现的合格票据资产	
9. 其他1个月内到期可变现的资产（剔除其中的不良资产）	

流动性比例在反映商业银行流动性风险的精确度和全面性方面要比流动性覆盖率差很多，但显然流动性比例的计算要比流动性覆盖率的计算更简单、更直观。该指标的主要局限是风险敏感度不够，未能反映真实、准确的风险状况。

（四）流动性匹配率

流动性匹配率（LMR）衡量用于商业银行主要资产与负债的期限配置结构，旨在引导商业银行合理配置长期稳定负债、高流动性或短期资产，避免其过度依赖短期资金支持长期业务发展，提高流动性风险抵御能力。其计算公式为：

$$流动性匹配率 = 加权资金来源 \div 加权资金运用$$

该指标值越低，说明商业银行以短期资金支持长期资产的问题越大，期限匹配程度越差。流动性匹配率计算较简单、敏感度较高、容易监测，可对潜在错配风险较大的银行进行有效识别，适用于全部商业银行。

加权资金来源包括来自中央银行的资金、各项存款、同业存款、同业拆入、卖出回购（不含与中央银行的交易）、发行债券及发行同业存单等项目。

加权资金运用包括各项贷款、存放同业、拆放同业、买入返售（不含与中央银行的交易）、投资同业存单、其他投资等项目。

流动性匹配率项目见表3-11。

表3-11　　　　　　　　　　流动性匹配率项目

项目	折算率（按剩余期限）		
	≤3个月	3～12个月	>1年
加权资金来源			
1. 来自中央银行的资金	70%	80%	100%
2. 各项存款	50%	70%	100%
3. 同业存款	0	30%	100%
4. 同业拆入及卖出回购（不含与中央银行的交易）	0	40%	100%
5. 发行债券及发行同业存单	0	50%	100%

（续表）

项目	折算率（按剩余期限）		
	≤3个月	3～12个月	>1年
加权资金运用			
1. 各项贷款	30％	50％	80％
2. 存放同业及投资同业存单（不含7天以内同业业务）	40％	60％	100％
3. 拆放同业及买入返售	50％	70％	100％
4. 其他投资	100％		
5. 由银行业监督管理机构视情形确定的项目	由银行业监督管理机构视情形确定		

（五）优质流动性资产充足率

优质流动性资产充足率（$HQLAAR$）适用于资产规模在2 000亿元以下的中小商业银行，旨在确保中小商业银行保持充足的、无变现障碍的优质流动性资产，在压力情况下可通过出售或抵（质）押的方式变现这些资产以满足未来30天内的流动性需求。其计算公式为：

$$优质流动性资产充足率 = 优质流动性资产 \div 短期现金净流出$$

式中：

$$短期现金净流出 = 可能现金流出 - 确定现金流入$$

该指标值越高，说明商业银行优质流动性资产储备越充足，抵御流动性风险的能力越强。该指标比流动性覆盖率更加简单、清晰，便于计算，较适合中小商业银行的业务特征和监管需求。

优质流动性资产的构成见表3-12。

表3-12　　　　　　　　　　　优质流动性资产的构成

构成	资产名称	计入方式
一级资产	现金、压力情景下可以提取的准备金、国债、央票和政策性金融债	无论剩余期限长短，均按照当前市场价值计入优质流动性资产
二级资产	非金融机构发行的信用债、中国铁路总公司发行的债券及地方政府债。纳入二级资产的债券的信用评级应在AA－级以上	无论剩余期限长短，均在当前市场价值基础上按85％的折扣系数计入优质流动性资产。计入优质流动性资产的二级资产不可超过优质流动性资产的40％

可能的现金流出与确定现金流入见表3-13。

表3-13　　　　　　　　　　可能的现金流出与确定现金流入

可能现金流出	确定现金流入
1. 一般性存款	1. 贷款50％
零售存款与小企业存款8％	2. 同业业务

（续表）

可能现金流出	确定现金流入
大中型企业存款和机构存款 35％	结算目的存放同业
2. 同业业务	买断式买入返售
结算目的同业存款 25％	其他同业业务 100％
质押式和买断式卖出回购 5％	3. 投资债券 100％
其他同业业务 100％	4. 投资金融工具（由监督管理机构视情形确定）
3. 发行债券 100％	5. 其他（由监督管理机构视情形确定）
4. 来自中央银行的资金 0	
5. 其他项目	
衍生产品净负债 100％	
不可无条件撤销的承诺和银行承兑汇票 10％	
保函和信用证 2.5％	
表外理财产品 5％	
其他（由监督管理机构视情形确定）	

二、9 个流动性风险监测指标

流动性风险监测指标从商业银行资产负债期限错配情况、融资来源的多元化和稳定程度、无变现障碍资产、重要币种流动性风险状况和市场流动性等方面，对商业银行和银行体系的流动性风险进行分析和监测。

9 个流动性风险监测指标见表 3-14。

表 3-14　　　　　　　　9 个流动性风险监测指标

指标名称	计算公式	参考值
流动性缺口	未来各个时间段的流动性缺口＝未来各个时间段到期的表内外资产－未来各个时间段到期的表内外负债	—
流动性缺口率	流动性缺口率＝未来各个时间段的流动性缺口÷相应时间段到期的表内外资产×100％	≥－10％
核心负债比例	核心负债比例＝核心负债÷总负债×100％	≥60％
同业融入比例	同业融入比例＝（同业拆放＋同业存放＋卖出回购＋委托方同业代付＋发行同业存单－结算性同业存款）÷总负债×100％	≤1/3
最大十户存款比例	最大十户存款比例＝最大十家存款客户存款合计÷各项存款×100％	≤20％

指标名称	计算公式	参考值
超额备付金率	超额备付金率＝（超额存款准备金＋库存现金）÷各项存款×100%	≥1.7%
最大十家同业融入比例	最大十家同业融入比例＝（来自最大十家同业机构交易对手的同业拆放＋同业存放＋卖出回购＋委托方同业代付＋发行同业存单－结算性同业存款）÷总负债×100%	≤20%
重要币种的流动性覆盖率	同流动性覆盖率的计算公式	≥100%
存贷比	存贷比＝调整后贷款余额÷调整后存款余额×100%	≤75%

（一）流动性缺口

流动性缺口是指以合同到期日为基础，按特定方法测算未来各个时间段到期的表内外资产和负债，并将到期资产与到期负债相减获得的差额。其计算公式为：

$$未来各个时间段的流动性缺口 = 未来各个时间段到期的表内外资产 - 未来各个时间段到期的表内外负债$$

式中：

$$未来各个时间段到期的表内外资产 = 未来各个时间段到期的表内资产 + 未来各个时间段到期的表外收入$$

$$未来各个时间段到期的表内外负债 = 未来各个时间段到期的表内负债 + 未来各个时间段到期的表外支出$$

在计算到期的表内负债时，活期存款中的稳定部分按规定方法进行审慎估算。对流动性缺口的分析和监测可以涵盖隔夜、7天、14天、1个月、2个月、3个月、6个月、9个月、1年、2年、3年、5年和5年以上等多个时间段。

流动性缺口是通过估算预测反映商业银行在不同时间段的流动性头寸状况。如果为正值，表示流动性盈余，商业银行应考虑这种头寸状况的机会成本；如果为负值，则表示流动性不足，这是潜在的流动性问题的预警。

（二）流动性缺口率

流动性缺口率是指未来各个时间段的流动性缺口与相应时间段到期的表内外资产的比例。其计算公式为：

$$流动性缺口率 = 未来各个时间段的流动性缺口 ÷ 相应时间段到期的表内外资产×100%$$

式中： 相应时间段到期的表内外资产 = 相应时间段到期的表内资产 + 相应时间段到期的表外收入

流动性缺口率反映商业银行的所有表内外项目在不同时间段的合同期限错配的程度，该指标越大，表明错配程度越严重，越应关注商业银行未来的流动性状况。

（三）核心负债比例

核心负债比率是指中长期较为稳定的负债占总负债的比例。其计算公式为：

$$核心负债比例 = 核心负债 ÷ 总负债×100%$$

核心负债包括距离到期日 3 个月以上(含)的定期存款和发行的债券,以及活期存款中的稳定部分。总负债是资产负债表中负债总计的余额。活期存款中的稳定部分按规定方法进行审慎估算。

核心负债对利率不敏感,比较稳定。核心负债占总负债的比重越高,商业银行负债的稳定性越好,越有利于降低流动性风险。但前提是债权人对商业银行有信心,一旦债权人失去信心,核心负债也很快会流失。

(四) 同业融入比例

同业融入比例是指商业银行从同业机构交易对手获得的资金占总负债的比例。我国监管机构要求商业银行同业融入资金余额不得超过负债总额的 1/3。其计算公式为:

$$同业融入比例 = \frac{同业拆放 + 同业存放 + 卖出回购 + 委托方同业代付 + 发行同业存单 - 结算性同业存款}{总负债} \times 100\%$$

风险的结构性均衡是商业银行控制集中度风险、防范流动性风险的最重要措施之一。所谓风险的结构性均衡,就是要求各种资产风险、负债风险以及经营中其他各种风险与银行可承受风险的能力相匹配,且风险结构中的每个单项敞口都要按照分散风险的原则和风险最大可承受力来调整和控制,并根据不同资产和负债的流动性确定相互间的比例关系。

近年来,我国商业银行同业业务快速扩张,逐渐脱离了流动性管理的业务需求,成为商业银行尤其是中小商业银行缓解存款增长的压力、主动扩张资产负债表的手段。同业融入比例就是要求银行要掌握自身来自同业负债的资金占总负债的比重,要适当控制对同业负债的依存度,防范因过度依靠同业负债所导致的风险共振、传染和诱发系统性流动风险。

(五) 最大十户存款比例

最大十户存款比例是指前十大存款客户存款合计占各项存款的比例。其计算公式为:

$$最大十户存款比例 = 最大十家存款客户存款合计 \div 各项存款 \times 100\%$$

公司和机构客户存款通常稳定性较差,它们对宏观经济政策和市场的敏感性较强。宏观政策或市场稍有变化,这类存款就会出现波动,其资金大规模进出会导致商业银行流动性状况发生突变,有可能诱发流动性风险。因此,商业银行应衡量最大的十个存款客户存款占各项存款的比例,对大客户存款进出对流动性的影响进行正确评估。

(六) 超额备付金率

超额备付金率是指商业银行的超额备付金与各项存款的比例。其计算公式为:

$$超额备付金率 = 超额备付金 \div 各项存款 \times 100\%$$

式中:
$$超额备付金 = 超额存款准备金 + 库存现金$$

商业银行的超额存款准备金主要用于支付清算和头寸调拨。各家商业银行可自行确定保持在中国人民银行的超额存款准备金金额,中国人民银行对商业银行的超额存款准备金按季给付利息。各商业银行从成本收益的角度考虑,一般尽量压低在中国人民银行的超额准备金。但是,超额准备金不足会产生较大危害,各商业银行应根据自身业务情况保持充足的超额备付金。适度的备付金比率是保证银行体系的正常支付能力、避免出现支付困难和引发流动性风险的必要条件。

近年来,我国银行业超额备付金率平均在2%左右。一般大型商业银行超额备付金率较低,城市商业银行较高,主要是因为大型商业银行的支付体系发达,一些支付可以行内系统轧差,相对预留的支付头寸比例较低。

(七) 最大十家同业融入比例

最大十家同业融入比例是指商业银行从最大十家同业机构交易对手获得的资金占总负债的比例。其计算公式为:

$$\text{最大十家同业融入比例} = \frac{\text{来自最大十家同业机构交易对手的同业拆放} + \text{同业存放} + \text{卖出回购} + \text{委托方同业代付} + \text{发行同业存单} - \text{结算性同业存款}}{\text{总负债}} \times 100\%$$

该指标同样基于控制集中度风险的考虑,商业银行应掌握本行从最大十家同业机构交易对手获得的资金占总负债的比例,密切关注这十家同业机构的流动性状况,防范对方流动性风险的传导。

上述核心负债比例、同业融入比例、最大十户存款比例和最大十家同业融入比例都是反映商业银行融资来源的多元化和稳定程度的指标,可以用来分析商业银行的流动性风险状况。商业银行在计算这些指标时,应当涵盖多个时间段。

(八) 重要币种的流动性覆盖率

重要币种的流动性覆盖率是指对某种重要币种单独计算的流动性覆盖率。其计算公式同流动性覆盖率的计算公式。

(九) 存贷比

存贷比是指贷款和存款的余额经调整后的比值。其计算公式为:

$$\text{存贷比} = \frac{\text{调整后贷款余额}}{\text{调整后存款余额}} \times 100\%$$

调整后贷款余额和调整后存款余额按规定方法计算。

商业银行的贷款流动性较差,其规模应受限于存款的规模,存贷比越高,表明贷款相对于存款规模越大,商业银行的流动性风险越大;反之,商业银行的流动性风险较小。

在我国,存贷比指标最早是在1995年的《中华人民共和国商业银行法》(以下简称《商业银行法》)中提出的,其中规定存贷比不得高于75%;2003年修订后的《商业银行法》保留存贷比监管指标;2015年6月,国务院取消存贷比不得超过75%的规定,存贷比由法定监管指标转为流动性监测指标。

在复式记账下,商业银行一系列资产扩张行为,如发放贷款、购买外汇、证券投资等,都会同时在其负债方派生出等额存款。当银行发放贷款时,同时会在负债方派生存款,存差不会因为多发放贷款而减少。当银行贷款之外的资产扩张(如购买外汇、债券投资等)时,存差扩大,并非因为银行吸收存款多而贷款发放少。因此,存差并不是衡量银行体系流动性状况的科学指标,尤其是随着银行资产逐步多元化,存差这一指标存在的问题更大,这是取消存贷比考核的重要原因。

以上流动性风险监管监测指标按反映的内容可分为三大类,见表3-15。

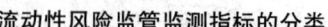

表 3-15 流动性风险监管监测指标的分类

类别	指标名称
反映资产负债错配情况的指标	流动性覆盖率、优质流动资产充足率
	净稳定资金比例
	流动性匹配率
	流动性比例
	流动性缺口、流动性缺口率
	存贷比
反映负债多元化和稳定性的指标	核心负债比例
	同业融入比例
	最大十户存款比例
	最大十家同业融入比例
反映优质资产持有情况的指标	超额备付金率
	合格优质流动性资产(流动性覆盖率计算公式中的分子)
	可用的稳定资金(净稳定资金比例计算公式中的分子)

商业银行追求负债的多元化和稳定性有利于提高负债的平均期限,持有适度的优质资产有利于降低资产的平均期限。因此,银行业监管机构通过监管指标的强制要求和监测指标的引导,要求商业银行资产负债期限错配控制在合理的范围,以防范流动性风险。

第三节 流动性风险管理

一、银行业流动性风险防范体系

银行业监管层面采用了一些方法防范银行的流动性风险,主要包括法定存款准备金制度、最后贷款人、存款保险制度和同业拆借市场。其目的是向银行体系提供流动性支持以及以政府担保的形式稳定金融市场、增强公众对银行体系的信心。

(一)法定存款准备金制度

法定存款准备金制度是指中央银行强制性地要求商业银行等存款类机构按规定比率上缴存款准备金的一种制度。商业银行吸收的存款必须按一定比例缴存法定存款准备金后才可用于发放贷款和投资。法定存款准备金制度设立的初衷是中央银行强制性地让商业银行持有最低的流动性储备。之后,法定存款准备金制度逐渐演变为中央银行调控货币供应量的政策工具。

将存款准备金集中于中央银行的做法始于 18 世纪的英国。当时,中央银行作为最后贷款人的机制和同业拆借市场还未建立起来,商业银行应对流动性问题的能力较差,易出现银行业的恐慌和危机,而存款准备金制度可强制性地保证商业银行具有一定的清偿能力,防止商业银行倒闭和金融危机。英国 1928 年的《通货与银行券法》、美国 1913 年的《联邦储备法》和美国 1935 年的《银行法》等以法律形式规定商业银行必须向中央银行缴存存款准备金。1929—1933 年世界经济危机后,实行中央银行制度的国家纷纷仿效英美,以法律的形式确定法定存款准备金制度。

随着经济金融体系的不断完善,法定存款准备金制度的重要性在下降。从总体上看,西方国家的法定存款准备金率的水平呈现逐步下调的趋势。根据国际货币基金组织的统计,全球 131 个主要国家中,法定存款准备金率为 0 的有 9 个,0～5％的有 46 个,6％～15％的有 61 个,高于 15％的有 15 个。目前美国的平均法定准备金率水平大约为 3％,英国、澳大利亚、加拿大、新西兰、丹麦和瑞典等国已取消法定存款准备金率。

1984 年,中国人民银行建立存款准备金制度,目前依然是中央银行重要的货币政策工具。

(二) 最后贷款人

最后贷款人是指在商业银行发生资金困难而无法从其他银行或金融市场筹措时,向中央银行融资是最后的办法,中央银行对其提供资金支持则是承担最后贷款人的角色。英国著名经济学家巴杰特曾指出,在金融市场面临压力时,中央银行应扮演提供无限量流动性的"最后贷款人"角色。"巴杰特法则"也因此成为货币当局对危机进行干预的重要理论依据。从 19 世纪的英国开始,全球主要中央银行一直在扮演该角色。在 2007 年金融危机中,各国中央银行不遗余力地提供流动性支持,救援规模和国际合作的程度前所未有。美联储在金融危机期间提供了逾 3.3 万亿美元对国内金融机构、非金融企业和海外中央银行的援助。其中,花旗集团受援规模居首,接受援助 2.2 万亿美元;美林证券 2.1 万亿美元;摩根士丹利投资银行 2 万亿美元;贝尔斯登投资银行 9 600 亿美元;美国银行 8 870 亿美元;高盛投资银行 6 150 亿美元;摩根大通银行 1 780 亿美元;富国银行 1 540 亿美元。部分海外银行也通过美联储获得援助融资,其中瑞银集团借款超过 1 650 亿美元,德意志银行借款 970 亿美元,苏格兰皇家银行借款 920 亿美元。美联储的大额援助机构还包括海外中央银行,包括欧洲、瑞士、加拿大、英国和日本的中央银行。英国财政部成立了一个 4 000 亿英镑(6 990 亿美元)的类似美国的紧急救助计划,对 2 500 亿英镑的银行负债进行担保,并允许英国政府购买 500 亿英镑的英国银行股权。德国、法国、瑞典和韩国等国政府均出手对本国的银行进行担保和注资的救助。此外,冰岛接手其崩溃的三大银行;爱尔兰和希腊政府对其商业银行的所有存款和银行间贷款提供担保;西班牙实施了类似美国的联合救助计划,购买 500 亿欧元(700 亿美元)商业银行资产,以鼓励其放贷。

虽然中央银行作为最后贷款人有利于防止银行业危机和金融危机,但同存款保险制度一样被认为可能引起更严重的道德风险问题,即鼓励银行去冒更大的风险。道德风险问题对"大而不倒"的商业银行可能更严重,出问题的大商业银行因及时得到中央银行的援助而未受到市场纪律的惩罚,不能从以前的错误中吸取教训,今后还会发生同样的错误。因此中央银行需要权衡作为最后贷款人而引发的道德风险的成本和为防止金融危机发生的收益。中央银行必须非常谨慎,而不是频繁地执行其作为最后贷款人的职能。

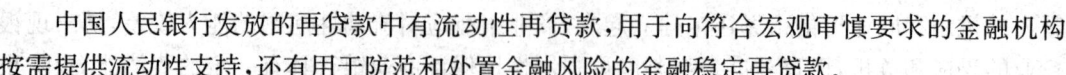

中国人民银行发放的再贷款中有流动性再贷款,用于向符合宏观审慎要求的金融机构按需提供流动性支持,还有用于防范和处置金融风险的金融稳定再贷款。

(三)存款保险制度

存款保险制度是指由经营存款业务的金融机构,被强制或自愿地按照所吸收存款的一定比例,向特定的保险机构缴纳保险金的制度。当投保金融机构出现支付危机、破产倒闭或者其他经营危机时,由保险机构向其提供流动性资助,或者代理破产机构在一定限度内对存款者给予偿付的一种特殊保险制度。

首先,存款保险制度旨在防止存款者因个别商业银行倒闭而对其他商业银行失去信心,由此导致挤兑和恐慌,引发金融危机。这是因为存款人缺乏关于商业银行资产质量的信息,当一家商业银行倒闭,会引起存款人对整个银行体系的健全程度的怀疑,导致全部商业银行同时出现挤兑,从而造成严重的后果。而建立存款保险制度,存款得到充分的保障,存款人即使对商业银行运营的稳定程度有所担心,也不会到商业银行提取存款,储户排队的顺序再也不能影响其取回存款的能力,因此有效地阻止了挤兑的发生。西方主要国家建立存款保险制度以来,历次金融危机中没有出现挤兑的现象。除了政府的及时救助之外,存款保险制度对于维护银行系统的稳定,也起了很重要的作用。其次,存款保险制度的设立也是为了保护难以获取信息的小额储户免受财富损失。

1933年经济危机中诞生了世界上第一家存款保险公司——美国联邦存款保险公司(FDIC),以为破产银行迅速提供清偿能力,并保护小储户的存款免遭银行破产带来的损失。1991年之前,FDIC以固定的保险费率来定价,也就是假设所有种类的存款都具有相同的风险;1991年以后,FDIC通过对商业银行贷款质量、资本充足率、风险管理和信贷政策等的检查和监督来制定存款保险隐性价格;1993年,FDIC建立了与投保银行风险相联系的保费体系。在处理经营失败的银行的问题上,FDIC最初是通过存款偿付的方式,结果使自身也面临流动性危机而濒临破产。从20世纪80年代开始,FDIC很少采用存款偿付的方式,而是采取购买承担的方式来解决关闭和破产银行的存款问题。担保的额度最初为2 500美元,经过6次提高,到1980年已升至10万美元。在2007年金融危机最严重的时期,FDIC紧急将最高存款担保额从10万美元调高到25万美元,起到了增强公众信心,阻止直接挤兑、传染性挤兑和市场恐慌的重要作用。

2015年3月31日,我国《存款保险条例》正式出台。按其规定,存款保险费率由基准费率和风险差别费率构成。费率标准由存款保险基金管理机构根据经济金融发展状况、存款结构情况和存款保险基金的累积水平等因素制定和调整;各投保机构的适用费率,由存款保险基金管理机构根据投保机构的经营管理状况和风险状况等因素确定。存款保险实行限额偿付,最高偿付限额为人民币50万元。同一存款人在同一家投保机构所有被保险存款账户的存款本金和利息合并计算的资金数额在50万元以内的,实行全额偿付;超出50万元的部分,依法从投保机构清算财产中受偿。国际上最高偿付限额一般为人均国内生产总值(GDP)的2～5倍。50万元最高偿付限额的设定是考虑到中国居民储蓄倾向较高,储蓄在很大程度上承担着社会保障功能。50万元的最高偿付限额约为2013年我国人均GDP的12倍,高于世界多数国家的保障水平,能够为99.63%的存款人提供全额保护。截至2018年年末,全国4 017家吸收存款的银行业金融机构办理了投保手续(投保机构每6个月缴纳一次保费），存款保险基金专户余额821.2亿元，未发生支出和使用。

然而，世界银行的研究发现，一般来说，显性政府存款保险制度的建立通常伴随着银行部门稳定性的降低和银行危机发生率的上升。此外，它似乎也可能会阻碍金融发展的进程。这种存款保险制度的负面效应只出现在那些制度环境较差（即法律法规不完善、对金融部门的监管效率低下等）的国家中。由于存款保险制度的存在，储户没有意愿对风险更高的商业银行进行市场约束，这促使商业银行具有从事高风险业务活动的动力，加大了金融体系的脆弱性，所以这些国家需要建设强有力的制度环境来限制由此产生的道德风险的影响。问题在于，在某些新兴市场经济国家中建立这样的制度环境是非常困难的，因此建立存款保险制度并非提高银行体系稳定性和运营效率的恰当选择。此外，存款保险制度还被认为加深了经济衰退：当经济缺乏流动性时，存款保险还要限制商业银行信贷规模，势必将经济下行的时间拖得更长、程度拖得更深。

（四）同业拆借市场

同业拆借是指金融机构（主要是商业银行）之间为了调剂资金余缺，利用资金融通过程中的时间差、空间差、行际差来调剂资金而进行的短期借贷。同业拆借的场所即是同业拆借市场。在一般情况下，银行间通过同业拆借即可满足日常的流动性需求。

同业拆借市场最早出现于美国，其形成的根本原因在于法定存款准备金制度的实施。1921年在美国纽约形成了以调剂联邦储备银行会员银行的准备金头寸为内容的联邦基金市场。在经历了1929—1933年世界经济危机后，西方各国普遍强化了中央银行的作用，相继引入法定存款准备金制度作为控制商业银行信用规模的手段。与此相适应，同业拆借市场也得到了较快发展。在经历了长时间的运行与发展过程之后，当今西方国家的同业拆借市场，较之形成时，无论是在交易内容、开放程度方面，还是在融资规模等方面，都发生了深刻变化。拆借交易不仅仅发生在商业银行之间，还扩展到商业银行与其他金融机构之间。金融机构的拆借目的已不仅仅限于补足存款准备和轧平票据交换头寸。金融机构如在经营过程中出现暂时的、临时性的资金短缺，也可进行拆借。更重要的是，同业拆借已成为商业银行实施资产负债管理的有效工具。由于同业拆借的期限较短，风险较小，许多商业银行都把短期闲置资金投放于该市场，以利于及时调整资产负债结构，保持资产的流动性。特别是那些市场份额有限、承受经营风险能力脆弱的中小银行，更是把同业拆借市场作为短期资金经常性运用的场所。

1996年1月3日，中国人民银行建立了全国统一的银行间同业拆借市场，其成员主要是国内金融机构（以商业银行为主体）。该市场已成为我国商业银行进行流动性管理的重要场所。

二、商业银行流动性风险管理

商业银行高效的流动性管理主要应具有以下五个方面的功能：①向市场表明银行有足够的安全性并具备偿还债务和发放贷款的能力，从而增强客户的信心。②有能力履行已做出的正式的或非正式的贷款承诺，以维持良好的客户关系。③避免无利润的资产售卖。④避免为筹集资金而支付较高的违约风险溢价。⑤防止过度从央行借入流动性。

《巴塞尔协议Ⅲ》及我国银行业监管机构制定的流动性管理办法对商业银行如何建立完善的流动性风险管理体系有非常细致的规定，以保证银行对业务过程中所承担的流动性风险已经设立适当的内部控制制度。商业银行流动性风险管理体系应当包括以下基本要素：①有效的流动性风险管理治理结构。②完善的流动性风险管理策略、政策和程序。③有效的流动性风险识别、计量、监测和控制。④完备的管理信息系统。

（一）流动性风险管理政策和程序

商业银行应根据自身经营战略、业务特点、财务实力、融资能力、总体风险偏好及市场影响力等因素确定流动性风险偏好，根据流动性风险偏好制定书面的流动性风险管理策略、政策和程序。流动性风险管理政策和程序包括但不限于以下几个方面：①流动性风险识别、计量和监测，包括现金流测算和分析。②流动性风险限额管理。③融资管理。④日间流动性风险管理。⑤压力测试。⑥应急计划。⑦优质流动性资产管理。⑧跨机构、跨境以及重要币种的流动性风险管理。⑨对影响流动性风险的潜在因素以及其他类别风险对流动性风险的影响进行持续监测和分析。

1. 流动性风险识别、计量和监测，包括现金流测算和分析

商业银行应根据业务规模、性质、复杂程度及风险状况，运用适当的方法和模型，对在正常和压力情景下未来不同时间段的资产负债期限错配、融资来源多元化和稳定程度、优质流动性资产、重要币种流动性风险及市场流动性等进行分析和监测，建立现金流测算和分析框架，有效计量、监测和控制正常和压力情景下未来不同时间段的现金流缺口。现金流测算和分析要涵盖资产和负债的未来现金流以及或有资产和或有负债的潜在现金流，并充分考虑支付结算、代理和托管等业务对现金流的影响。商业银行应根据业务规模、性质、复杂程度及风险状况，监测可能引发流动性风险的特定情景或事件，采用适当的预警指标，前瞻性地分析其对流动性风险的影响。商业银行可参考的特定情景或事件包括但不限于表 3-16 所示的几个方面。

表 3-16　　　　可能引发银行流动性风险的特定情景或事件

类别	特定情景或事件
宏观金融流动性压迫	批发或零售融资成本上升
	难以继续获得长期或短期融资
	股票价格下跌
客户流动性传导	资产快速增长，负债波动性显著增加
	批发或零售存款大量流失
	交易对手要求追加额外抵(质)押品或拒绝进行新交易
	代理行降低或取消授信额度
自身管理不良	资产或负债集中度上升
	负债平均期限下降
	期限或货币错配程度增加
	多次接近内部限额或监管标准
	表外业务、复杂产品和交易对流动性的需求增加
	银行资产质量、盈利水平和总体财务状况恶化
	信用评级下降出现重大声誉风险事件

2. 流动性风险限额管理

商业银行应根据自身业务规模、性质、复杂程度、流动性风险偏好和外部市场发展变化情况,设定流动性风险限额。流动性风险限额包括但不限于现金流缺口限额、负债集中度限额、集团内部交易和融资限额。

3. 融资管理

商业银行应建立并完善融资策略,提高融资来源的多元化和稳定程度。融资管理应符合以下要求:①分析正常和压力情景下未来不同时间段的融资需求和来源。②加强负债品种、期限、交易对手、币种、融资抵(质)押品和融资市场等的集中度管理,适当设置集中度限额,对于同业批发融资,应按总量和主要期限分别设定限额。③加强融资渠道管理,积极维护与主要融资交易对手的关系,保持在市场上的适当活跃程度,并定期评估市场融资和资产变现能力。④密切监测主要金融市场的交易量和价格等变动情况,评估市场流动性对商业银行融资能力的影响。

4. 日间流动性风险管理

商业银行应加强日间流动性风险管理,确保具有充足的日间流动性头寸和相关融资安排,及时满足正常和压力情景下的日间支付需求。日间流动性风险管理应符合以下要求:①有效计量每日的预期现金流入总量和流出总量,日间各个时点现金流入和流出的规模及缺口等。②及时监测业务行为变化,以及账面资金、日间信用额度、可用抵(质)押品等可用资金变化等对日间流动性头寸的影响。③具有充足的日间融资安排来满足日间支付需求,必要时可通过管理和使用抵(质)押品来获取日间流动性。④具有根据日间情况合理管控资金流出时点的能力。⑤充分考虑非预期冲击对日间流动性的影响。

5. 压力测试

压力测试是指分析商业银行承受短期和中长期压力情景的流动性风险控制能力。压力测试参考压力情景主要有以下几个方面:①流动性资产变现能力大幅下降。②批发和零售存款大量流失。③批发和零售融资的可获得性下降。④融资期限缩短和融资成本提高。⑤表外业务、复杂产品和交易对流动性造成损耗。⑥交易对手要求追加抵(质)押品或减少融资金额。⑦主要交易对手违约或破产。⑧信用评级下调或声誉风险上升。⑨母公司或集团内其他机构出现流动性危机。⑩市场流动性状况出现重大不利变化。⑪跨境或跨机构流动性转移受到限制。⑫中央银行融资渠道发生重大变化。⑬银行支付清算系统突然中断运行。

6. 应急计划

应急计划包括触发应急计划的情景、应急措施和危机期间内外部信息沟通和报告等。触发应急计划的情景和应急措施见表3-17。

表3-17	触发应急计划的情景和应急措施
触发应急计划的情景(包括但不限于)	应急措施
(1) 流动性临时中断,如电子支付系统突然出现运作故障或者其他紧急情况 (2) 信用评级大幅下调或出现重大声誉风险 (3) 交易对手大幅减少融资金额或主要交易对手违约或破产	(1) 资产方应急措施包括但不限于:变现货币市场资产,出售原定持有到期的证券,出售长期资产、固定资产或某些业务条线(机构)等 (2) 负债方应急措施包括但不限于:从货币市场融资,寻求中央银行融资便利等

（续表）

触发应急计划的情景（包括但不限于）	应急措施
（4）特定的流动性风险内部监测指标达到触发值 （5）本机构发生挤兑事件 （6）母公司或集团内其他机构出现流动性危机并可能导致流动性风险传染 （7）市场大幅震荡，流动性枯竭	（3）在考虑法律、监管、操作和时差限制等因素的影响下评估集团内跨机构和跨境流动性转移的可能性

7. 优质流动性资产管理

商业银行应持有充足的优质流动性资产，确保其在压力情景下能够及时满足流动性需求。优质流动性资产应当为无变现障碍资产，可以包括在压力情景下能够通过出售或抵（质）押方式获取资金的流动性资产。商业银行应当根据其流动性风险偏好，考虑压力情景的严重程度和持续时间、现金流缺口、优质流动性资产变现能力等因素，按照审慎原则确定优质流动性资产的规模和构成。

8. 跨机构、跨境以及重要币种的流动性风险管理

商业银行应当对流动性风险实施并表管理，既要考虑银行集团的整体流动性风险水平，又要考虑附属机构的流动性风险状况及其对银行集团的影响。商业银行应当设立集团内部的交易和融资限额，分析银行集团内部负债集中度可能对流动性风险产生的影响，防止分支机构或附属机构过度依赖集团内部融资，减少集团内部的风险传导；还应当充分了解境外分支机构、附属机构及其业务所在国家或地区与流动性风险管理相关的法律、法规和监管要求，充分考虑流动性转移限制和金融市场发展差异程度等因素对流动性风险并表管理的影响。商业银行应当按照本外币合计和重要币种分别进行流动性风险识别、计量、监测和控制。

9. 对影响流动性风险的潜在因素以及其他类别风险对流动性风险的影响进行持续监测和分析

商业银行应当审慎评估信用风险、市场风险、操作风险和声誉风险等其他类别风险对流动性风险的影响。

（二）管理信息系统

商业银行应当建立完备的管理信息系统，准确、及时、全面计量、监测和报告流动性风险状况。管理信息系统应当至少具备以下功能：①监测日间流动性状况，每日计算各个设定时间段的现金流入、流出及缺口。②计算流动性风险监管和监测指标，并在必要时提高监测频率。③支持流动性风险限额的监测和控制。④支持对大额资金流动的实时监控。⑤支持对优质流动性资产及其他无变现障碍资产种类、数量、币种、所处地域和机构、托管账户等信息的监测。⑥支持对融资抵（质）押品种类、数量、币种、所处地域和机构、托管账户等信息的监测。⑦支持在不同假设情景下实施压力测试。

【知识链接】

2013 年 6 月我国银行间市场"钱荒"事件

2013 年 6 月中旬开始，银行理财产品预期年化收益率出现反常式跳升，银行间隔夜拆借利率持续走高。6 月 20 日临近收盘，隔夜拆借利率创下高达 30% 的罕见交易纪录，收于

13.444％。7天回购利率也一度飙升到28％。一时全球轰动，各方风声鹤唳，传闻四起。6月24日，银行股的集体暴跌，带动A股市场出现2008年国际金融危机后罕见的大幅下挫，跌幅超过5％，中国石油股价暴跌后再创历史新低；国内商品期货全线大幅下跌；货币基金出现不同程度流动性问题。多家商业银行暂停票据贴现业务，取消房贷优惠业务。信托资金池产品开始遭遇较高比例赎回。

"钱荒"事件的主要原因，一是历年的6月由于准备金补缴、税款清款、假日现金投放、外企分红派息等原因，都会造成银行流动性需求大增；二是由于国际收支多年"双顺差"，外汇占款成为向市场提供流动性的主要渠道，而2013年5月外汇占款骤减；三是资金在金融同业间循环，或高价流入房地产、地方融资平台，2008年到2013年5年间信贷与GDP的比值从75％上升至200％，但对小微企业、"三农"等实体经济支持不足。决策层有意整顿社会融资规模过快扩张与银行同业业务期限错配风险，打击资金"空转"，引导金融服务实体经济。在6月银行间市场流动性紧张期间，央行一反常态，未运用包括逆回购、SLO（公开市场短期流动性调节工具）在内的任何工具释放流动性，还两度发行20亿元央票表明不宽松态度。流动性充裕的大型金融机构出于流动性风险担忧暂停资金拆出。

2013年6月24日，央行就"流动性紧张"事件表态：当前，我国银行体系流动性总体处于合理水平，但由于金融市场变化因素较多，且临近半年末重要时点，客观上对商业银行流动性管理提出了更高的要求。央行要求商业银行要密切关注市场流动性形势，加强对流动性影响因素的分析和预测，做好半年末关键时点的流动性安排。此外，央行还要求商业银行针对税收集中入库和法定准备金缴存等多种因素对流动性的影响，提前安排足够头寸，保持充足的备付率水平，保证正常支付结算；按宏观审慎要求对资产进行合理配置，谨慎控制信贷等资产扩张偏快可能导致的流动性风险，在市场流动性出现波动时及时调整资产结构；充分估计同业存款波动幅度，有效控制期限错配风险；金融机构特别是大型商业银行在加强自身流动性管理的同时，还要积极发挥自身优势，配合央行起到稳定市场的作用。各金融机构要统筹兼顾流动性与盈利性等经营目标，合理安排资产负债总量和期限结构，合理把握一般贷款、票据融资等的配置结构和投放进度，注重通过激活货币信贷存量支持实体经济发展，避免存款"冲时点"等行为，保持货币信贷平稳适度增长。

【本章小结】

1. 流动性是指商业银行在一定时间内能够以合理成本及时获得充足资金，用于满足客户提现的需求、偿付到期债务、开展正常业务的资金需求和满足借款人正常贷款需求的能力。满足客户提取存款的要求、支付到期债务本息及开展正常业务的需要，称为"基本流动性"，基本流动性加上满足贷款需求称为"充足流动性"。流动性供给有两个途径："存储"流动性和"购买"流动性。

2. 流动性风险是指商业银行无法以合理成本及时获得充足资金，以偿付到期债务、履行其他支付义务和满足正常业务开展的资金需求的风险。商业银行流动性风险产生的根源是资产负债期限错配。但商业银行发生严重的流动性风险主要原因还是自身资产质量恶化所致。

3. 2008年国际金融危机发生后，国际社会对金融机构流动性风险管理和监管予以前所未有的重视。2010年《巴塞尔协议Ⅲ》提出了流动性覆盖率和净稳定资金比例两个监管指标。我国监管办法规定了5个流动性风险监管指标和9个流动性风险监测指标。这些指标着重于度量商业银行资产负债的期限错配的程度和资产或负债的集中度，要求商业银行在经营过程中，不断提高对流动性风险的管理能力，不断平衡流动性和盈利性的关系，避免出现资产负债期限的过度错配，以及资产或负债期限、客户等的过度集中的情况。

4. 银行业监管层面采用了一些方法防范银行的流动性风险，主要包括存款准备金制度、最后贷款人、存款保险制度和同业拆借市场。其目的是向银行体系提供流动性支持以及以政府担保的形式稳定金融市场、增强公众对银行体系的信心。

5. 商业银行高效的流动性管理主要应具有以下五个方面的功能：①向市场表明银行有足够的安全性并具备偿还债务和发放贷款的能力，从而增强客户的信心。②有能力实现已做出的正式的或非正式的贷款承诺，以维持良好的客户关系。③避免无利润的资产售卖。④避免为筹集资金而支付较高的违约风险溢价。⑤防止过度从央行借入流动性。商业银行流动性风险管理体系应当包括以下基本要素：①有效的流动性风险管理治理结构。②完善的流动性风险管理策略、政策和程序。③有效的流动性风险识别、计量、监测和控制。④完备的管理信息系统。

【关键术语】

流动性风险　流动性覆盖率　净稳定资金比例　流动性比例　流动性匹配率
优质流动性资产充足率　流动性缺口　流动性缺口率　核心负债比率　同业融入比例
超额备付金率　最大十户存款比例　最大十家同业融入比例　存款准备金制度　最后贷款人
存款保险制度　同业拆借　流动性风险管理体系

【问题思考】

1. 简述商业银行流动性的含义。

2. 简述我国商业银行流动性供给和流动性需求的内容。

3. 什么是流动性风险？

4. 现行银监会《商业银行流动性风险管理办法》中制定的流动性风险监管指标和参考监测指标有哪些？各自的含义和计算公式是什么？

5. 存款准备金制度、最后贷款人和存款保险制度在防范银行体系的流动性风险方面发挥怎样的作用？

6. 商业银行流动性管理体系的基本要素包括哪些？

本章练习
参考答案

补充案例

本 章 练 习

一、单项选择题

1. 充足流动性是指在基本流动性基础上,商业银行满足(　　)能力。
    A. 满足客户提现的需求
    B. 支付到期债务本息及开展正常业务的需要
    C. 满足正常开展业务的需要
    D. 满足贷款需求

2. 流动性风险通常是指(　　)。
    A. 流动性不足
    B. 流动性过剩
    C. 流动性盈余
    D. 流动性头寸为0

3. 下列风险都会给商业银行带来经营困难,但导致商业银行破产的直接原因是
   (　　)。
    A. 操作风险
    B. 信用风险
    C. 流动性风险
    D. 市场风险

4. 下列各项中,有利于商业银行迅速筹资的方式是(　　)。
    A. 发行股票
    B. 同业拆借
    C. 发行债券
    D. 吸收存款

5. 商业银行的流动性覆盖率不得(　　)。
    A. 高于100%
    B. 高于75%
    C. 低于100%
    D. 低于75%

6. 商业银行超额备付金比例(　　)。
    A. 没有硬性要求
    B. 不得低于3%
    C. 不得低于7%
    D. 不得低于2%

7. 下列指标中,值越高表明流动性风险越大的是(　　)。
    A. 流动性覆盖率
    B. 流动性比例
    C. 同业市场负债比例
    D. 核心负债比例

8. 下列各项中,侧重于对商业银行负债集中度监测的指标是(　　)。
    A. 净稳定资金比例
    B. 流动性匹配率
    C. 存贷比
    D. 同业融入比例

9. 衡量负债稳定性的指标是(　　)。
    A. 净稳定资金比例
    B. 核心负债比例
    C. 流动性匹配率
    D. 流动性缺口率

10. 反映的商业银行的短期流动性风险大小的指标是（　　）。

  A. 流动性覆盖率   B. 净稳定资金比例

  C. 流动性匹配率   D. 存贷比

11. 反映商业银行中长期流动性风险水平的指标是（　　）。

  A. 流动性覆盖率   B. 流动性比例

  C. 净稳定资金比率   D. 流动性匹配率

12. 针对未来特定时段，计算到期资产（现金流入）和到期负债（现金流出）之间的差额，以判断商业银行在未来特定时段内的流动性是否充足，这种流动性评估方法是（　　）。

  A. 流动性比率   B. 现金流分析法

  C. 流动性缺口分析法   D. 久期分析法

13. 测量银行流动性状况的指标不包括（　　）。

  A. 不良贷款率   B. 存贷比

  C. 流动性比例   D. 超额备付金率

14. 计算流动性覆盖率时，合格优质流动资产中（　　）。

  A. 2A 资产不得超过 40%   B. 一级资产不得低于 60%

  C. 2B 资产不得超过 40%   D. 二级资产不得高于 15%

15. 下列指标中，不是考核商业银行流动性集中度风险的是（　　）。

  A. 同业市场负债比例   B. 最大十户存款比例

  C. 核心负债比例   D. 最大十家同业融入比例

二、多项选择题

1. 流动性是指商业银行在一定时间内以合理成本及时获得充足资金用于（　　）。

  A. 偿付到期债务   B. 履行其他支付义务

  C. 证券投资   D. 满足正常业务开展的其他资金需求

  E. 满足客户提现的需求

2. 银行获得流动性供给的途径主要有（　　）。

  A. "存储"流动性   B. "创造"流动性

  C. "购买"流动性   D. "回收"流动性

3. 衡量商业银行流动性风险的主要指标有（　　）。

  A. 流动性覆盖率   B. 资产负债率

  C. 流动性比例   D. 净稳定资金比例

  E. 流动性匹配率   F. 资本充足率

4. 下列各项中，属于商业银行流动性供给的项目有（　　）。

  A. 吸收存款   B. 存放同业

  C. 客户还贷   D. 证券投资

  E. 分配股利   F. 同业拆入

5. 下列指标中，反映银行资产负债期限错配程度的有（　　）。

  A. 流动性覆盖率   B. 净稳定资产比例

  C. 流动性比例   D. 流动性缺口率

E. 核心负债比例　　　　　　　　　　F. 同业负债比例

G. 最大十户存款比例　　　　　　　　H. 流动性匹配率

三、判断题

1. 以合理成本取得流动性是指不存在非意愿性的资产变现及带来的相应损失、不存在付出超过正常水平的风险溢价从外部金融市场筹集资金。　　　　　　　（　）

2. 流动性风险中的融资性风险是指由于市场深度不足或市场动荡,商业银行无法以合理的市场价格出售资产以获得资金的风险。　　　　　　　　　　　　（　）

3. 商业银行流动性风险产生的根源是资产负债期限错配。　　　　　　　（　）

4. 商业银行的流动性比例应大于100%。　　　　　　　　　　　　　　（　）

5. 合格优质流动资产即是指现金和超额存款准备金。　　　　　　　　　（　）

6. 优质流动性资产分为无变现障碍资产和有变现障碍资产。　　　　　　（　）

7. 流动性缺口率越大,反映资产负债期限错配越严重。　　　　　　　　（　）

8. 商业银行应按照效益性原则确定优质流动性资产的规模和构成。　　　（　）

9. 存款保险制度是通过政府担保的形式稳定市场、增强公众信心。　　　（　）

10. 相较其他指标,流动性比例对银行一定期间的流动性的衡量更全面更精细,更具风险敏感度。　　　　　　　　　　　　　　　　　　　　　　　　　　（　）

四、计算题

1. 某商业银行2020年年末有关财务数据见表3-18。

表3-18　　　　　　　　　　　有关财务数据

项目	金额(亿元)
现金及超额备付金	2 000
优质流动资产储备	4 000
满足流动性比例计算口径的流动资产	20 000
贷款总额	80 000
存款总额	100 000
满足流动性比例计算口径的流动负债	90 000
预计未来30日资金净流出量	4 000
预计1年内表内外业务所需稳定资金	75 000

要求:计算该商业银行流动性覆盖率、存贷比、流动性比例和超额备付金比例,并评价其流动性管理的情况。

2. 某商业银行法定存款准备金率为10%,现有客户要支取15亿元存款,该商业银行的资产负债表情况见表3-19。

表 3-19　　　　　　　　　　　资产负债表　　　　　　　　　　单位:亿元

资产		负债和所有者权益	
准备金	15	存款	100
贷款	80	主动性负债	10
证券	25	所有者权益	10
合计	120	合计	120

要求:该商业银行可以采取哪些措施满足客户提取存款的需求? 这些措施会产生怎样的财务后果?

第四章
资 本 管 理

通过本章的学习,学生应了解银行业资本监管内容的演进,掌握银行监管资本的构成、资本充足性的测定和资本管理体系。

【重点难点】

本章的重点是银行监管资本的构成和资本充足性的测定;难点是资本充足性的测定。

【知识结构图】

资本管理
- 资本监管的演进
  - 商业银行资本的含义和功能
  - 国际监管资本的演进
  - 我国商业银行资本监管的演进
- 第一支柱:资本充足率要求
  - 监管资本的构成
  - 资本扣减项
  - 风险加权资产的构成和计量
  - 资本充足率的计算和要求
  - 提高资本充足率的方法
  - 资本充足率指标的局限性
  - 《巴赛尔协议Ⅲ》推出杠杆率指标
- 第二支柱:监管机构的监督检查
  - 监督检查要求的实质
  - 覆盖的范围
  - 风险的评估
- 第三支柱:信息披露
  - 信息披露的目标
  - 信息披露的频率和内容
- 我国大型商业银行围绕补充资本金的改革实践
  - 改革的背景
  - 改革的路径
  - 改革的成效

商业银行的资本是承担风险和吸收损失的缓冲器,资本越多,商业银行资不抵债的可能性越小。由于在一定的总资产回报率下,商业银行的资本越少,权益乘数越大,股东回报率越高,加之最后贷款人和存款保险制度等政府担保起到了隐性资本的作用,商业银行总能以低廉的成本负债筹资,所以商业银行往往倾向于持有较少的资本。为此,银行业监管机构对商业银行资本的充足性提出强制性要求。当前,监管机构将商业银行的资本与风险资产相联系,利用资本占风险资产的比例要求(即资本充足率)来测定商业银行的资本充足性。银行风险越大,所需的资本越多。商业银行对于资本的管理就是要根据监管要求,审慎评估各类风险,提高资本质量,满足资本充足水平,确保商业银行资本能够充分抵御其所面临的风险,实现在资本约束条件下的稳健和可持续发展。

第一节 资本监管的演进

一、商业银行资本的含义和功能

(一)商业银行资本的含义

商业银行通常有以下三个资本的定义。

1. 会计资本

会计资本是按照《企业会计准则》计算的资本,是银行资产减去负债后的余额,即所有者权益。我国商业银行的会计资本主要包括实收资本、资本公积、盈余公积、一般准备和未分配利润五个部分。

2. 监管资本

监管资本是银行监管当局为促进银行审慎经营、维护金融体系稳定而规定的商业银行必须持有的资本。监管资本包括权益型资本和债务型资本。本章所讲的商业银行资本即是监管资本。

3. 经济资本

经济资本是商业银行内部管理人员根据银行所承担的风险计算的、商业银行需要保有的最低资本量。它用于衡量和防御商业银行实际承担的损失超出预计损失的部分。由于它直接与商业银行所承担的风险挂钩,所以也称为风险资本。

以上三个商业银行资本定义中,会计资本是基础概念,可直接从财务报表中获得,服务于所有信息使用者;监管资本是监管当局依据监管标准计算确定商业银行所需的资本,服务于监管当局,商业银行自身也高度关注监管资本是否达标以及监管指标的引导方向;经济资本是商业银行内部进行风险管理时所采用的资本概念,服务于商业银行经营者。

(二)银行资本的功能

1. 是商业银行资金来源之一

首先,商业银行的开立必须有一定的资本,以满足各国法律规定的最低注册资本的要求;其次,资本能够为商业银行长期稳定使用,没有流动性风险或流动性风险较小,可以用来配置长期资产。

2. 吸收损失

资本是承担风险和吸收损失的第一资金来源。商业银行一旦遭受损失,最先消耗的是商业银行的资本金,因此,资本金又被称为保护债权人免遭损失的缓冲器。同时,资本通过吸纳财务和经营损失,降低了商业银行破产的风险。如果资本规模较小,当商业银行资产遭受损失时,资本就难以有效地发挥缓冲作用,商业银行资不抵债的可能性就大。资本规模较小也会导致更严重的道德风险问题,即商业银行更愿意从事高风险的业务。因此,银行业监管机构对商业银行有强制性资本要求,以此限制商业银行的风险业务,降低其破产的可能性,增强其安全性和稳健性。

3. 限制银行业务过度扩张

商业银行具有信用创造功能,它通过发放贷款创造存款,实现资产与负债的双扩张。理论上讲,如果没有相关制约,商业银行的资产负债规模可以无限扩大,而商业银行天生有冒险的倾向。资产负债规模越大,盈利时财务杠杆正向效应越大,亏损时自有资本承担有限责任。既然商业银行资本是承担风险和吸收损失的第一道防线,那么理应在资本和风险资产之间建立起联系,用商业银行的资本金去约束商业银行风险资产的规模,实现风险和收益的平衡。可以说,商业银行的风险特性决定了商业银行资本的特殊意义。以资本覆盖风险,实现在资本约束条件下的稳健和可持续发展,是商业银行经营的基本原理和灵魂。

4. 维持市场信心

存款人和债权人对金融体系的信任,对单个商业银行乃至整个金融体系的稳定性起着关键作用;对商业银行信心的丧失,将直接导致市场的崩溃和银行危机。市场对商业银行的信心取决于商业银行资本的充足程度、商业银行盈利的稳定程度、商业银行信息的质量或可靠程度、政府当局对商业银行的支持或担保程度。商业银行资本的存在是商业银行对存款人和债权人等利益相关者做出的"它将不会过度冒风险"的保证,是市场对商业银行控制不确定性的能力产生信心的关键因素。商业银行必须有足够的资本,才能消除市场对商业银行财务能力的疑虑,避免出现危机。因此,商业银行资本的充足程度是影响市场信心的第一因素,也是政府担保的第一道防线。

5. 为商业银行管理尤其是风险管理提供最根本的驱动力

资本是风险的第一承担者,因而也是风险管理最根本的动力来源。现代商业银行的风险管理体系中,风险管理作为自上而下的过程,都是由代表资本的董事会推动并承担最终责任。

二、国际资本监管的演进

监管机构对商业银行资本的充足性提出强制性要求是监管的核心内容。在巴塞尔协议出台以前,各国监管机构使用各自的测量方法和测量比例来衡量银行资本的充足性,如将资本与存款总额或总资产相联系,通过资本÷存款总额或资本÷总资产的比率要求来确定资本金的最低标准。随着商业银行资本管理理论和实践的发展,人们对商业银行资本充足性的认识日趋深化,从《巴塞尔协议Ⅰ》开始建立起资本与风险资产相联系、以资本占风险资产的比例要求(即资本充足率)来测定资本充足性的方法。之后,巴塞尔协议监管标准与指导原则被全世界各国监管机构普遍采用,这大大提高了各国银行业监管水平和商业银行的风险管理能力。

（一）《巴塞尔协议Ⅰ》：1988年资本协议

1974年，前联邦德国赫斯塔特银行和美国富兰克林国民银行的倒闭，促使国际清算银行发起并讨论跨国银行的国际监督管理问题。1975年2月，来自比利时、加拿大、法国、德国、意大利、日本、卢森堡、荷兰、瑞典、英国和美国的代表聚会瑞士巴塞尔，商讨成立了巴塞尔银行监管委员会（BCBS），推出了《库克协议》。该《协议》明确了母国与东道国的监管责任，对海外银行监管责任进行了明确的分工，监管的重点是现金流量与偿付能力；遵循"股权原则为主、市场原则为辅，母国综合监督为主、东道国个别监督为辅"的监管思路，提出了抽象的监管原则和职责分配，未涉及具体可行的监管标准。

1988年7月，巴塞尔银行监管委员会对《库克协议》进行了实质性的修订完善，并通过了《关于统一国际银行的资本计量和资本标准的报告》。该报告被称为《巴塞尔协议Ⅰ》。

《巴塞尔协议Ⅰ》首次明确了资本充足率的要求。考虑到在资产总额相同的情况下商业银行承担的信用风险水平会有很大不同，为统一标准，协议在计算商业银行资本充足率时对商业银行资产按统一的风险标准进行了转换，将作为分母的资产转换为统一的信用风险加权资产。《巴塞尔协议Ⅰ》将该比率称为资本充足率，规定了8%的统一国际资本监管标准。《巴塞尔协议Ⅰ》被国际银行业广泛接受，并用于对本国商业银行资本的监管。

（二）《巴塞尔协议Ⅱ》：2004年资本协议

《巴塞尔协议Ⅰ》发布后，跨国银行间竞争日趋激烈，金融创新不断涌现。巴林银行倒闭、东南亚金融危机事件的发生，在加剧银行业经营风险的同时也对银行业资本监管提出了新的要求。巴塞尔银行监管委员会对《巴塞尔协议Ⅰ》进行了长时期、大范围的修改与完善，在2004年推出了《巴塞尔协议Ⅱ》，它建立了以下三个支柱要求：

第一支柱：建立起商业银行资本要求与实际风险之间的紧密联系。它由对信用风险的最低资本要求扩展为对信用风险、市场风险、操作风险三类风险的资本要求。它利用标准化的方法详细规定出具有不同风险权重的更多的资产类别，同时认可商业银行使用自身风险计量的高级方法来计量监管资本要求，包括信用风险内部评级法、市场风险内部模型法、操作风险高级计量法。

第二支柱：集中于监管过程的强化，特别强调对商业银行风险管理质量的过程评价以及这些机构是否具有恰当的制度来确定其所需要的资本数额。

第三支柱：强调加强市场约束，通过信息披露，使公众与利益相关者能够掌握有关商业银行的风险状况和资本水平等信息，让市场纪律发挥强化资本监管、帮助监管当局提高金融体系稳健性的作用。

然而，2008年金融危机的爆发暴露了《巴塞尔协议Ⅱ》的局限性：①《巴塞尔协议Ⅱ》没有要求商业银行储备充足的资本以抵挡金融危机期间的动荡。②标准化方法中的风险权重对信贷评级的依赖性较强，使用信贷评级的标准化方法是否能够形成可靠的风险权重，这一点受到严重的质疑。③《巴塞尔协议Ⅱ》具有顺周期性，由于不同类别的资产的信用评级、违约率和预期损失随经济周期的波动而变化，所以在经济处于上升阶段，资产质量较好，资本监管的约束力被弱化，商业银行信贷能力增强，进一步推动经济的繁荣和泡沫的形成。而在经济衰退阶段，资产质量下降，资本监管的约束力被强化，商业银行贷款能力受到限制，会加大经济衰退程度；④《巴塞尔协议Ⅱ》并没有给予流动性紧缺足够的重视，而流动性问题可能导致金融机构在金融危机中的经营失败。

(三)《巴塞尔协议Ⅲ》:2010年资市协议

基于《巴塞尔协议Ⅱ》在2008年金融危机中暴露出来的局限性,2009年12月,巴塞尔委员会发布《建立更具稳健性的银行和银行体系的全球监管框架》和《流动性风险计量、标准、监管的国际框架》,即《巴塞尔协议Ⅲ》。《巴塞尔协议Ⅲ》是对《巴塞尔协议Ⅱ》的补充、完善和强化,确立了微观审慎和宏观审慎相结合的金融监管新模式,提高了商业银行的资本监管要求,建立了全球一致的流动性监管量化标准。

《巴塞尔协议Ⅲ》的主要变化有:

(1)更加注重核心一级资本的作用,以提高商业银行监管资本的质量。

(2)提高资本要求水平,以确保商业银行有足够的弹性来承受压力时期的损失。

(3)通过修订被证明严重失准的风险加权资本框架的各个领域,包括市场风险、交易对手信用风险和资产证券化的全球标准,来增强风险捕捉能力。

(4)在监管框架中添加宏观审慎要素:①引入逆周期资本缓冲,逆周期资本缓冲在景气时期建立,在压力时期减少,以限制资本要求的顺周期性。②建立大额风险暴露制度,以减轻由于金融机构之间的相互联系和集中风险敞口而引起的系统性风险。③设立资本缓冲以应对系统重要性的银行产生的外部性。

(5)规定最低杠杆率要求,以限制商业银行过度杠杆化。

(6)引入流动性覆盖率(LCR)和净稳定资金比例(NSFR),以减轻过度的流动性风险和期限错配。

2017年12月,巴塞尔委员会发布《巴塞尔协议Ⅲ》(修订版)。修订的目标是减少风险加权资产计算的过度可变性,限制商业银行使用自己的内部模型,增强标准化方法对风险的敏感性,加强风险加权资产(RWA)计算的可信度,提高商业银行资本比率的可比性。《巴塞尔协议Ⅲ》(修订版)的主要内容如下:

(1)提高信用风险、信用估值调整(CVA)和操作风险的标准化方法的稳健性和风险敏感性。

(2)限制内部模型方法的使用。对基于内部评级法(IRB)计算信用风险资本要求的风险参数规定最低水平;取消CVA风险和操作风险的内部模型计量法;限制使用内部模型的银行相对于标准化方法可以获得的监管资本收益(即相对于标准化方法降低资本要求的程度),要求商业银行使用监管规定的方法计算的风险加权资产不得低于仅使用标准法计算结果的72.5%(逐步实施),以有助于在使用内部模型的商业银行和采用标准化方法的商业银行之间保持一个公平的竞争环境,提高银行风险加权资产计算的可信度和可比性。

(3)引入杠杆率缓冲,进一步限制全球系统重要性银行(G-SIB)的杠杆。

2019年1月,巴塞尔委员会发布《市场风险框架修订方案》。该方案对银行账簿(即风险敞口通常受制于信用风险资本要求)和交易账簿(即风险敞口通常受制于市场风险资本要求)之间的监管边界进行了规范,以减少银行监管套利的机会,提高资本协议实施的一致性;对市场风险加权资产计量的内部模型法和标准法进行了改进,使计量结果更具风险敏感性。

三、我国商业银行资本监管的演进

(一)引入《巴塞尔协议Ⅰ》

1993年,中国人民银行首次将资本充足率纳入了银行监管的框架。1994年,中国人民银行参考1988年的《巴塞尔协议Ⅰ》,第一次公布了资本充足率的测算标准。但我国当时的国有大银行属于专业银行,市场化程度低,因此资本充足率要求没有真正得到落实。1995年,中国人民银行颁布《商业银行法》,以法律的形式规定商业银行资本充足率不得低于8%。当时由于各种原因,我国四大国有商业银行的资本充足率远远没有达到8%的标准,其他刚刚起步的商业银行资本充足率的水平也处于较低水平,因此这时的资本充足率监管仅仅是形式上的监控指标。1996年,中国人民银行对商业银行信用风险提出了详细的资本充足率要求,同时修订了《商业银行资产负债比例管理监控、监测指标和考核办法》,对资本充足率的计算方法进行了调整,基本符合巴塞尔委员会的要求。1998年,中国人民银行取消了对商业银行的贷款规模控制,实行资产负债比例管理,并根据《巴塞尔协议Ⅰ》的要求,结合我国商业银行的实际情况,重新制定了资本充足率的测算方法,但在实际操作中,仍然存在许多问题。进入21世纪,财政部、银监会和央行先后出台和修订了许多重要金融法律、法规,如《金融企业呆账准备提取和呆账核销管理办法》《金融企业会计制度》《贷款风险分类指导原则》《银行贷款损失准备计提指引》等,使资本充足率的计量进一步细化。

(二)引入《巴塞尔协议Ⅱ》

2004年,银监会借鉴《巴塞尔协议Ⅰ》和《巴塞尔协议Ⅱ》中标准法的主要思想,颁布了《商业银行资本充足率管理办法》,引入了新协议框架中的第二支柱(监管当局的监督检查)和第三支柱(市场约束),对1996年资产负债比例管理办法中资本充足率的测算办法进行了修订,提出资本充足率不得低于8%,核心资本充足率不得低于4%的要求,并对资本充足率的信息披露提出了具体、详细的要求。

2007年,银监会印发了《中国银行业实施新资本协议指导意见》,开始实施《巴塞尔协议Ⅱ》,在2009年,对首批工、农、中、建、交、招6家银行实施《巴塞尔协议Ⅱ》的进展进行了预评估。在监管引导下,经过多年的改革发展,国内商业银行资本充足率明显提高,资本约束机制不断健全。2011年6月末,311家国内银行全部达到资本充足率监管要求。

(三)引入《巴塞尔协议Ⅲ》

2011年,银监会下发《关于中国银行业实施新监管标准的指导意见》,根据《巴塞尔协议Ⅲ》确定的银行资本和流动性监管新标准,在全面评估现行审慎监管制度有效性的基础上,提高资本充足率、杠杆率、流动性、贷款损失准备等监管标准,将现行的两个最低资本充足率要求(一级资本和总资本占风险资产的比例分别不低于4%和8%)调整为三个层次的资本充足率要求;引入杠杆率监管标准,即一级资本占调整后表内外资产余额的比例不低于4%,弥补资本充足率的不足,控制银行业金融机构和银行体系的杠杆率积累;建立贷款拨备率、拨备覆盖率监管标准和动态调整贷款损失准备制度;引入流动性覆盖率、净稳定融资比例指标。

2012年,银监会在原《商业银行资本充足率管理办法》的基础上,整合了2008—2010年间发布的11个新资本协议实施监管指引,发布《商业银行资本管理办法(试行)》。该《办法》

坚持《巴塞尔协议Ⅱ》和《巴塞尔协议Ⅲ》统筹推进,第一支柱和第二支柱同步实施,宏观审慎监管和微观审慎监管有机结合,国际标准与国内实践兼顾的总体思路。总体来看,该《办法》在资本要求、资本定义、风险加权资产计量和全面风险治理等方面都保持了与国际新资本监管标准的基本一致。

第二节 第一支柱:资本充足率要求

《巴塞尔协议Ⅰ》建立起将资本与风险资产相联系、以资本占风险资产的最低比例要求即资本充足率来测定商业银行资本充足性的方法,《巴塞尔协议Ⅱ》和《巴塞尔协议Ⅲ》都是在这个方法的基础上进行修订和完善。这种衡量商业银行资本充足性的方法是将商业银行资本与风险敞口直接相联,依据商业银行的风险敞口确定其资本的充足度,风险资产规模越大,所需要的资本越多。

一、监管资本的构成

监管资本按抵偿损失的顺序分为一级资本和二级资本,其中一级资本又分为核心一级资本和其他一级资本。监管资本的构成见表4-1。

表 4-1 　　　　　　　　　　　　　　　　监管资本的构成

资本名称		具体内容	作用
一级资本	核心一级资本	实收资本	吸收盈利覆盖范围内的损失
		资本公积	
		盈余公积	
		未分配利润	
		一般风险准备	
		少数股东资本可计入部分	
	其他一级资本	其他一级资本工具及其溢价	持续经营下吸收损失
		少数股东资本可计入部分	
二级资本		二级资本工具及其溢价	破产清算下吸收损失
		超额贷款损失准备	
		少数股东资本可计入部分	

(一) 核心一级资本

核心一级资本的构成主体是普通股和留存收益。少数股东资本可计入部分是指附属公司核心一级资本中少数股东资本用于满足核心一级资本最低要求和储备资本要求的部分,可计入并表核心一级资本。

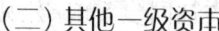

（二）其他一级资本

其他一级资本工具及溢价主要指优先股和永续债。少数股东资本可计入部分是指附属公司一级资本中少数股东资本用于满足一级资本最低要求和储备资本要求的部分，扣除已计入并表核心一级资本的部分后，剩余部分可以计入并表其他一级资本。

（三）二级资本

二级资本工具及其溢价是银行发行的符合计入二级资本条件的债券。二级资本工具有确定到期日的在距到期日前最后 5 年，可计入二级资本的金额按 100%、80%、60%、40%、20% 的比例逐年减计。少数股东资本可计入部分是指附属公司总资本中少数股东资本用于满足总资本最低要求和储备资本要求的部分，扣除已计入并表一级资本的部分后，剩余部分可以计入并表二级资本。

超额贷款损失准备计入二级资本的方法是：商业银行采用权重法计量信用风险加权资产的，超额贷款损失准备可计入二级资本，但不得超过信用风险加权资产的 1.25%。这里超额贷款损失准备是指商业银行实际计提的贷款损失准备超过最低要求的部分。贷款损失准备最低要求指 100% 拨备覆盖率对应的贷款损失准备和应计提的贷款损失专项准备两者中的较大者。商业银行采用内部评级法计量信用风险加权资产的，超额贷款损失准备可计入二级资本，但不得超过信用风险加权资产的 0.6%。这里的超额贷款损失准备是指商业银行实际计提的贷款损失准备超过预期损失的部分。

按照监管资本的制度安排，二级资本（符合条件的债券）、其他一级资本（永续债和优先股）和核心一级资本（普通股＋留存收益）资本的属性依次增强。如果商业银行经营失败，从财产偿还顺序来看，存款人和普通债权人是第一位的，其次是二级资本债，再次是永续债和优先股，最后是普通股。这实质上为存款人和普通债权人的利益设置了多重保护，有利于增强市场对商业银行的信心。这种多重资本的设计也有利于减轻商业银行发行普通股的压力。

二、资本扣减项

（一）核心一级资本全额扣除项

核心一级资本的主体是资产负债表中的所有者权益，所有者权益＝资产－负债。资产中有一些项目在商业银行面临危机时不具备变现吸收损失的能力，因此有必要从核心一级资本中全额扣除，使得调整后的核心一级资本更能真实反映商业银行承担损失的实力。

核心一级资本的全额扣除项包括以下内容：

（1）商誉。商誉在并购时形成，是银行支付的合并成本大于被购买方可辨认净资产公允价值份额的部分。当商业银行面临危机时，商誉不具备变现来吸收损失的价值，因此需要全额扣除。

（2）其他无形资产（土地使用权除外）。无形资产只有商业银行在经营良好时才有价值，面临危机时不具备变现来吸收损失的价值，需要全额扣除。

（3）由经营亏损引起的净递延税资产。递延所得税资产是已经计提但未实际缴纳的所得税，同样不具备变现的价值。因此，递延税资产要从资本中全额扣除；其他依赖未来盈利的递延税资产从资本中限额扣除,即超出核心一级资本净额 10% 的部分应从核心一级资本中扣除。

(4)贷款损失准备金缺口。商业银行采用权重法计量信用风险加权资产时,贷款损失准备缺口是指商业银行实际计提的贷款损失准备低于贷款损失准备最低要求的部分;商业银行采用内部评级法计量信用风险加权资产时,贷款损失准备缺口是指商业银行实际计提的贷款损失准备低于预期损失的部分。

(5)资产证券化销售利得。资产证券化销售利得虽然已经确认为利得,但利得的假设条件是未来不发生风险的情况,实际上等同于未实现的盈余,因此需要从核心一级资本中扣除。

(6)确定受益类的养老金资产净额。养老金支出日已经事先确定,当商业银行破产时这部分资产是被隔离的,不具备吸收损失的价值,需要从核心一级资本中扣除。

(7)直接或间接持有的本银行的股票。此部分内容需要从资产方与核心一级资本方同时扣除。

(8)未按公允价值计量的项目进行套期形成的现金流储备。金流套期下的套期工具的利得或损失计入所有者权益,但不影响资本净额,因此应予调整。

(9)自身信用风险变化导致其负债公允价值变化带来的未实现损益。商业银行自身信用风险评价下调会导致其债券价值下降,从而使其所有者权益增加。由于未实现损益导致的权益增加需要从核心一级资本中扣除。

(10)金融机构间通过协议相互持有的核心一级资本。

(11)对有控制权但不并表的金融机构的核心一级资本投资。

(12)有控制权但不并表的金融机构的核心一级资本缺口。

(二)商业银行直接或间接持有本银行发行的其他一级资本工具和二级资本工具,从相应的监管资本中对应扣除

对应扣除是指从商业银行自身相应层级资本中扣除。商业银行某一级资本净额小于应扣除数额的,缺口部分应从更高一级的资本净额中扣除。

(三)商业银行对未并表金融机构的小额少数资本投资,合计超出本银行核心一级资本净额 10% 的部分,从各级监管资本中对应扣除

小额少数资本投资是指商业银行对金融机构各级资本投资(包括直接和间接投资)占该被投资金融机构实收资本(普通股加普通股溢价)10%(不含)以下。

三、风险加权资产的构成和计量

第一支柱的资本要求将资本与风险资产相联系。这里的风险资产是指商业银行持有的承受信用风险、市场风险和操作风险的资产。风险资产的计量采用加权法,其计算公式为:

$$风险加权资产 = 信用风险加权资产 + 市场风险加权资产 + 操作风险加权资产$$

信用风险是商业银行最大的风险,因此在风险加权资产中,信用风险加权资产占比最大。图 4-1 反映 2013—2019 年我国商业银行风险加权资产构成百分比,从中我们可以看到信用风险加权资产占比稳定在 91% 以上。

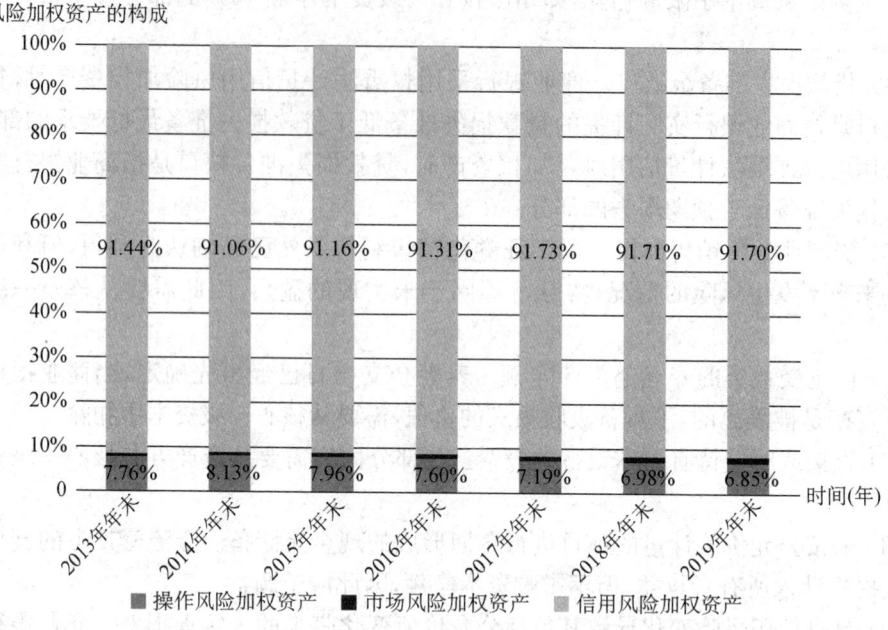

风险加权资产的构成

图4-1   2013—2019年我国商业银行风险加权资产构成百分比

（一）信用风险加权资产计量

商业银行可以采用权重法或内部评级法计量信用风险加权资产。内部评级法未覆盖的风险暴露采用权重法计量信用风险加权资产。

1. 权重法

权重法是指商业银行将全部资产按照监管机构规定的类别进行分类，并采用监管规定的风险权重计量信用风险加权资产的方法。计算公式为：

信用风险加权资产＝表内资产风险加权资产＋表外项目信用风险加权资产

$$=\sum(表内资产账面价值－相应的减值准备)\times 风险权重＋\sum 表外项目名义金额\times$$
信用转换系数×表内相同性质的资产风险权重

表内资产的风险权重见表4-2。

表4-2   表内资产的风险权重

项目	风险权重
现金类资产	0
对境外主权和金融机构债权	视评级定权重
对多边开发银行、国际清算银行和国际货币基金组织债权	0
对我国中央政府和中国人民银行债权	0
对我国公共部门实体债权	20%
对我国政策性银行债权	0,100%（次级债）

(续表)

项目	风险权重
持有我国中央政府投资的金融资产管理公司为收购国有银行不良贷款而定向发行的债券	0,100%（其他）
对我国其他商业银行债权	25%,20%（3个月）,100%（次级债）
对我国其他金融机构债权	100%
对一般企业债权	100%
对满足相关条件的微型和小型企业债权	75%
对个人债权	50%（住房）,150%（追加）,75%（其他）
对金融机构的股权投资（未扣除部分）和依赖于银行未来盈利的净递延税资产	250%
对工商企业股权投资	400%（被动持有或政策性原因）,1 250%（其他）
非自用不动产	1 250%,100%（抵押）
其他资产	100%

表外项目信用转换系数见表4-3。

表 4-3 　　　　　　　　　　　　　表外项目信用转换系数

项目	信用转换系数
等同于贷款的授信业务	100%
原始期限不超过1年,1年以上的贷款承诺,可随时无条件撤销的贷款承诺	20%,50%,0%
未使用的信用卡授信额度	50%,20%（符合条件）
票据发行便利和循环认购便利	50%
银行借出的证券或用作抵押物的证券,包括回购交易中的证券借贷	100%
与贸易直接相关的短期或有项目	20%
与交易直接相关的或有项目	50%
信用风险仍在银行的资产销售与购买协议	100%
远期资产购买、远期定期存款、部分交款的股票及证券	100%
其他表外项目	100%

权重法计量信用风险加权资产的优点为：银行实施费用低、计算标准统一、具有可比性,有利于限制商业银行风险资产的扩张,促使商业银行不断优化资产结构,提升信用风险管理能力。包括非巴塞尔委员会辖区在内的全球大多数银行都采用这种标准化方法计

量信用风险加权资产。权重法的缺点为:①商业银行各类资产的风险权重取决于交易对手的外部评级,未能将资本要求与商业银行信用风险管理水平、风险偏好、管理策略等结合起来,对商业银行改进风险管理的激励有限。②对外部评级市场和合格的外部评级机构有依赖性。2017 年 12 月,巴塞尔委会修订的《巴塞尔协议Ⅲ》进一步了提高信用风险标准化方法的粒度和风险敏感性,要求商业银行进行充分的尽职调查,并为不能或不希望依赖外部信用评级的司法管辖区开发足够细化的基于非评级的方法,从而减少对信用评级的机械依赖。

2. 内部评级法

内部评级法是指商业银行根据违约概率(PD)、违约损失率(LGD)、期限(M)等因素计算风险暴露的信用风险资本要求及信用风险加权资产的方法。其计算方法如下。

1) 信用风险暴露分类

商业银行对银行账户信用风险暴露进行分类,并至少分为六类:①主权风险暴露。②金融机构风险暴露。③公司风险暴露。④零售风险暴露。⑤股权风险暴露。⑥其他风险暴露。主权风险暴露、金融机构风险暴露和公司风险暴露统称为非零售风险暴露。

2) 违约概率、违约损失率、违约风险暴露等风险参数的确定

内部评级法又分为内部评级初级法与内部评级高级法。对于非零售风险暴露,内部评级初级法下由商业银行内部估计违约概率风险参数,由监管给定其他参数估算标准与方法;内部评级高级法下由商业银行内部估计所有的风险参数,即违约概率、违约损失率、违约风险暴露、债项的有效期限。但对于零售信用风险暴露,必须实施内部评级高级法,即由商业银行内部估计其违约概率、违约损失率、违约风险暴露和有效期限。

3) 分别计量未违约和已违约风险暴露的风险加权资产

商业银行按照以下方法计量主权、金融机构、公司和零售风险暴露的信用风险加权资产。股权风险暴露的信用风险加权资产采用权重法计量。

(1) 未违约风险暴露的风险加权资产的计量。其计量可分为以下四步:

第一步,将各类信用风险暴露的违约概率(PD)代入监管给定的公式,计算相关性(R)。

第二步,将各类信用风险暴露的违约概率(PD)代入监管给定的公式,计算期限调整因子(b)。

第三步,将各类信用风险暴露的违约概率(PD)、违约损失率(LGD)、相关性(R)、期限(M)和期限调整因子(b)代入监管给定的公式计算信用风险暴露的资本要求(K)。

第四步,计算信用风险暴露的风险加权资产(RWA)。计算公式为:

$$RWA = K \times 12.5 \times EAD$$

(2) 已违约风险暴露的风险加权资产的计量。计算公式为:

$$K = \mathrm{Max}[0,(LGD - BEEL)]$$
$$RWA = K \times 12.5 \times EAD$$

BEEL 是指经济环境、法律地位等条件下对已违约风险暴露的预期损失率的最大估计值。

商业银行实施内部评级法必须建立符合监管要求的内部评级体系。该体系应能有效

识别信用风险,具备稳健的风险区分和排序能力,并能够准确量化风险。内部评级体系包括的基本要素有:①内部评级体系的治理结构。②非零售风险暴露内部评级和零售风险暴露风险分池的技术标准。③内部评级的流程。④风险参数的量化。⑤IT 和数据管理系统。

内部评级法反映了国际先进银行信用风险计量技术的进步,使商业银行内部风险计量水平、管理能力与资本要求紧密联系起来,有利于提高资本要求的风险敏感度。但金融危机凸显了与监管资本要求使用内部建模方法有关的一些缺陷,其中信用风险的内部评级法的缺陷有:①计算过程过于复杂。②商业银行内部模拟的内部评级资本要求缺乏可比性。③商业银行在对某些资产类别进行建模时缺乏稳健性。2017 年 12 月,巴塞尔委员会对内部评级法进行了修订:①取消了对无法以稳健和审慎的方式建模的资产类别使用高级内部评级法(A-IRB)的选择。②规定 IRB 风险参数的下限,以确保在仍可使用 IRB 方法的资产类别中,模型参数的保守性达到最低水平。③提供了更详细的参数估计方法规范,以减少风险加权资产(RWA)的可变性。

(二)市场风险加权资产计量

商业银行为获得利润而短期持有的交易工具组合称为交易账簿。交易账簿因市场价格(利率、汇率、股票价格和商品价格)的不利变动而发生损失的风险称为市场风险。

市场风险资本要求计量采用标准法或内部模型法。商业银行市场风险加权资产为市场风险资本要求的 12.5 倍,即:

$$市场风险加权资产 = 市场风险资本要求 \times 12.5$$

1. 标准法

标准法是指商业银行按照监管规定分别计量利率风险、汇率风险、商品风险和股票风险的资本要求,并单独计量以各类风险为基础的期权风险资本要求的方法。市场风险资本要求为利率风险、汇率风险、商品风险、股票风险和期权风险的资本要求之和。

2. 内部模型法

市场风险内部模型法源于 JP 摩根银行提出的风险价值(value at risk,简称 VaR)模型。商业银行借助该模型,对历史数据进行模拟运算,评估和计量在既定时期内投资组合所面临市场风险的大小和可能遭受的潜在最大价值损失。

采用内部模型法的商业银行必须满足监管规定的一系列定性、定量标准:要有独立于业务部门并直接向高管层报告的市场风险管理部门;要拥有足够的能在交易、风险控制、审计和后台工作中使用复杂模型的员工;要有足以支持内部模型运行的信息系统;可使用任何能够反映其所有主要风险的模型方法计算市场风险资本要求,包括但不限于方差—协方差法、历史模拟法和蒙特卡罗模拟法等。

目前,我国大型商业银行已在部分交易业务(主要是外币交易)使用了内部模型,并能够计算风险价值(VaR)。

(三)操作风险加权资产计量

操作风险是指由不完善或有问题的内部程序、员工和信息科技系统,以及外部事件所造成损失的风险。它包括法律风险,但不包括策略风险和声誉风险。商业银行可采用基本指标法、标准法或高级计量法计量操作风险资本要求。基本指标法和标准法实质上是监管机构人为地设定一定的风险权重,再根据银行的收入计算得出防范操作风险可能的损失所需要占用的资本数额。

商业银行操作风险加权资产为操作风险资本要求的 12.5 倍,即:

$$操作风险加权资产 = 操作风险资本要求 \times 12.5$$

1. 基本指标法

基本指标法是指以总收入为基础计量操作风险资本要求,总收入为净利息收入与净非利息收入之和的方法。其计算公式为:

$$K_{BIA} = \frac{\sum_{i=1}^{n}(GI_i \times \alpha)}{n}$$

其中:K_{BIA} 为按基本指标法计量的操作风险资本要求;

GI_i 为过去 3 年中每年正的总收入;

n 为过去 3 年中总收入为正的年数;

α 为 15%。

2. 标准法

标准法是指将商业银行的全部业务划分为公司金融、交易和销售、零售银行、商业银行、支付和清算、代理服务、资产管理、零售经纪和其他业务 9 个业务条线,以各业务条线的总收入为基础计量操作风险资本要求的方法。其计算公式为:

$$K_{TSA} = \left\{ \sum_{i=1}^{3} \text{Max}\left[\sum_{i=1}^{9}(GI_i \times \beta_i), 0 \right] \right\} \div 3$$

其中:K_{TSA} 为按标准法计量的操作风险资本要求;

$\text{Max}\left[\sum_{i=1}^{9}(GI_i \times \beta_i), 0 \right]$ 为各年为正的操作风险资本要求;

GI_i 为各业务条线总收入;

β_i 为各业务条线的操作风险资本系数。

各业务条线的操作风险资本系数(β)如下:①零售银行、资产管理和零售经纪业务条线的操作风险资本系数为 12%。②商业银行和代理服务业务条线的操作风险资本系数为 15%。③公司金融、支付和清算、交易和销售以及其他业务条线的操作风险资本系数为 18%。

操作风险加权资产的基本指标法和标准法是将操作风险的资本要求与收入相联系,在两者之间建立起简单的线性关系——收入越高,操作风险资本要求越高。其计算结果被认为缺乏风险敏感性,无法反映商业银行操作风险管理的质量。

3. 高级计量法

高级计量法是指商业银行根据业务性质、规模和产品复杂程度以及风险管理水平,基于内部外部损失数据、情景分析、业务经营环境和内部控制等因素,建立操作风险计量模型,计量操作风险资本要求的方法。采用高级计量法的商业银行必须满足监管规定的有关治理结构、数据处理、模型建立等方面的要求。

金融危机凸显了操作风险计量框架的两个主要缺陷：首先，对操作风险的资本要求被证明不足以弥补一些商业银行的操作风险损失。其次，这些损失的性质（包括不当行为、信息科技系统和控制不当等事件）突出说明了使用内部模型估算操作风险资本要求所带来的困难。2017 年 12 月，巴塞尔委员会简化了操作风险计量框架，用单一风险敏感标准化方法取代高级度量方法（AMA）和三种标准化方法。新的操作风险标准化方法根据以下两个因素确定商业银行的操作风险资本要求：①衡量商业银行收入的标准。②衡量商业银行的历史损失。它假设：①操作风险随着商业银行收入的增加而增加。②历史上操作风险损失较大的商业银行被认为在未来更有可能遭受操作风险损失。

四、资本充足率的计算和要求

相关计算公式为：

$$核心一级资本充足率 = \frac{核心一级资本 - 对应资本扣减项}{风险加权资产} \times 100\%$$

$$一级资本充足率 = \frac{一级资本 - 对应资本扣减项}{风险加权资产} \times 100\%$$

$$总资本充足率 = \frac{总资本 - 对应资本扣减项}{风险加权资产} \times 100\%$$

《巴塞尔协议Ⅲ》规定：商业银行资本充足率监管要求包括最低资本要求、储备资本和逆周期资本要求以及系统重要性银行附加资本要求。这些监管要求的标准制定更多的是体现市场的共识。

参考《巴塞尔协议Ⅲ》的规定，我国《商业银行资本管理办法（试行）》将资本监管要求分为四个层次：第一层次为最低资本要求，核心一级资本充足率不得低于 5%、一级资本充足率不得低于 6%、资本充足率不得低于 8%；第二层次为储备资本要求和逆周期资本要求，储备资本要求为 2.5%，逆周期资本要求为 0～2.5%，均由核心一级资本来满足，逆周期资本要求是针对商业银行信贷资产扩张的顺周期性的特点，要求商业银行在经济繁荣期增加额外的资本充足率，限制信贷资产的过分扩张，在经济萧条期则不增加额外的资本充足率的要求，避免信贷规模的快速下滑而放大经济波动；第三层次为系统重要性银行附加资本要求，为 1%，由核心一级资本满足，若国内商业银行被认定为全球系统重要性银行，所适用的附加资本要求不得低于巴塞尔委员会的统一规定，这是宏观审慎监管的体现；第四层次为第二支柱资本要求，银监会有权在第二支柱框架下对个别商业银行提出更审慎的资本要求，确保其资本充分覆盖风险。

资本充足率要求的目的就是衡量商业银行的各种风险敞口，并要求商业银行应持有足够的资本来覆盖可能的损失，当总的风险增加时，用来吸收损失的商业银行资本也应增加，从而用资本约束商业银行风险资产的过度扩张。监管机构对商业银行的核心一级资本、一级资本和总资本的充足性分别进行考核，体现出监管机构不仅重视商业银行资本数量的充足性，而且重视资本的结构和质量，特别强调核心一级资本的充足性。由于其他一级资本用来吸收持续经营下的损失，二级资本用来吸收破产清算下的损失，它们对于存款人和普通债权人提供了多重保护，但对保证商业银行稳健经营的作用有限。因此，监管机构对商业银行核心一级资本的充足性提出了较高的要求。如果商业银行达到最低资本要求，核心一级资本应占

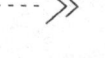

总资本的 62.5%,其他一级资本占总资本的 12.5%,二级资本占总资本的 25%。如果商业银行达到第三层次的资本要求,核心一级资本应占总资本的 78.57%,其他一级资本占总资本的 7.14%,二级资本占总资本的 14.28%。

我国《商业银行资本管理办法(试行)》对商业银行资本的监管要求见表 4-4。

表 4-4　　　　　　　　　　　我国商业银行资本监管要求

层次	资本要求	核心一级资本	一级资本	总资本
第一层次	最低资本要求	5%	6%	8%
第二层次	储备资本要求	2.5%(核心一级满足)		
	逆周期资本要求	0~2.5%(核心一级满足)		
	合计(最高)	10%	11%	13%
第三层次	系统重要性银行附加资本要求	1%(暂定,核心一级满足)		
	合计(最高)	11%	12%	14%
第四层次	第二支柱资本要求	由监管机构根据单家商业银行风险状况确定商业银行的监管资本要求		

我国《商业银行资本管理办法(试行)》对商业银行资本的要求略高于《巴塞尔协议Ⅲ》的资本要求,《巴塞尔协议Ⅲ》的资本要求见表 4-5。

表 4-5　　　　　　　　　　　《巴塞尔协议Ⅲ》的资本要求

层次	资本要求	核心一级资本	一级资本	总资本
第一层次	最低资本要求	4.5%	6%	8%
第二层次	储备资本要求	2.5%(核心一级满足)		
	逆周期资本要求	0~2.5%(核心一级满足)		
	合计(最高)	9.5%	11%	13%
第三层次	系统重要性银行附加资本要求	1%(核心一级满足)		
	合计(最高)	10.5%	12%	14%

《巴塞尔协议Ⅲ》中的标准是国际资本监管的最低要求,巴塞尔委员会鼓励各成员国根据自身情况实施更为严格的资本监管标准。根据《巴塞尔协议Ⅲ》,欧盟、英国、瑞士、新加坡等都制定了监管标准显著高于《巴塞尔协议Ⅲ》的最低要求。例如,新加坡提出的核心一级资本充足率要求为 9%,总资本充足率要求为 12.5%;瑞士对系统重要性银行提出的核心一级资本充足率要求为 10%,总资本充足率要求为 19%。

图 4-2 为近年来我国商业银行资本构成及资本充足率,在资本构成中,核心一级资本占比 80%左右,银行业资本质量较高。

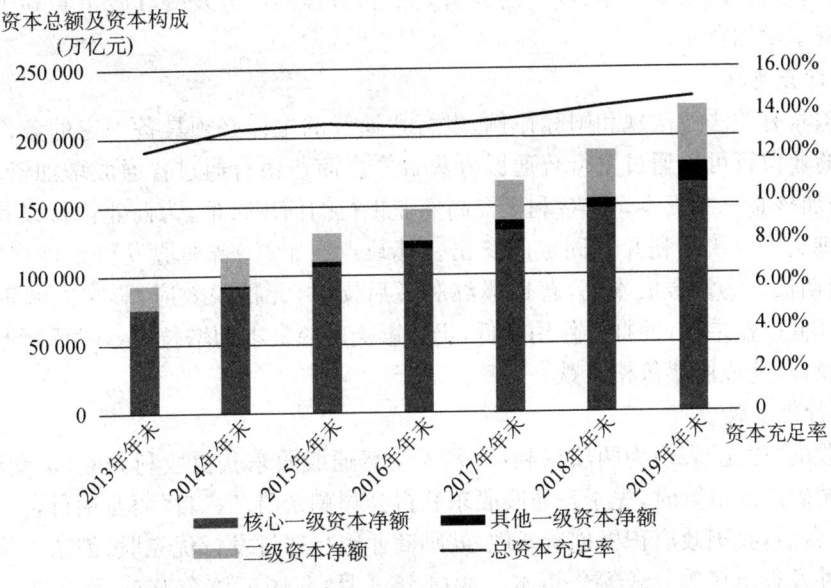

图 4-2 我国商业银行资本构成及资本充足率

五、提高资本充足率的方法

(一) 增加资市

商业银行通过留存利润和发行普通股均可增加核心一级资本,发行优先股和永续债可增加其他一级资本,发行二级债券可增加二级资本。根据资本充足率监管要求,商业银行要满足最低资本要求、储备资本要求和逆周期资本要求,总资本充足率应达到13%,其中核心一级资本10%,其他一级资本1%,二级资本2%。因此,商业银行应当优先考虑补充核心一级资本,增强内部资本积累能力,完善资本结构,提高资本质量。

1. 提高利润留存比例,扩大内源性资本补充

留存利润是商业银行唯一的内源性资本,它可以增加商业银行的核心一级资本,节省从外部筹措资本的费用,简单易行,是商业银行增加资本最廉价的方法。然而,商业银行通过留存利润补充资本会减少股利分配,可能会造成商业银行股价下跌,从而对商业银行未来发展产生不利影响。因此,商业银行要有合理的留存收益政策,既要重视对投资者的合理投资回报,保持股利分配政策连续性和稳定性,同时还要兼顾银行的长远利益、全体股东的整体利益及银行的可持续发展。内源资本增长率的计算公式为:

$$内源资本增长率 = 净资产收益率(ROE) \times 留存收益比率(RR)$$
$$= 营业收入净利润率(PM) \times 总资产周转率(AU) \times 权益乘数(EM) \times$$
$$留存收益比率(RR)$$

式中: $$留存收益比率(RR) = 1 - 分红率(PR)$$

商业银行内源资本增长率依靠银行的盈利能力(PM)、总资产周转率(AU)、权益乘数(EM)和留存收益比率(RR)。这四项中任意增大一项,都可以提高内源资本增长率。因

此,有效的利差管理、成本控制、较高的经营效率和最佳的财务及分红政策有利于商业银行通过内源资本增加资本。

2. 发行普通股

根据国家有关法律法规和国际惯例,发行普通股的主体必须具备一定的条件。满足规定条件的商业银行可以通过发行普通股筹集资本。商业银行通过普通股增加资本,其优点在于:①增加核心一级资本。②有利于提高商业银行的信用价值,为商业银行以其他方式筹集资本提供支持。③红利并非固定的支出。其缺点在于:①普通股发行条件严格、程序复杂、发行周期长。②资金成本高,普通股红利税后支付,无抵税效应,影响内源资本的增长率。③会降低权益乘数,使杠杆作用降低,仍然影响内源资本的增长率。④稀释原股东的股权和每股收益,造成股票价格下跌。

3. 发行优先股

优先股的"优先"表现为两项权利:一是先于普通股股东获得股利分配,享受稳定股息;二是当公司破产或清算时,先于普通股股东获得公司剩余财产。自《商业银行资本管理办法(试行)》出台后,我国政府积极创造条件,鼓励商业银行通过发行优先股、创新二级资本工具或开拓境外发行市场等方式筹集资本。2014年3月,我国证监会发布《优先股试点管理办法》。2014年11月,中国农业银行发行我国资本市场第一只优先股。商业银行通过发行优先股增加资本,其优点在于:①增加其他一级资本。②优先股股东无表决权,不参与商业银行经营,不会稀释股权。其缺点在于:①资金成本高,优先股股利在税后支付,不能抵税。②优先股有固定股利支付率,降低了商业银行支付的财务弹性。以上两点都会影响内源资本的增长率。

4. 发行永续债

永续债是依法定程序发行,附赎回(续期)选择权或无明确到期日的债券。永续债求偿权优于优先股。符合条件的永续债可分类为权益工具,既能满足发行方融资的需求,又有利于其补充资本以降低资产负债率,因此近年来永续债在我国得到较快发展。2018年12月,国务院金融稳定发展委员会(简称金稳会)要求尽快启动银行业永续债的发行,用于补充银行资本。2019年1月,中国银行在银行间债券市场发行首单银行业400亿元无固定期限资本债券。

永续债的优点在于:①增加其他一级资本,资金永久使用。②永续债债权人无投票权,不会稀释股权。其缺点在于:①利息定期支付,利率水平高,商业银行需承担较高的利息成本。②计入其他一级资本的永续债利息属股息、红利性质,不得在所得税税前扣除。

优先股筹资和永续债筹资均计入其他一级资本,有效的其他一级资本的发行空间为风险加权资产的1%。

5. 发行二级资本债

二级资本债是指商业银行根据监管机构资本管理办法的要求发行的用于补充二级资本的金融债券。

商业银行通过发行二级资本债券增加资本,其优点在于:①增加二级资本。②具有财务杠杆效应和抵税效应及不影响原有股东控制权。其缺点在于:①利息定期支付,利率水平高,在较长的时间商业银行都需要承担很高利息成本。②随着到期日的临近,资本属性变弱。

（二）控制信用风险资产规模，调整信用风险资产内部结构

信用风险资产的规模和结构对资本充足率的影响显著。一方面，信用风险资产的规模越大，相应地占用资本越多，资本充足率越低，因此银行要先控制表内外资产规模的扩张；另一方面，各类风险资产的风险程度有较大差异，单位资产占用资本的程度不同。因此，商业银行可以通过调整风险资产的结构（如出售高风险资产、配置低风险资产）来提高资本充足率。

下面以中国工商银行为例，分析其核心一级资本的增长和内部结构变化情况。中国工商银行于 2006 年 10 月首次公开发行股票，表 4-6 是中国工商银行 2005 年年末（发行股票前）及 2019 年年末核心一级资本构成的对比。2019 年年末中国工商银行核心一级资本是 2005 年年末的 9.67 倍，而 2019 年中国工商银行资产总额为 30.11 万亿元，是 2005 年年末 6.46 万亿元的 4.66 倍，这说明中国工商银行资本抗风险的能力进一步增强。2019 年年末，中国工商银行核心一级资本的构成较 2005 年年末也发生了很大的变化，实收资本占比从 2005 年年末的 97.03% 下降到 2019 年年末的 14.41%，留存利润（盈余公积＋一般风险准备＋未分配利润）占比从 2005 年年末的 2.20% 上升到 2019 年年末的 79.43%，这说明中国工商银行能够主要依靠经营利润的留存实现资本的增长，从而支持资产规模的进一步扩张。

表 4-6　　　　　　　　　　中国工商银行核心一级资本的构成　　　　　　金额单位：亿元

核心一级资本项目	2005 年年末		2019 年年末	
	金额	占比	金额	占比
实收资本	2 480	97.03%	3 564.07	14.41%
资本公积	0	0.00%	1 490.67	6.03%
盈余公积	3.75	0.15%	2 921.49	11.81%
一般风险准备	17	0.67%	3 048.76	12.33%
未分配利润	35.38	1.38%	13 671.8	55.29%
少数股东资本可计入部分	0	0.00%	41.78	0.17%
其他	19.73	0.77%	−10.83	−0.04%
合计	2 555.86	100%	24 727.74	100%

中国工商银行核心一级资本增加的途径是内源性资本的补充和发行股票融资。内源性资本的补充就是留存下来的利润，表现为盈余公积、一般风险准备和未分配利润。中国工商银行自 2006 年至 2018 年，累计实现净利润 27 408.63 亿元，现金分红 13 次，累计分红 9 051.41 亿元，分红率为 33.02%（见图 4-3）。中国工商银行连续多年保持 30% 左右的现金分红率，既保持了股利分配政策的连续性和稳定性，又让自身内源性资本持续稳定的增长。

其他三家大型银行——中国建设银行、中国农业银行和中国银行的核心资本增长变化的情况与中国工商银行相似，这三家银行都采取了稳定的连续的现金股利分配政策，现金分红率为 30% 左右，使内源性资本持续稳定增长；同时，也都采用了首发、增发和配股的方式来增加实收资本和资本公积。这些措施使大型商业银行资本充足性状况得到重大改善。

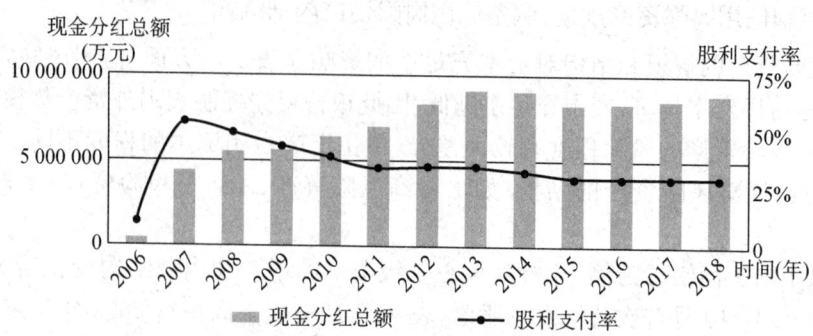

图4-3　中国工商银行上市以来现金分红总额和股利支付率

尽管中国工商银行的资本规模不断扩大,资本质量不断提高,但由于信贷规模快速扩张,资本充足率始终在监管红线附近,商业银行始终面临着补充资本的压力。而仅靠内部盈利的转化还难以满足资本监管要求,必须借助于各类外源融资的方式。中国工商银行除了以内源资本补充资本以外,也积极发行优先股、永续债补充其他一级资本,发行二级资本债补充二级资本。表4-7是中国工商银行上市以来,截至2020年3月末各类直接融资方式的金额及占比。

表4-7　　　　　　　　工商银行上市以来直接融资情况　　　　　　　金额单位:亿元

直接融资方式	金额	占比
首发	466.44	6.25％
股权再融资	1 486.74	19.93％
其中:配股	336.74	4.51％
优先股	1 150.00	15.42％
发债券融资	5 506.70	73.82％
上市以来累计募资	7 459.88	100.00％

六、资本充足率指标的局限性

(一)风险资产的计量未必准确

由于风险计量方面存在的困难,目前风险加权资产的计算只涵盖三类风险,风险覆盖并不全面。而且这三类风险加权资产的计量非常复杂,计算结果受到诸多因素的影响,从而使其评估风险的效果易出现偏差。例如,在此时是低风险的资产在压力情景下可能演变为高风险资产;若风险加权资产计量的高级方法的模型和参数设计不合理,就会偏离真实的资产风险水平。因此,尽管基于风险的资本充足性要求是正确的方向,但由于风险敞口估价之难,从而商业银行可能无法准确地计量出为防范表内外业务风险准备多少足够的资本。

（二）基于会计原则基础上的监管资本不一定真实

监管资本中的核心一级资本确定的依据是会计账面上的所有者权益,所有者权益账面价值＝资产账面价值－负债账面价值。而账面资产和负债的计量多以历史成本为计量属性,是向后看的估值方法。如果商业银行未能及时、准确地调整其贷款损失准备金以反映其信贷组合的真实质量,或者资产未按市价重新计量以反映利率和汇率变化的影响,那么就会造成所有者的账面价值与真实价值脱节的问题,商业银行资本和资本充足性的信息可能是扭曲的。

（三）导致监管套利

资本充足性严格监管的结果可能促使商业银行刻意通过复杂交易流程的设计以降低资本消耗规避监管,这反而使商业银行真实的风险状况更加不透明。近年来,我国以理财产品和信托产品为代表的影子银行业务和同业业务的快速发展一定程度上与资本监管要求相关,这些业务实质上进一步增大了商业银行的风险敞口。

七、《巴塞尔协议Ⅲ》推出的杠杆率指标

杠杆率的计算公式为:

$$杠杆率 = \frac{一级资本净额}{调整后的表内外资产余额} \times 100\%$$

巴塞尔委员会过去一直致力于设计风险敏感的监管指标,并鼓励商业银行自行开发内部模型以更加精确地识别计量风险,从而降低资本要求。但是2007年金融危机暴露了这种过度追求所谓精确风险计量的缺陷。部分商业银行的杠杆率不足2％(即资产是一级资本的50倍以上),但核心资本充足率却在10％以上。例如,在金融危机发生前,花旗银行的核心一级资本充足率为11.9％,杠杆率却只有1.27％。然而金融危机时的压力情景同样导致商业银行低风险权重的资产发生亏损。2008年花旗银行出现巨额亏损531亿美元。因而,以风险调整后的加权资产衡量资本充足性的方法受到批评,它被认为是鼓励商业银行创新以节约资本,从而破坏资本监管的方法。2010年,巴塞尔委员会在《巴塞尔协议Ⅲ》中推出了杠杆率这一简单易用、不具风险敏感性的资本监管工具,设置的杠杆率下限为3％。杠杆率是对资本充足率监管的补充,用来约束商业银行过高的杠杆水平,降低内部模型和标准化风险度量方法之间的博弈和模型风险。为与全球系统重要性银行(G-SIB)资本要求缓冲保持一致,2017年12月修订的《巴塞尔协议Ⅲ》对全球系统重要性银行(G-SIB)引入了杠杆率缓冲,以减轻全球系统重要性银行造成的外部性。

2015年4月1日起,我国商业银行开始计算杠杆率指标。杠杆率指标中的一级资本净额计算口径与资本充足率指标中的一级资本净额一致。调整后的表内资产余额为扣减针对相关资产计提的准备或会计估值调整后的表内资产余额。调整后的表外项目余额按照如下方式计算:①表外项目中可随时无条件撤销的贷款承诺按照10％的信用转换系数计算。②其他表外项目按照《商业银行资本管理办法(试行)》规定的信用风险权重法表外项目信用转换系数计算。商业银行并表和未并表的杠杆率均不得低于4％。

| 第二支柱:监督检查

一、监督检查要求的实质

第二支柱规定监管机构应根据商业银行的风险状况和外部经营环境,要求商业银行保持高于最低水平的资本充足率,对商业银行的资本充足率进行严格的控制,确保商业银行有严格的内部管理体制,从而有效管理自己的资本。监管机构有权通过调整风险权重、相关性系数、有效期限等方法,提高特定资产组合的资本要求。监管机构可以根据商业银行单体情况确定其第二支柱风险资本要求比率。

监管机构的监督检查实质是要确保商业银行董事会与高级管理层了解与掌握其风险状况与风险管理水平,因此第二支柱都是围绕这一主题展开。第二支柱被称为监管机构的监督检查。在监督检查之前,首先,监管机构要求商业银行董事会与高级管理层做自我监督检查,向监管机构证明银行风险计量能够反映所承担的风险水平、风险管理水平达到监管机构要求;其次,监管机构基于商业银行自我评估结果再进行监督检查。商业银行董事会与高级管理层向监管机构证明对风险状况与风险管理水平的了解程序称为内部资本充足性评估程序。

二、覆盖的范围

监管机构对商业银行内部资本充足性评估包括全面风险管理框架的评估、第一支柱风险的评估、第二支柱风险的评估、压力测试四个方面。

(一)全面风险管理框架的评估

全面风险管理框架的评估包括四个方面:①有效的董事会与高级管理层监督。②适当的政策、程序和限额。③全面、及时的识别、计量、监测、缓释和控制风险。④良好的管理信息系统。

(二)第一支柱风险的评估

第一支柱风险的评估是指审查商业银行对合格资本工具的认定,以及各类风险加权资产的计量方法和结果,评估资本充足率计量结果的合理性和准确性。针对最低资本要求,商业银行需考虑的三类风险的评估包括:①信用风险:评估银行账户信用风险暴露分类的标准、程序和覆盖范围,确认分类标准的合理性和合规性、标准执行的一致性,确保信用风险暴露的全覆盖、监管资本要求覆盖所有信用风险暴露。②市场风险:界定采用内部模型法和标准法计量的市场风险监管资本要求的范围,并一致地实施,防止商业银行资本套利。③操作风险:应根据资本管理办法计量操作风险资本。

(三)第二支柱风险的评估

第二支柱风险的评估是指商业银行对第一支柱未考虑的风险进行评估。它包括集中度风险、银行账户利率风险、流动性风险、声誉风险、战略风险、资产证券化风险和金融工具估值。

1）集中度风险

商业银行应当清楚地认识和评估单个或一组紧密关联的风险因素对其的影响，并充分考虑不同种类风险之间的相互关联。其具体包括以下内容：

（1）交易对手或借款人集中风险：商业银行对同一个交易对手、借款人或多个风险高度相关的交易对手、借款人具有较高的风险暴露而产生的风险，如地方政府融资平台类的贷款。

（2）地区集中风险：商业银行对同一地区交易对手或借款人具有较高的风险暴露而产生的风险。

（3）行业集中风险：商业银行对同一经济、金融行业具有较高的风险暴露而产生的风险，如对房地产行业贷款和对铁路、公路和基础设施等的贷款。

（4）信用风险缓释工具集中风险：商业银行由于采用单一的抵质押品、由单个担保人提供贷款担保而产生的风险。

（5）资产集中风险：商业银行高比例持有特定资产的风险，特定资产包括贷款、债券、衍生产品、结构性产品等。

（6）表外项目集中风险：商业银行从事对外担保、承诺所形成的集中风险。

（7）其他集中风险：商业银行识别的其他可能给其带来损失的单个风险暴露或风险暴露组合，如期限偏长贷款过于集中而产生的风险。

商业银行应当有效识别各类集中度风险，并清楚地理解不同业务条线的类似暴露所导致的整体集中度风险；充分考虑各类风险之间的关联产生的集中度风险；清楚地评估在经济下行和市场不具备流动性等压力市场条件下可能产生的集中度风险；制定集中度风险管理的书面制度、有效评估监测计量方法、限额管理体系、报告与审查制度、压力测试制度；根据集中评估情况计提相应经济资本。

2）银行账户利率风险

商业银行应当建立与自身业务规模、性质和复杂程度相适应的银行账户利率风险的管理和评估体系，确定银行账户利率风险的资本要求并配置相应资本；将银行账户利率风险管理纳入全面风险管理体系，并贯穿相关业务活动。

3）流动性风险

商业银行应建立与银行规模、业务性质及复杂程度相适应的流动性风险管理体系，充分识别、准确计量、持续监测和适当控制商业银行整体及在各产品、业务条线和环节、各层次机构的流动性风险，以及流动性风险与其他风险的相互影响与转换。

4）声誉风险

商业银行应建立与自身业务性质、规模和复杂程度相适应的声誉风险管理体系；充分考虑声誉风险导致的流动性风险和信用风险等其他风险对资本水平的影响，并视情况配置相应的资本。

5）战略风险

商业银行应当建立与自身业务规模和产品复杂程度相适应的战略风险管理体系，对战略风险进行有效的识别、评估、监测、控制和报告；充分评估战略风险可能给自身带来的损失

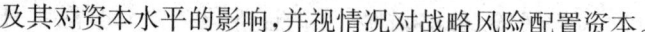

及其对资本水平的影响,并视情况对战略风险配置资本。

6)资产证券化风险

商业银行应当充分考虑资产证券化等创新产品和业务带来的相关风险。

7)金融工具估值

商业银行应当建立有效的治理结构和控制程序确保估值的客观、准确和一致,规范金融工具的估值。

（四）压力测试

商业银行要在内部资本充足评估程序框架下建立全面的、审慎的、前瞻性的资本充足率压力测试工作机制,通过以定量分析为主的方法测算在某些不利情景下可能发生的损失及风险资产的变化,以评估其对商业银行整体层面资本充足水平的影响,并将压力测试结果作为制定风险偏好和设定风险暴露限额的重要依据之一,为商业银行中长期战略发展提供决策参考。

三、评估内容

第二支柱的评估内容包括:①向监管机构证明内部资本充足性评估的治理架构。②向监管机构报备《内部资本充足性评估制度》。③向监管机构报告对主要风险的识别、计量与评估。④内部资本的计量与应用。⑤资本规划。⑥报告体系。

四、监管措施

根据资本充足状况,监管机构将商业银行分为以下四类。

1. 第一类商业银行:三项资本充足率指标均达到各级资本要求

监管机构采取预警监管措施防止其资本充足率水平下降:要求商业银行加强对资本充足率水平下降原因的分析及预测、制订切实可行的资本充足率管理计划、提高风险控制能力。

2. 第二类商业银行:三项资本充足率指标未达到第二支柱资本要求,但均不低于其他各级资本要求

在第一类监管基础上,监管机构与商业银行董事会、高级管理层进行审慎性会谈,下发监管意见书,要求商业银行制订切实可行的资本补充计划和限期达标计划,增加对商业银行资本充足的监督检查频率,要求商业银行对特定风险领域采取风险缓释措施。

3. 第三类商业银行:三项资本充足率指标均不低于最低资本要求,但未达到其他各级资本要求

在第一、第二类监管措施基础上,监管机构限制商业银行分配红利和其他收入,限制商业银行向董事、高级管理人员实施任何形式的激励,限制商业银行进行股权投资或回购资本工具,限制商业银行重要资本性支出,要求商业银行控制风险资产增长。

4. 第四类商业银行:三项资本充足率任意一项未达到最低资本要求

在第一、第二、第三类监管措施基础上,监管机构要求商业银行大幅降低风险资产的规模,责令停办一切高风险资产业务,限制或禁止增设新机构、开办新业务,强制要求商业银行对二级资本工具进行减记或转为普通股,责令调整董事、高级管理人员或限制其权利,依法对商业银行实行接管或者促成机构重组,直至其被撤销。

第四节 第三支柱：信息披露

一、信息披露的目标

第三支柱信息披露的目标就是要求商业银行基于第一支柱资本要求计量和第二支柱的内部资本充足性评估程序，向公众与利益相关者提供及时、可靠、全面、准确的风险计量与风险管理信息，使公众与利益相关者能够掌握有关商业银行的风险管理和资本管理等信息，以便由公众与利益相关者自发形成的市场纪律对商业银行的运营情况做出判断，在监管机构对商业银行进行监管的基础上，增强市场纪律对银行的监督。

二、信息披露的频率和内容

信息披露频率分为临时、季度、半年及年度披露。其中，临时信息应及时披露，季度、半年度信息披露时间为期末后 30 个工作日内，年度信息披露时间为会计年度终了后 4 个月内。

信息披露的频率和内容见表 4-8。

表 4-8　　　　　　　　　　信息披露的频率和内容

频率	内容
及时披露	实收资本或普通股及其他资本工具的变化情况
按季披露	核心一级资本净额、一级资本净额、资本净额、最低资本要求、储备资本和逆周期资本要求、附加资本要求、核心一级资本充足率、一级资本充足率和资本充足率等重要信息
每半年披露一次	资本充足率计算范围、信用风险暴露总额、逾期及不良贷款总额、贷款损失准备、信用风险资产组合缓释后风险暴露余额、资产证券化风险暴露余额、市场风险资本要求、市场风险期末风险价值及平均风险价值、操作风险情况、股权投资及其损益、银行账户利率风险情况等相关重要信息

信息披露的要求分为定量与定性两个方面。其中，定性要求是对银行风险管理的治理、组织、制度、流程、风险覆盖范围、风险计量方法体系的披露；定量要求是第一支柱与第二支柱的管理内容与计量结果的披露。信息披露的定性、定量要求见表 4-9。

表 4-9　　　　　　　　　　信息披露的定性、定量要求

定性要求	定量要求
银行背景	资本数量及构成
风险管理体系	资本充足率
信用风险管理的定性信息	第一支柱风险加权资产

（续表）

定性要求	定量要求
市场风险管理的定性信息	信用风险管理的定量信息
操作风险管理的定性信息	市场风险管理的定量信息
资产证券化风险管理的定性信息	操作风险管理的定量信息
其他风险管理的定性信息	资产证券化风险管理的定量信息
内部资本充足评估	其他风险管理的定量信息
薪酬的定性信息	薪酬的定量信息

第五节　我国大型商业银行围绕补充资本金的改革实践

商业银行是我国金融业的主体，商业银行改革是整个金融改革的核心组成部分。中国工商银行、中国农业银行、中国银行、中国建设银行和交通银行等大型商业银行的股份制改革启动于 1997 年亚洲金融危机之后，我国政府围绕补充商业银行资本金，采取国家注资与剥离坏账、股份制改造和发行股票上市等一系列措施，使大型商业银行的经营状况发生了巨大的变化。

一、改革的背景

20 世纪 70 年代末期，我国政府开始推动社会经济体制转型，启动了市场化取向的改革。90 年代末，作为我国经济体制改革主体的国有企业进入"三年脱困攻坚"阶段，国有大、中型企业主辅分离、辅业改制、分流安置富余人员、剥离政策性负担和债务等成为改革的重点。在整个经济体制变革的过程中，中国工商银行、中国农业银行、中国银行、中国建设银行这四大国有银行也从国家专业银行转型为国有独资商业银行，并成为国有经济融资的主渠道。四大国有银行在产业结构调整、体制转轨和国有企业重组过程中，发放了大量特定贷款，承担了准财政职能。由于商业银行资金构成了企业负债的绝对主体，国有企业的大规模改制和经济结构的大幅度调整开始后，经济转轨成本特别是国有企业的转轨成本，就逐步转移到国有商业银行体系，积淀、演变并最终体现为商业银行的不良贷款。加之当时国有银行内控管理和信用文化的严重缺陷，进一步加剧了商业银行经营的困难。

（一）不良贷款率高企

截至 1999 年年末，四大国有银行的不良贷款总额约为 3.2 万亿元，仅次于经济停滞不前的日本，居亚洲第二位；不良贷款率高达 23.18%，如按规定提足贷款损失准备，四大国有银行将严重资不抵债。1997—2000 年，由于中国缺乏严格统一的银行会计财务披露与贷款分类标准，业界对中国银行业不良贷款水平的估计大不相同。官方按照"一逾两呆"标准估算的不良贷款率为 26%；独立研究人员根据微观企业财务数据样本并参照国际可比数据，认为中国的不良贷款率为 30%～40%;国际经济组织如国际货币基金组织(IMF)、世界银行、国际清算银行(BIS)等的估计也大致处于这一区间。2003 年 6 月,国际评级机构标准普尔在题为《中国银行观察》的报告中认为,巨额坏账已经使四大国有银行技术性破产。2003 年11 月,标准普尔发布《中国金融服务业展望 2004》报告,将包括四大国有银行在内的 12 家商业银行银行的信用状况全部评为投机级(即 BBB－级以下),并估计中国银行业不良资产比例在 44%～45%。

1999 年,我国成立信达、东方、长城、华融四家金融资产管理公司,它们分别负责处理中国建设银行、中国银行、中国农业银行和中国工商银行的不良资产。2000 年 7 月末,四大金融资产管理公司按账面价值共购买了约 1.3 万亿元不良资产,使四大国有银行的不良资产率下降了 9.7%。然而,剥离不良资产并没有触及商业银行经营管理体制中的深层次矛盾,无法从根本上扭转国有银行的经营困境,也难以彻底消除不良资产风险。如果按照五级分类的新标准,到 2003 年 9 月末,四大国有银行累积的不良贷款余额已高达近 2 万亿元,不良贷款率高达 21.38%。

(二) 资本金严重匮乏

在巨额不良资产下,大型商业银行资本金严重匮乏。虽然我国在 1995 年颁布的《商业银行法》中明确规定,商业银行的资本充足率不得低于 8%,但这一规定一直未得到严格执行。中国人民银行要求国有商业银行的资本充足率应在 2000 年达到《巴塞尔协议》中规定的 8%。我国政府也相继采取了若干重大改革措施来提高国有商业银行的资本充足率:在1997 年下调了国有商业银行的所得税税率,从 55% 的所得税税率外加 7% 的调节税率下调至一般企业 33% 的税率。1998—2000 年,经过财政注资和四大金融资产管理公司大量剥离四大国有银行不良资产后,国有商业银行的资本充足率仍未达到国际公认水平,如果严格按照贷款五级分类要求足额提取拨备,实际资本充足率水平应该更低,甚至为负值。

(三) 政企不分,官僚文化压抑了商业文化

在长期计划经济体制的影响下,我国的商业银行政企不分,官僚文化压抑了商业文化,公司治理薄弱,管理水平低下,尤其是在信贷决策、风险管理与内控能力上与国际一流商业银行相去甚远。加之外部环境不健全,信用文化、监管与透明度欠缺,我国的商业银行腐败、贪污案件层出不穷,严重影响了存款人、社会公众与投资者的信心。

(四) 亚洲金融危机敲响的警钟

1997 年亚洲金融危机爆发,曾凭借“出口导向”的经济发展模式高速增长多年并被誉为创造了“亚洲经济奇迹”的东南亚各国,遭受了前所未有的冲击。这固然与其经济过热、产业结构失衡、与美元挂钩的汇率体制以及过早开放资本账户有关,但从微观金融层面来看,银行业经营不善无疑起到了推波助澜的作用。危机爆发前,泰国银行业不良产占总资产的比例高达 16%,由于对泰国银行体系的不良资产感到担忧,外国投资者纷纷回撤资本,成为触发泰铢大幅贬值并引爆危机的导火索。由于东南亚国家多为商业银行主导型金融体制,商业银行的流动性危机加剧了整个金融市场的信用恐慌与信心崩溃,进一步恶化了经济金融形势,最终演变为破坏性极强的金融危机。

尽管在亚洲金融危机爆发之前,我国的经济和金融体系也面临着与东南亚国家相似的境遇,但由于我国仅实行经常项目下的人民币自由兑换,对资本项目实行严格控制,国际游

资无法长驱直入,因此亚洲金融危机并未对我国造成严重冲击。但日趋外向的中国经济也见证并切身感受到了金融危机的冲击,当时的广国投、粤海企业与海南发展银行等资不抵债事件,都或多或少地与亚洲金融危机有关。

亚洲金融危机的爆发提高了社会各界对银行体系稳健经营的重要性以及金融体系脆弱性可能带来的巨大的金融风险的认识,坚定了决策层改革国有银行体系的决心。要从根本上消除经济金融领域中存在的系统性风险和隐患,防止类似的危机在我国重演,金融机构特别是商业银行的全面改革势在必行。1997 年年末,中共中央召开了首次全国金融工作会议,把银行改革列入国家战略重点,并正式决定中央银行和商业银行都实行垂直管理,以便真正消除地方行政干预。

二、改革的路径

大型银行改革的基本思路是:通过国家注资与剥离坏账进行大规模财务重组,以解决历史存量问题;通过股份制改革、引进战略投资者,从根本上改变银行传统的产权与经营机制,健全公司治理,学习国际先进的银行管理经验、技术和方法;通过股票公开发行进一步募集充实资本金,强化对银行的市场约束。

（一）1998 年财政部定向发行 2 700 亿元特别国债,补充四大国有银行资市金

1998 年,中国人民银行下调法定存款准备金率,从 13％降至 8％,释放 2 700 亿元存款准备金。由四大国有银行购买财政部发行的 2 700 亿元特别国债,财政部再以 2 700 亿元注入四大国有银行补充其资本金(见图 4-4)。

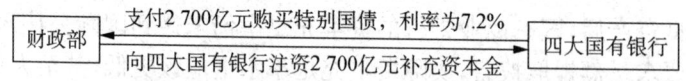

图 4-4　财政部向四大国有银行注资

（二）1999—2002 年四大金融资产管理公司成立,开始剥离四大国有银行的不良资产

1999 年,财政部注资 400 亿元以及担保央行再贷款 6 000 亿元,成立信达、东方、长城、华融四家金融资产管理公司。四大金融资产管理公司分别向对应的银行发行 8 580 亿元十年期金融债。2000 年 7 月末,四大金融资产管理公司基本完成对应商业银行的不良资产接收工作,按账面价值共购买了约 1.3 万亿元不良资产,使四大国有银行的不良资产率下降了9.7％,但仍有 2.2 万亿元不良贷款,不良贷款率为 23.11％(见图 4-5)。

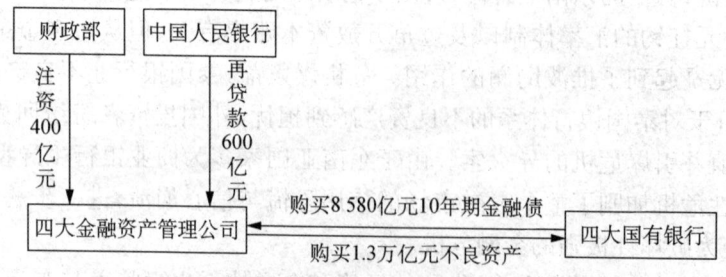

图 4-5　四大金融资产管理公司成立并收购四大国有银行的不良资产

（三）2003—2005 年中国建设银行、中国银行处置不良资产，成立股份有限公司

2003 年年末，中国建设银行和中国银行将自有资金和留存收益划入坏账准备金，减记不良贷款，中央汇金投资公司以外汇储备向这两家银行注资 450 亿美元。2004 年 5 月和 6 月，中国建设银行和中国银行在中国人民银行主导下拍卖了 4 420 亿元不良资产（见图 4-6）。

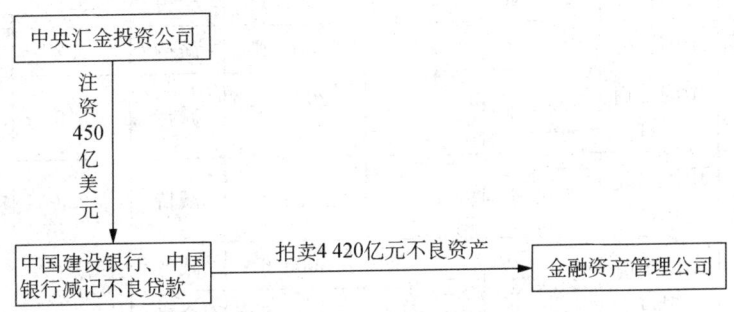

图 4-6 中国建设银行、中国银行接受注资并处置不良资产

（四）2005 年四大金融资产管理公司第二轮收购三大国有银行及其他银行的不良资产

2004 年，中国人民银行向中国工商银行、中国建设银行和中国银行发行 5 762.5 亿元不可转让特别票据。2005 年，四大金融资产管理公司从中国人民银行借入 6 120 亿元，收购中国工商银行、中国建设银行、中国银行和其他银行的账面价值为 1.6 万亿元的不良资产（见图 4-7）。

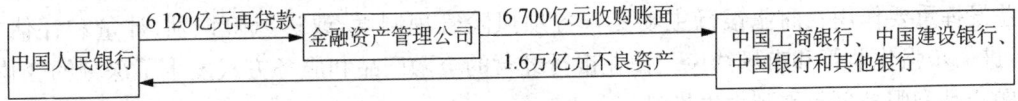

图 4-7 四大金融资产管理公司第二轮收购三大国有银行及其他银行的不良资产

（五）2005—2010 年，四大国有银行相继发行上市

2005 年，中央汇金投资公司以外汇储备向中国工商银行注资 150 亿美元，中国工商银行 2 460 亿元不良贷款转入财政部共管账户，中国工商银行股改完成。2005 年 10 月，中国建设银行引入海外战略投资者香港 H 股上市；2006 年 6 月和 7 月，中国银行香港 H 股与 A 股先后上市；2006 年 10 月，中国工商银行 A＋H 股上市。2007 年 9 月，中国建设银行 A 股上市。2008 年，中央汇金投资公司以外汇储备向中国农业银行注资 190 亿美元，中国农业银行 6 651 亿元不良贷款转入财政部共管账户，中国农业银行股改完成。四大国有银行的不良贷款余额从 2003 年的 2.54 万亿元下降到 2008 年的 0.56 万亿元，不良贷款率从 19.6％下降到 2.42％，资本充足率从 3％上升到 11.3％。2010 年 7 月，中国农业银行 A＋H 股上市（见表 4-10）。

表 4-10	四大国有银行引入战略投资者概况					金额单位:亿美元	
银行名称	持股银行	持股时间	投资额	减持或出售时间	减持或全售	套现额	直接获利估计
美国银行	中国建设银行	2005.1	120	2009.1	减持	280	160
		2008.5		2009.5	减持		
		2008.12		2013.9	全售		

（续表）

银行名称	持股银行	持股时间	投资额	减持或出售时间	减持或全售	套现额	直接获利估计
苏格兰皇家银行	中国银行	2005.8	15.66	2009.1	全售	23.68	8
瑞士银行	中国银行	2005.8	5	2009.1	全售	8.5	3.5
李嘉诚基金公司	中国银行	2005.8	7.5	2009.1	减持	5.2	2.2
德国安联	中国工商银行	2006.1	10	2009.4, 2010.7	减持	35.5	28
美国运通	中国工商银行	2006.1	2.3	2009.4	减持	3.6	2.45
高盛集团	中国工商银行	2006.1	25.8	2009.6	减持	99	73
				2013.5	全售		

三、改革的成效

总体看,大型商业银行改革取得明显成效。一方面,四大国有银行整体实力大幅提升,资本实力、资产质量和经营效益不断提高;另一方面,商业银行内部风险管理能力持续增强,大型商业银行坚持推进改革和加强经营管理并重,公司治理结构不断完善,新的体制和机制日益发挥重要作用。商业银行主动完善各项风险管理制度,改进风险识别、计量和评估方法,进一步强化监管和市场约束。商业银行经营的金融产品和服务方式发生了深刻的变化,金融产品和服务创新得到大力推进。

【知识链接】

巴塞尔委员会

1975 年 2 月,在国际清算银行的主持下 10 国集团中央银行建立起一个监督国际银行活动的协调委员会——巴塞尔委员会。2009 年 3 月,巴塞尔委员会吸收澳大利亚、巴西、中国、印度、韩国、墨西哥和俄罗斯为该组织的新成员。目前,巴塞尔委员会成员为 28 家。

巴塞尔委员会是国际清算银行的一个正式机构,以各国中央银行官员和银行监管当局为代表,总部设在瑞士的巴塞尔,每年定期集会 4 次,拥有近 30 个技术机构,执行每年集会所定目标。其历任主席通常由各成员国中央银行的副行长或高级官员担任,其中英格兰银行业务监督处主任彼得·库克任职最长,而且贡献颇多,因此该委员会又被称为库克委员会。

巴塞尔委员会的主要宗旨在于交换各国的监管安排方面的信息、改善国际银行业务监管技术的有效性、建立资本充足率的最低标准以及研究在其他领域确立标准的有效性。

自成立以来,巴塞尔委员会制定了一系列重要的银行监管规定,如 1983 年的银行国外机构的监管原则和 1988 年、2004 年、2010 年的三个版本的巴塞尔协议,并为全球监管当局分享、交流监管技术和经验提供了重要平台,增强了全球银行监管标准的一致性。

虽然巴塞尔委员会不具有法定跨国监管的权力,其所制定的监管标准与指导原则对各经济体不具有法律约束力,但实际上它已经成为银行监管国际标准的制定机构,被广泛视为银行监管领域的首要国际组织。《巴塞尔协议》不仅为各成员国所采用,也为几乎所有拥有国际性银行的其他国家所采用。

【本章小结】

1. 商业银行的资本是资金来源之一、是承担风险和吸收损失的缓冲;基于风险的资本要求有利于限制银行业务过度扩张;资本充足度是维持市场信心第一因素;资本作为损失的减震垫为银行管理尤其是风险管理提供最根本的驱动力。商业银行对于资本的管理就是要根据监管要求满足资本充足水平,实现在资本约束条件下的稳健和可持续发展。

2.《巴塞尔协议Ⅰ》将资本与信用风险加权资产相联系,首次明确了资本充足率的要求。《巴塞尔协议Ⅱ》建立了三个支柱要求:将资本与信用、市场和操作风险相联系,强化监管和市场纪律。《巴塞尔协议Ⅲ》对资本进行了重新划分,提高了资本充足率要求,重视流动性管理。修订后的《巴塞尔协议Ⅲ》改进了风险加权资产计量方法。

3. 监管资本按抵偿损失的顺序分为核心一级资本、其他一级资本、二级资本。资本扣减项是虚增资本的部分,扣除后让资本更纯净和真实。风险加权资产＝信用风险加权资产＋市场风险加权资产＋操作风险加权资产,各类风险加权资产可采用基本法和高级法计量。基本法按监管办法规定的权重、系数或公式计量,便于操作和银行间比较,但资本要求的风险敏感度差。高级法需要银行建立内部风险计量模型,资本要求的风险敏感度高,只有具备条件的银行才可采用。

4. 第一支柱:资本充足率要求。商业银行资本充足率监管要求包括最低资本要求、储备资本和逆周期资本要求、系统重要性银行附加资本要求和第二支柱资本要求。商业银行提高资本充足率的方法包括增加资本、控制信用风险资产规模和调整信用风险资产内部结构。资本充足率指标存在不足之处,主要是资本和风险资产的计量问题以及可能导致监管套利。

5. 第二支柱:监督检查。监管机构对商业银行内部资本充足性评估包括全面风险管理框架的评估、第一支柱风险的评估、第二支柱风险的评估、压力测试四个方面。根据资本充足状况,监管机构将商业银行分为四类实施不同的监管措施。

6. 第三支柱:信息披露。其目的是增强市场纪律对商业银行的监督。信息披露分为定量与定性的要求。定性要求是对银行风险管理的治理、组织、制度、流程、风险覆盖范围、风险计量方法体系的披露;定量要求是第一支柱与第二支柱的管理内容与计量结果的披露。

【关键术语】

监管资本 核心一级资本 其他一级资本 二级资本 风险加权资产 信用风险加权资产
市场风险加权资产 操作风险加权资产 第二支柱 信息披露

【问题思考】

1. 简述银行资本的含义和功能。
2. 简述银行监管资本的组成。

3. 什么是商业银行的资本充足性？如何测定商业银行的资本充足性？

4. 各级资本的扣减项是指什么？

5. 简述风险加权资产的构成及计量方法。

6. 商业银行如何提高资本充足率？

本章练习
参考答案

补充案例

本 章 练 习

一、单项选择题

1. 商业银行应当在( )要求的基础上计提储备资本。
   A. 最低资本
   B. 第二支柱资本
   C. 系统重要性银行附加资本
   D. 核心资本

2. 在特定情况下,商业银行应当在最低资本要求和储备资本要求之上计提( )。
   A. 核心资本要求
   B. 系统重要性银行附加资本要求
   C. 逆周期资本要求
   D. 第二支柱资本要求

3. 储备资本要求为风险加权资产的( ),由核心一级资本来满足。
   A. 0~2.5%
   B. 1%~2.5%
   C. 1%
   D. 2.5%

4. 特定情况下所要求计提的逆周期资本要求为风险加权资产的( ),由核心一级资本来满足。
   A. 0~2.5%
   B. 1%~2.5%
   C. 1%
   D. 2.5%

5. 国内系统重要性银行附加资本要求为风险加权资产的( ),由核心一级资本来满足。
   A. 0~2.5%
   B. 1%~2.5%
   C. 1%
   D. 2.5%

6. 商业银行采用权重法计量信用风险加权资产的,超额贷款损失准备可计入二级资本,但不得超过信用风险加权资产的( )。
   A. 1%
   B. 2.5%
   C. 0.6%
   D. 1.25%

7. 假设 A 银行 2020 年年末实际计提贷款损失准备为 850 亿元,不良贷款总额为 300 亿元,应计提贷款损失准备为 320 亿元,不良贷款率为 1.1%,拨备覆盖率为 240%,拨贷比为 2.64%,权重法下信用风险加权资产为 40 000 亿元,权重法下超额贷款损失准备计入二级资本数额为( )亿元。
   A. 500
   B. 530
   C. 410
   D. 312.5

8. 商业银行采用内部评级法计量信用风险加权资产的,超额贷款损失准备可计入二级资本,但不得超过信用风险加权资产的( )。
   A. 1%
   B. 2.5%
   C. 0.6%
   D. 1.25%

9. 假设 A 银行 2020 年年末内部评级法信用风险加权资产为 30 000 亿元。其中,内评法覆盖部分信用风险加权资产为 25 000 亿元。实际计提贷款损失准备为 820 亿元,预期损失为 700 亿元;内评法未覆盖部分信用风险加权资产为 5 000 亿元。实际计提贷款损失准备 200 亿元,不良贷款总额为 100 亿元,应计提贷款损失专项准备为 85 亿元。内部评级法下超额贷款损失计入二级资本数额为( )亿元。
   A. 120
   B. 150
   C. 162.5
   D. 182.5

10. 二级资本工具距到期日还有 2 年,可计入二级资本的金额按( )计。

A. 40%   B. 60%   C. 20%   D. 100%

11. 国内某商业银行资本净额为 2 000 亿元,采用内部评级法计算的信用风险加权资产为 10 000 亿元,内部评级法未覆盖部分资产的信用风险加权资产(采用权重法计算)为 3 000 亿元,内部模型法计算的市场风险资本要求为 10 亿元,采用标准法计算的操作风险资本要求为 100 亿元,该银行资本充足率为( )。

     A. 13.91%   B. 13.83%   C. 14.02%   D. 15.26%

12. A 银行为股份有限公司,2014 年末 A 银行普通股股本为 1 200 亿元,符合一级资本要求的资本公积为 400 亿元,盈余公积为 300 亿元,一般风险准备为 200 亿元,未分配利润为 850 亿元,符合核心一级资本要求的少数股东资本可计入部分为 22 亿元,符合其他一级资本要求的少数股东资本可计入部分为 5 亿元,发行优先股 20 亿元,优先股溢价 4 亿元,该银行核心一级资本总额为( )亿元。

     A. 3 001   B. 2 972   C. 2 996   D. 29

13. 第一支柱风险评估不包括( )。

     A. 信用风险   B. 市场风险   C. 操作风险   D. 流动性风险

14. 商业银行对个人住房抵押贷款的风险权重系数是( )。

     A. 20%   B. 50%   C. 75%   D. 100%

15. 商业银行对一般企业债权的风险权重系数是( )。

     A. 20%   B. 50%   C. 75%   D. 100%

二、多项选择题

1. 商业银行总资本包括( )。

     A. 核心一级资本   B. 其他一级资本

     C. 二级资本   D. 核心二级资本

2. 《商业银行资本管理办法(试行)》规定商业银行资本充足率监管要求包括( )。

     A. 最低资本要求   B. 储备资本和逆周期资本要求

     C. 系统重要性银行附加资本要求   D. 核心资本要求

     E. 第二支柱资本要求

3. 核心一级资本包括( )。

     A. 实收资本或普通股   B. 资本公积

     C. 盈余公积   D. 一般风险准备

     E. 未分配利润   F. 少数股东资本可计入部分

4. 其他一级资本包括( )。

     A. 其他一级资本工具及其溢价   B. 超额贷款损失准备

     C. 少数股东资本可计入部分   D. 二级资本工具及其溢价

5. 二级资本包括( )。

     A. 其他一级资本工具及其溢价   B. 超额贷款损失准备

     C. 少数股东资本可计入部分   D. 二级资本工具及其溢价

6. 商业银行各级资本充足率不得低于的最低要求有( )。

     A. 核心一级资本充足率不得低于 5%

B. 一级资本充足率不得低于 6%

C. 核心一级资本充足率不得低于 4%

D. 资本充足率不得低于 8%

7. 商业银行风险加权资产包括( )。

A. 流动性风险加权资产   B. 信用风险加权资产

C. 市场风险加权资产   D. 操作风险加权资产

8. 计算资本充足率时,商业银行应当从核心一级资本中全额扣除的项目包括( )。

A. 商誉   B. 其他无形资产(土地使用权除外)

C. 由经营亏损引起的净递延税资产   D. 贷款损失准备缺口

E. 直接或间接持有本银行的股票

F. 对资产负债表中未按公允价值计量的项目进行套期形成的现金流储备,若为正值,应予以扣除;若为负值,应予以加回

9. 第一支柱风险的评估包括的风险类型有( )。

A. 流动性风险   B. 操作风险

C. 集中度风险   D. 战略风险

E. 市场风险   F. 信用风险

10. 第二支柱风险评估除第一支柱风险类型以外还包括( )。

A. 流动性风险   B. 声誉风险

C. 集中度风险   D. 账户利率风险

E. 战略风险   F. 资产证券化风险

三、判断题

1. 资本充足率是指商业银行持有的一级资本和二级资本与资产总额之间的比率。( )

2. 贷款损失准备最低要求是指 100% 拨备覆盖率对应的贷款损失准备。( )

3. 商业银行采用权重法计量信用风险加权资产的,贷款损失准备缺口是指商业银行实际计提的贷款损失准备低于预期损失的部分。( )

4. 商业银行采用内部评级法计量信用风险加权资产的,贷款损失准备缺口是指商业银行实际计提的贷款损失准备低于贷款损失最低要求的部分。( )

5. 计算资本充足率时,商业银行自身信用风险变化导致其负债公允价值变化带来的未实现损益属于商业银行核心一级资本全额扣除项。( )

6. 资产证券化销售利得属于商业银行在计算资本充足率时的全额扣除项。( )

7. 权重法下信用风险加权资产指银行表内资产信用风险加权资产。( )

8. 提高利润留存比例有利于提高资本充足率。( )

9. 在最低资本要求基础上,为满足储备资本和逆周期资本要求,可选择发行优先股或二级资本债。( )

10. 符合条件的二级资本债既有财务杠杆和抵税效应,又可提高资本充足率。( )

四、计算题

某商业银行 2020 年年末有关财务数据如表 4-11 所示。

表 4-11 有关财务数据 单位：亿元

项目	金额
实收资本	3 000
资本公积	1 000
盈余公积	800
一般风险准备	1 400
未分配利润	3 200
少数股东资本可计入核心资本部分	200
商誉、资产证券化销售利得等核心一级资本扣除项	140
优先股及其溢价	730
少数股东资本可计入其他一级资本部分	12
其他一级资本监管扣除项目	5
二级资本工具及溢价	1 600
超额贷款损失准备	600
少数股东资本可计入二级资本部分	170
二级资本监管扣除项目	20
风险加权资产	100 000

要求：计算该行核心资本充足率、一级资本充足率和总资本充足率。

第五章
负债业务管理

【学习目标】

通过本章的学习,学生应掌握商业银行负债的构成和重要性,存款业务成本控制及影响存款规模的因素,各类非存款业务筹资的方式及管理;理解并掌握银行资产负债表中负债项目融资的特点、方式和管理。

【重点难点】

本章的重点是存款业务和非存款业务筹资方式和管理;难点是负债结构管理。

【知识结构图】

```
                        ┌ 负债的构成
              负债业务概述┤ 负债的分类
                        └ 负债的重要性
                        ┌ 存款业务的重要性和存款创造
                        │ 存款的种类
              存款业务的管理┤ 存款的成本管理
                        │ 存款的规模管理
                        └ 存款的稳定性管理
                        ┌ 向中央银行借款业务及管理
                        │ 同业存放业务及管理
  负债管理┤              │ 同业拆借业务及管理
              非存款负债的管理┤ 回购业务及管理
                        │ 同业存单和大额存单业务及管理
                        └ 发行金融债券业务及管理
                          ┌ 影响商业银行负债规模和结构的主要因素
              负债的规模结构管理和成本计算┤ 商业银行负债规模和结构的管理目标
                          └ 计息负债的资金成本计算
```

商业银行作为信用中介,基本的经济活动就是从存款人和其他债权人那里借入资金,再将其贷放给社会各部门。因此,以存款为主的负债业务是商业银行最主要的资金来源。商业银行负债管理就是对资产负债表中负债项目的管理,即对负债资金来源的管理。负债管理的目的是提供商业银行所需的现金头寸、信贷资金和发展资金。商业银行主要从负债构成的真实性、负债的稳定性、负债来源的多样性、负债获取的主动性、负债成本的适当性、与资产的匹配性等方面加强负债的管理,提高负债质量。

第一节 / 负债业务概述

一、负债的构成

商业银行负债的构成受经济发展水平、金融市场发达程度、监管要求以及商业银行自身规模、竞争能力和经营策略等因素的影响。我国商业银行的负债主要是各类存款、银行间往来负债和应付债券。这些负债在期限的长短、稳定性、利率水平、付息的方式、取得的难易程度等方面存在差异,从而影响到商业银行的风险与盈利水平。图 5-1 是 2019 年年末我国 13 家主要银行负债构成百分比的比较。可以看到,四大行的负债构成较为相似。九家股份制商业银行负债构成中,存款占比相较四大国有银行要低,来自同业负债的资金来源明显占比较高,发行债券筹资占比较高。

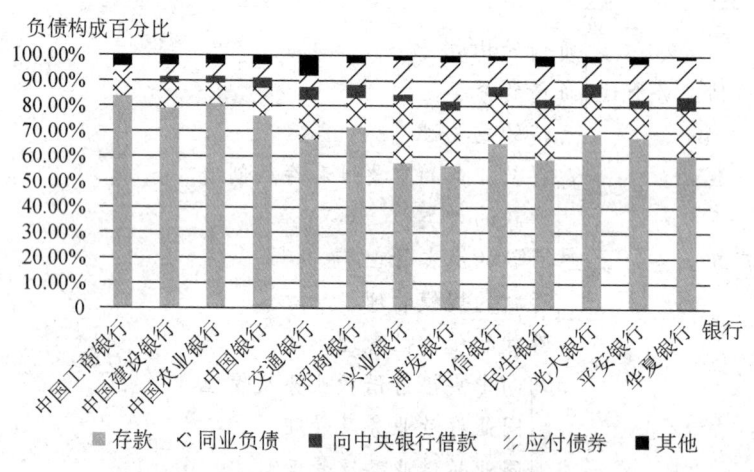

图 5-1　2019 年年末我国 13 家主要银行负债构成百分比

图 5-2 是 2019 年年末世界十大银行标准化资产负债表(根据全球标准化会计准则编制)中的负债构成百分比。可以看到,我国四大国有银行负债资金中存款占比为 90% 左右,其他银行的负债资金也主要来自存款,但其占比明显低于我国四大国有银行。

二、负债的分类

(一)负债按流动性大小划分为流动负债和非流动负债

在财务会计中,流动负债是指将在 1 年或超过 1 年的一个营业周期内偿还的债务;非

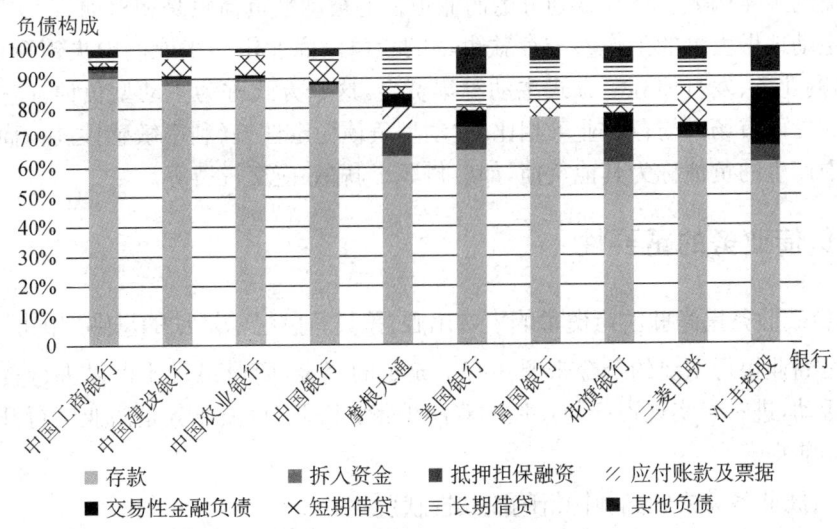

负债构成

图例：
- ▨ 存款
- ▨ 拆入资金
- ■ 抵押担保融资
- ▨ 应付账款及票据
- ■ 交易性金融负债
- ✕ 短期借贷
- ☰ 长期借贷
- ■ 其他负债

图 5-2　2019 年年末世界十大银行负债构成百分比

流动负债是指偿还期在 1 年或超过 1 年的一个营业周期以上的债务。按此标准,商业银行的向中央银行借款、同业存放、同业拆入、交易性金融负债、衍生金融负债、卖出回购金融资产款、活期存款、存期在 1 年以内的定期存款、应付职工薪酬、应交税费、应付利息、递延所得税负债等属于流动负债;1 年期以上的定期存款、应付债券、长期应付款等属于非流动负债。

但实务中,商业银行财务报表中的负债项目并未严格区分为流动负债和非流动负债,如在资产负债表中各类存款合并列示为吸收存款。在运用流动性比例考察商业银行流动性时,流动负债又指 1 个月内到期的同业往来净额(负债方)、活期存款(不含财政性存款)、1 个月内到期的定期存款(不含财政性存款)、1 个月内到期的各种已发行的债券和票据、1 个月内到期的应付款、1 个月内到期的中央银行借款、其他 1 个月内到期的负债。

（二）负债按使用成本划分为计息负债和非计息负债

计息负债是债务筹资活动所涉及的负债,商业银行为此需要支付资金使用成本(即利息)。非计息负债是开展经营活动所涉及的负债,商业银行不需要支付利息。商业银行的向中央银行借款、同业存放、同业拆入、交易性金融负债、卖出回购金融资产款、吸收存款和应付债券等都属于计息负债;应付职工薪酬、应交税费、递延所得税负债等属于非计息负债。商业银行非计息负债占负债比很低,如中国工商银行、中国建设银行和中国农业银行的非计息负债占比不到 3％。本章所讲的负债业务管理是指计息负债的管理。计息负债还可以进一步分为存款负债和非存款负债,商业银行的向中央银行借款、同业存放、同业拆入、交易性金融负债、卖出回购金融资产款等属于非存款短期负债,应付债券属于非存款长期负债。

（三）负债按取得资金的方式划分为被动型负债、主动型负债和其他负债

由于存款客户是否将资金存入银行、何时存入、存入多少、期限多长、是否能按事先的约定提取存款等,在很大程度上取决于客户的决策,商业银行处于被动地位,所以商业银行吸收存款业务称为被动型负债。吸收存款来自商业银行开展经营的当地市场,利息成本较低,是核心负债的主要构成。将存款划分为商业银行的被动型负债只是相对而言,实际上,商业银行需要主动地做大量的工作参与存款市场的竞争。商业银行采取向中央银行借款、同业拆借、正回购业务、发行债券等方式主动筹集资金,这些方式称为主动型负债。它们来自国内和国际的货币市场。与存款业务相比,主动型负债稳定性差、利率敏感性高。商业银行在经营过程中产生的负债称为其他负债,如应付职工薪酬、应交税费等。

三、负债业务的重要性

(一)负债业务是商业银行资金的主要来源,是其开展经营活动的基础和前提

负债是商业银行主要的资金来源。有了充足的资金,商业银行才得以进行资产配置来开展经营活动,进一步实现资产与负债的双向扩张。因此,负债业务是商业银行开展资产业务的基础和前提。

(二)负债业务关系到商业银行的流动性状况

负债业务既会产生流动性需求,也提供流动性供给。一方面,商业银行必须随时满足存款客户提现的需求和偿付到期债务;另一方面,商业银行通过吸收存款、同业拆借、回购业务、向中央银行借款、发行债务工具等多种负债方式提供流动性供给。其中,核心负债对于改善流动性状况和降低流动性风险有着重要的作用。核心负债的主要构成是稳定性存款和中长期债券。存款占比高、规模大和沉淀率高的商业银行必然面临较小的流动性压力。同业拆借、回购业务等主动负债方式具有方便、灵活的特点,便于商业银行进行流动性管理,但普遍期限较短,如果过度依赖主动型短期负债方式融入资金,会造成商业银行短期流动性风险敞口过大以及对外部市场的过度依赖。

(三)影响商业银行资产配置方向和期限,进而影响其盈利能力

负债的期限和稳定性直接影响到商业银行资产配置的方向和期限。总的来说,负债结构相对于资产组合有更短的期限,商业银行既要防止资产负债的过渡期限错配引发流动性风险,又要善于利用核心负债进行中、长期高盈利性资产的配置。不同的负债规模和结构所产生的利息支出水平不同,负债又通过影响资产配置而影响到利息收入的水平。

(四)商业银行通过负债业务将社会资金汇聚为促进经济发展的资金力量

商业银行通过负债业务把社会闲散资金积聚起来,以贷款和投资的方式将资金投向经济各部门,实现了资金在时间和空间上的再配置,有利于促进经济的增长和经济结构的调整。

第二节 存款业务的管理

存款是指商业银行以信用方式从社会吸收的资金,存款人可随时或按约定时间支取。吸收存款是商业银行最基本和最重要的经营活动,也是商业银行最重要的信贷资金来源。商业银行对于存款业务的管理包括存款的成本管理、存款的规模管理和存款的稳定性管理。

一、存款业务的重要性和存款创造

(一) 存款业务的重要性

存款业务是商业银行生存和发展的基础业务,是商业银行规模扩张和获取利润的决定力量。商业银行作为信用中介,主要以吸收存款的方式集中社会资金,再以贷款和投资的方式投向经济各部门。存款先于贷款和投资,是贷款和投资的前提条件。存款的数量、规模、种类和结构决定和影响商业银行资产的规模和结构。相对于其他负债方式,存款具有较好的稳定性,商业银行可利用稳定存款进行中长期高盈利性资产的配置;同时,存款的成本相对低廉,存款占比高的商业银行在利息成本方面更具竞争优势。一家商业银行在市场上吸收存款的能力越强,意味着其信誉越高,抵御风险的能力越强。此外,在开展存款业务的过程中,商业银行积累了丰富的客户资源,有利于其开拓更多的金融服务业务,增加非利息收入。

(二) 存款创造

商业银行发放贷款和投资时产生派生存款,派生存款又进一步放大贷款和投资的规模,因而银行体系通过贷款和投资业务创造出多倍的派生存款。银行体系创造存款的过程有以下三个参与者。

1. 中央银行

中央银行通过公开市场操作、再贷款和再贴现控制基础货币,通过法定存款准备金率调节基础货币放大倍数。基础货币是流通中的现金加银行体系中的准备金,基础货币是存款创造的根和源头,所以也称高能货币。基础货币的效率体现在两个方面:一是基础货币的流动性;二是支持商业银行信用扩张的能力。基础货币的结构不同,其效率也不同:超额存款准备金既能为商业银行间市场提供流动性,又能支持信用扩张,效率最高;现金不具备信用扩张能力,可用于日常支付结算,具有一定效率;法定存款准备金在提供流动性方面存在较大约束,不具备信用扩张能力,效率较低。

2. 商业银行

商业银行从社会吸收存款并发放贷款,商业银行决定超额存款准备金率从而影响存款放大倍数。

3. 存款者

存款者是在商业银行拥有存款的个人和机构。存款者决定资金存放率从而影响存款放大倍数。

假设所有存款者都将资金存入商业银行,且商业银行将超额存款准备金全额发放贷款。下面以简单的资产负债表来说明商业银行体系存款的创造过程。

假定法定存款准备率为 10%,中央银行向商业银行 A 提供再贷款 100 万元,商业银行 A 的资产负债表中反映为资产和负债各增加 100 万元(见图 5-3)。

商业银行 A

资产		负债	
存放中央银行款项	+1 000 000	向中央银行借款	+1 000 000

图 5-3 商业银行 A 接受再贷款后资产与负债的变动

　　商业银行 A 将新增的 100 万元超额存款准备全部用来发放贷款,借款人用 100 万元购买商品或服务,这笔资金离开商业银行 A 后被存入商业银行 B。商业银行 A 的资产负债表见图 5-4。

商业银行 A

资产		负债	
存放中央银行款项	0	向中央银行借款	+1 000 000
贷款	+1 000 000		

图 5-4　商业银行 A 发放贷款后资产与负债的变动

　　商业银行 B 的资产负债表反映为资产和负债各增加 100 万元(见图 5-5)。

商业银行 B

资产		负债	
存放中央银行款项	+1 000 000	存款	+1 000 000

图 5-5　商业银行 B 收到客户存款后资产与负债的变动

　　商业银行 B 将 90 万元发放贷款,借款人将 90 万元用于购买商品或服务,这笔资金离开商业银行 B 后被存入商业银行 C,这时商业银行 B 的资产负债见图 5-6。

商业银行 B

资产		负债	
存放中央银行款项	+10	存款	+1 000 000
贷款	+900 000		

图 5-6　商业银行 B 发放贷款后资产与负债的变动

　　商业银行 C 的资产负债表反映为资产和负债各增加 90 万元(见图 5-7)。

商业银行 C

资产		负债	
存放中央银行款项	+900 000	存款	+900 000

图 5-7　商业银行 C 收到客户存款后资产与负债的变动

　　商业银行 C 将 90 万元的 10% 作为法定存款准备,其余 81 万元全部发放贷款,借款人将 81 万元用于购买商品或服务,这笔资金离开商业银行 C 后被存入商业银行 D,这时商业银行 C 的资产负债见图 5-8。

商业银行 C

资产		负债	
存放中央银行款项	+9	存款	+900 000
贷款	+810 000		

图 5-8　商业银行 C 发放贷款后资产与负债的变动

商业银行D的资产负债表反映为资产和负债各增加81万元(见图5-9)。

商业银行D

资产		负债	
存放中央银行款项	+810 000	存款	+810 000

图5-9　商业银行D收到客户存款后资产与负债的变动

此时,商业银行体系的存款已经达到271万元(100万+90万+81万),如果这个过程持续下去,将使商业银行体系的存款增加1 000万元,增加的倍数是法定存款准备率的倒数(见表5-1)。

表5-1　　　　　　　　　　　　商业银行体系的存款创造　　　　　　　　　　单位:万元

商业银行	存款增加	贷款增加	准备金增加
A	0	100.00	0
B	100.00	90.00	10.00
C	90.00	81.00	9.00
D	81.00	72.00	8.10
E	72.90	65.61	7.29
F	65.61	59.05	6.56
G	59.05	53.14	5.91
...	...	...	...
合计	1 000.00	1 000.00	100.00

假定商业银行超额存款准备金率为0,存款者现金持有率为0,商业银行体系的准备金增加而导致的存款多倍增加的倍数被称为简单存款乘数,简单存款乘数是法定存款准备金率的倒数。其计算公式为:

$$简单存款乘数 = \frac{1}{法定存款准备金率}$$

如果商业银行A用超额存款准备金购买证券而不是发放贷款,存款的扩张与前述相同。实际上,商业银行发放贷款、进行证券投资、购买外汇以及开展部分同业业务等都会派生存款,而商业银行发行债券、股票以增加资本金时,会减少全社会存款;财政性存款增加也会缩减商业银行体系存款规模。值得注意的是,商业银行发放贷款、证券投资等有一定的期限,而它们创造出派生存款以活期存款为主,这实际上加剧了商业银行的资产负债期限错配,因此从流动性、安全性的角度考虑,商业银行必须限制资产的扩张。

如果企业从商业银行取得贷款后,以现金的方式持有,就会中断存款创造过程;如果企业持有部分现金其余存入商业银行,存款的多倍创造效应就会减弱。如果商业银行选择保留全部超额存款准备金,存款创造过程会中止;如果商业银行保留部分超额存款准备金,存款的多倍创造效应会减弱。

假定商业银行超额存款准备金和存款者持有的现金均为存款的一定比例,分别为 e 和

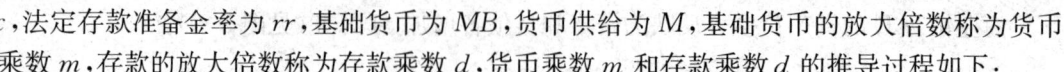

c,法定存款准备金率为 rr,基础货币为 MB,货币供给为 M,基础货币的放大倍数称为货币乘数 m,存款的放大倍数称为存款乘数 d,货币乘数 m 和存款乘数 d 的推导过程如下:

货币供给 ＝ 货币乘数×基础货币 ＝ 货币乘数×(现金＋法定存款准备金＋超额存款准备金)

货币供给 ＝ 现金＋存款

现金＋存款 ＝ 货币乘数×(现金＋法定存款准备金＋超额存款准备金)

现金持有率×存款＋存款 ＝ 货币乘数×$\left(\right.$现金持有率×存款＋$\dfrac{法定存款}{准备金率}$×存款＋$\dfrac{超额存款}{准备金率}$×存款$\left.\right)$

整理后,可得:

$$货币乘数 ＝ \frac{1＋现金持有率}{法定存款准备金率＋超额存款准备金率＋现金持有率} \tag{5-1}$$

代入各变量的简写字母:

$$m = \frac{1+c}{rr+e+c}$$

将式(5-1)代入公式"货币乘数×基础货币＝现金＋存款",整理可得:

$$存款 ＝ 基础货币×\frac{1}{法定存款准备金率＋超额存款准备金率＋现金持有率}$$

所以:

$$存款乘数 ＝ \frac{1}{法定存款准备金率＋超额存款准备金率＋现金持有率}$$

代入各变量的简写字母:

$$d = \frac{1}{rr+e+c}$$

【例5-1】 假定法定存款准备金率为 12%,超额存款准备金率约 1.8%,现金持有率约 2.2%。根据这些数字,可计算出货币乘数 m 和存款乘数 D:

$$m = \frac{1+2.2\%}{12\%+1.8\%+2.2\%} = 6.39$$

$$d = \frac{1}{12\%+1.8\%+2.2\%} = 6.25$$

如果央行发放 5 000 亿元再贷款,那么社会新增的货币供应量为 31 950 亿元(5 000×6.39),商业银行体系新增存款为 31 250 亿元(5 000×6.25)。

图 5-10 反映近 10 年来我国大型商业银行和中小型商业银行存款余额及增速情况,这里的大型商业银行是指中国工商银行、中国农业银行、中国银行、中国建设银行、交通银行、中国邮政储蓄银行和国家开发银行,其余商业银行为中小型商业银行。2010 年 1 月末,大型商业银行存款占比 76.01%,到 2020 年 1 月末已降到 50.91%,存款余额保持较稳定的增长。自 2015 年 1 月起,中小型商业银行存款额和存款占比大幅提升(2015 年起央行加大再贷款力度,中小型商业银行同业存单业务呈井喷式发展,贷款规模快速扩张),到 2020 年 1 月末中小型商业银行存款占比增加到 49.09%。

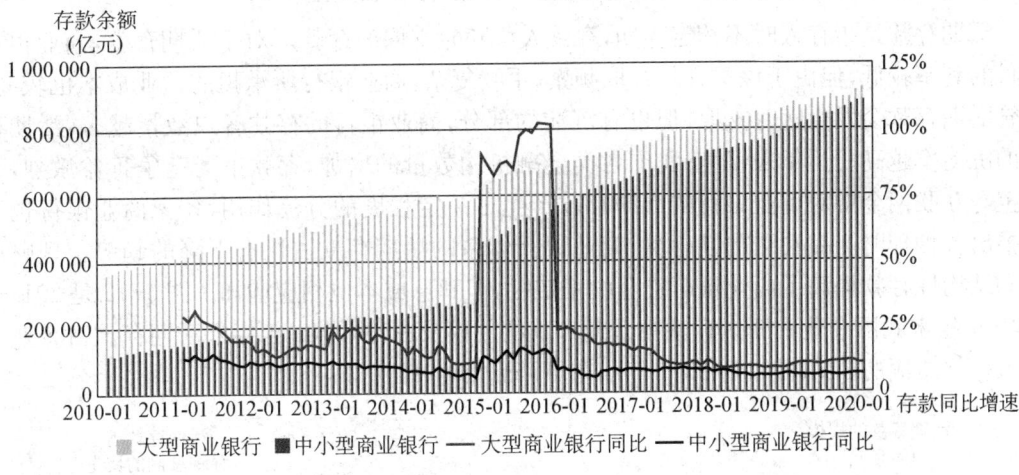

图 5-10 2010.1—2020.1 大型商业银行和中小型商业银行存款余额及增速

二、存款的种类

我国商业银行现行的存款可以按不同的方式进行分类。从财务管理的角度,其主要有以下两种分类。

(一) 商业银行的存款按存款的主体划分为单位存款、个人存款和财政性存款

商业银行吸收的财政性存款100%上缴中国人民银行且不计付利息,因此商业银行用来发放贷款的资金来源主要是单位存款和个人存款。一般来说,单位存款的利息要高于个人存款,且稳定性相对较差;个人存款则稳定性较好,即便是个人活期存款也有相对稳定的部分,因此对商业银行更具重要意义的是个人存款。图 5-11 列示了 2015—2019 年年末境内各类存款主体的存款规模。

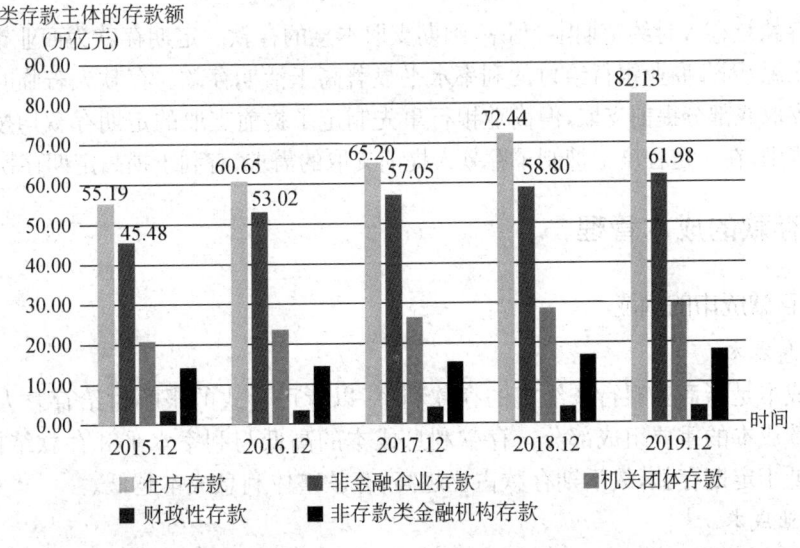

图 5-11 2015—2019 年年末境内各类存款主体的存款规模

（二）商业银行的存款按存款的期限划分为活期存款和定期存款

活期存款是指存入时不约定存期,存款人可随时支取的存款。对于活期存款,商业银行给付的利率较低,但由于该类存款存取频繁,手续复杂,商业银行所承担的营业成本也较高。尽管活期存款会发生随时支取,但也有沉淀的部分,商业银行的存款客户数量越多,活期存款的沉淀率越高。近年来,随着我国各类金融机构数量的增加,存款市场竞争日益激烈,余额宝等互联网金融对商业银行的活期存款产生了一定程度的分流作用,各家商业银行也竞相推出各种理财产品和结构性存款,商业银行体系的活期存款占比有下降的趋势。理财产品和结构性存款提高了商业银行资金的稳定性,但利息成本也相应增加。图5-12是2011—2019年年末我国企业和个人存款中活期存款的规模及占比,2011年年末活期存款占企业和个人存款总额的34.47%,到2019年年末下降到27.91%。

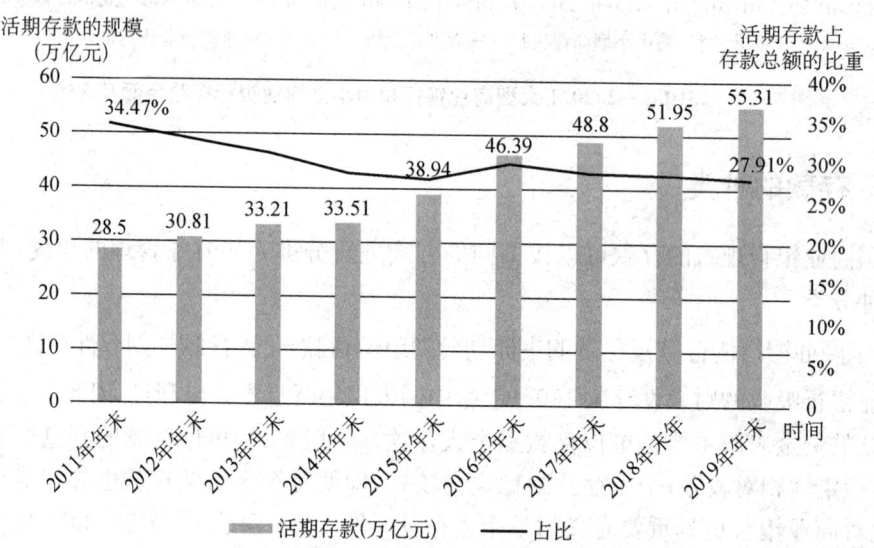

图5-12　2011—2019年年末我国企业和个人存款中活期存款的规模及占比

定期存款是存入时约定期限、利率,到期支取本息的存款。定期存款为商业银行提供了稳定的资金来源,因此商业银行给付的利率水平显著高于活期存款。存款人若临时需要资金可办理提前支取或部分提前支取,但商业银行事先制定了提前支取的定期存款均按活期存款利率计息的规则,在一定程度上抑制了存款人提前支取的需求,有利于提高定期存款的稳定性。

三、存款的成本管理

（一）存款成本的构成

1. 利息成本

利息成本是指商业银行按约定的存款利率,以货币形式的报酬付给存款人的开支。它是银行存款成本的重要组成部分。存款利息成本的高低与利率水平和存款结构相关:活期存款利率低于定期存款,故活期存款占比越高,存款整体利息成本越低。

2. 营业成本

营业成本也称为其他成本或服务成本,是指商业银行开展存款业务发生的除利息以外

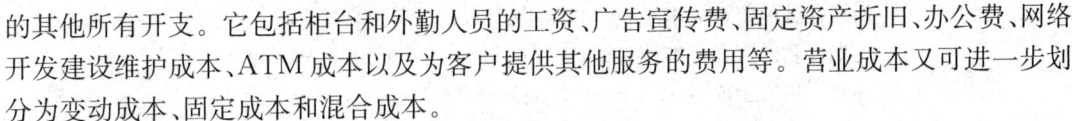

的其他所有开支。它包括柜台和外勤人员的工资、广告宣传费、固定资产折旧、办公费、网络开发建设维护成本、ATM 成本以及为客户提供其他服务的费用等。营业成本又可进一步划分为变动成本、固定成本和混合成本。

3. 相关成本

相关成本是指与增加存款有关,但未包括在利息成本和营业成本中、通常难以计量的成本。相关成本主要有以下两种:

(1) 风险成本。风险成本是指因存款增加引起商业银行风险增加而必须付出的代价。例如,利率敏感性存款增加会增加利率风险,存款总额增加提高了商业银行资产负债率,从而财务风险增大等。

(2) 连锁反应成本。连锁反应成本是指商业银行因为新吸收存款增加的服务和利息支出,而引起对原有存款增加的开支。例如,商业银行提高利率时,不仅新增存款的利率提高,而且原有存款的利率也相应提高,增加了商业银行的利息支出。

(二) 存款成本的计算

1. 资金成本

资金成本的计算公式为:

$$资金成本 = 利息成本 + 营业成本$$

2. 可用资金成本

商业银行吸收了存款不能全部用于发放贷款和投资,必须上缴法定存款准备金以及存放足够的超额存款准备金,剩余的才是商业银行的可用资金。资金成本与可用资金的比率称为可用资金成本。可用资金成本是商业银行制定盈利性资产价格的基础。其计算公式为:

$$可用资金成本 = \frac{资金成本}{可用资金} \times 100\%$$

我国央行对商业银行存款准备金给付的利息,在计算可用资金成本时,可从资金成本中扣除。

【例 5-2】 某商业银行活期存款利率为 0.6%,营业成本为 1%,法定存款准备金率为 10%,超额存款准备金率为 2%,法定存款准备金利率为 1.62%,超额存款准备金利率为 0.35%。试计算活期存款可用资金成本。

$$可用资金成本 = \frac{(0.6\% + 1\%) - (10\% \times 1.62\% + 2\% \times 0.35\%)}{1 - (10\% + 2\%)} \times 100\% = 1.63\%$$

3. 加权平均资金成本

加权平均资金成本是指存款总额的平均借入成本。由于各类存款的资金成本不同,因此采用加权平均的方法计算存款总额的成本,即以各类存款占存款总额的比重为权数,对资金成本进行加权平均。

【例 5-3】 某商业银行活期存款总额 3 万亿元,利率为 0.35%,营业成本为 1%;定期存款总额 2 万亿元,利率为 3%,营业成本为 0.6%,存款准备金率为 15%,假定存款准备金无利息。试计算存款加权平均资金成本。

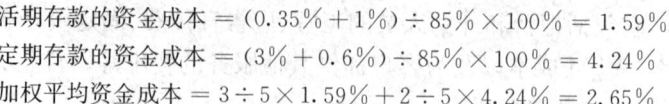

活期存款的资金成本 = (0.35% + 1%) ÷ 85% × 100% = 1.59%

定期存款的资金成本 = (3% + 0.6%) ÷ 85% × 100% = 4.24%

加权平均资金成本 = 3 ÷ 5 × 1.59% + 2 ÷ 5 × 4.24% = 2.65%

4. 可用资金边际成本

可用资金边际成本是指每增加一个单位的可用资金所需要支付的资金成本。其计算公式为：

$$可用资金边际成本 = \frac{新增利息成本 + 新增营业成本}{新增可用资金} \times 100\%$$

（三）存款成本的控制

商业银行的存款占负债比重较高,其结构和成本的变化直接影响商业银行的盈利水平和风险状况。存款成本的控制主要包括以下两个方面。

1. 利息成本的控制

利息成本的高低取决于存款结构和各项存款的利率水平。在存款结构中,从存款类型看,活期存款占比越高,存款的利息成本越低;从存款主体看,企业对存款利率的议价能力更强,故企业存款占比越高,存款的利息成本越高。

我国银行业存贷利率曾长期由政府管制。中央银行于 2013 年 7 月取消贷款利率管制,于 2015 年 10 月取消存款利率浮动上限,存贷利率实现市场化。在存款利率市场化的条件下,中央银行依然制定存款基准利率,各家商业银行参照基准利率自行确定本行各项存款利率水平和结构。虽然中央银行不再直接规定商业银行的利率水平,但建立了银行业全国性及各省级自律机制,由自律机制提供利率指导区间,并将银行的利率定价行为纳入宏观审慎评估体系(MPA)考核。如果商业银行的定价不在指导区间内,则 MPA 考核不达标。2020 年 3 月,中国人民银行要求商业银行严格执行中央银行存款利率和计结息管理有关规定,取消定期存款提前支取的靠档计息等不规范存款"创新"产品(取消靠档计息可降低银行的利息成本,使存款期限更加稳定,避免大量提前支取影响银行系统的流动性);将结构性存款保底收益率纳入自律管理范围并纳入 MPA 考核。中央银行指导市场利率定价自律机制,加强存款利率自律管理,有利于规范商业银行的竞争行为,防止非理性竞争,维护存款市场的正常秩序,稳定存款规模,控制商业银行负债端的成本。

2. 营业成本的控制

营业成本的控制是商业银行存款成本控制的重点。商业银行营业网点的数量和布局、薪酬结构和水平、管理信息系统建设、广告宣传、会议费和员工培训计划等都是决定其营业成本高低的因素。当前,互联网金融、大数据、云计算、智能投顾(即机器人理财,通过算法和产品来完成以往人工提供的理财顾问服务)和区块链技术等的发展促使商业银行的网点转型、分支行机构的整合与优化以及经营模式的转变,存款业务效率不断提高,营业成本构成和水平也随之有较大变化,为营业成本结构优化和总量控制提供了契机。

四、存款的规模管理

影响商业银行存款规模的因素如下。

（一）外部因素

1. 社会经济发展水平和经济周期

一般说来，一个国家和地区商品生产和经济发展的水平决定商业银行存款的规模。经济发达、货币信用关系深化的国家和地区，企业和个人货币收入水平高，金融意识强，这些国家和地区的商业银行要比经济欠发达、信用关系简单的国家和地区的商业银行更容易扩大存款规模。在经济周期的不同阶段，商业银行吸收存款的难易程度也有很大差别。在经济繁荣阶段，产品市场需求增加，企业生产流通规模随之扩大，企业资金规模大、周转快，银行存款增加；相反，在经济衰退阶段，市场萧条，社会需求减少，价格下降，生产流通规模萎缩，一些企业甚至破产倒闭，失业率上升，企业和个人收入减少，商业银行吸收存款也困难得多。

2. 中央银行的货币政策

如果中央银行实施紧缩的货币政策，则会提高法定存款准备金率和再贴现率，信用紧缩，市场利率上升，商业银行贷款规模减少，商业银行的派生存款减少；同时，由于市场利率的提高，资本市场对存款资金产生分流效应，商业银行存款随之减少。反之，则相反。

3. 存款利率的变动

商业银行会有一部分存款对利率变化反应灵敏，它们总是流向利率高的金融工具。当存款利率下降，这部分资金就会从商业银行流向资本市场；反之，又会从资本市场回流到商业银行。

4. 支付结算体系的发达程度

活期存款大多是企业和个人用于日常支付的周转金，支付频繁、流动性强。如果商业银行支付结算体系发达，大量资金就会通过商业银行账户的结转完成支付，使现金支付减少、商业银行体系的存款增加；反之，企业和个人就要保留较多的现金以备购买和支付，银行存款会因此减少。

5. 监管法规

一般说来，监管机构对商业银行业务范围、机构设置、利率等方面的限制越少，商业银行越可以随时根据市场变化和客户需求，增加业务种类、增设网点和灵活调整利率来吸收存款；反之，则相反。

（二）内部因素

1. 商业银行资信和贷款便利

商业银行的资产规模和信誉评级是关系商业银行在存款市场竞争能力的两个重要指标。在利率和其他条件相同或相近条件下，客户会优先选择资产规模大、信誉度高的商业银行，大客户更是如此。对于企业而言，选择存款银行的一个重要依据是能在需要时获得商业银行信贷的支持。

2. 商业银行服务项目和质量

随着经济的发展和国民收入的增加，社会公众对金融服务的要求越来越细化、越来越高，普遍要求商业银行提供系列化服务。系列化服务要求商业银行服务领域要广阔、服务项目要配套、服务过程要拓展。因此，商业银行能否吸收到足够的存款，在很大程度上取决于其能够向公众提供哪些金融服务、其服务质量如何。

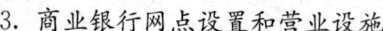

3. 商业银行网点设置和营业设施

大多数存款者在选择存款行时会不同程度地考虑商业银行网点的地理位置是否方便。随着电子技术的发展,自动存取款机的普及与电子结算和财务网络的广泛使用,尤其是网络银行的兴起,商业银行办理业务的效率越来越高。具有较多经营网点和先进营业设施的商业银行在竞争存款方面占据优势。

4. 商业银行服务收费

服务收费标准也是商业银行间竞争存款的常用工具。一般来说,收费标准有以下三种可能的情形:商业银行按低于服务成本的价格收费,实际上是对存款人给予暗的利息补贴;按服务成本收费,也是对存款人的一种优惠;按服务成本加一定的利润率收费,直接体现了商业银行的利益倾向。

5. 存款品种

在金融市场竞争日益激烈的今天,商业银行能否根据客户的需要适时开发新的存款种类,也是影响存款规模的重要因素。

6. 商业银行贷款和投资的规模

派生存款是商业银行存款的重要来源,银行贷款和投资规模直接影响派生存款的规模。

五、存款的稳定性管理

存款的稳定性也称为存款的沉淀率。存款的质量高低取决于其稳定性的高低,沉淀的存款是形成中长期及高盈利资产的主要资金来源,因此稳定性是考核存款业务的一项重要指标。商业银行能对存款稳定性做出准确的测评,这对于其存款业务管理具有重要的意义,也是进一步采取措施,增加稳定性存款的基础工作。

(一)稳定存款的含义

稳定存款又称为核心存款,主要是那些对利率不敏感,也不随经济环境、季节、周期变化而变化,具有相对稳定性的存款。稳定性存款对于商业银行财务管理的重要性在于其提供了成本低廉并且相对稳定的资金来源,有利于商业银行进行中长期高盈利性资产的配置,并有利于减轻商业银行资产负债期限错配的程度,降低流动性风险。

与稳定存款相对应的是易变存款,是指那些存取有明显的季节性规律或对利率等外部因素十分敏感的存款。易变存款可能随时被支取,需要大量流动性储备作为支付保障,因而可用度不高。

(二)衡量存款稳定性的指标

1. 存款稳定率

存款稳定率是指一定时期银行存款最低余额与存款平均余额的比例。存款稳定率是考核商业银行存款中真正能用作贷款的一个数量指标。其计算公式为:

$$存款稳定率 = 存款最低余额 \div 存款平均余额 \times 100\%$$

影响商业银行存款稳定率的因素主要是存款的结构及其各构成部分的稳定性。例如,定期存款的稳定性较高,但由于活期存款的存取交替发生,总会形成一个相对稳定的余额,因而活期存款也具有一定的稳定性。活期存款的稳定率取决于存户的数量和存款的平均存期。存户越多,存款平均期限越长,活期存款的稳定性越强。又如,个人存款稳定性较好,而企业存款的稳定性相对较差,因为企业更易产生流动性需求,从而给商业银行带来流动性的压力。

2. 稳定存款的比例

稳定存款比例是指剩余期限在 90 天以上存款占各项存款的比重。其计算公式为:

$$稳定存款比例 = 剩余期限在 90 天以上存款 \div 各项存款 \times 100\%$$

3. 存款偏离度

存款偏离度是指月末最后一月各项存款与本月日均存款的偏离程度。该指标要求商业银行加强存款稳定性管理,约束月末存款"冲时点",月末存款偏离度不得超过 4%。其计算公式为:

$$月末存款偏离度 = \frac{月末最后一日各项存款 - 本月日均存款}{本月日均存款} \times 100\%$$

(三) 提高存款稳定性的方法

商业银行提高存款稳定性的方法如下:

(1) 商业银行良好的信誉和稳定的资产质量是增强客户信心、吸引存款和留住存款的根本。

(2) 加强存贷业务联动,以优质的信贷服务维系与客户的长期合作关系。

(3) 合理布局营业网点和营业设施,积蓄和培养更多的长期客户。

(4) 通过提高服务的质量和服务效率等手段来提升客户的忠诚度、满意度。

(5) 设计多种形式的存款品种,以延长存款的平均期限。

第三节 非存款负债业务的管理

商业银行的非存款负债业务包括向中央银行借款、同业负债业务、卖出回购金融资产款、交易性金融负债和发行金融债券等,这些业务均属于主动型负债。商业银行可以根据内、外部环境及经营管理目标的需要自主决策主动负债的方式、时间、期限和规模,从而更好地进行流动性管理及实现资产业务增长目标。其中,同业拆入、同业存放、卖出回购和同业存单等业务为同业负债业务,商业银行对于同业负债占总负债的比例和从主要的交易对手获得的资金占总负债的比例应有所控制,防范过分依赖同业负债业务带来的集中度风险,防范交易对手流动性风险的传导。

一、向中央银行借款业务及管理

商业银行向中央银行借款的形式有再贷款和再贴现两种。再贷款是指中央银行向商业银行的担保或信用放款;再贴现是指经营票据贴现业务的商业银行将其买入的未到期的贴现汇票向中央银行申请再次贴现。商业银行按约定利率支付再贷款和再贴现的利息。再贷款和再贴现业务是中央银行进行宏观金融调控的主要手段,它们直接形成具有多倍存款派生能力的基础货币。

在市场经济发达的国家,由于商业票据和贴现业务广泛流行,再贴现就成为商业银行向中央银行借款的主要渠道;商业票据信用不普及的国家则主要采取再贷款的形式。我国商业银行向中央银行借款主要采取的是再贷款形式。

再贷款和再贴现业务在商业银行资产负债表的资产端反映为"存放中央银行款项",负债端反映为"向中央银行借款";在中央银行资产负债表的资产端反映为"对其他存款性公司债权",负债端反映为"其他存款性公司存款"。

表 5-2 是中国人民银行的资产负债表,反映中国人民银行资金来源和资金运用的情况。

表 5-2 中国人民银行的资产负债表

资产	期末余额	负债和所有者权益	期末余额
国外资产		储备货币	
外汇		货币发行	
货币黄金		其他存款性公司存款	
其他国外资产		非金融机构存款	
对政府债权		不计入储备货币的金融性公司存款	
其中:中央政府		发行债券	
对其他存款性公司债权		国外负债	
对其他金融性公司债权		政府存款	
对非金融性部门债权		其他负债	
其他资产		自有资金	
合　计		合　计	

从 2015 年起,中国人民银行资产负债表中"对其他存款性公司债权"显著增加,到 2019 年年末达到 11.77 万亿元的规模。其主要原因是 2001—2014 年我国外汇储备快速增长,2014 年 6 月达到 39 932 亿美元的最高值,在此期间中央银行主要通过外汇占款渠道发行基础货币。2015 年之后,我国经常项目顺差收窄、资本项目流出,外汇占款缩减,造成基础货币发行缺口,因此,中国人民银行相继创设了 SLF(standing lending facility,常备借贷便利)、MLF(medium-term lending facility,中期借贷便利)、PSL(pledged supplementary lending,抵押补充贷款)等工具,向商业银行发放再贷款,部分抵销外汇占款渠道收缩的影响。

图 5-13 反映 2013—2019 年年末我国大型商业银行和中小型商业银行的向中央银行借款规模的变化情况。这里大型商业银行和中小型商业银行的划分是以 2008 年年末商业银行本外币资产总额为参考标准,本外币总资产≥2 万亿元的银行为大型商业银行。可以看到,自 2016 年起,各类商业银行向中央银行借款的规模大幅增加。

(一)再贷款

从中国人民银行运用再贷款进行宏观调控的实践,结合中国货币政策工具的使用环境来看,再贷款是我国体制转型过程中一项有效的间接调控手段。它在调节基础货币总量、调整优化信贷结构、释放货币政策信号、稳定经济金融秩序、支持金融体制改革等方面发挥了其他货币政策工具所不可替代的作用。

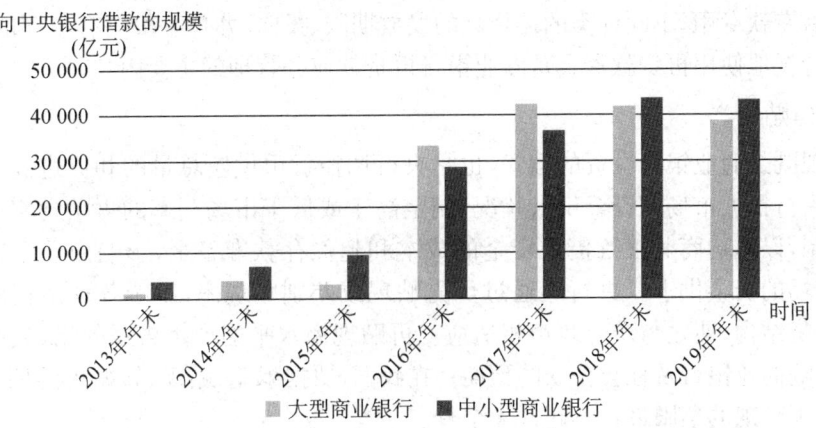

图 5-13　2013—2019 年年末大型商业银行和中小型商业银行向中央银行借款的规模

2013 年,中国人民银行将再贷款分为流动性再贷款、信贷政策支持再贷款、金融稳定再贷款和专项政策性再贷款,常规工具有 SLF、MLF 和 PSL(见表 5-3 和表 5-4)。

表 5-3　　　　　　　　　　　　　中国人民银行再贷款的分类

类别	用途
流动性再贷款	用于向符合宏观审慎要求的金融机构按需提供流动性支持,采取抵押的方式发放
信贷政策支持再贷款	用于引导信贷资金流向、促进信贷结构调整。信贷政策支持再贷款包括支持小微企业再贷款、支农再贷款、扶贫再贷款三种,其原则上采取抵押方式发放
金融稳定再贷款	用于防范和处置金融风险。其主要包括地方政府向中央专项借款、用于救助高风险金融机构的紧急贷款、用于退市金融机构个人债务和境外债务兑付等其他风险处置类再贷款、用于兑付人民银行自办金融机构个人债务的再贷款等
专项政策性再贷款	用于特定用途。专项政策性再贷款包括对农业发展银行发放的支持粮棉油收购的再贷款、委托国家开发银行发放的农村信用社改革专项借款和对资产管理公司发放的再贷款

表 5-4　　　　　　　　　　　　中国人民银行再贷款的常规工具

工具名称 基本要素	SLF	MLF	PSL
对象	符合宏观审慎管理要求的商业银行	符合宏观审慎管理要求的商业银行	国家开发银行
抵质押品	利率债、信用债、地方政府债、符合央行内部评级标准的信用资产	利率债、信用债、地方政府债、符合央行内部评级标准的信用资产	高等级债券和优质信贷资产等
期限	1~3 个月	3 个月、6 个月、1 年	3~5 年
利率	3.4%~3.9%	3.30%	约 1%
资金用途	流动性支持	支持小微企业、支农、债转股	棚户区改造等特定项目建设

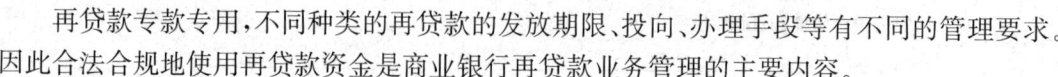

再贷款专款专用,不同种类的再贷款的发放期限、投向、办理手段等有不同的管理要求。因此合法合规地使用再贷款资金是商业银行再贷款业务管理的主要内容。

(二)再贴现

再贴现既是商业银行融资的方式,也是央行调控货币供应总量的和促进经济结构调整的方式。央行根据市场的资金供求状况,制定高于或低于市场利率的再贴现率或进行再贴现总量控制,以影响商业银行借入资金的成本和超额存款准备金,影响商业银行的融资决策,调节市场的资金供求。央行还通过优先贴现或差别贴现率,影响各种票据的再贴现数量,调整信贷结构,使之与产业政策相适应。再贴现率水平能产生告示效果,表明央行的政策意图,影响商业银行及社会公众的预期。在我国,票据承兑、贴现、转贴现的期限最长不超过 6 个月,再贴现的期限最长不超过 4 个月。

二、同业存放业务及管理

(一)同业存放的含义及原因

同业存放也称同业存款,其全称是同业及其他金融机构存入款项,是指商业银行接受其他金融机构存放的款项。

同业存放产生的最初原因是因为支付结算和代理业务的需要,现在同业存放已逐渐演变成我国商业银行进行资产负债管理的一种方式。一方面,大型商业银行有着充沛的存款资金来源,但信贷规模受限于资本金充足率等指标的要求,发放贷款受到限制,富余的资金便以存放同业的方式流向中小型商业银行,以获得利息收入。而对于中小型商业银行来讲,接受同业存放虽然利率水平较高,但可以快速筹集大笔资金,同时节约了开设经营网点的营业成本。另一方面,商业银行在经营过程中,必然会在某一时期出现资金富余或资金短缺的情况,可以通过同业存放业务调节资金余缺。且同业存放业务存取便利,风险小,加之同业存放业务不受规模利率限制,因此近年来我国商业银行同业存放业务发展迅速。大型商业银行以同业存放方式融资占总负债的比为 5%~10%,中小型商业银行的比例则更高。目前,同业存放已成为我国商业银行仅次于吸收存款的第二大资金来源。

(二)同业存放的利率

同业存放分为活期和定期两种,利率由存放双方协商确定(2005 年 3 月 17 日之前,中国人民银行规定同业存款利率上限为超额存款准备金利率)。目前,同业存放利率由存放双方参考上海银行间同业拆借利率或中国人民银行基准利率协商确定,利率水平一般比普通存款利率高。

(三)同业存放业务的特点

相较其他同业负债业务,同业存放业务具有简便易行、不受额度和期限品种限制(可以是活期也可以是定期,但定期最长不超过 1 年)、不受交易场所限制等特点。无论是现行会计制度还是监管制度,对同业存放业务都没有明确的要求或限制。有一部分同业存放还纳入一般性存款,但不缴纳存款准备金,这有利于降低存贷比。较之存款业务,同业存放业务的利率水平较高,越是规模小的商业银行可能越要以更高的利率水平吸收同业存款。但同业存放业务属于批发性业务,业务开展成本低,不需缴纳法定存款准备金,相应地缩小了与存款利率水平的差距。

(四) 同业存放的管理

商业银行对于同业存放业务的管理主要是控制利率水平、控制利息支出水平以及合理安排资金的用途。同业存放利率由存放双方协商而定,接受存放的商业银行应综合市场资金供求状况、自身资金调剂能力、投资项目的收益率高低等因素来确定可接受的利率水平和同业存放的规模。商业银行在资金使用上应充分考虑同业存放资金来源的期限结构,避免过度期限错配(即超过适度范围的错配),防范流动性风险。

三、同业拆借业务及管理

同业拆借是指金融机构(主要是商业银行)之间为了调剂资金余缺,利用资金融通过程的时间差、空间差、行际差来调剂资金而进行的短期借贷,是商业银行主动借入资金最为便捷的方式。

(一) 我国同业拆借市场的产生与发展

1984 年以前,我国实行的是高度集中统一的信贷资金管理体制,商业银行间的资金余缺只能通过行政手段纵向调剂,而不能自由地横向融通。1984 年 10 月,中国人民银行成为中央银行,允许各专业银行互相拆借资金,全国各省、市、自治区逐步建立了不同形式的拆借市场。1996 年 1 月 3 日,全国统一的银行间同业拆借市场正式建立;同年 6 月,同业拆借利率的管制取消,拆借利率由拆借双方根据市场资金供求状况自行决定。2002 年 6 月,中国外币交易中心开始为金融机构办理外币拆借业务,统一的国内外币同业拆借市场正式形成。2016 年 10 月,同业拆借市场取消行政许可。

(二) 同业拆借的特点

1. 拆借期限短

我国同业拆借资金的期限品种最短为 1 天,最长为 1 年,同业拆借市场的交易量主要集中在 1 天和 7 天的这两个期限品种,临时性资金融通的特征十分明显。

2. 同业性

同业拆借的参与者是商业银行和其他金融机构。参与拆借的机构在中央银行开立存款账户,在拆借市场交易的主要是金融机构存放在该账户上的闲置资金。

3. 交易无担保性

同业拆借基本上是信用拆借。拆借活动在金融机构之间进行,市场准入条件较严格,金融机构主要以其信誉参与拆借活动。

4. 利率相对较低

一般来说,同业拆借利率是以中央银行再贷款利率和再贴现率为基准,再根据社会资金的松紧程度和供求关系由拆借市场而定。由于拆借双方都是商业银行或其他金融机构,其信誉比一般工商企业要高,拆借风险较小,加之拆借期限较短,因而相较普通贷款利率水平较低。

5. 市场化程度高

同业拆借市场的参与者主要是各金融机构,交易活跃,交易规模大。这些特性决定了拆借利率的重要意义。同业拆借利率是拆借市场的资金价格,是货币市场的核心利率,也是整个金融市场上具有代表性的利率,它能够及时、灵敏、准确地反映货币市场乃至整个金融市场的短期资金供求状况。

(三)同业拆借利率

同业拆借利率水平决定商业银行借入资金的成本,目前,国际货币市场上较有代表性的同业拆借利率有美国联邦基金利率、伦敦同业拆借利率(Libor)、新加坡同业拆借利率(Sibor)和香港同业拆借利率(Hibor)四种。

我国的同业拆借利率是以 Shibor 为基础的。Shibor 全称是"上海银行间同业拆借利率"(Shanghai interbank offered rate),自 2007 年 1 月 4 日正式运行。Shibor 是由信用等级较高的商业银行组成报价团自主报出的人民币同业拆出利率计算确定的算术平均利率,是单利、无担保、批发性利率。报价银行是指公开市场一级交易商或外汇市场做市商,在我国货币市场上人民币交易相对活跃、信息披露比较充分的银行。Shibor 报价银行团现由 18 家商业银行组成(见表 5-5)。

表 5-5 　　　　　　　　　　　　　　　Shibor 报价团成员

成员类别	银行名称
6 家国有大型商业银行	中国工商银行、中国农业银行、中国银行、中国建设银行、交通银行、中国邮政储蓄银行
7 家股份制商业银行	招商银行、中信银行、光大银行、兴业银行、浦东发展银行、广东发展银行、华夏银行
2 家地方性商业银行	北京银行、上海银行
2 家外资银行	汇丰银行、渣打银行
1 家政策性银行	国家开发银行

同业拆借是由中国人民银行统一负责管理、组织、监督和稽核,全国银行间同业拆借中心受权 Shibor 的报价计算和信息发布。每个交易日全国银行间同业拆借中心根据各报价行的报价,剔除最高、最低各 4 家报价,对其余报价进行算术平均计算后,得出每一期限品种的 Shibor,并于 11:00 对外发布。目前,全国银行间同业拆借中心对社会公布的 Shibor 品种包括隔夜、1 周、2 周、1 个月、3 个月、6 个月、9 个月及 1 年。

影响同业拆借利率的因素有:①中央银行公开市场操作。中国人民银行通过公开市场操作,调控货币供应量、调节商业银行流动性水平、引导货币市场利率走势。②再贷款利率。中央银行再贷款利率通常高于同业拆借利率,以鼓励商业银行间的借贷,使它们能够不断相互监控信贷风险,并通过再贷款行为调节拆借利率。③法定存款准备金率。当中央银行提高法定存款准备金率,同业拆借利率上升。④准备金的利息率。准备金包括法定存款准备金和超额存款准备金。中央银行就准备金向商业银行给付利息,商业银行自行确定持有的超额存款准备金,超额存款准备金的机会成本为同业拆借利率与超额存款准备金利率之差。当中央银行提高超额存款准备金利率,持有超额存款准备金的机会成本下降,商业银行倾向于持有更多的超额存款准备金,同业拆借利率上升。

目前,Shibor 已成为我国认可度较高、应用较广泛的货币市场基准利率之一,并在市场化产品定价中得到广泛运用:①Shibor 对债券产品定价的指导性增强。②以 Shibor 为基准的金融创新产品成交活跃,如利率互换、远期利率协议、同业借款、同业存款和理财产品等。③票据转贴现、回购业务初步建立了以 Shibor 为基准的市场化定价机制。④报价行的内部资金转移价格已经不同程度的与 Shibor 结合。

Shibor 的创设借鉴了伦敦银行间同业拆借利率(Libor)等国际基准利率。2012 年以来,由于国际金融危机后无担保拆借市场规模有所下降,以及发生了部分报价行操纵 Libor 报价案件等原因,国际社会开始着手改革以 Libor 为代表的金融市场基准利率体系。2017 年 7 月,英国金融行为管理局(FCA)宣布将从 2021 年起不再强制要求 Libor 报价行开展报价,届时 Libor 可能不复存在。未来英国将逐步转向将基于实际交易数据的英镑隔夜平均利率(SONIA)作为英镑市场基准利率。另有一些国家和地区的中央银行(如欧洲央行、日本央行)采取了更加中性、多元的做法:一方面,研究引入基于实际交易数据的无风险利率,丰富市场基准利率体系,允许存在多个基准利率;另一方面,改革 Euribor、Tibor 等基于报价的基准利率,引入瀑布法等混合方法,提高商业银行间拆借利率报价的可靠性和基准性。

(四)同业拆借业务的管理

1. 合理控制同业拆借的规模

目前,我国商业银行同业拆借业务的对手主要是国内其他商业银行,各家银行流动性状况具有趋同性。商业银行应根据自身的承受能力和市场的状况,确定拆出拆入的规模,既要利用拆借业务加速资金周转,提高资金使用效率,也要防范同业流动性风险的传导。我国银行业监管机构对银行同业拆入额度的要求为:中资银行不超过其存款余额的 8%,外资银行不超过其资本金的 2 倍。

2. 控制拆借资金的期限和用途

就拆入方而言,向同业拆入资金主要是解决临时性资金储备不足的问题,如因清算联行汇差而出现的临时性头寸不足和头寸调度方面的突发性资金需求等。因此,拆入方应坚持拆入资金的短期性原则,不应利用拆入资金发放固定资产贷款或者用于投资。

3. 实施严格授权管理

同业拆借是金融机构法人之间的融资行为。法人内部分支机构的对外拆借必须经法定代表授权,不允许未经法定代表授权的分支机构对外拆借行为,避免法人分支机构未经法人授权多头对外,导致无序竞争,增加融资成本和市场风险。

4. 建立健全同业拆借风险管理制度

商业银行应当将同业拆借风险管理纳入本机构风险管理的总体框架之中,并根据同业拆借业务的特点,建立健全同业拆借风险管理制度,设立专门的同业拆借风险管理机构,制定同业拆借风险管理内部操作规程和控制措施。

四、回购业务及管理

商业银行所进行的回购业务是交易双方以金融资产为担保物的一种短期资金融通业务。作为担保物的金融资产,它应是银行承兑汇票、债券、央行票据等在银行间市场、证券交易所市场交易的具有合理公允价值和较高流动性的资产。在回购业务中,融资的一方称为正回购方,融券的一方称为逆回购方。商业银行通过回购来筹集资金,即是进行正回

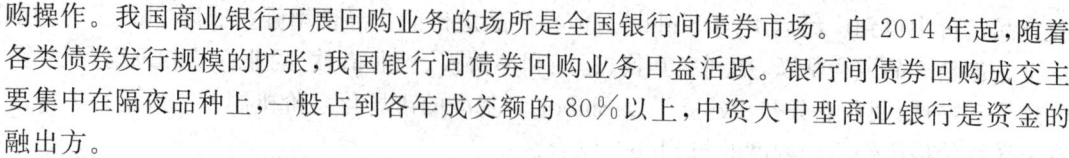

购操作。我国商业银行开展回购业务的场所是全国银行间债券市场。自 2014 年起,随着各类债券发行规模的扩张,我国银行间债券回购业务日益活跃。银行间债券回购成交主要集中在隔夜品种上,一般占到各年成交额的 80% 以上,中资大中型商业银行是资金的融出方。

(一) 回购业务的方式

回购业务有质押式回购业务和买断式回购业务两种方式。

1. 质押式回购业务

质押式回购业务是指融资方(正回购方)在将债券质押给融券方(逆回购方)融入资金的同时,双方约定在将来某一指定日期,由融资方按约定回购利率计算的资金额向融券方返回资金,融券方向融资方返回原出质债券的融资行为。

2. 买断式回购业务

买断式回购业务是指债券持有人(正回购方)将一笔债券卖给债券购买方(逆回购方)的同时,交易双方约定在未来某一日期,再由卖方(正回购方)以约定价格从买方(逆回购方)购回相等数量同种债券的交易行为。

买断式回购与质押式回购的区别在于:在买断式回购的初始交易中,债券持有人是将债券"卖"给逆回购方,所有权转移至逆回购方;而在质押式回购的初始交易中,债券所有权并不转移,逆回购方只享有质权。由于所有权发生转移,因此买断式回购的逆回购方可以自由支配购入债券,只要在协议期满能够有相等数量同种债券返售给债券持有人即可。

(二) 回购业务的市场——全国银行间债券市场

全国银行间债券市场是一个机构投资者以询价方式进行大宗批发交易的场外市场。全国银行间同业拆借中心为债券交易提供报价服务,中央结算公司办理债券的登记、托管和结算。

银行间债券市场的质押式回购利率和金额由双方自行确定。质押式回购利率系统可根据市场大量出资机构的意向报价自动计算出每个时点的加权利率,作为回购利率的基准。标的债券需办理质押登记,回购合同在办理质押登记后生效。回购期间,交易双方不得动用质押的债券。回购到期后,正回购方应按照合同约定全额返还回购项下的资金,并解除质押关系。银行间债券市场质押式回购期限最短为 1 天,最长为 1 年。交易单位为债券面额1 万元,交易数额最小为债券面额 10 万元。

银行间债券市场的买断式回购以净价交易、全价结算。买断式回购的首期交易净价、到期交易净价和回购债券数量由交易双方确定,但到期交易净价加债券在回购期间的新增应计利息应大于首期交易净价。买断式回购期间,交易双方不得换券、现金交割和提前赎回。因为买断式交易双方都面临承担对手方不履约的风险,所以交易双方可以按照交易对手的信用状况协商设定保证金或保证券。在一般情况下,保证金或保证券处置后仍不能弥补违约损失的,守约方可以继续向违约方追索。银行间债券市场对买断式回购的数量实行仓位限制,任何一家市场参与者的单只券种待返售债券余额应小于该只债券流通量的 20%。任何一家市场参与者的待返售债券总余额应小于其在中央结算公司托管的自营债券总额的 200%。买断式回购期限最短为 1 天,最长为 91 天,回购债券数量由交易双方确定。

（三）回购业务的作用

（1）有利于提高债券的流动性。商业银行可以充分利用手中持有的优质债券资产以回购方式获得资金。

（2）有利于债券一级市场的发展。回购业务增加了债券的流动性，降低了持有者的流动性风险，增强了一级市场债券对投资者的吸引力。

（3）对于利率市场化有积极的作用。回购利率对于筹资者是筹资成本，对于出资者则是收益率，它是双方公开竞价的结果，反映了市场资金的供需状况。

（4）为中央银行公开市场业务操作提供了工具。

（四）回购业务的融资成本

质押式回购业务的融资成本是交易双方约定的利率，买断式回购业务的融资成本是根据到期成交价和初始成交价的差额而计算的年化利率。融资成本的高低受到标的债券信用级别、回购期限的长短及资金供求状况等因素的影响。

【例5-4】　某银行持有1 000万元某品种国债，在银行间债券市场采用询价交易方式进行买断式回购，确定以100元的价格卖出，7天后以100.05元的价格购回。该银行的回购成本的计算如下：

$$i = \frac{100.05 - 100}{100} \times \frac{360}{7} \times 100\% = 2.57\%$$

（五）回购业务的管理

（1）商业银行应制定回购业务的内部控制和风险管理制度，规范操作流程，防范风险。

（2）控制融资成本。商业银行应当综合考虑资产组合流动性、货币市场利率水平、金融工具风险收益等因素，控制融入资金利率，确保投资收益覆盖融资成本。

（3）明确资金用途。债券回购融入资金应当主要用于临时调剂头寸，不得用于固定资产投资。

（4）控制买断式回购业务的风险。在银行间债券市场开展买断式回购，是否设立设定保证金或保证券及设立的金额由交易双方按照交易对手的信用状况协商。商业银行应充分考虑交易对手的信用状况，合理设定保证金或保证券数量，控制业务风险。

五、同业存单和大额存单业务及管理

同业存单是商业银行在全国银行间市场上发行的记账式定期存款凭证，大额存单是银行通过营业网点、电子银行、第三方平台面向企业和个人发行的记账式存款凭证。1986年，交通银行和中国人民银行面向个人和企业发行我国第一张大额存单。1996年，大额存单在市场上基本消失。2013年12月，中国人民银行推出同业存单业务，允许金融机构在银行间市场发行大额同业存单。2015年6月，中国人民银行推出大额存单业务，允许金融机构面向非金融机构投资人发行大额存单。在政策支持下，同业存单业务呈井喷式发展，到2019年年末，同业存单存量金额达到10.72万亿元，占债券总存量的11.04%，迅速成为四大债券品种（即地方政府债、政策性银行债、国债和同业存单）之一。全国性股份制商业银行和城市商业银行是发行的主力。同业存单投资和交易主体为全国银行间同业拆借市场成员、基金管理公司及基金类产品。

（一）同业存单和大额存单的发行

同业存单和大额存单由发行人向中国人民银行备案年度发行计划,在当年发行备案额度内,自行确定每期存单的发行金额、期限。

同业存单的发行采取电子化的方式,在全国银行间市场上公开发行或定向发行,发行利率、发行价格等以市场化方式确定,期限不超过 1 年,按固定利率或浮动利率计息,并参考同期限上海银行间同业拆借利率定价。

大额存单的发行采用电子化方式,通过发行人营业网点、电子银行、第三方平台面向企业和个人发行,期限包括最短 1 个月、最长 5 年等 9 个品种,利率以市场化方式确定。其中,固定利率存单采用票面年化收益率的形式计息;浮动利率存单以 Shibor 为浮动利率基准计息。

（二）同业存单和大额存单的特点

1. 增强商业银行主动负债的能力

商业银行可以根据本行资金需求的状况,自行确定年度发行规模并向中国人民银行报备,在年度内可以选择每次发行的规模和可行的时机和存单期限。与一般性存款相比,商业银行发行存单是主动负债的方式,期满兑付,资金稳定性更好。

2. 利率水平更合理

存单利率参考同期限 Shibor 定价,而 Shibor 通过市场化的机制形成,因此存单属于公开、透明、市场化定价的融资方式。

3. 易于发行、流动性强

对于发行方而言,存单采用电子化方式发行,发行周期短,发行成本低,发行过程透明规范,面对更为广泛的资金提供者,更易以合理成本快速筹集资金。对于投资者而言,可以在资金充裕时买入存单,资金紧张时卖出,随时根据自己的资金状况调整,主动性更强。

（三）同业存单和大额存单业务的管理

1. 合理确定年度发行额度

商业银行根据资产负债管理和流动性管理的需要,结合对存款额变化情况的预测,合理确定本年度存单的发行额度,制订发行计划并向中国人民银行报备。

2. 把握发行的时机

商业银行既要考虑自身的资金需求状况,也要考虑市场的资金供求状况,确定每期存单的发行时机,确保合理的发行规模和合理的利率水平。

3. 做好信息披露

商业银行在每年首只存单发行前,要向市场披露该年度的发行计划;若在该年度内发生重大或实质性变化,要及时重新披露更新后的发行计划。商业银行需要在每期存单发行前和发行后分别披露该期存单的发行要素公告和发行情况公告。在存单存续期间,若发生任何影响商业银行履行债务的重大事件,商业银行也应及时进行披露。

六、发行金融债券业务及管理

金融债券是金融机构发行的按约定还本付息的有价证券。我国商业银行在国内发行金融债的主要场所是全国银行间债券市场,这个市场的参与主体是各类金融机构和非金融机构投资者,包括商业银行、保险公司、证券公司、证券投资基金、境外央行、国际金融机构、主权财富基金、港澳清算行、境外参加行、境外保险机构、RQFII 及获准的非金融机构投资者等。截至 2019 年年末,我国银行间债券市场各类参与主体共计 25 888 家,其中,境内法人类共 3 082 家,境内非法人类产品共计 20 196 家,境外机构投资者 2 610 家。

(一) 商业银行发行金融债券筹资的特点

1. 筹资目的性强

商业银行发行金融债券的目的是获得长期而稳定的资金来源和补充资本金。商业银行发行金融债券,筹集的资金可用于长期资产的配置,以减少资产负债期限错配,降低银行的流动性风险。若商业银行发行合格二级资本债券,筹集的资金还可计入二级资本,从而提高总资本充足率。

2. 筹资效率高

金融债券的利率水平比同期存款高,且风险小,具有很高的市场接受度。在银行间债券市场中,商业银行面向机构投资者发行金融债券,能在短时间内迅速筹集到一定规模的资金,具有极高的筹资效率。

3. 筹资机制灵活

商业银行发行的金融债券属于主动负债,商业银行可以选择发行的时机、发行的规模和发行的场所。商业银行可以在国际金融市场上发行金融债券,也可以在国内发行;国内发行的场所既可以通过银行柜台向社会公开发行,也可以在银行间债券市场发行。上市商业银行还可以通过交易所市场公开发行金融债券。商业银行在银行间债券市场发行金融债券可采取公开发行或定向发行的方式,可以采取一次足额发行或限额内分期发行的方式。商业银行可以综合考虑自身和市场的情况,做出恰当的选择。

4. 资金具有稳定性

金融债券有明确的偿还期,一般不能提前还本付息,资金的稳定程度高。商业银行可以根据资金运用的项目的需要,有针对性地发行一定期限的金融债券。在金融债券的存续期间,商业银行可以稳定地使用这笔资金。出于补充资本金的需要,商业银行发行的资本性金融债券期限更长。

5. 金融债券有较好的流动性

除定向发行的金融债券只能在认购人之间进行转让及柜台发行的金融债券不能流通外,商业银行在银行间债券市场发行的金融债券可在该市场流通转让,上市商业银行通过交易所发行的债券可以在交易所流通转让。金融债券良好的流动性对其在一级市场的顺利发行起到了促进作用。

总之,金融债券的主要功能在于增强了商业银行主动负债的能力,有利于商业银行进行资产负债期限管理,提高负债资金的稳定性,降低商业银行的流动性风险,促进商业银行负债资金来源的多元化。但是,在商业银行所有负债融资方式中,发行金融债券的融资成本是最高的。表 5-6 是 2015—2019 年中国银行生息资产平均收益率和各项计息负债的付息率,可以看到,发行债券的平均付息率水平远高于存款和同业借款,且中国银行 2015—2018 年连续 4 年发行债券的平均利息率高于生息资产平均收益率。

表5-6　　　　中国银行生息资产平均收益率和各项计息负债的付息率

收益率或付息率	2015 年	2016 年	2017 年	2018 年	2019 年
生息资产平均收益率	3.96%	3.38%	3.39%	3.64%	3.65%
存款	1.94%	1.60%	1.52%	1.63%	1.78%
同业存放和拆入	2.01%	1.84%	2.17%	2.51%	2.23%
发行债券	4.02%	3.78%	3.65%	3.74%	3.63%
计息负债平均付息率	1.99%	1.69%	1.69%	1.85%	1.93%

(二)金融债券的种类

目前,我国商业银行发行的金融债券按照发行的目的可以分为两类:

第一类是一般性金融债券。一般性金融债券就是普通金融债券,它是指商业银行根据特定项目的需要发行的债券。一般性金融债券本息的清偿顺序等同于商业银行一般负债,即先于资本性金融债券,次于个人储蓄存款的本息,与发行人吸收的企业存款和其他负债具有同样的清偿顺序。一般性金融债券的利率水平高于同期存款利率,筹资速度快,资金稳定性好,筹集的资金专款专用。近年来,我国商业银行一般性金融债券的发行规模迅速扩张,其中绝大多数为专项金融债,包括小型微型企业贷款、专项金融债券和"三农"专项金融债券。

第二类是资本性金融债券。资本性金融债券是指商业银行为补充资本金的不足而发行的金融债券。它包括2013年1月1日之前商业银行按旧的资本管理办法发行的可转换债券、混合资本债券和长期次级债务(按新的资本管理办法这三种债券属不合格资本工具,有10年过渡期,会逐步退出),以及2013年1月1日以后商业银行按新的资本管理办法发行的二级资本债券。

(三)金融债券的管理

1.依法依规发行

商业银行发行金融债券,需满足相关法规的条件且须经相关部门的核准。有关金融债券的法律规定很多,各类金融债券都有相应的法规,在不同的市场发行法规依据也不同。商业银行应依据适用法规和监管部门的核准发行金融债券。

2.确定科学的发行额度

商业银行应根据金融债券的发行目的、未来发展的规划、资本规划、资金的有效需求状况、偿债能力以及债券发行后对其财务的影响等因素,在兼顾各方利益的考虑之后确定科学的发行额度。

3.选择恰当的时机、合适的市场和发行方式

商业银行发行金融债券可在国内或国外,可在银行间债券市场或交易所市场或柜台发行,可以公开发行或定向发行。每一个市场和每一种发行方式在不同的内外部环境下,发行金融债券的难易程度不同,市场资金紧缺富裕程度不同。商业银行应审时度势,选择恰当时机、合适的市场和发行方式有利于金融债券的顺利发行。

4.合理设计发行条款

商业银行应充分估计未来其财务状况变化情况,合理设计金融债券的发行品种、发行期限、付息方式、回售和赎回条件等重要事项。

第四节 | 负债的规模结构管理和成本计算

这里所讲的负债规模和结构是指计息负债的总规模和各类计息负债在负债总额中的比例。

一、影响商业银行负债规模和结构的主要因素

(一) 经济发展水平的制约

商业银行的负债业务是把社会各部门、各单位暂时闲置的货币资金集聚起来。社会闲置资金的多少取决于一国或一个地区的经济发展水平。

(二) 宏观货币政策的制约

商业银行的负债规模受限于央行的基础货币供应量,其负债规模会伴随着央行的调控力度而出现变化。

(三) 金融市场的发达程度

同业负债业务和发行债券等这些主动筹资的方式融资的规模和便利性,取决于外部金融市场的发育水平。金融市场的广度深度越高,商业银行对于负债的管理越灵活越有效,负债的结构越趋于合理。

(四) 同业竞争的因素

经济发展水平决定了商业银行负债的总体规模。商业银行的市场份额既取决于其自身的竞争能力,也取决于同业竞争状况,同业数量越多,竞争越激烈。

(五) 商业银行自身的实力和外部形象

商业银行存款规模与它的经营网点的数量和服务水平正相关,商业银行主动融资的能力与商业银行的资金实力和口碑正相关。

(六) 商业银行的经营理念和偏好

即便是具备相同的内外部条件,由于经营理念上的差异,商业银行负债结构也互不相同。有些商业银行注重以存款方式吸收资金,有些商业银行则注重主动负债业务。

二、商业银行负债规模和结构的管理目标

(一) 负债规模适度

商业银行的利润主要来自各项资产。负债的目的是满足资产配置的需求,负债的规模决定了资产的规模。然而,负债规模并非越大越好,因为负债规模的扩大可能伴随着利息率和利息支出的上升,且随着资产规模的扩大,资金的边际效益递减。理论上讲,当负债的边际成本等于资产的边际收益时,负债规模达到最优;再继续扩大负债规模,反而让利息净支出增加。因此,商业银行只有把负债吸收的资金通过合理贷放或投资,使资产收益在抵销负债成本并扣除税收后还有一定净收益,负债规模才是合理的。

（二）结构合理

负债结构合理至少有三个判断标准：一是负债来源多元化。不过分偏重某一种负债方式和某些交易对手，这体现了分散风险的原则。二是计息负债成本率较低。每一种负债方式利息率水平不同，获得的难易程度不同，在安排负债结构时要尽可能降计息负债成本率，这体现追求效益性原则。三是稳定性强。负债用来进行长期资产的配置其收益率较高，这就要求负债要有一定的稳定性，满足一些长期资产长期占用的需求，这体现安全性的原则。

三、计息负债的资金成本计算

计息负债的资金成本采用加权平均的方法计算。其计算公式为：

$$计息负债成本率（或平均付息率）＝利息支出÷计息负债平均余额$$

以中国工商银行为例，2017 年和 2018 年该行的各类计息负债平均余额、利息支出和平均付息率的计算见表 5-7。

表 5-7　　　　　　　　　计息负债平均付息率的计算　　　　　　　金额单位：百万元

项目	2017 年			2018 年		
	平均余额	利息支出	平均付息率	平均余额	利息支出	平均付息率
存款	18 335 825	260 956	1.42%	19 317 269	280 212	1.45%
同业存放和拆入款项	2 668 436	58 418	2.19%	2 668 229	64 991	2.44%
已发行债务证券	613 804	20 142	3.28%	845 347	30 373	3.59%
总计息负债	21 618 065	339 516	1.57%	22 830 845	375 576	1.65%

计息负债平均付息率与生息资产平均收益率的差是净利差。用计息负债的利息支出除以生息资产的平均余额，可以得出每 1 元生息资产承担的利息支出水平，反映商业银行在使用资金时必须取得的最低回报率。

表 5-8 是 2013—2018 年我国 13 家主要银行计息负债平均付息率。可以看到，计息负债平均付息率水平明显与商业银行的规模相关。这是因为在所有负债方式中，存款的资金成本最低，大型商业银行凭借网点和信誉优势在存款市场上竞争力更强，存款在负债中占比高，因此计息负债平均付息率较低。

表 5-8　　　　　　　2013—2018 年我国 13 家主要银行计息负债平均付息率

计息负债平均付息率	2013 年	2014 年	2015 年	2016 年	2017 年	2018 年
中国农业银行	1.91%	2.00%	1.94%	1.61%	1.53%	1.62%
中国建设银行	1.98%	2.11%	1.97%	1.61%	1.56%	1.64%
中国工商银行	2.05%	2.12%	1.94%	1.60%	1.57%	1.65%
中国银行	1.98%	2.10%	1.99%	1.69%	1.69%	1.85%

（续表）

计息负债平均付息率	2013 年	2014 年	2015 年	2016 年	2017 年	2018 年
招商银行	2.30%	2.69%	2.13%	1.63%	1.77%	1.90%
中信银行	2.55%	3.02%	2.64%	2.12%	2.33%	2.48%
华夏银行	2.73%	2.98%	2.68%	2.07%	2.39%	2.60%
交通银行	2.56%	2.82%	2.57%	2.17%	2.39%	2.62%
浦发银行	—	—	—		2.53%	2.77%
光大银行	3.14%	3.24%	2.80%	2.33%	2.68%	2.78%
平安银行	3.14%	3.37%	2.88%	2.13%	2.55%	2.85%
民生银行	3.16%	3.18%	2.77%	2.27%	2.66%	2.89%
兴业银行	3.16%	3.45%	2.97%	2.40%	2.81%	2.90%

规模相近的商业银行，由于经营策略、经营理念和经营管理水平的不同，计息负债平均付息率也有较大差异。例如，2018 年年末，招商银行与兴业银行的总资产规模均为 6.7 万亿元，2018 年招商银行净利润为 808.19 亿元，兴业银行净利润为 680.77 亿元。对比两家银行的计息负债平均付息率，招商银行为 1.90%，兴业银行为 2.90%，两者相差 1%。两家银行计息负债的构成及付息率见表 5-9。

表 5-9 　　　　2018 年招商银行与兴业银行计息负债结构及成本比较　　　金额单位：百万元

项目	招商银行			兴业银行		
	平均余额	利息支出	平均付息率	平均余额	利息支出	平均付息率
存款	4 269 523	61 987	1.45%	3 201 074	70 104	2.19%
同业存放和拆入款项	863 041	23 028	2.67%	1 872 021	68 516	3.66%
向中央银行借款	348 093	10 982	3.15%	262 826	8 647	3.29%
应付债券	340 151	14 530	4.27%	693 831	27 684	3.99%
总计息负债	5 820 808	110 527	1.90%	6 029 752	174 863	2.90%

可根据表 5-9 计算得出，付息率最低的存款占总计息负债的比重，招商银行为 73.35%，兴业银行为 53.09%，两家银行存款结构的比较见表 5-10。

表 5-10 　　　　2018 年招商银行与兴业银行存款结构比较　　　金额单位：百万元

项目		招商银行		兴业银行	
		平均余额	占比	平均余额	占比
公司存款	活期	1 815 427	41.25%	1 073 591	33.54%
	定期	1 022 294	23.23%	1 645 818	51.41%
	小计	2 837 721	64.48%	2 719 409	84.95%

（续表）

项目		招商银行		兴业银行	
		平均余额	占比	平均余额	占比
个人存款	活期	1 059 923	24.09%	246 033	7.69%
	定期	503 030	11.43%	235 632	7.36%
	小计	1 562 953	35.52%	481 665	15.05%
合计		4 400 674	100.00%	3 201 074	100.00%

【知识链接】

银行业金融风险传染分析

银行业金融机构风险传染是指因交易对手、关联机构、金融市场等发生波动或不利变化而对机构个体及整个银行体系造成直接或间接的负面影响。风险传导渠道既可能是由特定银行业金融机构违约风险暴露导致交易对手直接损失或金融市场资产价格剧烈波动而使得其他银行业金融机构资产负债表受损，也可能是通过市场预期渠道或非理性心理恐慌渠道快速传染至整个银行体系。

中国人民银行研究组借鉴国际上常用的金融网络模型，以我国银行间同业业务信息为基础，选取 2014 年 12 月末我国银行体系内 28 家资产规模在 4 000 亿元以上的商业银行之间的同业资产负债数据，测算同业双边风险敞口，动态模拟银行间的传染性风险传导路径和影响。这 28 家银行包括 6 家大型商业银行、12 家股份制商业银行、6 家城市商业银行和 4 家农村商业银行。研究组设定了两类不同的冲击情景，轻度冲击下违约损失率统一设定为 50%，重度冲击下违约损失率统一设定为 100%，并根据《商业银行资本管理办法（试行）》规定商业银行最低资本要求为 8.9%。

在轻度冲击下，28 家银行发生传染性风险的可能性较小。在重度冲击下，28 家银行所构成的网络稳定性情况如下。

1. 大型商业银行

当大型商业银行分别发出同业信用违约冲击时，平均将有 5 家商业银行受到传染，风险传染将平均延续 2 轮，平均消耗资本占 28 家商业银行总资本比例约为 9%。从同业市场交易情况看，大型商业银行属于主要的资金融出方，对比而言其融入的同业资金规模一般不大，因而发生同业信用违约时所引发的传染性风险较小。但从被传染者的角度看，大型银行中的中国邮政储蓄银行比较容易受到其他同业信用违约风险的传染，共有 20 家机构发生同业信用违约冲击时会传染到中国邮政储蓄银行，主要原因是中国邮政储蓄银行融出资金的同业对手方较多且资金规模较大。

2. 股份制商业银行

股份制商业银行分别发出同业信用违约冲击时，平均传染到的银行机构为 12 家，平均传染的轮数提高至 3 轮，平均损失的资本比例达 24%。整体而言，股份制商业银行在同业市场上属于资金净融入方，一旦发生同业信用违约则传染范围较广。从具体资金流向上看，股份制商业银行的同业融入资金主要来源于大型商业银行和其他股份制商业银行，同业融出资金主要流向其他股份制商业银行和城市商业银行。

3. 城市商业银行

城市商业银行同业信用违约的影响力和传染范围有限。单家城市商业银行发出同业信用违约冲击时,平均传染到的商业银行为 4 家,传染的延续轮数仅为 1 轮,平均资本损失比例约为 7%。从样本银行的数据上分析,城市商业银行在同业市场上属于资金净融入方,主要同业融入资金来源于大型商业银行和股份制商业银行,融出资金的同业交易对手较分散,因此当城市商业银行发生同业违约冲击时不足以对其主要同业交易对手造成较大影响。

4. 农村商业银行

农村商业银行的传染性风险较小,如分别发生同业信用违约冲击均不会引发对体系内其他银行的传染效应。

传染性风险的分组情况见图 5-14。

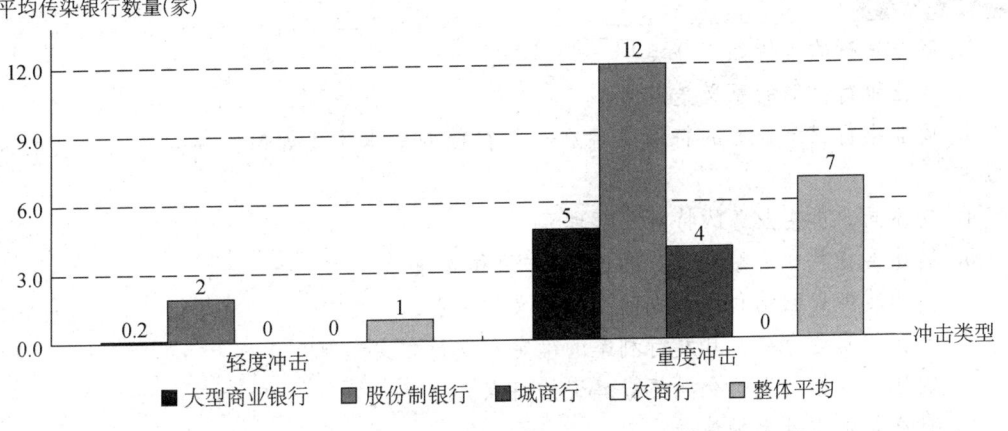

图 5-14 传染性风险的分组情况

资料来源:中国人民银行.中国金融稳定报告(2015).

【本章小结】

1. 商业银行负债的构成受经济发展水平、金融市场发达程度、监管要求以及商业银行自身规模和经营策略等因素的影响。我国商业银行的负债主要是各类存款、银行间往来负债、应付债券和一些经营性负债。商业银行的负债按流动性大小划分为流动负债和非流动负债;按使用成本划分为计息负债和非计息负债;按取得资金的方式划分为被动型负债、主动型负债和其他负债。

2. 负债业务是商业银行资金的主要来源,对商业银行资产配置方向和期限、银行盈利能力、银行流动性状况等都会产生影响。

3. 存款是商业银行最基本和最重要的经营活动,也是商业银行最重要的信贷资金来源。商业银行贷款、投资等资产扩张业务可创造派生存款。存款业务的管理包括存款的成本管理、存款的规模管理和存款的稳定性管理。

4. 银行可以根据内、外部环境及经营管理目标的需要自主决策主动负债的方式、时间、期限和规模。同业拆借、同业存放、卖出回购和同业存单等业务均为同业负债业务。商业银行应防范过分依赖同业负债业务带来的集中度风险,防范交易对手流动性风险的传导。

5. 理论上讲,当负债的边际成本等于资产的边际收益时,负债规模达到最优。负债结构应尽可能做到来源多元化,计息负债成本率较低、稳定性较好。计息负债的资金成本采用加权平均的方法计算,计算公式为:计息负债成本率(平均付息率)＝利息支出÷计息负债平均余额。

【关键术语】

计息负债　被动型负债　主动型负债　存款创造　存款成本　存款的稳定性　同业存放同业拆借　再贷款　再贴现　回购　同业存单　大额存单　普通金融债券　资本性金融债券计息负债成本率

【问题思考】

1. 商业银行的负债如何分类?

2. 商业银行负债的意义是什么?

3. 商业银行存款业务的特点是什么? 其存款的成本构成如何? 影响存款规模的因素有哪些?

4. 简述同业拆借业务的特点及管理。

5. 简述再贷款和再贴现业务的含义、作用和管理。

6. 简述质押式回购和买断式回购的含义和区别。

7. 什么是同业存单? 其发行利率的确定和发行方式如何?

8. 简述商业银行发行金融债券筹资的特点。

9. 什么是资本性金融债券?

本章练习
参考答案

补充案例

本 章 练 习

一、单项选择题

1. 下列负债项目中,属于计息负债的是( )。
   A. 应付职工薪酬
   B. 应交税费
   C. 递延所得税负债
   D. 同业存放

2. 下列负债项目中,属于商业银行被动负债的是( )。
   A. 同业拆借
   B. 回购业务
   C. 吸收存款
   D. 向中央银行借款

3. 我国商业银行最重要的信贷资金来源是( )。
   A. 同业拆入
   B. 吸收存款
   C. 向中央银行借款
   D. 发行债券

4. 一般而言,银行通过非存款短期负债方式筹集资金是出于( )的需要。
   A. 发放贷款
   B. 长期投资
   C. 补充资本金
   D. 流动性

5. 同业拆借市场形成的根本原因是( )。
   A. 同业间资金融通
   B. 存款业务的波动
   C. 法定存款准备金制度的实施
   D. 有利于快速大规模资金流动

6. 目前,我国商业银行开展同业拆借业务的场所是( )。
   A. 本地区拆借市场
   B. 本经济区拆借市场
   C. 人民银行融资中心
   D. 全国银行间同业拆借市场

7. 央行的下列举措中,会减小社会货币供应量的是( )。
   A. 降低法定存款准备金
   B. 发行短期票据
   C. 降低再贴现利率
   D. 逆回购操作

8. 质押式回购和买断式回购最主要的差别是( )。
   A. 融资成本不同
   B. 标的物的所有权是否转移
   C. 交易保证金不同
   D. 交割的方式不同

9. 影响商业银行资产配置的方向和期限的直接因素是( )。
   A. 负债的期限和稳定性
   B. 负债的利率水平
   C. 管理层的风险偏好
   D. 投资环境

10. 理论上讲,负债规模适度的含义是( )。
    A. 平均利息率成本最低
    B. 负债的稳定性强
    C. 按期还本付息

D. 负债的边际成本等于资产的边际收益

二、多项选择题

1. 商业银行要从负债项目( )等方面加强负债的管理,提高负债质量。
   A. 真实性
   B. 负债构成的稳定性
   C. 负债获取的主动性
   D. 负债成本的适当性
   E. 与资产的匹配性

2. 商业银行负债业务按取得资金的方式划分为( )。
   A. 计息负债
   B. 被动型负债
   C. 主动型负债
   D. 其他负债
   E. 非计息负债

3. 商业银行的( )业务创造派生存款。
   A. 支付结算
   B. 投资
   C. 贷款
   D. 同业拆借
   E. 贴现

4. 商业银行存款的资金成本是( )之和。
   A. 利息成本
   B. 营业成本
   C. 风险成本
   D. 连锁反应成本

5. 影响存款规模的外部因素有( )。
   A. 社会经济发展水平和经济周期
   B. 中央银行的货币政策
   C. 存款利率的变动
   D. 支付结算体系的发达程度
   E. 政府的法律法规

6. 下列各项中,属于商业银行短期负债业务的有( )。
   A. 同业存放
   B. 同业拆借
   C. 同业存单
   D. 向中央银行借款
   E. 发行债券

7. 商业银行向央行借款的形式有( )。
   A. 转贷款
   B. 再贷款
   C. 再贴现
   D. 转贴现

8. 现行人民银行对商业银行的再贷款分成( )。
   A. 流动性再贷款
   B. 固定资产再贷款
   C. 信贷支持再贷款
   D. 季节性再贷款
   E. 金融稳定再贷款
   F. 专项政策性再贷款

9. 回购业务按照回购标的所有权是否转移分为( )。
   A. 正回购
   B. 逆回购
   C. 质押式回购
   D. 买断式回购

10. 存单的特点有( )。
    A. 增强商业银行主动负债的能力
    B. 易于发行,流动性强
    C. 利率水平低于存款
    D. 投资者随时支取

三、判断题

1. 银行贷款和投资业务可以创造派生存款。　　　　　　　　　　　（　　）
2. 中央银行再贷款业务直接增加基础货币量。　　　　　　　　　　（　　）
3. 我国商业银行负债资金来源中,存款占比越高,计息负债的成本率越低。（　　）
4. 商业银行以存款、同业融入和发行债券的方式筹资,首先要缴纳法定存款准备金,才能进一步进行资产配置。　　　　　　　　　　　　　　　　　　（　　）
5. 在商业银行所有的负债融资方式中,发行金融债券的融资成本最高。（　　）

四、计算题

1. 某银行 2020 年度某银行计息负债的平均余额、利息支出和平均利息率见表5-11。

表 5-11　　　　　　　平均余额、利息支出和平均利息率　　　　金额单位:亿元

项目	平均余额	利息支出	平均利息率
存款	120 000	2 340	1.95%
同业及其他金融机构存放和拆入款项	20 000	500	2.5%
已发行债券证券	3 000	135	4.5%

要求:计算计息负债的平均成本率。

2. 某银行存款总额为 1 万亿元,其中活期存款总额为 6 000 亿元,利率为 0.30%,营业成本为 1%,定期存款总额为 4 000 亿元,利率为 2.5%,营业成本为 0.5%,法定存款准备金及必要的超额存款准备金率为 10%。

要求:分别计算活期存款和定期存款可用资金成本及存款加权平均成本。

第六章
现金资产业务管理

通过本章的学习,学生应理解和掌握商业银行现金资产的构成和作用,掌握库存现金限额管理的方法、法定存款准备金的缴纳和超额存款准备金的管理。

【重点难点】

本章的重点是库存现金限额管理的方法、法定存款准备金的缴纳和超额存款准备金的管理;难点是库存现金限额管理和法定存款准备金的管理。

【知识结构图】

```
                                          ┌ 现金资产的构成
                    现金资产的构成和管理原则 ┤
                                          └ 现金资产管理的原则

                                      ┌ 库存现金额度指标及核定
现金资产业务管理 ┤ 库存现金的管理 ┤ 保持库存现金适度规模的措施
                                      └ 库存现金额度管理考核

                                      ┌ 存款准备金的管理
                    存放中央银行款项的管理 ┤
                                      └ 财政性存款的管理
```

为满足法定存款准备金和日常支付的需求,商业银行必须持有库存现金和存款准备金,其中库存现金加超额存款准备金称为超额备付金。为有效利用资金,加强流动性管理和资产负债管理,商业银行可开展同业融出和同业投资业务,形成存放同业、拆出资金、买入返售等资产项目。库存现金、存款准备金和同业资产项目构成商业银行的现金资产。现金资产的特点是流动性好、风险小,但其收益有限。商业银行较多地持有的现金资产特别是超额备付金,会降低资产的盈利性。因此,商业银行对于现金资产的管理就是在满足必要的需求和监管要求的前提下保持现金资产的适度规模。

第一节 现金资产的构成和管理原则

一、现金资产的构成

现金资产是指商业银行持有的库存现金以及等同于现金、可随时用于支付的资产。商业银行的现金资产一般包括以下三类。

（一）库存现金

库存现金是指商业银行本、外币库存现金实物。它包括保存在金库中的现金、尾数箱的备付金、运送中的现金、自助设备占款和财务占款等。库存现金的主要作用是满足商业银行客户提取现金以及商业银行本身的日常零星开支等需求，它在发挥银行体系支付职能、确保经济社会日常交易正常运行中具有不可替代的重要作用。

（二）存放中央银行款项

存放中央银行款项是指商业银行存放在中央银行的资金。它包括存款准备金和财政性存款。存款准备金是银行为满足客户提取存款和资金清算的需要而准备的资金。存款准备金又分为法定存款准备金和超额存款准备金。法定存款准备金是商业银行按照法定存款准备金率向中央银行缴存的存款准备金。缴存法定存款准备金具有强制性。超额存款准备金是指在存款准备金账户中，商业银行存放的超过了法定存款准备金的那部分存款。超额存款准备金主要用于支付清算、头寸调拨或作为资产运用的备用资金。财政性存款是商业银行代为中国人民银行吸收的中央、地方财政预算存款等。

（三）同业资产

在流动性监管监测指标和资本充足率指标等的要求下，资金相对富余的商业银行开展同业资产业务是低风险、高流动性和收益较高的资金运用渠道。商业银行的同业资产业务包括存放同业、拆出资金、买入返售、同业借款、同业代付等同业融出业务和同业投资业务。

1. 存放同业

存放同业是指商业银行存放在境内、境外银行和非银行金融机构的存款。存放同业根据目的不同区分为结算性存放同业和融资性存放同业。其中，结算性存放同业是指商业银行为便于同业间的结算收付而存放在其他金融机构的存款；融资性存放同业是指商业银行为获取利息而存放在其他金融机构的存款。存放利率由双方在参考全国同业拆借利率或在中国人民银行基准利率的基础上协商确定。存放同业无具体的额度限制，期限品种灵活，定期最长不超过1年，一般是活期存款，可以随时支用。

2. 拆出资金

拆出资金是指商业银行通过全国同业拆借市场无担保拆借给境内、境外银行和非银行金融机构的款项。拆出资金的利率即由做市商报价制度形成的 Shibor；拆出期限为交易市场规定的交易期限品种(1 天～1 年),拆出资金的最长期限为交易对手能够拆入的最长期限;拆出额度为中资银行不超过其存款余额 8%,外资银行不超过其资本金的 2 倍。由于拆出资金的期限主要集中于 1 天和 7 天,因此这部分资产具有良好的流动性。

3. 买入返售

买入返售是指商业银行按协议约定先买入金融资产,再按约定的方式于到期日返售金融资产的业务(即回购业务中的逆回购方的操作)。买入返售业务实质上是有担保物的资金融出,买入返售业务项下的金融资产需是银行承兑汇票、债券、央行票据等在银行间市场、证券交易所市场交易的具有合理公允价值和较高流动性的资产。商业银行进行回购交易的场所是全国银行间债券市场,回购方式是质押式回购或买断式回购,质押式回购期限为 1 天～1 年,买断式回购期限为 1～91 天。

4. 同业借款

同业借款是指商业银行在同业拆借市场以外向非银行金融机构借出的款项。这些非银行金融机构包括金融租赁公司、汽车金融公司、消费金融公司和四大资产管理公司等。同业借款的利率由双方协商而定,期限不超过 3 年,无具体的额度限制。对于该业务,商业银行日常在"拆出资金"会计科目下设明细账核算。

5. 同业代付

同业代付是指商业银行(受托方)接受金融机构(委托方)的委托向企业客户付款,委托方在约定还款日偿还代付款项本息的资金融通行为。商业银行作为受托方,同业代付款项在"拆出资金"会计科目下设明细账核算。同业代付原则上仅适用于银行业金融机构办理跨境贸易结算。境内信用证、保理等贸易结算原则上应通过支付系统汇划款项或通过本行分支机构支付。委托方不得在同一市、县有分支机构的情况下委托当地其他金融机构代付,不得通过同业代付变相融资。

6. 同业投资

同业投资指商业银行购买同业金融资产(包括但不限于金融债、次级债、存单)或特定目的载体(银行理财、信托计划、基金、券商资管、基金专户及子公司资管、保险资管)的业务。同业投资无期限和具体的额度限制,商业银行日常在金融投资类会计科目核算。

以上同业资产业务,除通过全国同业拆借市场拆出的资金外,都没有具体的额度限制。但同业资产业务总量和增速受到监管限制:

从同业资产业务总量上看,根据监管要求,商业银行对最大单家同业融出比例(不含结算性的存放同业)不得超过其一级资本净额的 50%。尽管在计算资本充足率指标时,同业资产业务的风险权重系数低于贷款业务,有利于商业银行降低整体资产风险水平、减少资本占用(如对于存放同业、同业拆借、同业存单和买入返售业务,若融资方为政策性银行及中国出口信用保险公司,风险权重为 0;融资方为其他存款性金融机构,3 个月以内风险权重为 20%,3 个月以上风险权重为 25%;融资方为其他金融机构,风险权重为 100%),但同业资产业务仍会占用资本,因此同业业务的规模要与商业银行资本实力相对应。

从同业资产业务的增速看,自 2016 年起,央行按季度对商业银行全部资产进行宏观审慎评估(MPA),将商业银行开展的同业资产业务纳入广义信贷的范围(包括贷款、债券投资、股权及其他投资、买入返售资产、存放非存款类金融机构款项、表外理财资产扣除现金和存款等资金运用类别)来接受考核评估。MPA 要求商业银行广义信贷的增速与央行设定的

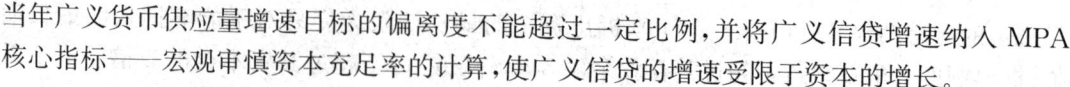

当年广义货币供应量增速目标的偏离度不能超过一定比例,并将广义信贷增速纳入 MPA 核心指标——宏观审慎资本充足率的计算,使广义信贷的增速受限于资本的增长。

二、现金资产管理的原则

现金资产管理的目的就是在确保商业银行流动性的前提下,尽可能地降低现金资产占总资产的比重,使现金资产达到适度的规模。现金资产管理遵循适度存量控制原则、适时流量调节原则和安全性原则。

(一)适度存量控制原则

商业银行的现金资产存量应保持适度的规模。存量过大,商业银行的机会成本和管理成本就会增加,影响其盈利能力;存量过小,客户的流动性需求得不到满足,则可能产生流动性风险,威胁商业银行经营的安全。只有保持现金资产的适度规模,才能实现商业银行经营安全性和盈利性的统一。

(二)适时流量调节原则

商业银行必须根据业务过程中现金流量变化的情况,适时的调节现金资产流量,以确保现金资产的规模适度。具体来讲,当一定时期内现金资产流入大于流出时,商业银行的现金资产存量就会上升,此时需及时调整资金头寸,将多余的资金头寸运用出去;当一定时期内现金资产流入小于流出时,商业银行的现金资产存量就会减少,商业银行应及时筹措资金补足头寸。因此,适时灵活地调节现金资产流量是商业银行维持适度现金资产存量的必要保障。

(三)安全性原则

库存现金是商业银行现金资产中的重要组成部分,用于商业银行日常营业支付之用,是现金资产中唯一以现钞形态存在的资产。商业银行应在加强库存现金适度规模管理的同时,健全保卫制度,严格业务操作规程,确保库存现金的安全性。

第二节 库存现金的管理

实务中,我国各级人民银行履行金融主管机关的职责,负责对开户银行的现金管理进行监督和稽核。各商业银行对库存现金的管理是通过指标的核定、执行、监控和考核评价,实行对库存现金的综合管理。

一、库存现金额度指标及核定

(一)我国商业银行常用的库存现金额度考核指标

1. 现金备付率

现金备付率是指一定时期库存现金平均占用额与各项存款平均余额的比率。它为现金占用水平与存款规模的相对值,反映出在一定存款规模情况下现金备付的总水平,是制定和调整营业机构库存现金限额的主要依据。其计算公式为：

$$现金备付率 = 库存现金日均余额 \div 各项存款日均余额 \times 100\%$$

2. 日均库存现金余额

日均库存现金余额是指一定时期内库存现金的平均数。它为库存现金占用的绝对值，反映出库存现金额度的总规模，是制定库存现金额度管理的执行数据。其计算公式为：

$$一定时期日均库存现金 = 期初至期末库存现金累计 \div 累计时期$$

3. 现金综合运用率

现金综合运用率是指现金付出发生额与现金收入发生额和库存现金之和的比。它反映库存现金占用与保证营业支付资金的关系，体现出库存现金动态综合运用情况，是库存现金额度管理效果的评价数据。其计算公式为：

$$现金综合运用率 = 现金付出 \div (昨日库存现金 + 现金收入) \times 100\%$$
$$现金收入 = 收入现金 + 取中国人民银行存款 + 业务库调入款 + ATM今日收入现金 + ATM今日加钞$$
$$现金付出 = 付出现金 + 存中国人民银行现金 + 业务库调出款 + ATM今日付出现金 + ATM今日卸钞$$

(二) 库存现金额度指标核定

(1) 根据近两年日均库存现金余额及淡旺季日均库存现金情况，核定考核期日均库存现金额度。

(2) 根据现金业务发展趋势和现金收付量情况核定。现金收付量的变化与日均库存现金额度的变化成正比，库存现金的变化幅度应小于现金收付量的变化幅度。

(3) 根据现金投放和回笼行的不同情况核定。回笼现金的增加与库存现金额度成正比，同规模现金投放行库存现金额度应小于现金回笼行。

(4) 根据现金调缴渠道、调运成本情况核定。现金调缴渠道的顺畅程度与库存现金成反比，调缴便利的机构库存现金额度应小于现金调缴不便的机构。

(5) 根据自助设备的管理模式、安装数量、设置地点、现金收付量等情况，核定自助设备库存现金总额度和单台自助设备库存现金额度。

二、保持库存现金适度规模的措施

(一) 实施库存现金额度的分级管理

商业银行应建立一级分行、二级分行、现金营运中心和各营业网点的库存现金额度分级管理体系。一级分行根据总行要求，制定本行库存现金额度实施细则，并根据辖属分(支)行现金备付率、日均库存余额、现金综合运用率指标完成情况，全行业发展和现金业务变化等因素，及时提出控制库存现金额度的指导性意见和管理措施；二级分行根据所辖支行和现金营运中心库存现金额度的执行情况，采取有效措施，及时解决全辖库存现金额度管理工作中存在的具体问题，严格控制库存现金额度；现金营运中心充分发挥在库存现金额度管理中的调控作用，通过对管辖业务库、网点的库存现金信息进行分析，合理调配网点与现金营业中心业务库、现金营运中心与业务库、网点之间的现金库存，整体控制辖区内库存现金总量，监督管辖网点的库存限额的落实情况；各营业网点根据现金收付情况及时进行现金整点,加强内部收付现金的即时抵用,预测次日现金需求并及时上报,同时引导客户使用非现金结算方式。

(二)加强自助设备库存现金额度的管理

商业银行应加强对自助设备尤其是离行式 ATM 的库存监控,在保证 ATM 正常支付的基础上,合理提高加钞、清机频率,减少不必要的现金沉淀。各营业网点在确保 ATM 正常运转的情况下,灵活调整 ATM 加钞时间,减少自助设备的现金占用量。

(三)掌握辖内库存现金信息

现金营运中心、各营业网点应充分利用信息系统中所反映的所辖营业网点的库存现金、ATM 现金和在途现金等库存现金信息,摸索掌握现金收付的变化规律,以保持合理的库存现金额度。

(四)库存现金调拨管理

现金营运中心要对辖内库存现金调拨进行调控管理,通过对管辖业务库、网点的库存现金的信息分析,合理调配网点与现金营运中心、现金营运中心与业务库、网点之间的现金库存。现金营运中心定期、不定期进行网点残损券的清收管理。经上级行审核,现金营运中心可实行特殊现金(残损券、辅币)的跨行、跨区域现金调剂管理,以整体控制辖内库存现金总量。

(五)加强向当地人民银行存取款管理

现金营运中心、业务库按照当地人民银行发行库规定的缴存、领取现金的次数和时间要求,匡算向当地人民银行存取款金额和券别结构,使库存现金额度和券别结构合理化,残损券库存最小化。

(六)现金整点管理

1. 机具配置及柜员培训

商业银行应根据营业网点、业务库、现金营运中心的规模,配备相应的点钞、整点机具设备;根据岗位要求,对现金柜员进行整点培训,提高整点质量与效率。

2. 网点整点

商业银行应根据柜员业务量,实行网点柜员自行整点的方式,实现柜员收入现金的及时支付抵用;根据网点条件,实行整点前移的方式,实现网点上缴现金的直接调拨抵用。

3. 现金营运中心整点

根据现金业务量,现金营业中心合理配置整点人员和工作时间;根据客户需求,实行上门收款、合同封包收款;现金后台统一办理、集中整点,最大限度地做到库存现金的及时整点,及时抵用,及时上缴当地人民银行发行库。

三、库存现金额度管理考核

一般而言,商业银行总行按季度对各分行现金备付率和现金综合运用率的执行情况和管理情况进行综合考评。一级分行按季跟踪二级分行库存现金额度的执行情况,并对现金备付率和现金综合运用率的执行情况以及管理措施的落实情况进行综合考评。二级分行按月跟踪辖属机构库存现金额度的执行情况,并进行综合考评。

第三节存放中央银行款项的管理

一、存款准备金的管理

(一) 法定存款准备金

商业银行吸收的一般性存款要按照一定比例缴存到中央银行,即法定存款准备金,缴存的比例称为法定准备金率,由中央银行制定。

1. 缴存的范围

法定存款准备金的缴纳是针对商业银行吸收的一般性存款。中国人民银行规定的一般性存款有:金融机构吸收的机关团体存款、财政预算外存款、个人储蓄存款、单位存款及其他各项存款,以及金融机构的委托、代理业务(代理国债业务除外)按委托、代理业务负债项目轧减资产项目后的贷方余额。在此基础上,中国人民银行会依据金融机构业务的发展和监管要求的变化对一般存款的范围进行调整。

2. 缴存的比例——法定准备金率

法定准备金率的高低对商业银行的经营以及社会货币供应量有较大影响。法定准备金率越高,商业银行可用于放贷和投资的资金越少,社会货币供应量就减少;法定准备金率越低,商业银行可用于放贷和投资的资金越多,社会货币供应量就增加。

我国从 1985 年开始实施法定存款准备金制度,中国人民银行通过法定存款准备金率的调整,调节货币供给量,控制商业银行信贷规模扩张的速度。截至 2020 年 1 月,我国法定存款准备金率共计调整了 57 次(见图 6-1)。1999 年 11 月,为应对东南亚金融危机,增加市场

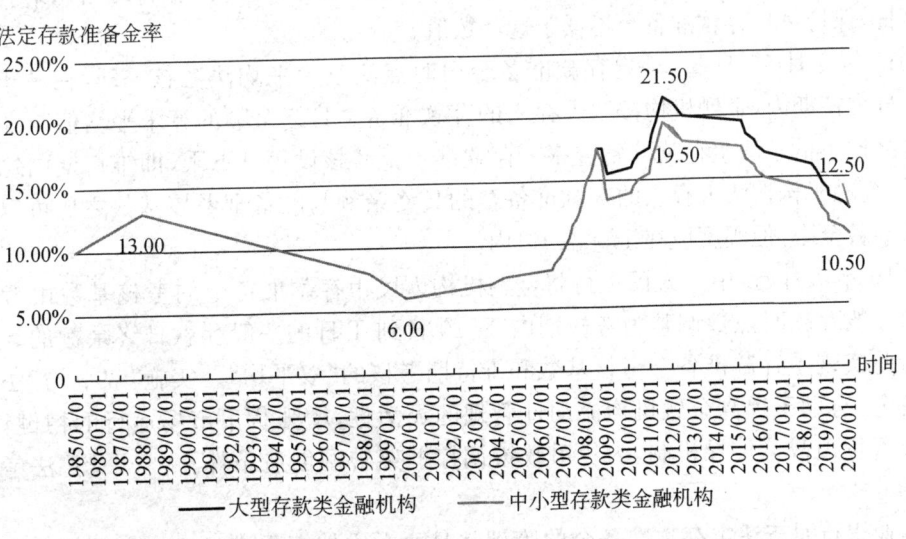

图 6-1　1985 年 1 月至 2020 年 1 月银行法定存款准备金率的变化

流动性,刺激经济发展,我国法定存款准备金率降至历史最低水平 6%。2001—2009 年,中国人民银行通过外汇占款渠道发行的基础货币一度超过当年基础货币增量的 100%,央行一方面以发行票据的方式回笼基础货币,另一方面不断提高法定存款准备金率,在 2008 年金融危机发生时达到 17.5%。随后,为应对金融危机,法定存款准备金率短暂下降。2009 年起,通过外汇占款渠道创造的基础货币占当年基础货币增量的比例始终维持在 120% 之上,法定存款准备金率又开始上调。到 2011 年 6 月,法定存款准备金率达到历史最高点 21.5%。之后外汇占款出现萎缩,法定存款准备金率开始下调。

2019 年 5 月,央行首次提出存款准备金制度"三档两优"的基本框架。第一档,对大型商业银行实行最高的存款准备金率,体现防范系统性风险和维护金融稳定的要求;第二档,对中型商业银行实行较低一档的存款准备金率;第三档,对服务县域的商业银行实行最低的存款准备金率。"两优"是指在三个基准档次的基础上的两项优惠:一是大、中型商业银行达到普惠金融定向降准政策考核标准的,可享受 0.5% 或 1.5% 的存款准备金率优惠;二是服务县域的商业银行达到新增存款一定比例用于当地贷款考核标准的,可享受 1% 存款准备金率优惠。

2020 年 1 月 6 日,大型商业银行的法定存款准备金率调整为 12.5%,中型商业银行为 10.5%。

3. 考核对象和周期

中国人民银行按银行法人统一考核法定存款准备金缴纳情况。对于人民币一般存款,按旬考核,缴存金额计至千元,千元以下四舍五入;对于外汇存款,按季考核,法定存款准备金率为 5%。

4. 考核方法

2015 年 9 月 15 日以前,法定存款准备金按时点法考核。即:金融机构以每旬末 T 日的一般存款日终余额作为计算法定存款准备金的考核基数,根据法定存款准备金率计算要缴纳的法定存款准备金,T+5 日足额缴纳,并在 T+5 日到 T+14 日期间(即当旬第 5 日到下旬第 4 日)保持每日存款准备金不低于这一数值。

2015 年 9 月 15 日起,法定存款准备金由时点法改为平均法考核。即:在 T+5 日到 T+14 日维持期内,金融机构按法人存入的存款准备金日终余额的算术平均值与准备金考核基数之比不低于法定存款准备金率。存款准备金考核设每日下限,即维持期内每日营业终了时,金融机构按法人存入的存款准备金的日终余额与准备金考核基数之比可以低于法定存款准备金率,但幅度应在 1%(含)以内。

2016 年 7 月起,中国人民银行将金融机构人民币存款准备金的考核基数由考核期末 T 日的一般存款时点数调整为考核期内 T-10 日到 T 日的一般存款日终余额的算术平均值。由此实现了存款准备金考核基数和维持期考核的"双平均"。实施"双平均"法考核存款准备金,有助于提高金融机构流动性管理的灵活性,增强货币市场运行的稳健性,也有利于改善货币政策传导机制,为货币政策调控框架转型创造条件。"双平均"法考核示意图见图 6-2。

商业银行对于法定存款准备金的管理就是要在维持期内满足法定存款准备金的限额要求。

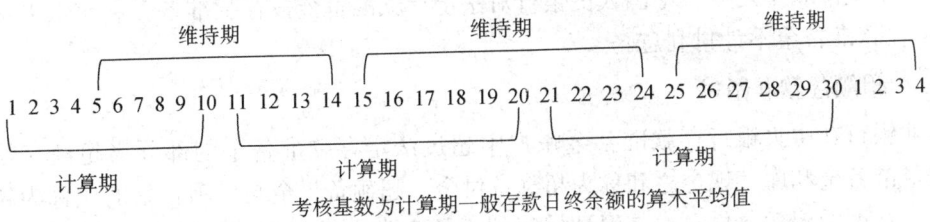

考核基数为计算期一般存款日终余额的算术平均值

图 6-2 "双平均"法考核示意图

【例 6-1】 某银行法定存款准备金率为 10%，2020 年 6 月 1～10 日一般性存款余额见表 6-1。

表 6-1 一般性存款余额 单位:亿元

日期	一般性存款日终余额	日期	一般性存款日终余额
6 月 1 日	350	6 月 7 日	360
6 月 2 日	330	6 月 8 日	340
6 月 3 日	360	6 月 9 日	330
6 月 4 日	340	6 月 10 日	360
6 月 5 日	380	日均	350
6 月 6 日	350		

该银行计算期内一般存款日终余额的算术平均值为 350 亿元。按法定存款准备金率 10% 计算，在维持期 6 月 15～24 日，法定存款准备金日均余额应不低于 35 亿元。若维持期内，法定存款准备金日终余额与考核基数之比有 3 天低于法定存款准备金率 1%，即这 3 天的存款准备金为 31.5 亿元（350×9%），设其余 7 天的存款准备金日终平均余额要达到 x 亿元，则：

$$\frac{3 \times 31.5 + 7x}{10} = 35$$
$$x = 36.5 (亿元)$$

同理，若维持期内，法定存款准备金日终余额与考核基数之比有 4 天低于法定存款准备金率 1%，设其余 6 天的法定存款准备金日终平均余额要达到 y 亿元，则：

$$\frac{4 \times 31.5 + 6y}{10} = 35$$
$$y = 37.33 (亿元)$$

5. 缴纳的方式

中国人民银行对商业银行的法定存款准备金按法人统一考核，每旬第五日（即每月 5 日、15 日、25 日）商业银行分支机构逐级汇总，由各商业银行总行统一存入中国人民银行。欠缴部分，中国人民银行按日计收罚息，连同欠缴存款一并扣收。

6. 法定存款准备金的收益

我国实行对准备金存款支付利息的制度，法定准备金利率（中国人民银行为金融机构存款准备金支付利息所执行的利率水平,现行人民币法定存款准备金利率为1.62%)是中国人民银行6个基准利率之一。中国人民银行对法定存款准备金按存款准备金利率水平按季结息,外汇存款准备金不计付利息。

(二)超额存款准备金

商业银行在中央银行存款准备金账户中超过法定存款准备金的部分为超额存款准备金。超额准备金和库存现金之和称为超额备付金。超额备付金与各项存款的比称为超额备付金率。适度的超额备付金率是保证银行体系的正常支付能力、避免出现支付困难和引发流动性风险的必要条件。超额备付金率的计算公式为:

超额备付金率=(商业银行在中央银行的超额存款准备金+库存现金)÷各项存款×100%

1998年以前,中国人民银行对商业银行超额备付金率有具体规定,要求保持在5%～7%。1998年以后,中国人民银行不再规定超额备付金率要求,商业银行可根据支付清算、头寸调拨需要等因素自行决定在中央银行的超额存款准备金数额。商业银行应根据自身资产负债状况、银行体系流动性、货币市场利率及预期等因素,将超额备付金率保持在相对合理的水平。大型商业银行因为更易进入货币市场和资本市场,倾向于持有较低的超额备付金。

1. 影响超额存款准备金数额的主要因素

影响商业银行持有超额存款准备金数额的主要因素见表6-2。

表 6-2　　　　　　　　　　影响超额存款准备金数额的主要因素

因素	内容
商业银行外部融资能力和系统内部资金调剂效率	一般而言,通过同业拆借、回购业务和发行票据等方式进行外部融资的能力越强,以及系统内部资金调剂效率越高的商业银行,越倾向于持有较少的超额存款准备金
中央银行的再贴现再贷款政策	商业银行取得中央银行借款时,超额存款准备金会增加;归还中央银行借款,超额存款准备金会减少。此外,当中央银行的再贴现、再贷款政策偏紧时,商业银行可能考虑持有较多的超额存款准备金
存款的变动	存款发生变动时,需要调整法定存款准备金和缴存财政性存款准备金,超额存款准备金数额随之发生变化
贷款的发放和收回	商业银行贷款发放后,贷款客户跨行支付,或商业银行通过中国人民银行清算系统跨行收回贷款,会使超额存款准备金数额发生较大的增减变化
支付清算技术和系统	支付清算技术的进步和系统发展,使支付清算效率提高,商业银行可降低超额存款准备金数额

2. 超额存款准备金的收益

中央银行对商业银行的超额存款准备金按超额存款准备金利率按季给付利息。超额存款准备金利率是中央银行6个基准利率之一,超额存款准备金利率的高低影响商业银行持有意愿,也决定了货币市场短期资金成本的高低。中央银行根据市场的情况调整超额存款准备金利率。2008年,中央银行将超额准备金利率从0.99%下调至0.72%,该利率水平实行长达12年,于2020年4月7日下调至0.35%。

二、财政性存款的管理

财政性存款包括财政预算专项存款、地方财政库款和待结算财政款项。财政性存款是中央银行重要的资金来源,商业银行吸收的财政性存款应全部缴存,即缴存比例为100%。缴存金额计至千元,千元以下四舍五入。财政性存款缴存按旬进行考核,当旬的第五日由各商业银行营业分支机构向当地人民银行缴存。中国人民银行每年11月30日按各商业银行全年财政性存款日平均余额的0.05%向商业银行计付代理业务手续费,于12月1日(遇节假日顺延)将手续费转入各商业银行的准备金账户。中国人民银行对财政存款缴存违规行为进行处罚,同时督促金融机构及时办理补缴手续。

【知识链接】

超额存款准备金率与货币政策传导

超额存款准备金率(以下简称"超储率")是超额存款准备金余额与各项存款余额之比,是衡量银行体系流动性的关键指标。从货币运行机制看,商业银行在资产扩张的过程中,如发放贷款、购买外汇、购买债券等,都会在其负债方派生出等额存款。随着存款增长,商业银行须按要求把相应的超额存款准备金划转为法定存款准备金,由此起到支持商业银行资产扩张的作用。同时,超额存款准备金也有满足银行支付清算的功能,对商业银行至关重要。超储率的高低,既可以衡量银行流动性水平,也是货币政策是否有效传导的重要标志之一。

近些年来,我国银行体系超储率呈持续下降态势,究其主要原因:一是存款持续增长带来的规模效应。随着经济增长,金融机构存款余额持续增加,而日常支付清算所需的超额存款准备金并不需要与存款规模同比例增长,在此过程中超储率会自然下降。二是支付清算和市场效率提高。中国人民银行持续推进现代化支付体系的建设,资金清算效率提高。货币市场快速发展,也为金融机构流动性管理提供了更加便利的融资渠道,有利于降低其超额存款准备金需求。三是货币政策操作机制不断完善。实施存款准备金双平均法考核,公开市场操作从每周两次增加至每日,推出常备借贷便利工具和自动质押融资工具等,均有利于降低金融机构的预防性超额存款准备金需求。四是金融机构流动性管理能力增强。通过开发流动性管理系统,目前大部分商业银行已经能够实时掌握全行的资金往来情况,资金使用效率提高,超额存款准备金需求下降。

比较来看,当前主要发达经济体的超储率明显高于我国。2008年以来,主要发达经济体通过量化宽松政策(QE)向市场注入流动性,央行资产负债表规模迅速扩张。例如,美联储的资产负债表从2008年6月的9 000亿美元左右扩张至2015年年末的4.5万亿美元,目前为4.2万亿美元。欧洲中央银行体系(ESCB)的资产负债表规模从2008年6月的1.5万亿欧元扩张至2018年9月的4.6万亿欧元。2008年金融危机后,美国等主要发达经济体普遍加强金融监管,金融机构需要保持更高的备付水平以满足监管要求。此外,由于金融机构风险偏好下降,实体经济借贷意愿不足,央行通过QE操作投放的大量资金有相当部分长期累积于银行体系。受此影响,2008年以来美国、欧元区等银行体系超额存款准备金快速上升,根据估算,美国银行体系超储率最高时超过23%,目前超储率在12%左右;欧元区银行体系超储率在10%左右,均显著高于我国银行体系超储率(见图6-3)。

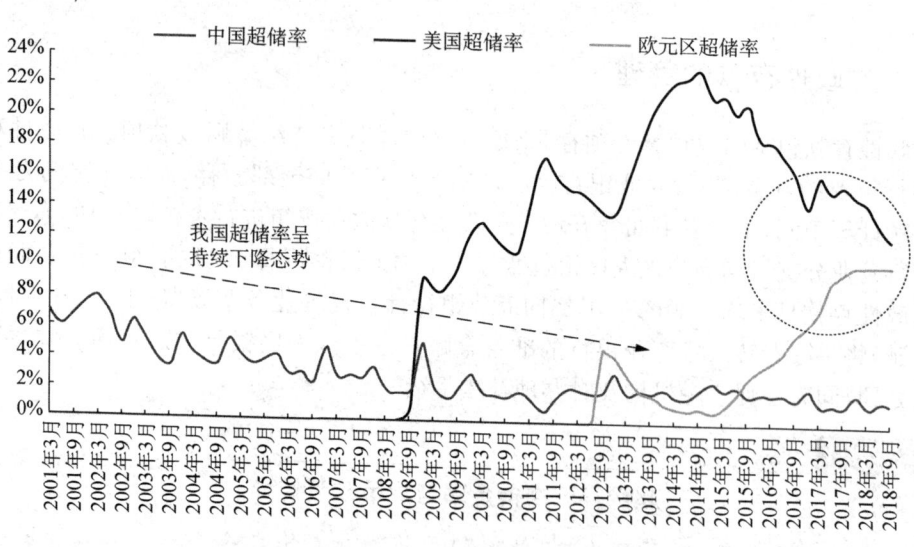

图 6-3　超储率的国际比较

如果把央行看成是资金的"总闸门"，那么商业银行就是传导央行资金的"引水渠"。"引水渠"水位(超储率)的变化可以直观反映央行投放的资金是否得到了有效传导。

资料来源：中国人民银行《中国货币政策执行报告》

【本章小结】

1. 商业银行的现金资产包括库存现金、存放中央银行款项和同业资产业务形成的各资产项目。现金资产管理遵循适度存量控制原则、适时流量调节原则和安全性原则。

2. 库存现金是指商业银行的本、外币库存现金实物。它包括保存在金库中的现金、尾数箱的备付金、运送中的现金、自助设备占款和财务占款等。库存现金的管理包括现金额度指标核定和额度管理。

3. 银行存款准备金包括法定存款准备金和超额存款准备金。法定存款准备金针对一般性存款，比率由中国人民银行根据宏观经济运行情况调整，按法人每旬考核，考核方法为存款准备金考核基数和维持期考核的"双平均"法。维持期存款准备金日终余额与准备金考核基数之比，低于法定存款准备金率幅度在1%(含)以内。中国人民银行对法定存款准备金按存款准备金利率水平按季结息。

4. 超额存款准备金和库存现金之和称为超额备付金。适度的超额备付金比率是保证银行体系的正常支付能力、避免出现支付困难和引发流动性风险的必要条件。央行对商业银行的超额存款准备金按超额存款准备金利率按季给付利息。影响超额存款准备金数额的主要因素有商业银行外部融资能力和系统内部资金调剂效率、央行的再贴现再贷款政策、存款的变动、贷款的发放和收回、支付清算技术和系统等。

5. 在流动性监管监测指标和资本充足率指标等的要求下，资金相对富余的商业银行开展同业资产业务是低风险、高流动性和收益较高的资金运用渠道。商业银行的同业资产业务包括存放同业、拆出资金、买入返售、同业借款、同业代付等同业融出业务和同业投资业务。根据监管要求，商业银行对最大单家同业融出的比例不得超过其一级资本净额的50%。

【关键术语】

现金资产 库存现金 存放中央银行款项 同业资产业务 法定存款准备金 超额存款准备金 财政性存款

【问题思考】

1. 商业银行现金资产包括哪些？其管理的原则是什么？

2. 我国商业银行常用的库存现金额度指标有哪些？如何对这些指标进行核定？

3. 保持库存现金适度规模的措施有哪些？

4. 存款准备金是指什么？

5. 商业银行为什么要缴纳法定存款准备金？

6. 我国法定存款准备缴纳范围、缴纳比例和考核方法是如何规定的？

7. 什么是超额存款准备金和超额备付金率？影响超额存款准备金的因素有哪些？

8. 什么是财政性存款？其缴纳比例和方式如何规定的？

9. 商业银行可开展哪些同业业务？

本 章 练 习

本章练习
参考答案

补充案例

一、单项选择题

1. 商业银行在中央银行存款中可用资金是( )。
   A. 法定存款准备金　　　　　　　　B. 超额存款准备金
   C. 财政性存款准备金　　　　　　　D. 存款准备金

2. 下列各项中,不属于商业银行库存现金的是( )。
   A. 财务占款　　　B. 自助设备　　　C. 尾数箱的备付金　D. 存放同业的活期

3. 存款准备金是指( )。
   A. 超额存款准备金＋法定存款准备金　B. 法定存款准备金
   C. 财政存款　　　　　　　　　　　　D. 超额存款准备金

4. 制定和调整营业机构库存现金限额的主要依据是( )。
   A. 日均库存现金余额　　　　　　　B. 现金综合运用率
   C. 现金备付率　　　　　　　　　　D. 库存现金额度

5. 中国人民银行根据宏观经济运行情况调整法定存款准备金率,按( )考核。
   A. 法人　　　B. 分支机构　　　C. 集团　　　　D. 母公司

6. 下列各项中,不属于财政性存款的是( )。
   A. 中央、地方财政预算存款　　　　B. 财政预算外存款
   C. 部队存款　　　　　　　　　　　D. 机关团体未支用的经费

7. 同业存款利率由( )而定。
   A. 人民银行制定基准利率　　　　　B. 与同期限同业拆借利率相同
   C. 存放双方协商　　　　　　　　　D. 比照存款利率

8. 根据2012年6月银监会《商业银行资本管理办法(试行)》的规定,存放同业原始期限3个月以内的风险权重为( )。
   A. 0%　　　B. 20%　　　C. 25%　　　D. 30%

9. 商业银行缴纳的财政性存款准备金( )。
   A. 无收益　　　　　　　　　　　　B. 按季取得利息收入
   C. 按季取得手续费收入　　　　　　D. 按年取得手续费收入

10. 商业银行由于存款大幅增加,会在短期内导致( )减少。
    A. 法定存款准备金　　　　　　　　B. 财政性存款准备金
    C. 超额存款准备金　　　　　　　　D. 库存现金

二、多项选择题

1. 商业银行的现金资产一般包括( )。

A. 库存现金　　　　　B. 同业存放　　　　　C. 存放中央银行款
D. 存放同业　　　　　E. 拆放同业

2. 商业银行的库存现金是指（　　　）。

A. 本外币库存现金实物　　B. 超额存款准备金　　C. 尾数箱的备付金
D. 保存在金库中的现金　　E. 自助设备占款　　　F. 财务占款

3. 商业银行存放同业款项的目的有（　　　）。

A. 借出资金　　　　　B. 强制性要求　　　　C. 结算收付
D. 拆借的一种方式　　E. 无息支取便利　　　F. 获取利息

4. 商业银行持有适度的超额备付金是为了（　　　）。

A. 获取利息　　　　　　　B. 资产运用的备用资金
C. 支付清算　　　　　　　D. 头寸调拨
E. 避免出现支付困难和引发流动性风险的
F. 保证银行体系的正常支付能力

5. 同业资产业务的特点有（　　　）。

A. 减少资本占用　　　　B. 高流动性　　　　　C. 规避监管
D. 期限不受限制　　　　E. 同业融出无额度限制　F. 收益较高

三、判断题

1. 银行机构的现金调缴渠道顺畅程度与库存现金成反比。（　　　）
2. 法定存款准备金率越高，社会货币供应量越大。（　　　）
3. 中国人民银行要求商业银行的超额备付金率不低于7%。（　　　）
4. 财政性存款采用汇总缴纳的方式，由商业银行总行上缴人民银行。（　　　）
5. 买入返售业务实质上是有担保物的资金融出。（　　　）

四、计算题

1. 上级行核定某分支行第二季度的现金备付金率为0.65%，实际情况是本季度该分支行的库存现金日均余额是120万元，各项存款日均余额为14 000万元。

要求：计算该分支机构在考核季度的现金备付率，评价其库存现金管理效率。

2. 某行2020年1月各旬按人行规定口径的一般性存款旬平均余额见表6-3。

表6-3　　　　　　　　　　　　　一般性存款平均余额　　　　　　　　　单位：亿元

时间	上旬	中旬	下旬
一般性存款余额	25 300	23 400	26 500

中国人民银行规定该行的法定存款准备金率为10%。

要求：计算该行根据2020年1月各旬考核基数在维持期内应达到的法定存款准备金的下限和平均额。

第七章
贷款业务管理

【学习目标】

通过本章的学习,学生应理解并掌握贷款的分类、贷款规模的确定、贷款定价的方法、贷款业务风险管理和贷款准备金计提,理解并掌握信贷资产证券化的过程和财务处理,了解贷款出售业务。

【重点难点】

本章的重点是贷款规模的确定、贷款定价方法和贷款业务风险管理;难点是贷款的定价和信贷风险管理。

【知识结构图】

贷款业务管理
- 贷款的定义及分类
  - 贷款的定义
  - 贷款的分类
- 贷款规模的确定
  - 贷款规模的含义
  - 我国信贷管理体制
- 贷款定价
  - 贷款定价的重要意义
  - 影响贷款价格的主要因素
  - 贷款价格的内容
  - 贷款定价的方法
- 贷款信用风险管理
  - 信用风险管理体系
  - 信用风险分析方法
  - 信用风险指标
- 贷款准备金的计提
  - 贷款准备金计提的范围
  - 贷款准备金的种类
  - 贷款准备金计提的监管要求
- 信贷资产证券化与贷款出售
  - 信贷资产证券化
  - 贷款出售

贷款是商业银行最重要的资产配置,贷款利息收入是商业银行最主要的收入来源。商业银行将存款者的债权(存款)转换为对公司、个人和政府发放的贷款,并承接和管理风险。其中,信用风险是贷款业务最主要的风险。贷款信用风险是指商业银行无法按时收回贷款本金和利息的可能性。它是最有可能给商业银行造成严重损失的风险。贷款信用风险的管理是贷款业务管理的核心,它包括信用风险管理体系的建立以及在信用风险识别计量基础上的贷款风险限额、贷款定价、贷款损失准备的计提、资产证券化和贷款出售等重要内容。商业银行对贷款信用风险管理不善,会造成不良贷款增加、利润减少或资本遭到侵蚀等后果。严重的信用风险会导致商业银行爆发流动性危机和破产倒闭。

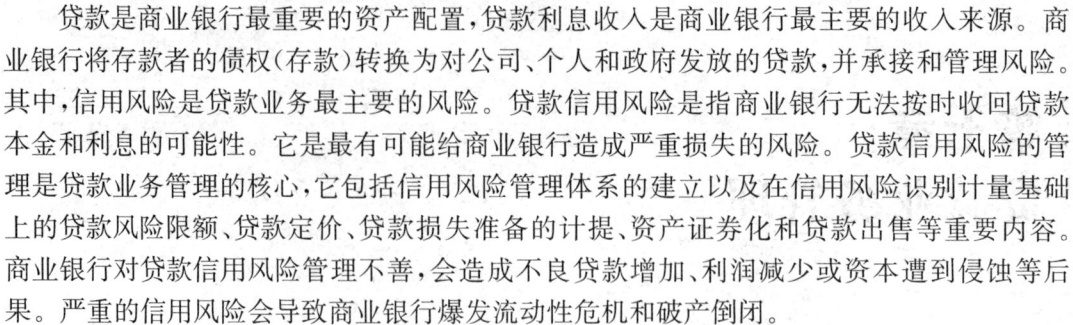

第一节 贷款的定义及分类

一、贷款的定义

贷款是指商业银行以社会公众为服务对象,以还本付息为条件,出借的货币资金。贷款业务是指商业银行所从事的以还本付息为条件,出借货币资金运用权的营业活动。贷款包括对象、金额、期限、利率或费率、用途、担保六个基本要素。这六个要素均应当在信贷业务合同中进行明确。商业银行的贷款业务是商业银行主要的资产业务,是商业银行收入的主要来源。

二、贷款的分类

商业银行的贷款有多种分类的方法,不同的分类方法对贷款业务经营和管理的意义不同。

(一)贷款按期限长短划分为短期贷款、中期贷款和长期贷款

这种分类方法有利于考察贷款期限分布和流动性状况。

1. 短期贷款

短期贷款是指贷款期限在1年以内(含1年)的贷款。我国商业银行主要有3个月、6个月、9个月和1年的短期贷款。短期贷款主要为流动资金贷款,旨在解决企业在经营过程中季节性、临时性的流动资金需求。短期贷款又可分为工业流动资金贷款、商业流动资金贷款、建筑业流动资金贷款、农业流动资金贷款、外贸流动资金贷款等。

2. 中期贷款和长期贷款

中期贷款是指贷款期限在1年以上(不含1年)5年以下(含5年)的贷款。长期贷款是指贷款期限在5年(不含5年)以上的贷款。中期贷款和长期贷款主要是商业银行针对借款人在购建固定资产时资金不足的情况而发放的贷款,或用于满足基本建设的资金需要,或用于满足更新改造的资金需要。中、长期贷款具有投资量大、周期长、周转速度缓慢的特点,其运行规律、操作规范均不同于短期贷款。

近年来,我国政府鼓励商业银行提高对实体经济特别是民营企业和小微企业的中、长期

贷款比例,中、长期贷款占比逐年提高。我国银行业中、长期贷款占贷款总额的比重在2007年年末为50.27%,到2019年年末已提高到62.96%。

(二) 贷款按保障条件划分为信用贷款、担保贷款和票据贴现

这种分类方法可以反映当贷款信用风险发生时有多少贷款可以通过担保物有效降低或化解损失。由于贷款违约时,担保贷款可由第三方保证人偿付,或由商业银行处置相应的抵质押品,从而减少或消除商业银行的损失,因此要求借款人提供担保,这是贷款信用风险管理的重要手段。

1. 信用贷款

信用贷款是指没有担保、仅依据借款人的信用状况发放的贷款。它是以借款人的信誉发放的贷款。这种贷款的最大特点是不需要担保,仅凭借款人的信用就可以取得贷款,因而风险较大。我国商业银行发放的贷款在《中华人民共和国担保法》和《贷款通则》颁布以前基本上是以信用贷款为主;随着市场经济的发展,商业银行发放的贷款转为以担保贷款为主。

2. 担保贷款

担保贷款是指由借款人或第三方依法提供担保而发放的贷款。担保贷款包括保证贷款、抵押贷款、质押贷款。其中,保证贷款是指以第三人承诺在借款人不能偿还贷款时,按约定承担一般保证责任或者连带责任而发放的贷款;抵押贷款是指以借款人或第三人的财产作为抵押物发放的贷款;质押贷款是指以借款人或第三人的动产或权利作为质物发放的贷款。担保贷款的风险小于信用贷款,若借款人到期不能偿还贷款本息,商业银行可依法向保证人追索或处置抵(质)押品。

3. 票据贴现

票据贴现是指银行应客户的要求,以现金或活期存款买进客户持有的未到期的商业票据的方式发放的贷款。

近年来,我国政府致力于加强对民营企业和小微企业的金融服务,在政策导向上要求银行业金融机构加强服务能力建设,提高风险管理水平,减少对抵质押品的过度依赖,逐步提高信用贷款占比。2007年年末,我国主要商业银行信用贷款占比平均为21.9%,2018年年末提高到了31.5%,但中小商业银行信用贷款占比依然普遍很低。

(三) 贷款按组织形式划分为单个银行贷款和银团贷款

这种分类方式可以反映商业银行参与银行间协作及风险分散化的情况。

1. 单个银行贷款

单个银行贷款是指一个银行以合法的方式筹集的资金自主发放的贷款,独自进行贷款的管理、承担贷款的风险。单个银行对大客户的贷款至少受到资本充足率的限制和贷款信用风险集中度的限制两个因素的制约。

2. 银团贷款

银团贷款是指由两家或两家以上银行基于相同贷款条件,依据同一贷款协议,按约定时间和比例,通过代理行向借款人提供的贷款或授信业务。相较单个银行贷款,银团贷款有三个突出的优点:①银团贷款有效突破了单个银行资金实力的限制,能满足大规模的资金需求。②银团贷款将借款人的违约风险分散到所有参与银行,能有效降低单个银行的风险敞口,降低其信用风险的集中度。③有利于银行间优势互补和信息共享,加强银行间的联系。

（四）贷款按对象划分为公司类贷款和个人贷款

这种分类方法反映商业银行贷款对象的结构、贷款集中度和信用风险水平。

1. 公司类贷款

公司类贷款是指商业银行对企业发放的用于固定资产投资或用于经营周转的流动资金贷款。其中，固定资产贷款具有期限长、流动性差和风险大的特点；流动资金贷款主要包括存货贷款、临时贷款和结算贷款等，其特点是期限较短、风险较小。公司类贷款还可以进一步按行业和地区进行分类，不同行业和地区的经济发展各有独特性，信用风险水平也存在差异。

2. 个人贷款

个人贷款是指商业银行以消费者个人为贷款对象，用于购买生活消费品而发放的贷款。这种贷款主要用于居民个人购买住房、汽车等高档耐用消费品，以及用于教育、旅游、医药医疗等费用的支付。

近年来，我国主要商业银行个人贷款占比逐年提高：2007 年年末，主要商业银行个人贷款占贷款总额比平均为 21%；到 2018 年年末，个人贷款占比平均已达 43%。相比公司类贷款，个人贷款质量较高。

（五）贷款按风险程度划分为正常、关注、次级、可疑和损失五类贷款

这种分类方法也称信用风险五级分类法，适用于贷款、债券和其他投资、同业资产、应收款项、承担信用风险的表外项目等。这种分类方法可以反映贷款的质量，也便于对不同的贷款采取针对性的风险管理方式。正常、关注、次级、可疑和损失五级分类是国际金融业对贷款质量分类的公认标准，它建立在动态监测的基础上，通过对借款人现金流量、财务实力、抵押品价值等因素的连续监测和分析，判断贷款的实际风险程度，可以更准确地反映贷款的真实质量，从而提高银行抵御风险的能力。其中，次级、可疑和损失三类贷款合称为不良贷款。

1. 正常类贷款

债务人能够履行合同，没有客观证据表明本金、利息或收益不能按时足额偿付，资产未出现信用减值迹象。

2. 关注类贷款

虽然存在一些可能对履行合同产生不利影响的因素，但债务人目前有能力偿付本金、利息或收益，且资产未发生信用减值。商业银行应将满足下列情况之一的金融资产至少归为关注类：①本金、利息或收益逾期。②改变资金用途。③债务人财务状况正常情况下，通过借新还旧或通过其他债务融资方式偿还。④同一债务人在其他商业银行的债务出现不良。

3. 次级类贷款

债务人依靠其正常收入无法足额偿付本金、利息或收益，资产已经发生信用减值。商业银行应将满足下列情况之一的金融资产至少归为次级类：①本金、利息或收益逾期（含展期后）超过 90 天。②债务人或金融资产的外部评级被下调至非投资级。③同一非零售债务人在所有银行的债务中，逾期 90 天以上的债务已经超过 5%。④债务人被纳入失信联合惩戒名单。

4. 可疑类贷款

债务人已经无法足额偿付本金、利息或收益，资产已显著信用减值。商业银行应将满足下列情况之一的金融资产至少归为可疑类：①本金、利息或收益逾期（含展期后）超过 270

天。②债务人逃废商业银行债务。③金融资产已减值 40％ 以上。

5. 损失类贷款

在采取所有可能的措施后,商业银行只能收回极少部分金融资产,或损失全部金融资产。商业银行应将满足下列情况之一的金融资产归为损失类:①本金、利息或收益逾期(含展期后)超过 360 天。②债务人已进入破产程序。③金融资产已减值 80％ 以上。

上述信用减值是指根据所适用的会计准则,因债务人信用状况恶化导致的资产估值向下调整。

图 7-1 列示了 2003—2019 年我国银行业不良贷款率及不良贷款构成。

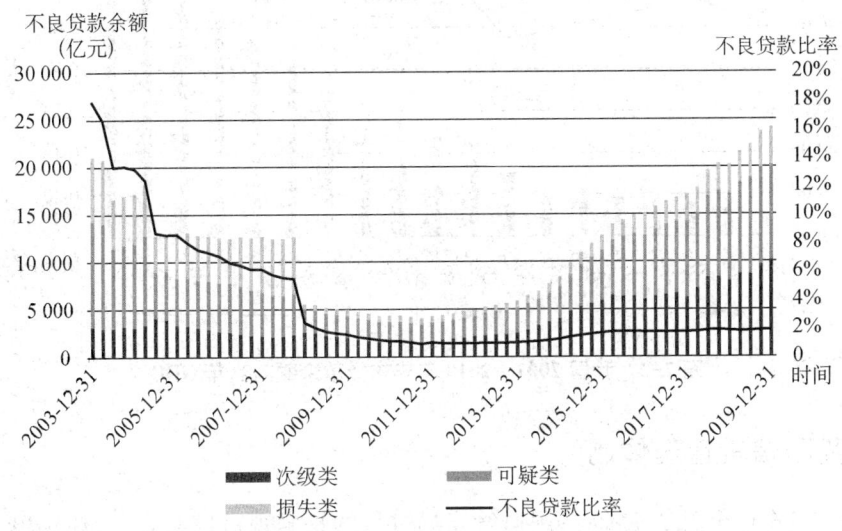

图 7-1　2003—2019 年我国银行业不良贷款率及不良贷款构成

第二节 贷款规模的确定

一、贷款规模的含义

在微观层面上,贷款规模是指商业银行某一时点运用于贷款的资金总量。贷款虽然是商业银行最主要的盈利资产,但它的流动性较差,也有较大的风险。每一家商业银行都应当发放适度的贷款规模,维持与总资产适度的比例。如何确定适度的贷款比例,商业银行间的相互比较是重要的参照。我国大多数银行的贷款占总资产的 45％～65％,只有很少数银行超出 40％～70％ 的范围。在宏观层面上,贷款规模也称信贷规模,是指我国中央银行为实现一定时期货币政策目标而事先确定的控制银行贷款的指标。它主要反映中央银行对一定时期内的贷款增量的控制。

在我国,贷款规模控制既是货币政策的中介目标,又是实施货币政策的重要手段之一。政府通过强有力的贷款规模调控以调节货币供应量,实现和保持社会总需求与总供给的基本平衡。各家商业银行则要在信贷管理体制框架下,根据安全性、流动性和盈利性的基本原则,明确本行合理的贷款规模。

图 7-2 列示了我国 2001—2019 年年末贷款余额与当年 GDP。

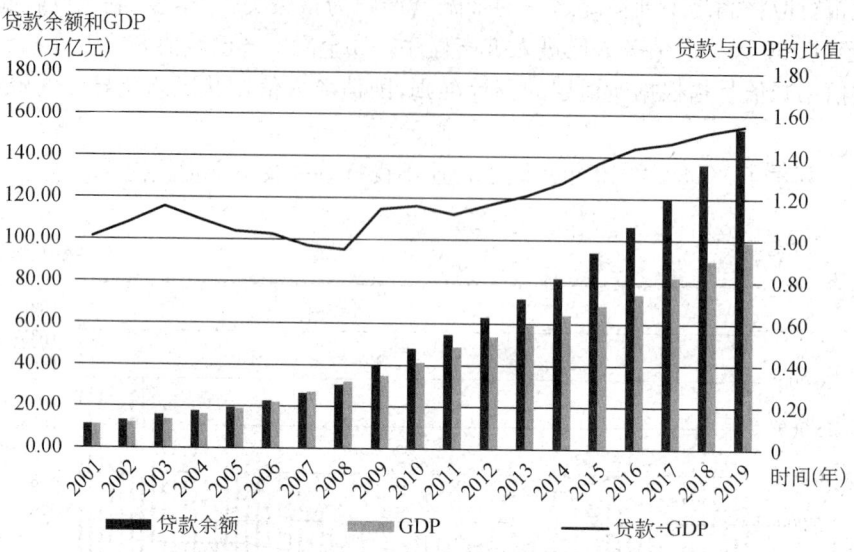

图 7-2　我国 2001—2019 年年末贷款余额与当年 GDP

二、我国信贷管理体制

在 2008 年全球金融危机前,各国监管当局进行的是微观审慎监管,专注于单一金融机构的安全与稳健性。金融危机发生后,各国监管当局都认识到宏观审慎监管的必要性,宏观审慎监管专注于金融系统总体的安全与稳健性,通过评估金融系统总体的承载能力以寻求缓和系统性的贬值出售和去杠杆化。宏观审慎监管不仅关注金融机构总体的资本充足性,还关注金融机构是否有充足的流动性。我国央行在 2010 年启动宏观审慎监管,并于 2011 年开始建立差别准备金动态调整和合意贷款管理机制。从 2016 年起,我国央行将差别准备金动态调整和合意贷款管理机制升级为宏观审慎评估体系(Macro Prudential Assessment,MPA)。

(一)2008—2015 年的差别准备金动态调整和合意贷款管理机制

差别准备金动态调整机制的核心内容是金融机构适当的信贷增速取决于经济增长的合理需要及其自身的资本水平。在差别准备金动态调整机制下,央行按月对各个商业银行进行连续、动态的准备金要求调整。在资本充足率要求下,商业银行自行测算合意贷款规模并上报央行,随后商业银行按照实际业务和流动性状况安排年内的贷款进度。合意贷款管理机制的弊端是:只盯住商业银行的贷款规模,可能会使一些商业银行为规避监管拉长交易链条,隐匿交易实质,将实质上的信贷业务转化成同业投资、债券投资、资产管理等业务,实际上不仅没有有效控制贷款,反而加大了银行业的系统性风险。

(二)2016 年起的宏观审慎评估体系

宏观审慎评估体系是中国人民银行按季度对于商业银行全部资产的考核和规范。

MPA 的目标是从以往关注金融机构的狭义贷款转向对广义信贷实施宏观审慎管理,通过综合评估指标,构建以逆周期调节为核心、以系统重要性程度差别考量的宏观审慎评估体系,引导金融机构广义信贷的合理增长,防范系统性金融风险。商业银行广义信贷的范围包括贷款、债券投资、股权及其他投资、买入返售资产、存放非存款类金融机构款项、表外理财资产扣除现金和存款等资金运用类别。中国人民银行针对广义信贷的宏观审慎管理,有利于引导金融机构减少各类腾挪资产、规避信贷调控的做法。MPA 评估的结果充分运用到央行的再贷款和准备金政策中,且银行间市场发行金融债、二级资本工具、ABS、交易所市场优先股也注重 MPA 考核结果,故商业银行都高度重视 MPA 评估。

　　MPA 考核体系由央行确定指标构成、权重、相关参数和评分方法,目前 MPA 考核体系分为 7 个方面的 16 项指标(见表 7-1)。

表 7-1　　　　　　　　　　　　　　MPA 考核体系

考核方面	考核指标
资本和杠杆情况	资本充足率、杠杆率、总损失吸收能力 TLAC
资产负债情况	广义信贷、委托信贷、同业负债
流动性情况	流动性覆盖率、净稳定资金比例、遵守准备金制度情况
定价行为	利率定价
资产质量	不良贷款率、拨备覆盖率
跨境融资风险	跨境融资风险加权资产余额
信贷政策执行	信贷政策评估结果、信贷政策执行情况、央行资金运用情况

　　MPA 评估体系的核心指标是资本充足率。MPA 对资本充足率的考核方法是先计算各商业银行宏观审慎资本充足率(C^*),然后与商业银行的实际资本充足率相比较。若实际资本充足率低于 C^* 超过规定的百分点,则 MPA 考核不达标。计算公式为:

$$\text{宏观审慎资本充足率}(C_i^*) = \alpha_i \times \left(\text{最低资本充足率8\%} + \text{储备资本} + \text{系统重要性附加资本} + \text{逆周期缓冲资本} \right)$$

式中:α_i 为结构性参数,其基准值为 1,央行根据商业银行经营稳健性状况和信贷政策执行情况上调,最大值为 1.1。

　　储备资本由央行分季度动态调整。

　　系统重要性附加资本以全国性系统重要性银行或区域内系统重要性银行作为参照机构并赋值 1%,其他机构按与参照机构的资产规模比值相应赋值。

　　逆周期缓冲资本 = $\max\{\beta_i \times [\text{机构 } i \text{ 广义信贷增速} - (\text{目标 GDP 增速} + \text{目标 CPI})]$,$0\}$。逆周期资本缓冲最小值为 0。$\beta_i$ 为机构 i 对整体信贷顺周期贡献度参数,按以下方法确定:β_i = 宏观经济热度参数(β_{i1}) × 系统重要性参数(β_{i2})。其中,宏观经济热度参数(β_{i1})由央行根据"广义信贷 ÷ GDP"偏离其长期趋势值的程度测算,如 2016 年为 0.8。系统重要性参数(β_{i2})根据不同银行系统重要性差异调整其对整体信贷偏离度的贡献,在 0.5~1 赋值。综合来看,β_i 的取值范围一般在 0.4~0.8。

　　从上述指标计算可以看到,宏观审慎资本充足率(C_i^*)与金融机构的广义信贷增速有关,广义信贷增速越高,商业银行所要求达到的宏观审慎资本充足率标准就越高,如果商业银行的资本充足率难以提高,就必须控制广义信贷增速。央行就是通过宏观审慎资本充足率的考核,引导金融机构加强自我约束和自律管理,树立资产的扩张必须受到资本约束的经营理念。

宏观审慎资本充足率(C_i^*)与商业银行资本充足率指标相比,C_i^*控制的是广义信贷的增速,只要商业银行广义信贷的增速过快,就必须补充资本金,不区分增加的广义信贷的风险大小。而资本充足率关注的是存量资产,通过对不同资产类别进行风险加权,考核资本的充足性。因此,这两个指标分别从增速和存量两个方面约束银行包括贷款在内的广义信贷业务。

第三节 贷款定价

贷款定价是贷款业务管理的核心环节。所谓贷款定价,是指如何确定贷款的利率、确定补偿余额,以及对某些贷款收取的费用。贷款定价过高,会驱使客户从事高风险的经济活动以应付过于沉重的债务负担,或是抑制客户的借款需求,使之转向其他商业银行或通过公开市场直接筹资;贷款定价过低,商业银行无法实现盈利目标,甚至不能补偿商业银行付出的成本和承担的风险,商业银行的持续经营就会受到威胁。因此,商业银行对贷款的合理定价,是其持续经营的基础,是提高其综合竞争能力的关键。

一、贷款定价的重要意义

在利率市场化的条件下,商业银行掌握并正确运用贷款定价方法、技巧和策略,合理地进行贷款定价,对提高市场竞争力、盈利能力和资源配置效率,具有重大的现实意义。

（一）有利于商业银行拓展信贷市场和实现经营效益最大化目标

科学、合理的贷款定价体系既应考虑商业银行经营所承担的风险、资金成本和资本的预期回报等,又要兼顾客户的承受能力和货币市场资金供求及价格波动等因素,从而增强商业银行贷款定价的灵活性和竞争力,增强对客户的吸引力,最终有利于商业银行实现经营效益最大化目标。

（二）有利于商业银行提高资金配置效率和经营管理水平

贷款定价对外是商业银行与客户商定借出资金价格的行为,对内是对资金运作风险和预期收益的控制性活动。商业银行必须注重成本管理、市场研究、风险规避及客户贡献度测量等,对贷款进行合理定价,促进自身提高资金配置效率和经营管理水平。

（三）有利于商业银行降低利率风险对经营效益的影响

随着我国利率市场化的推进,利率风险对商业银行经营效益的影响日益显著。商业银行建立科学、合理的贷款定价体系,有利于自身提高规避利率风险的能力。

（四）有利于商业银行实现资市约束下的可持续发展

商业银行要获得合理的资本回报率,必须从贷款收益中提取足够的准备以冲减预期损失,并维持充足的资本以应付非预期损失,通过合理的信贷定价,把"风险补偿"这一理念贯彻到整个信贷审批和管理的过程中,以确保贷款收益满足准备的提取;同时,建立稳定有效的资本补充机制,从而提升自身的核心竞争力。

二、影响贷款价格的主要因素

影响贷款价格的主要因素见表 7-2。

表 7-2　　　　　　　　　　　　　　　影响贷款价格的主要因素

影响因素	说明
贷款成本	贷款定价应考虑的首要因素是贷款的资金成本,它分为资金平均成本和资金边际成本
贷款风险程度	不同的贷款期限、种类、保障程度及贷款对象,其风险程度不同。风险越大,贷款定价越高
贷款费用	贷前、贷中和贷后发生的各项费用(如进行信用调查、分析和评估,对担保品进行鉴定、估价和管理等发生的费用),构成贷款定价的一部分
借款人的信用及与商业银行的关系	信用状况良好,业务联系紧密的客户,可适当降低贷款价格
目标收益率	贷款定价应考虑要实现的目标收益率
贷款供求状况	贷款供求状况影响贷款价格,当贷款供大于求时,贷款价格应当降低;反之,则应提高
贷款的期限	期限越长的贷款,不确定因素越多,风险越大,定价越高
借款人从其他途径融资的融资成本	要考虑借款人在金融市场上通过其他途径筹资的成本

三、贷款价格的内容

贷款价格的内容主要有贷款利率、贷款承诺费、补偿性余额和隐含价格。

(一)贷款利率

贷款利率是商业银行向借款人收取的利息与贷款本金的比率。商业银行收取的贷款利息应涵盖贷出资金的成本、发放或提供贷款的费用、风险损失和合理的利润。在我国,商业银行贷款定价的自主权从无到有并逐步扩大,从最初的严格利率管理到有管理的浮动利率,最终实现了贷款利率市场化。2013 年 7 月 20 日起,中国人民银行取消金融机构贷款利率管制,由金融机构根据商业原则自主确定贷款利率水平。2013 年 10 月 25 日,中国人民银行推出贷款基础利率(loan prime rate, LPR)集中报价和发布机制,以完善金融市场基准利率体系,指导信贷市场产品定价。同时,中国人民银行建立银行业全国性及各省级自律机制,定期提供利率定价指导区间,并将商业银行的利率定价行为纳入 MPA 考核。如果商业银行的定价不在指导区间内,则 MPA 考核不达标。

所谓 LPR,是商业银行对其最优质客户执行的贷款利率。其他贷款利率可在此基础上加减点生成。LPR 的指定发布人是全国银行间同业拆借中心,LPR 报价运行机制见表 7-3。

表 7-3   **LPR 报价运行机制**

要素	基本内容	
	2019 年 8 月以前	2019 年 8 月以后
报价行	10 家：中国工商银行、中国农业银行、中国银行、中国建设银行、交通银行、中信银行、上海浦东发展银行、兴业银行、招商银行、民生银行	18 家：中国工商银行、中国农业银行、中国银行、中国建设银行、交通银行、中信银行、上海浦东发展银行、兴业银行、招商银行、民生银行、西安银行、台州银行、上海农商银行、广东顺德农商行、渣打银行（中国）、花旗银行、深圳前海微众银行、浙江网商银行
报价基础	参考贷款基准利率	公开市场操作利率（主要指中期借贷便利利率 MLF）加点，以 0.05％为步长
LPR 计算	剔除最高、最低各 1 家报价后，将剩余报价作为有效报价加权平均计算 $$LPR = \dfrac{\sum\limits_{i=1}^{8} P_i M_{i行上季度末贷款余额}}{\sum\limits_{i=1}^{8} M_{i行上季度末贷款余额}}$$	剔除最高、最低各 1 家报价后，将剩余报价作为有效报价算术平均计算，并向 0.05％的整数倍就近取整 $$LPR = \dfrac{\sum\limits_{i=1}^{16} P_i}{16}$$
期限品种	1 年	1 年、5 年
报价频率	每个工作日 11 点前，11:30 对外发布	每月 20 日（遇节假日顺延）9 点前，9:30 对外发布

（二）贷款承诺费

贷款承诺费是指商业银行对已承诺贷给客户而客户又没有使用的那部分资金收取的费用。也就是说，商业银行已经与客户签订了贷款意向协议，承诺在约定的贷款规模内，商业银行随时满足客户贷款的需求，并为此做好资金的准备，但客户并没有完全使用这笔资金，承诺费就是要对没有使用的那部分资金收取的费用。商业银行收取承诺费的理由是：为了保证应付承诺贷款的需求，商业银行必须保持一定数量的流动性较高的资产，这就意味着商业银行因放弃其他高收益的贷款和投资而使自身产生收益损失，为补偿这种损失，就需要借款人交纳一定的费用。由于承诺费是客户为取得贷款而支付的费用，因而构成贷款价格的一部分。

【例 7-1】 某商业银行与企业签订为期 1 年的周转信贷协议，周转信贷额为 200 万元，年承诺费率为 0.4％。2020 年 1 月 1 日，企业借入 100 万元；5 月 1 日，又借入 60 万元，贷款利率为 8％。试计算该银行 2020 年度收取的利息和承诺费是多少，并确定贷款实际的利率水平。

解：   收取的利息 $= 100 \times 8\% + 60 \times 8\% \times 8 \div 12 = 11.2$（万元）

或： $= 100 \times 8\% \times 4 \div 12 + 160 \times 8\% \times 8 \div 12 = 11.2$（万元）

         收取的承诺费 $= 40 \times 0.4\% + 60 \times 0.4\% \times 4 \div 12 = 0.24$（万元）

或： $= 100 \times 0.4\% \times 4 \div 12 + 40 \times 0.4\% \times 8 \div 12 = 0.24$（万元）

或： $= [200 - (100 \times 4 + 160 \times 8) \div 12] \times 0.4\% = 0.24$（万元）

$$贷款的实际利率 = \frac{11.2 + 0.24}{(100 \times 4 + 160 \times 8) \div 12} \times 100\% = 11.44\%$$

(三) 补偿性余额

补偿性余额是指商业银行要求借款人在银行中保持按贷款限额或实际借用额一定百分比(一般为 10%～20%)计算的最低存款余额。这个存款一般是无息或低息的。对借款方而言,补偿性余额提高了借款的实际成本。对于商业银行而言,补偿性余额有助于商业银行降低贷款风险,补偿其可能遭受的风险,并会提高贷款的实际利率。不仅如此,补偿性余额还为商业银行提供了稳定的存款供给,缓解流动性问题。商业银行要求的补偿性余额的比例主要受信贷市场竞争的影响。如果信贷市场供大于求,那么在签订贷款协定时,借款者可能会处于有利的地位,补偿性余额的比例可能就较小;反之,补偿性余额的比例可能就较大。贷款的实际利率的计算公式为:

$$贷款的实际利率 = \frac{贷款利率}{1 - 补偿性余额比率}$$

【例 7-2】 某商业银行采用补偿性余额方式向企业贷款 2 000 万元,贷款合同利率为 5.4%,补偿性余额比率为 10%。试计算该笔贷款的实际利率水平。

$$企业实际可以利用的借款额 = 2\,000 \times (1 - 10\%) = 1\,800(万元)$$

$$贷款的实际利率 = \frac{2\,000 \times 5.4\%}{2\,000 \times (1 - 10\%)} = 6\%$$

(四) 隐含价格

隐含价格是指贷款定价中的一些非货币性内容,如对贷款担保品的要求、贷款期限的限制和特殊契约条款等。这些内容本身不直接给银行带来货币收入,也不直接形成借款人的货币支付,但它们在不同贷款协议中具体规定的区别可以改变商业银行贷款的信用风险,影响借款人的实际成本,因而构成贷款价格的一部分。譬如,增加担保品的数量,缩短贷款期限,规定更为严格的合同条款等,可以降低商业银行的贷款风险,提高借款人的实际成本;相反,若减少担保品数量,延长贷款期限,取消部分条款等,则增加了商业银行贷款风险,降低了借款人的实际成本,降低了贷款价格。

四、贷款定价的方法

(一) 成本加成定价法

成本加成定价法是指贷款利率必须能够补偿筹集可贷资金的成本、商业银行非资金性的营业成本和商业银行对贷款违约风险所要求的补偿,并能够使商业银行获得一定的利润的一种方法。采用此种方法,贷款利率由贷款成本加目标利润来决定。贷款利率的计算公式为:

$$贷款利率 = \frac{筹集可贷}{资金的成本} + \frac{商业银行的非}{资金性经营成本} + \frac{商业银行对贷款}{违约风险要求的补偿} + \frac{商业银行}{预期利润水平}$$

【例 7-3】 某商业银行为某企业发放了一笔 5 000 万元贷款,其中,筹集可贷资金的成

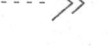

本是 4%，非资金性经营成本是贷款数额的 1%，贷款违约风险溢价是贷款额的 0.5%，商业银行目标利润率为 2%。试采用成本加成定价法确定该笔贷款的利率。

$$贷款利率 = 4\% + 1\% + 0.5\% + 2\% = 7.5\%$$

商业银行运用成本加成定价法，需要有完善的管理信息系统，以准确掌握贷款资金的成本、经营成本和风险损失。

成本加成定价法考虑了商业银行自身的成本费用、承担的风险及其期望的收益，能直观地描述商业银行贷款价格的基本结构，也符合经济活动最基本的"保本且有盈利"的要求，有利于商业银行补偿各项成本、确保目标利润的实现。但该定价法未考虑当前实际市场的一般利率水平，同时也忽略了客户需求和同业竞争市场利率变化等诸多因素。如果贷款的定价低于市场标准，则可能使商业银行丧失本可以获得的部分收益；反之，如果贷款定价高于市场标准，则可能导致客户流失和贷款市场的萎缩。事实上，在激烈的竞争中，商业银行并非完全的价格制定者，而往往是价格的接受者。

（二）价格领导模型定价法

价格领导模型定价法是指在优惠利率的基础上，结合银行成本、贷款风险、客户综合效益和市场竞争等因素，加一定利差或乘上一个系数的方法。优惠利率是指银行对信誉等级最高的大公司提供的短期流动资金贷款的利率。其计算公式为：

$$优惠利率加数法：贷款利率 = 优惠利率 + \Delta R$$
$$优惠利率乘数法：贷款利率 = 优惠利率 \times a$$

其中，ΔR 和 a 的确定主要考虑借款人的违约风险和期限风险。当优惠利率随市场利率变动而变动时，优惠乘数利率变动的幅度大于优惠加数法。为避免利率的剧烈波动带来的利率风险，借贷双方通常可以在协议中限定利率波动的上下限。

以这种方法制定的贷款的价格以市场为导向，更具竞争力，适合大多数公司客户的贷款定价，但没有考虑银企关系和商业银行的真实成本，不能保证盈利。

【例 7-4】 某商业银行目前对信誉等级最高的大公司提供的短期流动资金贷款的利率为 6%，现向某客户发放 2 年期贷款，银行将该客户的风险等级定为二级，采用优惠利率乘数法，确定的乘数值为 1.2，该银行向该客户发放贷款的利率水平是多少？若采用优惠利率加数法，确定的加数为 1.5%，贷款的利率水平又是多少？

$$优惠利率乘数法：贷款利率 = 6\% \times 1.2 = 7.2\%$$
$$优惠利率加数法：贷款利率 = 6\% + 1.5\% = 7.5\%$$

（三）基础利率定价法

基础利率定价法是指选择某利率作为基础利率，商业银行在此之上加一定价差或乘上一个加成系数的贷款定价方法。附加的贷款风险溢价水平因客户的风险等级不同而有所差异。贷款利率的计算公式为：

$$贷款利率 = 基础利率 + 借款者的违约风险溢价 + 长期贷款的期限风险溢价$$

这种方法的优点在于基础利率易于选择；缺点是没有考虑客户与商业银行的全面关系，不利于识别和竞争优质客户，也没有考虑商业银行的真实成本，不能保证盈利。

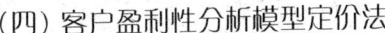

(四) 客户盈利性分析模型定价法

客户盈利性分析模型定价法的主要思想是:贷款定价实际上是商业银行基于客户关系进行整体定价的一个组成部分,商业银行在对每笔贷款定价时,应该综合考虑商业银行在与客户的全面业务关系中付出的成本和获取的收益。该定价法用于评估商业银行从某一特定客户的银行账户中获得的整体收益是否能实现商业银行的利润目标,因此其亦称账户利润分析法。

贷款的定价至少应当实现:

$$账户总收入 = 账户总成本 + 目标利润$$

$$目标利润 = \frac{(1-资产负债率) \times 贷款额 \times 资本的目标收益率}{1-所得税税率}$$

$$实现目标利润的最低贷款利率 = \frac{目标利润 + 账户总成本 - 除贷款利息收入以外的账户收入 \times (1-税金及附加率)}{贷款额 \times (1-税金及附加率)}$$

客户账户总收入和总成本见表7-4。

表 7-4　　　　　　　　　客户账户总收入和总成本

项目	内容
账户总收入	利用客户存款进行投资获得的收入
	表内外业务服务费收入,如贷款承诺费、结算手续费等
	对该客户贷款的利息收入及其他收入等
账户总成本	商业银行提供该贷款所需资金的成本
	所有的服务费、管理费以及贷款的违约成本

若确定的贷款利率水平使得账户总收入大于账户总成本与目标利润之和,说明制定的贷款利率大于实现目标利润的最低贷款利率。若账户总收入小于账户总成本与目标利润之和,有两种可能的情况:或账户收入小于成本,该账户亏损;或账户收入大于成本,但获利水平低于商业银行的利润目标。在这两种情况下,商业银行都有必要对贷款重新定价,也可以采用提高或降低服务价格的方式来起到调整贷款定价的作用。

客户盈利性分析法的优点在于:一是它不是仅就一笔贷款本身来确定其价格,而是从商业银行与客户的全部往来关系中寻找最优贷款价格,体现了"以客户为中心"的经营理念;二是通过差别化定价,既可吸引和保留为商业银行带来较高利润的优质客户,又能识别对商业银行贡献较低的客户,通过提高贷款价格来保证商业银行的整体盈利水平。采用这种定价方法,商业银行需要准确测算为每个客户提供服务的总成本和总收入,这对商业银行的成本和收益核算提出了很高的要求。

【例 7-5】　某商业银行向某客户发放 5 000 万元的贷款,初步确定的贷款利率水平为5%。预计该客户为该银行提供的贷款利息和其他服务的收入合计为 270 万元,税金及附加约为收入的 1%。该银行对该客户提供贷款的资金成本、其他服务成本和贷款违约成本约为190 万元,该银行的资产负债率 92%,所得税税率为 25%,要求从该笔贷款获得的资本收益率为 12%,试评价贷款利率水平是否合理?

$$账户的总收入 = 270 \times (1 - 1\%) = 267.3(万元)$$
$$账户的总成本 = 190(万元)$$
$$目标利润 = 8\% \times 12\% \times 5\,000 \div (1 - 25\%) = 64(万元)$$

$267.3 > 190 + 64$，这说明 5% 的贷款利率水平使该银行获得了超额利润，有下浮的空间。

$$除贷款利息收入以外的账户总收入 = 270 - 5\,000 \times 5\% = 20(万元)$$
$$实现目标利润的最低贷款利率水平 = [64 + 190 - 20 \times (1 - 1\%)] \div [5\,000 \times (1 - 1\%)] = 4.73\%$$

（五）基于风险调整资本收益率的贷款定价法

基于风险调整资本收益率（risk adjusted return on capital，RAROC）的贷款定价法是目前较先进且在国际大商业银行广泛运用的贷款定价方法。其计算公式为：

$$RAROC = \frac{贷款风险调整收益}{经济资本} = \frac{贷款收入 - 成本 - 预期损失}{经济资本}$$

预期损失是指在正常经营过程中能够预期到的损失额。经济资本是指用来覆盖一笔贷款的非预期损失的资本，其在数额上就等于一笔贷款的非预期损失（即指因经济环境或市场状况波动造成的贷款信用风险损失偏离预期损失的幅度）。预期损失的计算公式为：

$$预期损失 = 风险敞口(EAD) \times 预期损失率$$
$$= 风险敞口(EAD) \times 违约概率(PD) \times 违约损失率(LGD)$$

$RAROC$ 的核心思想是：将预期损失作为成本，对收益进行调整，然后除以用来覆盖贷款非预期损失的经济资本，以衡量经济资本的使用效率。只有当 $RAROC$ 高于 ROE 时，该贷款才可行。

基于 $RAROC$ 的贷款定价法，就是将 $RAROC$ 基本原理用于贷款定价，将贷款风险调整资本收益率的回报作为贷款定价决策的依据。

根据下列公式：

$$RAROC = \frac{贷款风险调整收益}{经济资本} = \frac{贷款收入 - 成本 - 预期损失}{经济资本}$$
$$= \frac{贷款额 \times 利率 \times \left(1 - \dfrac{税金及}{附加率}\right) - (贷款额 - 经济资本) \times \dfrac{资金}{成本率} - 贷款额 \times \left(\dfrac{经营}{费用率} + \dfrac{预期}{损失率}\right)}{经济资本}$$

整理得到：

$$贷款利率 = \frac{RAROC \times \dfrac{经济资本}{贷款额} + \left(1 - \dfrac{经济资本}{贷款额}\right) \times 资金成本率 + 经营费用率 + 预期损失率}{1 - 税金及附加率}$$
$$= \frac{资本风险溢价 + 资金成本率 + 经营费用率 + 预期损失率}{1 - 税金及附加率}$$

其中：

$$资本风险溢价 = \frac{(RAROC - 资金成本率) \times 经济资本}{贷款额}$$

$RAROC$ 贷款定价方法要求商业银行要有完善的风险计量技术系统，有能力对各类客户或业务进行风险计量，并确定预期和非预期损失率，为风险定价提供技术支持。

【例7-6】 某商业银行准备向客户发放一笔金额为5 000万元的1年期贷款,该银行的资金成本率为3%,税金及附加约为贷款利息收入的1%,经营费用率为贷款额的1%,预期损失率为贷款额的2%,经测算,该笔贷款占用的经济资本为250万元,该银行要求的该笔贷款风险调整资本收益率为20%。试计算该笔贷款利率。

已知 RAROC 要求为20%,

$$RAROC = \frac{5\ 000 \times i \times (1 - 1\%) - (5\ 000 - 250) \times 3\% - 5\ 000 \times (1\% + 2\%)}{250} = 20\%$$

那么贷款利率 i 的计算为:

$$i = \frac{20\% \times \dfrac{250}{5\ 000} + \left(1 - \dfrac{250}{5\ 000}\right) \times 3\% + 1\% + 2\%}{1 - 1\%} = 6.92\%$$

第四节 贷款信用风险管理

信息不对称理论有助于解释贷款信用风险产生的重要原因并提供管理的思路。在金融市场中,交易者对交易对手缺乏充分的了解,以致无法做出准确的决策,这种不对等的情况称为信息不对称。交易发生前的信息不对称会导致逆向选择,交易发生后的信息不对称会导致道德风险。在贷款市场上,作为外部人的贷款人和作为内部人的借款人之间在信息占有方面存在着不平等的情况。贷款人缺乏借款人的内部信息,也无法对借款人进行长期连续的监督,与拥有大量内部信息的借款人相比明显处于劣势。借款人如果缺乏诚信,不愿积极提供或实际上未能提供及时准确的有关信息,将使其自身处于有利地位而使贷款人处于不利地位。贷款市场上的逆向选择是:具有潜在信用风险的人正是那些积极寻求贷款的人,即那些最有可能造成逆向结果的人往往就是那些被选中获得贷款的人。贷款市场的道德风险是:借款者具有从事那些对商业银行不利的高风险活动的动机。因此,商业银行贷款信用风险管理的一个重要原则就是要尽可能地收集多方面信息进行甄别和监督,以减轻信息不对称造成的后果。从这个意义上讲,商业银行就是信息的挖掘、生产和处理者。又由于借款者本身经济条件的不确定性和外部经济环境难以预料的变化,信用风险难以避免,因此,贷款发放的适度多样化和分散化是控制信用风险的重要策略。

一、信用风险管理体系

商业银行信用风险管理体系包括信用风险测评、信用风险控制、信用风险预警和信用风险化解。

(一)信用风险测评

商业银行信贷风险的测评是商业银行信贷风险管理的基础性工作,是信贷风险管理的第一步,也是十分重要的一步。商业银行对信贷风险的测评可以为信贷风险管理部门进行风险估价、风险控制等确定方向和范围。测评的内容主要包括信贷营销战略规划、信用风险识别基础和信用风险分析。

1. 信贷营销战略规划

科学的信贷营销战略规划风险管理政策是有效开展营销管理与控制客户信用风险的前提。信贷营销战略规划和风险管理政策的核心思想在于将商业银行有限的信贷资源在不同的行业和区域进行优化配置。对行业和区域实行差别化的信贷限额管理是比较行之有效的风险控制手段。

所谓行业、区域信贷限额管理，是指在一个营销战略规划期内（通常为 1 年），商业银行信贷营销部门和风险管理部门通过对不同行业、区域系统风险性的科学评估，对不同行业或区域核定一个信贷额度投入上限，将行业、区域性系统风险锁定在一个商业银行可以承受的范围以内。信贷限额的制定应考虑以下三个方面的因素：①不同行业、不同区域风险程度的差异性。②信贷资产投向以及组合的分散性。③商业银行对行业、区域系统性风险的可承受性。

行业、区域风险指标体系见表 7-5。

表 7-5　　　　　　　　　　　行业、区域风险指标体系

风险类型	分析指标
行业风险	行业结构（如企业集中度、行业供销方式等）
	行业经济效益与财务指标（如全行业利润总额、全行业利润占有率、平均存货周转水平等）
	技术能力指标（如技术装备的先进程度、全行业平均研发强度、技术改造投资强度等）
	管理能力指标（如全行业平均产销率、产值综合能耗水平等）
行业风险	政府强制指标（如进入和退出的难易程度、管制方式和强度等）
	行业开发度与安全能力指标（如行业政策变化的可能性、全行业利用外资水平、全行业出口创汇水平等）
区域风险	区域经济风险（如地区经济基础指标、地区经济结构指标等）
	金融风险（如银行业同业竞争指标等）
	法规风险（如法规完备性指标、执法严肃性指标等）
	社会风险（如地区基础设施建设指标等）

2. 信用风险识别基础

信用评级、风险限额和授信额度是客户整体信用风险控制的三大指标。客户整体信用风险控制指标见表 7-6。

表 7-6　　　　　　　　　　　客户整体信用风险控制指标

指标名称	基本内容
信用评级	财务状况（偿债能力指标、营运能力指标、盈利能力指标、企业发展能力指标）
	所处行业（债务人的财务指标需用相应的行业标准调整使不同行业信用评级具有可比性）
	企业的管理水平（企业管理层的学历、背景、管理风格等）
	特殊事件的影响（有关的法律和国家政策的变化等）

（续表）

指标名称	基本内容
风险限额	是指对于企业法人客户,按照规定的程序和方法核定的其在一定期间内可以承受的还款能力的上限
授信额度	是指在客户统一授信机制下,根据信贷政策和客户条件对法人客户确定的授信控制总量(主要依据是客户的信用状况、授信需求的总量与结构、客户的偿还能力、客户所能提供的担保条件、银行的授信政策与资金供给能力等)。在具体确定客户额度需求量时,商业银行通常需结合营运资金缺口分析、现金流量分析及历史业务量分析等方法做出技术判断

3. 信用风险分析

传统信用风险分析方法是通过一些定性的指标对借款人的信用等级进行较为近似的估计,其中最主要的方法是 5C 信用分析法,即对借款人的品德、还款能力、资本、抵押和经济环境 5 个方面进行分析,以判断借款人的还款意愿和还款能力。

现代信用风险分析方法则借助定量分析的工具和方法,通过构建各种模型对信用风险进行测量和控制。早期的定量分析方法是分类模型法,即通过一系列数据分析手段为基础来辅助贷款决策的分类方法,如决策树法和 Z 值分析法。现在的定量分析方法是国际大银行普遍建立的内部信用风险评级体系,即在历史数据库基础上,应用统计分析模型生成系统参数,计算出具有统计学意义的违约概率、违约损失率、风险敞口、预期损失率等关键指标,作为信贷分析、产品设计、贷款定价、资产组合分析、准备金计提和经济资本分配的基本依据。但是统计分析模型所做的预测和分析都必须以大量的假设为前提条件,因此,其结果有局限性、不确定性和风险性。因此,商业银行必须结合经验、判断和常识对结果进行修正。

（二）信用风险控制

信用风险控制既是防范信用风险的手段,也是出现风险后化解和转化信用风险的手段。信用风险控制包括信贷授权控制、信贷决策控制、激励约束和考核。

1. 信贷授权控制

从客户方面,商业银行针对客户短期授信总量设置审批权限,将授权与客户信用等级挂钩,体现"风险授权"原则。从商业银行分支机构方面,商业银行根据分支机构所处的市场和经济环境、资产规模和质量、经验状况、盈利水平、风险管理能力和内控机制建设等因素,对其实行分类授权,并根据其风险控制能力、资产质量情况、当地经济状况等的变化情况等对授权进行动态管理。

2. 信贷决策控制

商业银行建立风险管理数据库,将来源于不同数据源的有关"信用风险"的数据集中在一起,采用相关的软件系统对其进行分析;在此基础上,建立集中集体智慧、明确决策人责任的信贷决策机制;成立由信贷负责人、信贷部门负责人、信贷审查部门负责人组成的贷款审查委员会,对贷款发放、处置、评估等进行审批。

3. 激励约束和考核

商业银行建立以经济资本为核心的风险与效益约束机制和以经济增加值为核心的激励约束机制,制订信贷人员培养计划,培养高层次的信贷人才。

（三）信用风险预警

风险预警体系的创建和应用可以帮助商业银行及时发现问题贷款，及时采取相应的行动，最大限度地减少商业银行损失。根据国外商业银行统计，75％以上的贷款损失可以通过早期的信贷风险预警予以有效控制或消除，而当贷款出现风险问题后，采取相应措施只能减少25％以下的贷款损失。

1. 信贷信息管理

商业银行采集经济、金融、法律、行业政策等宏观信息，与客户经理日常收集到的客户信息、经营情况、财务状况以及五级分类工作中积累的借款人、保证人的有关信息等微观信息结合起来，建立统一的信贷信息管理系统，为市场开拓、贷款评估、客户管理等部门提供快速、准确的信息支持，提高信息共享和利用率。

2. 风险搜索

一般而言，客户信用风险由系统性风险和非系统性风险两部分组成。

系统性风险是指客户所面临的宏观或中观层面上的风险，包括宏观风险、行业风险、地区风险和交叉风险（即客户所属特定区域内特定行业的风险）等，反映特定客户群的风险共性。其主要预警项目见表7-7。

表7-7 　　　　　　　　　　　　　　　系统性风险预警项目

预警项目	主要内容
宏观风险预警	通过广泛收集国内外经济金融信息，判断宏观经济的走势，对不同企业在经济发展各个周期中面临的风险做出及时的、正确的判断和预警，为及时调整经营策略提供依据
行业风险预警	掌握行业市场动态，分析行业走势，预测行业的风险状况，对即将面临较大风险的企业及早采取预控措施。行业风险评价内容包括环境风险、经营风险、财务风险、信用风险四方面的指标体系
区域风险的预警	了解和掌握区域经济发展态势，测量信贷区域风险指数，引导贷款合理投放。区域风险评价内容包括经济景气度、经济开放度、区域政策导向、企业经营效益、银行信贷资产质量、银行盈利性、银行流动性等指标体系

非系统性风险是指授信的客户自身的经营战略等方面的变化给银行带来的风险。其主要预警项目见表7-8。

表7-8 　　　　　　　　　　　　　　　非系统性风险预警项目

预警项目	主要内容
客户品质预警	公司领导层变化、法律纠纷、无正当理由拒绝提供相关信息资料等
客户账户资金预警	授信额度长期足额占用或对授信需求增长异常、资金往来出现异常等
客户内部管理预警	财务计划和报告质量下降、核心盈利业务削弱和偏离、业务战略频繁变化等
业务运营环境预警	主要产品线上的供货商或客户流失等
财务状况预警	现金流不足、财务指标变化异常等
客户履约能力预警	欺诈信号、违反合同约定、延期还款
业务发展预警	市场份额迅速下降、主营业务收缩等

(四) 信用风险化解

信用风险化解是指运用风险控制技术对风险识别和风险评估之后对风险进行防范和化解的过程。现代商业银行信用风险控制技术非常复杂,其信用风险化解系统可分为信用风险回避、信用风险分散、信用风险转嫁、信用风险补偿等类别(见表 7-9)。

表 7-9 信用风险化解系统

类别	方法
信用风险回避	即使借款者支付更高的利率,也拒绝提供贷款以避免逆向选择问题更为恶化
	愿意贷款但贷款额低于借款者的要求以防范道德风险
信用风险分散	控制对单一客户、单一贷款品种、单一地区贷款、单一产业贷款的比重等
	银团贷款和贷款期限的分散
信用风险转嫁	向客户转嫁(与风险匹配的贷款定价、要求提供担保条件、限制性条款的监督和强制执行、签订补偿性余额协议等)
	向社会保险机构转嫁
	信贷资产证券化、贷款出售和信用衍生产品交易
信用风险补偿	对于预期损失通过计提贷款损失准备予以补偿
	对于非预期损失通过自有资本或配置经济资本加以防范

二、信用风险分析方法

(一) 5C 信用分析法

5C 信用分析法是指对借款人的品德、还款能力、资本、抵押和经济环境 5 个方面进行定性分析,专注于借款者的品质和自身的财务实力,估计贷款违约可能性的一种信用风险分析方法(见表 7-10)。

表 7-10 5C 信用分析法

项目	含义
品德	是指客户的诚信度及道德水准。它反映其高低的重要方面是商业银行能否从客户那里获得及时准确的信息
还款能力	是指客户偿还贷款的能力。它用来分析客户目前和未来的现金流量的水平和稳定性,判断贷款的风险
资本	是指客户的净资产价值。一般来讲,客户净值越高,信用度越高,贷款违约可能性越小
抵押	是指客户用来取得贷款的抵押品。它可有效减轻逆向选择和道德风险,极大降低贷款的风险
经济环境	是指经济周期、价格水平、技术与竞争等外部经济环境对借款人的现金流量和净值的影响

(二) 决策树法

决策树法是通过运用二分法的原则将贷款以一定标准分为两类(如破产企业和非破产

企业或好贷款和坏贷款),并对其实施不同程度监控的一种信用风险分析方法。它使用的一项重要的技术是分类回归树,这种分类为非参数分类技术,过程容易,测试结果易于理解。在实际工作中,贷款质量等级五级分类就是按照违约风险大小所进行的分类。

(三) Z 值分析法

Z 值分析法是 Altman 提出的衡量企业破产风险的方法。Altman 认为判断企业是否有破产风险有 5 个重要指标,他赋予 5 个指标以不同权重,建立了一个判别函数,从而计算产生破产风险系数——"Z"值。

Altman(1968)的 Z 值计算公式为:

$$Z = 0.012X_1 + 0.014X_2 + 0.033X_3 + 0.006X_4 + 0.999X_5$$

其中:X_1=营运资金÷总资产;X_2=留存收益÷总资产;X_3=息税前利润÷总资产;X_4=所有者权益的市场价值÷总负债;X_5=销售收入÷总资产;营运资金=流动资产—流动负债。

Altman(2000) Z 值各项指标权重修改后的计算公式为:

$$Z = 0.717X_1 + 0.847X_2 + 3.107X_3 + 0.420X_4 + 0.998X_5$$

其中:X_1、X_2、X_3、X_5 的定义不变,X_4 的计算方法有所改变,X_4=所有者权益的账面价值÷总负债。

$Z < 1.20$ 时,企业将破产;$1.2 \leqslant Z \leqslant 2.9$ 时,企业处于"灰色区域";$Z > 2.90$ 时,企业没有破产风险。

Z 值分析法的主要优势是定量分析,这对于主要靠定性分析和直觉判断进行决策的信贷人员有很大帮助。尽管我们无法证实这一分析法中的指标和权重的合理性,但该分析法在实际应用中却非常有效。

(四) 内部评级法

内部评级法是由商业银行在历史数据库基础上,应用统计分析模型测算估计风险参数(如违约概率、违约损失率、风险敞口、预期损失率等)来对信用风险进行测量的一种信用风险分析方法。

$$\text{预期损失} = \text{风险敞口}(EAD) \times \text{预期损失率}$$
$$= \text{风险敞口}(EAD) \times \text{违约概率}(PD) \times \text{违约损失率}(LGD)$$

(五) 个人贷款的信用分析

对于个人贷款的信用分析,商业银行一般建立一套信用评分系统进行批量处理。信用评分系统的优点是可以有效节约信贷成本,以及不带任何主观偏见地运用商业银行的规则和指导意见。个人信用评分系统通常包括信用记录、年龄、性别、婚姻、职业、行业、就业的稳定性、月收入、住房、信用卡、存款、保险等变量。

三、信用风险指标

反映商业银行信用风险的指标分为资产质量指标、集中度指标、风险迁徙类指标和风险递补类指标。

（一）资产质量指标

1. 不良资产率

不良资产率是指不良信用风险资产占全部信用风险资产的比重。它用来反映商业银行承担信用风险资产的质量高低，监管要求该指标不得高于 4%。其计算公式为：

$$不良资产率 = \frac{不良信用风险资产}{信用风险资产} \times 100\%$$

信用风险资产是指银行资产负债表表内及表外承担信用风险的资产。它主要包括：各项贷款、存放同业、拆放同业及买入返售资产、银行账户的债券投资、应收利息、其他应收款、承诺及或有负债等。不良信用风险资产是指信用风险资产中分类为不良资产类别的部分。

2. 不良贷款率

不良贷款率是指不良贷款余额占全部客户贷款及垫款总额的比重。它属于不良资产率指标下的二级指标，用来反映商业银行贷款质量高低，监管要求该指标不得高于 5%。其计算公式为：

$$不良贷款率 = \frac{不良贷款余额}{客户贷款及垫款总额} \times 100\%$$

不良贷款是指银行业金融机构对借款人融出货币资金形成的资产。它主要包括贷款、贸易融资、票据融资、融资租赁、从非金融机构买入返售资产、透支、各项垫款等。

（二）集中度指标

1. 单一集团客户授信集中度

单一集团客户授信集中度是指商业银行为最大一家集团客户授信总额与资本净额的比值。它用来反映商业银行贷款的集中程度，监管要求该指标不应高于 15%。其计算公式为：

$$单一集团客户授信集中度 = \frac{最大一家集团客户授信总额}{资本净额} \times 100\%$$

最大一家集团客户授信总额是指报告期末授信总额最高的一家集团客户的授信总额。授信是指商业银行向非金融机构客户直接提供的资金，或者对客户在有关经济活动中可能产生的赔偿、支付责任做出的保证，包括贷款、贸易融资、票据融资、融资租赁、透支、各项垫款等表内业务，以及票据承兑、开出信用证、保函、备用信用证、信用证保兑、债券发行担保、借款担保、有追索权的资产销售、未使用的不可撤销的贷款承诺等表外业务。资本净额的定义与资本充足率指标中的定义一致。

2. 单一客户贷款集中度

单一客户贷款集中度是指最大一家客户贷款总额与资本净额的比值。它属于单一集团客户授信集中度指标下的二级指标，监管要求该指标不得高于 10%。其计算公式为：

$$单一客户贷款集中度 = \frac{最大一家客户贷款总额}{资本净额} \times 100\%$$

最大一家客户贷款总额是指报告期末各项贷款余额最高的一家客户的各项贷款的总额。客户是指取得贷款的法人、其他经济组织、个体工商户和自然人。

3. 最大 10 家客户贷款集中度

最大 10 家客户贷款集中度是指最大 10 家客户贷款总额与资本净额的比值。它用来反映商业银行贷款的集中程度,监管要求该指标不应高于 50%。其计算公式为:

$$最大 10 家客户贷款集中度 = \frac{最大 10 家客户贷款总额}{资本净额} \times 100\%$$

最大 10 家客户贷款总额是指报告期末各项贷款余额最高的 10 家客户的各项贷款的总额之和。

4. 全部关联度

全部关联度是指商业银行为全部关联方授信总额与资本净额的比值。它用来反映商业银行贷款的集中程度,监管要求该指标不应高于 50%。其计算公式为:

$$全部关联度 = \frac{全部关联方授信总额}{资本净额} \times 100\%$$

全部关联方授信总额是指商业银行全部关联方的授信余额,扣除授信时关联方提供的保证金存款以及质押的银行存单和国债金额。关联方包括关联自然人、法人或其他组织。

(三)风险迁徙类指标

风险迁徙类指标衡量商业银行风险变化的程度,表示为资产质量从前期到本期变化的比率,属于动态指标。

1. 正常类贷款迁徙率

正常类贷款迁徙率是指期初正常类贷款在报告期末分类为关注类/次级类/可疑类/损失类贷款的比例。其计算公式为:

$$正常类贷款迁徙率 = \frac{期初正常类贷款向下迁徙金额}{期初正常类贷款余额 - 期初正常类贷款期间减少金额} \times 100\%$$

期初正常类贷款向下迁徙金额是指期初正常类贷款中,在报告期末分类为关注类/次级类/可疑类/损失类的贷款余额之和。期初正常类贷款期间减少金额是指期初正常类贷款中,在报告期内,由于贷款正常收回、不良贷款处置或贷款核销等原因而减少的贷款。

2. 关注类贷款迁徙率

关注类贷款迁徙率是指期初关注类贷款在报告期末分类为次级类/可疑类/损失类贷款的比例。其计算公式为:

$$关注类贷款迁徙率 = \frac{期初关注类贷款向下迁徙金额}{期初关注类贷款余额 - 期初关注类贷款期间减少金额} \times 100\%$$

期初关注类贷款向下迁徙金额是指期初关注类贷款中,在报告期末分类为次级类/可疑类/损失类的贷款余额之和。期初关注类贷款期间减少金额是指期初关注类贷款中,在报告期内,由于贷款正常收回、不良贷款处置或贷款核销等原因而减少的贷款。

3. 次级类贷款迁徙率

次级类贷款迁徙率是指期初次级类贷款在报告期末分类为可疑类/损失类贷款的比例。其计算公式为:

$$次级类贷款迁徙率 = \frac{期初次级类贷款向下迁徙金额}{期初次级类贷款余额 - 期初次级类贷款期间减少金额} \times 100\%$$

期初次级类贷款向下迁徙金额是指期初次级类贷款中,在报告期末分类为可疑类/损失类的贷款余额之和。期初次级类贷款期间减少金额是指期初次级类贷款中,在报告期内,由于贷款正常收回、不良贷款处置或贷款核销等原因而减少的贷款。

4. 可疑类贷款迁徙率

可疑类贷款迁徙率是指期初可疑类贷款在报告期末分类为损失类贷款的比例。其计算公式为:

$$可疑类贷款迁徙率 = \frac{期初可疑类贷款向下迁徙金额}{期初可疑类贷款余额 - 期初可疑类贷款期间减少金额} \times 100\%$$

期初可疑类贷款向下迁徙金额是指期初可疑类贷款中,在报告期末分类为损失类的贷款余额。期初可疑类贷款期间减少金额是指期初可疑类贷款中,在报告期内,由于贷款正常收回、不良贷款处置或贷款核销等原因而减少的贷款。

(四) 风险抵补类指标

风险抵补类指标衡量商业银行抵补风险损失的能力。它包括盈利能力指标、准备金充足程度指标和资本充足程度指标。

盈利能力指标包括成本收入比、总资产收益率和净资产收益率。我国监管机构要求商业银行成本收入比不应高于 45%,总资产收益率不应低于 0.6%,净资产收益率不应低于 11%。

准备金充足程度指标包括拨备覆盖率和贷款拨备率,拨备覆盖率的监管要求是 120%～150%,贷款拨备率的监管要求是 1.5%～2.5%。

资本充足程度指标包括核心资本充足率、一级资本充足率和总资本充足率。

第五节　贷款准备金的计提

不论商业银行采取多么审慎的贷款政策,贷款损失总是难以完全避免,因此,商业银行需要设立贷款准备金以抵补贷款的预期损失和非预期损失。

一、贷款准备金计提的范围

贷款准备金是指商业银行对承担风险和损失的贷款计提的准备金。应计提准备金的贷款具体包括发放贷款和垫款、商业银行转贷并承担对外还款责任的国外贷款,包括国际金融组织贷款、外国买方信贷、外国政府贷款、日本国际协力银行不附条件贷款和外国政府混合贷款等资产。商业银行企业不承担风险的委托贷款不计提准备金。

二、贷款准备金的种类

贷款准备金包括贷款损失准备和一般准备。

（一）贷款损失准备

贷款损失准备是指商业银行在成本中列支、用以抵御贷款风险的准备金。贷款损失准备采用"预期损失法"计提（依据2017年3月新修订的《企业会计准则第22号——金融工具确认和计量》）。预期损失法将贷款分为三个阶段：第一个阶段是初始确认后信用风险未显著增加；第二个阶段是自初始确认后信用风险显著增加但未发生信用减值；第三个阶段是发生了信用减值。对于处于信用风险第一阶段的贷款，按照12个月的信用损失确认贷款损失准备；对于处于信用风险第二阶段和第三阶段的贷款，按照整个存续期预期信用损失确认贷款损失准备，通过贷款账面余额与按实际利率折现的现金流量的现值之间的差额来计算。商业银行对每一笔贷款都要较准确地判断其信用风险所处的阶段，为此必须掌握所有贷款的违约概率、预期损失率、未来现金流量等关键数据。

（二）一般准备

一般准备是指商业银行运用动态拨备原理，采用内部模型法或标准法计算风险资产的潜在风险估计值后，扣减已计提的贷款损失准备，从净利润中计提的、用于部分弥补尚未识别的可能性损失的准备金。商业银行于每年年度终了对承担风险和损失的资产计提一般准备，由商业银行总行统一计提和管理；对潜在风险估计值高于资产减值准备的差额，计提一般准备。当潜在风险估计值低于资产减值准备时，商业银行可不计提一般准备。一般准备余额原则上不得低于风险资产期末余额的1.5%。

动态拨备是指商业银行根据宏观经济形势变化采取的逆周期计提拨备的方法。商业银行在宏观经济上行周期、风险资产违约率相对较低时，多计提拨备，增强财务缓冲能力；在宏观经济下行周期、风险资产违约率相对较高时，少计提拨备，并动用积累的拨备吸收资产损失。

1. 内部模型法

内部模型法是指具备条件的商业银行使用内部开发的模型对风险资产计算确定潜在风险估计值的方法。

运用内部模型法时，商业银行应当使用至少包括一个完整经济周期的历史数据，综合考虑风险资产存量及其变化、风险资产长期平均损失率、潜在损失平均覆盖率、较长时期平均资产减值准备等因素，并通过对商业银行自身风险资产损失历史数据的回归分析或其他合理方法确定潜在风险估计值。

2. 标准法

标准法是指商业银行根据监管部门确定的标准对风险资产进行风险分类后，按财政部制定的标准风险系数计算确定潜在风险估计值的方法。

不采用内部模型法的商业银行，应当根据标准法计算潜在风险估计值，按潜在风险估计值与资产减值准备的差额，对风险资产计提一般准备。首先，商业银行根据监管部门的有关规定进行贷款五级分类，标准风险系数暂定为：正常类1.5%，关注类3%，次级类30%，可疑类60%，损失类100%；其次，对于其他风险资产的风险分类可参照信贷资产，采用的标准风险系数不得低于上述信贷资产标准风险系数。

标准法潜在风险估计值的计算公式为：

$$潜在风险估计值 = 正常类风险资产×1.5\% + 关注类风险资产×3\% + 次级类风险资产×30\% +$$
$$可疑类风险资产×60\% + 损失类风险资产×100\%$$
$$一般准备 = 潜在风险估计值 - 贷款损失准备$$

当潜在风险估计值低于资产减值准备时,商业银行可不计提一般准备。

三、贷款准备金计提的监管要求

银行业监管机构设置贷款拨备率和拨备覆盖率指标来考核商业银行贷款损失准备的充足性,制定指标的监管标准,还会依据业务特点、贷款质量、信用风险管理水平、贷款分类偏离度、呆账核销等因素对单家商业银行应达到的贷款损失准备监管标准进行差异化调整,并依据经济周期、宏观经济政策、产业政策、商业银行整体贷款分类偏离度、贷款损失变化趋势等因素对商业银行贷款损失准备监管标准进行动态调整。

第六节 信贷资产证券化与贷款出售

信贷资产证券化和贷款出售是商业银行进行信用风险、利率风险和流动性风险管理的两种业务运作方式,有助于改善商业银行的流动性状况、资本充足性、信用风险水平和盈利能力。

一、信贷资产证券化

(一)信贷资产证券化

资产证券化是指以特定资产组合或特定现金流为支持,发行可交易证券的一种融资方式。1970 年,美国的政府国民抵押协会首次发行以抵押贷款组合为基础的抵押支持证券——房贷转付证券,完成世界上首笔资产证券化交易。随后,资产证券化逐渐成为一种被广泛采用的金融创新工具而得到了迅猛发展。

在我国,信贷资产证券化是指银行业金融机构作为发起机构,将信贷资产信托给受托机构,由受托机构以资产支持证券的形式向投资机构发行受益证券,以该财产所产生的现金支付资产支持证券收益的结构性融资活动。2005 年 4 月,我国《信贷资产证券化试点管理办法》出台,信贷资产证券化正式启动。2013 年 8 月,在中央政府推动下,信贷资产证券化开始加速发展。2014 年 11 月,信贷资产证券化业务监管由审批制改为备案制。在备案制下,获得信贷资产证券化资格的商业银行发行新项目时只需要向银监会报送备案,发行规模没有特别限制。2016 年,我国开始试点商业银行不良贷款证券化,18 家商业银行为试点银行,试点总额度为 500 亿元。2019 年,不良资产证券化试点机构范围进一步扩大,新增包括四大金融资产管理公司与多家城商行、农商行在内的 22 家发起机构,试点发行额度再增 1 000 亿元。截至 2019 年年末,不良资产证券化产品共发行 96 只,总额为 589 亿元。

(二)信贷资产证券化的目的

商业银行实施信贷资产证券化可达到下述目的。

1. 为商业银行开辟新的融资渠道

商业银行通过信贷资产证券化,可盘活存量信贷资产,从资本市场获得高流动性的现金资产,从而开辟新的融资渠道。

2. 优化资产结构

商业银行通过信贷资产证券化,将缺乏流动性的信贷资产移到表外,置换进高流动性的资产,从而优化了商业银行的资产结构。

3. 改善商业银行的资本充足率

贷款资产是最主要的风险资产,商业银行通过信贷资产证券化,可以降低风险资产规模,减少资本消耗,改善资本充足率。

4. 增强商业银行的盈利能力

信贷资产证券化加速了信贷资产周转速度,提高了资产的收益率。商业银行可以进一步扩大经营规模以实现更多收益。

5. 引入外部市场约束机制,提升商业银行的运营效率

信贷资产证券化为银行体系引入了外部市场约束机制。商业银行通过严格的信息披露和市场化的资产定价,提高了信贷业务的透明度,促使银行自身加强风险管理,提升运营效率。

(三) 信贷资产证券化的基本过程

信贷资产证券化的基本过程包括资产池的组建,交易结构的安排和资产支持证券(asset backed securities, ABS)的发行,以及发行后管理等环节。目前,我国信贷资产证券化产品主要在银行间债券市场发行与交易。信贷资产证券化的过程见图7-3。

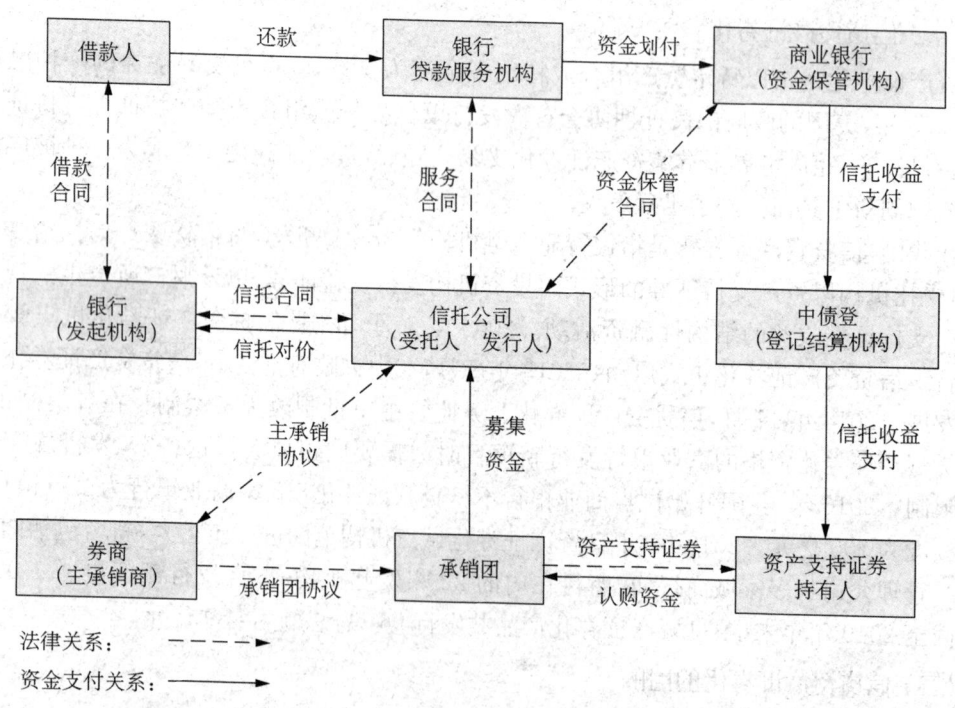

图 7-3　信贷资产证券化的过程

二、贷款出售

(一) 贷款出售的含义和意义

贷款出售是指商业银行在贷款形成之后,将贷款出售给第三方,重新获得资金来源并获取手续费收入的一种业务方式。在西方国家,贷款出售业务已有超百年的发展历史。到 20 世纪 80 年代末,贷款出售业务进入快速增长的阶段。

贷款出售对商业银行的意义与信贷资产证券化相同。贷款出售与贷款证券化根本的区别在于贷款出售只是将贷款的全部或一部分所有权从发起银行转移出去,贷款资产本身不发生任何实质性变化;而贷款证券化则将贷款组合转变为可在资本市场上买卖的证券,创造出了新的投资工具,资产性质发生了变化。在业务操作上,贷款出售更简单,所受限制更少,参与的主体更少。

(二) 我国贷款出售业务实践

贷款出售是我国商业银行处置不良资产的方式之一。商业银行出售不良资产,有利于迅速降低不良贷款率、优化资产结构并获得一定的流动性,但由于不良资产的出售价格远低于其账面值,若计提的贷款损失准备不足,会造成当期利润的减少和所有者权益的下降。1999—2008 年,我国国有大型商业银行批量处置不良资产,四大金融资产管理公司以原账面价值购买了近 4 万亿元四大国有商业银行和其他银行的不良资产,使得大型商业银行的不良贷款率在短时间内大幅下降。四大金融资产管理公司在此期间收购的不良资产回收率约 20%,在完成政策性不良资产的处置任务后,四家金融资产管理公司进行了商业化转型。

2012 年,财政部、银监会制定《金融企业不良资产批量转让管理办法》,允许各省、自治区、直辖市人民政府批准设立一家地方资产管理公司开展不良资产批量收购、处置业务,目的是提高商业银行不良资产的市场承接能力。目前,全国大部分省级行政区已设立了地方资产管理公司,部分地区已设立 2 家以上的地方金融资产管理公司 (AMC)。截至 2019 年年末,地方 AMC 共计 56 家。2017—2018 年,中国工商银行、中国农业银行、中国银行、中国建设银行、交通银行五大商业银行相继成立金融资产投资公司,参与不良资产的处置。此外,随着金融业的开放,民营机构和外资机构也进入不良资产的处置市场。

目前,我国商业银行主要在全国和区域性公开批转市场以及商业银行自身互联网交易平台等出售不良资产。一级市场的买方是四大金融资产管理公司、地方资产管理公司、民营和外资机构和五大商业银行的金融资产投资公司,其中四大金融资产管理公司占市场主体地位。

【知识链接】

次贷危机:美国历史上最大的信用风险

从 2007 年 8 月开始,美国次级抵押贷款(贷款机构向信用程度较低和收入不高的借款人提供的贷款)在市场中出现的违约现象震撼了整个金融市场,导致美国出现了自大萧条以来最严重的金融危机及最严重的经济衰退。美联储前任主席格林斯潘将这场危机形容为"百年一遇的金融海啸"。在全世界范围内,表内和表外信用工具(如抵押贷款、抵押贷款证券、信用卡)价值的下跌造成了高达 23 000 亿美元的损失。在危机最严重的 2009—2012 年,

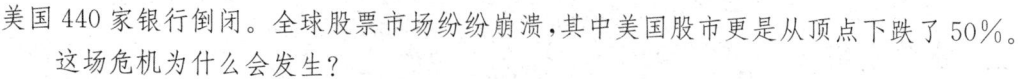

美国 440 家银行倒闭。全球股票市场纷纷崩溃,其中美国股市更是从顶点下跌了 50%。

这场危机为什么会发生?

2001 年,美联储下调基准利率以提振不断下滑的经济,美国经济结束衰退。借助来自印度等国大量资金流入美国所产生的流动性,次级抵押贷款市场开始启动。到 2007 年,次级抵押贷款市场的容量已经超过 1 万亿美元。由于次级抵押贷款市场的发展导致了"信贷民主化"的产生,并且帮助美国的住房拥有率达到历史上的最高点,所以它受到经济学家和政治家的一致称赞。房地产市场的资产价格开始启动,并且持续急速上涨,这同时促进了次级抵押市场的发展。议会鼓励房利美和房地美购买数以万亿美元的次级抵押贷款支持债券。次级抵押贷款市场的发展也进一步增加了对住宅的需求,从而造成房地产价格急剧上升。

随着房地产价格的上涨,以及抵押贷款的发起者和贷款者的盈利能力提高,次级抵押贷款的放贷标准越来越低。较高风险的借款者都可以获得抵押贷款,而抵押贷款数额与房地产价值之间的比值,即贷款—价值比(LTV)也在升高。借款者通常能够获得的是一种复合抵押组合,其原始抵押贷款—价值比清偿顺序中前 80% 的份额被第二次抵押和第三次抵押的清偿过程占据,这使得其几乎不允许出现未按期偿付的情况。然而,如果资产价格的上涨过于脱离其基本面,那么它们的价格就必然会下降,从而导致房地产价格泡沫最终破裂。2004—2007 年,美联储逐步提高利率。房地产价格由 2006 年的顶峰跌落,金融系统中的弊端开始显现。房地产价格的下跌使得许多次级贷款的借款者发现其抵押贷款都开始"缩水",即住宅的价值跌到了其贷款数额之下。当出现这种情况的时候,挣扎中的投资者具有极大的动力来放弃房产而将钥匙送还给贷款者。住宅抵押贷款的违约冲击十分剧烈,最终导致超过 100 万笔的住宅抵押贷款丧失了其赎回权。结果是,抵押货款支持证券和担保债务凭证价值的崩溃,从而导致银行和其他金融机构经历了前所未有的巨额资产减值。2007 年 7 月,标普降低次级抵押贷款债券评级,全球金融市场大震荡。2008 年 3 月,由于大量投资于次级抵押债券及其相关金融产品,美国第五大投行贝尔斯登出现挤兑风潮,最终被摩根大通收购。同年 7 月,房利美和房地美这两家由政府发起私人持有的两家企业因持有的次级抵押证券遭受严重损失被迫向美国财政部和美联储寻求救助。2008 年 9 月 15 日,由于在次级市场遭受巨大损失,美国第四大投行雷曼兄弟申请破产,成为美国历史上最大的破产案。

资料来源:费雷德里克·S·米什金.货币金融学[M].蒋先玲,等,译.北京:机械工业出版社,2017.

【本章小结】

1. 贷款是商业银行收入的主要来源和资金配置的重要方面。贷款按期限长短划分为短期贷款、中期贷款和长期贷款;按保障条件划分为信用贷款、担保贷款和票据贴现;按组织形式划分为单个银行贷款和银团贷款;按对象划分为公司贷款和个人贷款;按风险程度划分为正常、关注、次级、可疑和损失五类贷款。

2. 我国央行在 2010 年启动宏观审慎监管,并于 2011 年开始建立差别准备金动态调整和合意贷款管理机制。从 2016 年起,央行将差别准备金动态调整和合意贷款管理机制升级为宏观审慎评估体系(MPA)。

3. 贷款定价对提高商业银行市场竞争力、盈利能力和资源配置效率,具有重大的现实意义。贷款价格的内容主要有贷款利率、贷款承诺费、补偿性余额和隐含价格等。贷款定价的方法有成本加成定价法、价格领导模型定价法、基础利率定价法、客户盈利性分析模型定价法、基于风险调整资本收益率的贷款定价法等。

4. 信用风险是最有可能导致商业银行发生重大损失甚至破产倒闭的风险,对贷款信用风险进行有效管理和控制是贷款业务管理的核心内容。商业银行信用风险管理体系包括信用风险测评、信用风险控制、信用风险预警和信用风险化解。

5. 我国商业银行针对贷款信用风险贷款准备金需要计提贷款损失准备和一般准备。贷款损失准备采用"预期损失法"计提;一般准备采用内部模型法或标准法,从净利润中计提。

6. 信贷资产证券化与贷款出售有利于商业银行获得流动性、优化商业银行的资产结构、改善资本充足率、加速信贷资产周转速度等,也是商业银行化解风险、处理不良资产的途径。

【关键术语】

贷款分类 宏观审慎评估体系 贷款定价 贷款利率 贷款承诺费 补偿性余额 隐含价格 贷款风险管理 贷款准备计提 信贷资产证券化 贷款出售

【问题思考】

1. 贷款是如何分类的?
2. 什么是贷款规模?宏观审慎评估体系的内容是什么?
3. 影响贷款价格的因素有哪些?
4. 贷款定价有哪些方法?
5. 贷款风险管理应包括哪些内容?
6. 简述贷款损失准备的种类和计提方法。
7. 如何进行信贷资产证券化?

本章练习
参考答案

补充案例

本 章 练 习

一、单项选择题

1. 以借款人或第三人的动产或权利作为质物发放的贷款是(　　)。
   A. 抵押贷款　　　　B. 质押贷款　　　　C. 担保贷款　　　　D. 保证贷款

2. 长期贷款是指(　　)。
   A. 1～5年期的贷款　　　　　　　　B. 工业企业贷款
   C. 5年以上的贷款　　　　　　　　D. 固定资产贷款

3. 尽管借款人目前有能力偿还贷款本息,但存在一些可能对偿还产生不利影响的因素,商业银行将此类贷款归为(　　)。
   A. 正常贷款　　　　B. 关注贷款　　　　C. 不良贷款　　　　D. 次级贷款

4. 下面对贷款业务的分类中,正确的是(　　)。
   A. 信用贷款和担保贷款　　　　　　B. 短期贷款和自营贷款
   C. 消费贷款和委托贷款　　　　　　D. 自营贷款和银团贷款

5. 商业银行在优惠利率的基础上,结合银行成本、贷款风险、客户综合效益和市场竞争等因素,加一定利差或乘上一个系数,这种贷款定价方法是(　　)。
   A. 成本加成定价法　　　　　　　　B. 价格领导模型定价法
   C. 基础利率定价法　　　　　　　　D. 客户盈利性分析模型定价法

6. 目前,较先进且在国际大银行广泛运用的贷款定价方法是(　　)。
   A. 基于$RAROC$的贷款定价法　　　　B. 价格领导模型定价法
   C. 基础利率定价法　　　　　　　　D. 客户盈利性分析模型定价法

7. 贷款的客户盈利性分析模型定价法下,若商业银行要求一笔5 000万元的贷款带来的资本收益率为15%,商业银行的资产负债率为93%,所得税税率为25%,则实际上商业银行要求通过该贷款实现的目标利润为(　　)万元。
   A. 750　　　　　　B. 350　　　　　　C. 70　　　　　　D. 125

8. 一笔6 000万元的贷款占用的经济资本为300万元,银行要求的该笔贷款风险调整资本收益率为20%,该行的资金成本率为4%,则银行要求的资本风险溢价是(　　)。
   A. 0.8%　　　　　B. 1.6%　　　　　C. 1%　　　　　D. 0.2%

9. 目前,我国信贷资产证券化业务的监管制度是(　　)。
   A. 审批制　　　　　　　　　　　　B. 备案制
   C. 核准制　　　　　　　　　　　　D. 注册制

10. 对于贷款资产的预期损失,银行的补偿方式是(　　)。
    A. 提取贷款损失准备　　　　　　　B. 在贷款定价时收取风险费用予以补偿
    C. 自有资本金　　　　　　　　　　D. 提取一般风险准备

二、多项选择题

1. 贷款的基本要素包括(　　)。
   - A. 对象
   - B. 金额
   - C. 利率或费率
   - D. 期限
   - E. 用途
   - F. 法律责任

2. 较单个银行贷款,银团贷款的优点有(　　)。
   - A. 有效突破了单个银行资金实力的限制,能满足大规模的资金需求
   - B. 所有参与银行共同承担违约风险,降低其信用风险的集中度
   - C. 有较强的独立性和灵活性
   - D. 有利于银行间优势互补和信息共享

3. 宏观审慎监管中的广义信贷包括(　　)。
   - A. 贷款
   - B. 债券投资
   - C. 股权及其他投资
   - D. 买入返售资产
   - E. 存放非存款类金融机构款项
   - F. 表外理财资产

4. 贷款的定价的内容包括(　　)。
   - A. 贷款方式
   - B. 贷款的利率
   - C. 补偿余额
   - D. 贷款期限
   - E. 承诺费
   - F. 隐含价格

5. 下列措施中,可以降低银行的贷款风险、提高借款人实际成本的措施有(　　)。
   - A. 减少担保品数量
   - B. 延长贷款期限
   - C. 增加担保品的数量
   - D. 取消部分条款
   - E. 缩短贷款期限
   - F. 规定更为严格的合同条款

6. 影响贷款价格的主要因素有(　　)。
   - A. 贷款成本
   - B. 贷款的风险程度
   - C. 贷款费用
   - D. 借款人的信用及与银行关系
   - E. 贷款的目标收益率
   - F. 贷款的供求状况

7. 贷款准备金包括和(　　)。
   - A. 资产减值损失
   - B. 贷款损失准备
   - C. 一般准备
   - D. 贷款减值损失
   - E. 风险准备
   - F. 专门准备

8. 商业银行实行信贷资产证券化的意义在于(　　)。
   - A. 转嫁风险
   - B. 开辟新的融资渠道
   - C. 优化资产结构
   - D. 融资成本低
   - E. 提高资本充足率
   - F. 增强盈利能力

9. 相较信贷资产证券化,贷款出售的特点有(　　)。
   - A. 贷款资产本身不发生任何实质性变化
   - B. 创造出了新的投资工具
   - C. 业务操作上更简单
   - D. 所受限制更多

E. 参与的主体少

F. 资产性质发生了变化

10. 下列措施中,能做到防止集中度风险的有(　　　)。

A. 控制对单一客户的贷款比重

B. 控制对单一品种贷款的比重

C. 重点投资新兴市场经济体

D. 重点投资朝阳产业

E. 着眼于短期贷款

F. 银团贷款

三、判断题

1. 短期贷款和中长期贷款的区别在于贷款期限不同,但运行规律、操作规范相同。(　　　)

2. 贷款定价中一些非货币性内容可能会影响银行贷款的实际利率水平。(　　　)

3. 在我国,贷款规模控制既是货币政策中介目标,又是实施货币政策的重要手段之一。

(　　　)

4. 补偿性余额有助于银行降低贷款风险,补偿其可能遭受的损失,并降低贷款的实际利率。

(　　　)

5. 商业银行进行税后利润分配时,必须计提一般准备。(　　　)

四、计算题

1. 某商业银行与企业签订为期一年的周转信贷协议,周转信贷额为 500 万元,年承诺费率为 0.5%。2020 年 1 月 1 日,某企业借入 300 万元,7 月 1 日又借入 150 万元,贷款利率为 6%。

要求:计算该商业银行 2020 年度收取的利息和承诺费。

2. 银行采用补偿性余额方式向企业贷款 1 000 万元,贷款合同利率为 6.3%,补偿性余额比率为 10%。

要求:计算该笔贷款的实际利率水平。

3. 某商业银行为某企业发放一笔贷款,采用成本加成的方法进行贷款定价,经测定筹集可贷资金的成本是 3%,非资金性经营成本是贷款数额的 0.5%,贷款违约风险溢价是贷款额的 1%,银行目标利润率为 2.5%。

要求:计算成本加成定价法下该笔贷款最终定价。

4. 某银行向某客户发放 2 亿元的贷款,预计商业银行可从该客户取得的其他服务的收入为 120 万元,税金及附加约为利息收入和服务收入的 1%,银行测算出对该客户提供贷款的资金成本、其他服务成本和贷款违约成本约为 700 万元。目前该银行的资产负债率为 90%,所得税税率 25%,要求从该笔贷款获得的资本收益率为 18%。

要求:计算客户盈利性分法模型定价法下该笔贷款的定价。

5. 某银行发放贷款的资金成本率为 2.5%,现准备向某客户发放 3 000 万元的贷款,通过银行信贷管理系统的模型测算,该笔贷款的预期违约概率为 2%,违约损失率为 20%,占用的经济资本为 300 万元。该笔贷款的税金及附加率约为利息收入的 1%,经营费率为贷款额的 1%,信贷审批委员会要求该笔贷款的 RAROC 至少达到 15%。

要求:计算该笔贷款利率的最低定价水平?

6. 某商业银行在 2020 年末对贷款按质量和风险大小的分类结果是:正常 5 万亿元,关注 2 万亿元,次级 0.05 万亿元,可疑 0.03 万亿元,损失 0.02 万亿元。商业银行计提的资产减值损失为 0.09 万亿元。

要求:计算该商业银行潜在风险估值及净利润中应提取的一般风险准备。

第八章
证券投资业务管理

证券投资业务管理
- 证券投资的目的与对象
  - 证券投资的目的
  - 证券投资的对象
- 债券投资的收益率与风险
  - 债券投资的收益率
  - 债券投资风险
- 债券投资利率风险管理
  - 债券的价格与市场利率的关系
  - 债券价格的波动与利率风险的衡量
- 债券投资的策略
  - 收益率曲线策略
  - 周期投资策略
  - 免疫投资策略
  - 期限组合策略

商业银行进行证券投资,既是为获得一定的收益,也是进行流动性管理和风险管理的重要手段。商业银行证券投资的对象主要是债券、票据和存单等,这类证券价值稳定、收益可靠、风险低。当商业银行需要流动性时,可利用证券进行现货交易、回购交易及参与央行的SLF(常备借贷便利)和MLF(中期借贷便利)以获得资金。在商业银行面临资本充足性压力时,因证券投资信用风险低,风险权重系数小,有利于商业银行通过调整资产配置结构,节约资本占用,提高银行资本充足率水平。在流动性监管指标的考核中,满足评级要求的债券可计入合格优质流动资产,从而改善流动性指标状况。在MPA考核评估中,证券投资纳入广义信贷范围,广义信贷增速是重要的考核指标。证券投资具有良好的流动性,便于商业银行利用证券投资买卖进行广义信贷增速的调节。

第一节 / 证券投资的目的与对象

一、证券投资的目的

（一）获取收益

商业银行进行证券投资的首要目的是获取收益。证券投资的收益是商业银行利润的重要来源之一。由于监管机构对于商业银行资金使用方向的严格限制，商业银行的证券投资对象主要是流动性好、收益稳定、风险低的债券。债券投资收益来自两个方面：①债券的利息收入，是指债券的面值与票面利率的乘积。除了保值贴现债券和浮动利率债券，债券的利息收入水平在持有期内稳定（如果银行购买的是政府债券，所获得的利息收入免增值税和所得税）。②资本利得，是指因债券价格上涨而得到的资本收入或因债券价格下降而受到的资本损失。

表 8-1 是我国四大国有商业银行 2017—2019 年证券投资平均规模、占总资产比及证券利息收入占总利息收入比的情况。可以看到，四大国有商业银行证券投资的占总资产比均稳定在 20% 以上，中国农业银行在 27% 左右。在总利息收入中，证券投资利息收入的占比也达到 20% 以上。

表 8-1　　2017—2019 年四大国有商业银行证券投资平均规模及占比情况　　单位：万亿元

银行名称	2019 年			2018 年			2017 年		
	证券投资	证券投资占总资产比	证券利息收入占总利息收入比	证券投资	证券投资占总资产比	证券利息收入占总利息收入比	证券投资	证券投资占总资产比	证券利息收入占总利息收入比
中国工商银行	6.14	20.89%	21.30%	5.48	20.53%	21.11%	5.14	20.62%	21.49%
中国建设银行	5.23	21.36%	21.44%	4.60	20.09%	21.23%	4.57	20.67%	22.76%
中国农业银行	6.37	27.58%	27.07%	5.80	26.80%	27.54%	5.46	27.16%	28.09%
中国银行	4.85	21.29%	20.90%	4.50	21.16%	20.98%	4.29	22.03%	21.23%

表 8-2 是 2017—2019 年四大国有商业银行证券投资利率与贷款利率比较。可以看到，各行证券投资与贷款业务的利差大多低于 1%，但债券的信用风险损失和业务运营成本要比贷款业务低得多。

表 8-2　　2017—2019 年四大国有商业银行证券投资利率与贷款利率比较

银行名称	2019 年			2018 年			2017 年		
	证券投资平均利率	贷款平均利率	证券投资与贷款利率差	证券投资平均利率	贷款平均利率	证券投资与贷款利率差	证券投资平均利率	贷款平均利率	证券投资与贷款利率差
中国工商银行	3.60%	4.45%	−0.85%	3.65%	4.38%	−0.73%	3.61%	4.23%	−0.62%

（续表）

银行名称	2019 年			2018 年			2017 年		
	证券投资平均利率	贷款平均利率	证券投资与贷款利率差	证券投资平均利率	贷款平均利率	证券投资与贷款利率差	证券投资平均利率	贷款平均利率	证券投资与贷款利率差
中国建设银行	3.62%	4.49%	−0.87%	3.75%	4.34%	−0.59%	3.74%	4.18%	−0.44%
中国农业银行	3.65%	4.40%	−0.75%	3.73%	4.40%	−0.67%	3.67%	4.26%	−0.59%
中国银行	3.20%	4.26%	−1.06%	3.21%	4.22%	−1.01%	3.08%	3.91%	−0.83%

（二）作为流动性管理的工具

保持资产的流动性是商业银行业务经营的重要方面，也是衡量商业银行业务经营活动是否正常的一个重要标志。在商业银行主要资产中，贷款的收益性好但流动性比较差，现金资产的流动性最强但收益性差，商业银行持有过多的现金资产会增加商业银行的机会成本，降低盈利性。而证券投资的收益性和流动性正好介于现金资产和贷款资产之间，商业银行运用证券投资的方式可以尽可能压缩超储规模，以提高其整体资产的运营效率，在流动性需要时又可以随时变现。因而，证券投资是商业银行进行流动性管理的重要工具。商业银行持有的某些证券还可作为向中央银行借款的抵押品或作为回购业务的标的物，为商业银行开辟了新的短期负债渠道，并使商业银行资产负债规模双向扩张，加速了资金的流动，提高了资金的使用效率。在主要的流动性监管指标中，评级在 BBB− 以上的债券可按规定的比例计入合格优质流动资产，有利于商业银行达到强制性监管指标的要求。

（三）作为风险管理的手段

证券投资的信用风险水平低，占用资本金少，当商业银行面临资本充足性压力时，可以加大证券投资的规模以降低资产整体的信用风险水平，从而提高资本充足率。在利率风险管理中，由于证券投资方式灵活，商业银行的主动性强，可以进行不同期限和不同品种的投资，可根据需要随时买进或卖出。因此，根据利率变动的预测，商业银行可利用证券投资调整利率敏感性缺口和持续期缺口，以降低或消除利率风险。

二、证券投资的对象

1995 年，我国《商业银行法》规定了商业银行的业务范围；1998 年，国务院明确规定商业银行不得从事股票买卖。因此，我国商业银行证券投资主要是债券投资，投资的场所主要是全国银行间债券市场，上市商业银行可进入交易所市场从事债券投资。图 8-1 是 2011—2019 年年末我国债券存量和当年 GDP 的比较。2019 年年末，我国债券存量与 GDP 的比为 98%（2019 年年末，美国债券存量与 GDP 的比为 208.2%，日本债券存量与 GDP 的比为 242.79%）。

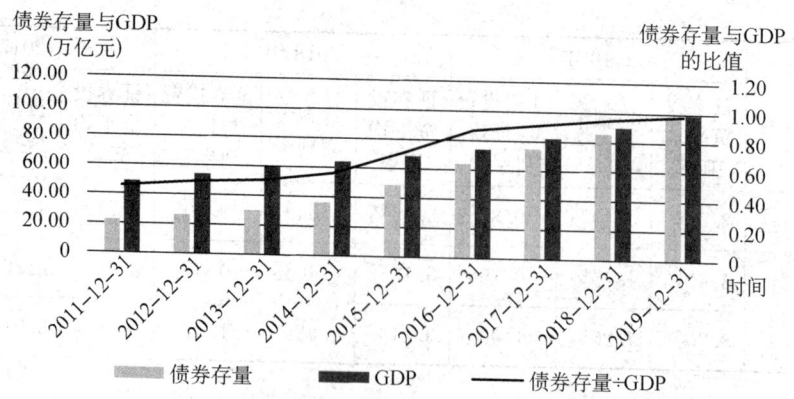

图 8-1 2011—2019 年年末我国债券存量和当年 GDP

债券可按以下方式分类。

（一）按发行主体划分

1. 利率债

利率债的发行人是中央政府、地方政府或信用等级与国家相同的机构,有国家信用背书,主要包括国债、地方政府债、政策性银行债、央行票据、政府支持机构债券。

2. 信用债

信用债的发行人是商业银行等企业,有一定的信用风险,主要包括金融债、企业债、公司债、短期融资券、资产支持证券、同业存单。

2019 年年末,我国债券市场债券存量 97.11 万亿元,其中利率债占 55%,信用债占 45%。前四大债券品种是地方政府债、国债、政策性银行债和同业存单,分别占债券存量的 21.75%、17.14%、16.17% 和 11.04%。

（二）按付息方式划分

1. 零息债券

零息债券低于面值折价发行,到期按面值一次性偿还,期限在 1 年以上。

2. 贴现债券

贴现债券低于面值折价发行,到期按面值一次性偿还,期限在 1 年以内。

3. 固定利率附息债券

固定利率附息债券发行时标明票面利率、付息频率、付息日期等要素,按照约定利率定期支付利息,到期日偿还最后一次利息和本金。

4. 浮动利率附息债券

浮动利率附息债券以某一短期货币市场参考指标为债券基准利率,加上利差(发行主体可通过招标确定)作为票面利率,基准利率在待偿期内可能变化,但基本利差不变。

5. 利随本清债券

利随本清债券发行时标明票面利率,到期兑付日前不支付利息,全部利息累计至到期兑付日和本金一同偿付。

在我国债券市场中,附息债券是主要的债券品种,附息债券中又以固定利率债券为主。

(三) 按币种划分

1. 人民币债券

人民币债券为以人民币计价的债券。它包括境内机构发行的人民币债券和境外机构发行的熊猫债券,占中国债券市场的绝大部分。

2. 外币债券

外币债券是境内机构在境内发行的以外币计价的债券,经中国人民银行批准发行。目前,外币债券仅有零星的境内美元债券,大部分在中央结算公司托管。

3. SDR 债券

SDR 债券是以特别提款权(SDR)计价的债券。2016 年 8 月,世界银行在中国银行间市场发行 5 亿元以人民币结算的 SDR 债券。

第二节　债券投资的收益率与风险

一、债券投资的收益率

债券投资的收益包括债券的利息收入和资本利得。债券投资的收益率包括以下几种。

(一) 票面收益率

票面收益率即债券的名义收益率,是指债券票面上注明或发行时规定的利率。例如,一张面值为 100 元的债券,票面上标有年利率 8%,则 8% 就是该债券的票面收益率,债券持有人每年可以获得 8 元利息收入。由于债券的市场价格随市场状况而波动,按面值交易的情况极少,所以票面收益率不是衡量债券收益率的一个合适的标准。

(二) 当期收益率

当期收益率是指债券的票面利息与当期债券市场价格的比率。例如,商业银行以 94 元的价格购入面值为 100 元、票面收益率为 8% 的债券,那么该债券的当期收益率则为 8.51%(100×8%÷94×100%)。当期收益率考虑了证券市场的价格变化,比票面收益率更接近实际;但它只考虑了债券的利息收入,而没有考虑债券的资本收益或损失,因而不能完全反映出投资者的收益。

(三) 到期收益率

到期收益率是指买入债券后持有至到期所获得的收益率。它是将债券未来现金流折算为债券全价的贴现率,债券全价等于债券净价与债券应计利息之和。到期收益率不仅考虑了利息收入,还考虑了资本收益,是目前债券市场上广泛使用的指标。

1. 债券全价中内含应计利息的计算

(1) 对固定利率债券和浮动利率债券,每百元面值的应计利息额的计算公式为:

$$AI = \frac{C}{f} \times \frac{t}{TS}$$

其中：AI 为每百元面值债券的应计利息额；C 为每百元面值年利息，对浮动利率债券，C 根据当前付息周期的票面利率确定；t 为起息日或上一付息日至结算日的实际天数；f 为年付息频率；TS 为当前付息周期的实际天数。

（2）对到期一次还本付息债券，每百元债券的应计利息额的计算公式为：

$$AI = K \times C + \frac{C}{TY} \times t$$

其中：AI 为每百元面值债券的应计利息；C 为每百元面值的年利息；K 为债券起息日至结算日的整年数；t 为起息日或上一付息日至结算日的实际天数；TY 为当前计息年度的实际天数，算头不算尾。

（3）对零息债券，每百元债券的应计利息额的计算公式为：

$$AI = \frac{100 - P_d}{T} \times t$$

其中：AI 为每百元面值债券的应计利息；P_d 为债券发行价；T 为起息日至到期兑付日的实际天数；t 为起息日至结算日的实际天数。

2. 债券全价与到期收益率的互算

（1）对处于最后付息周期的固定利率债券、待偿期在 1 年及 1 年以内的到期一次还本付息债券和零息债券，到期收益率按单利计算。其计算公式为：

$$y = \frac{FV - PV}{PV} \div \frac{D}{TY}$$

其中：y 为到期收益率；FV 为到期兑付日债券本息和，固定利率债券为 $M + C \div f$，到期一次还本付息债券为 $M + N \times C$，零息债券为 M；PV 为债券全价；D 为债券结算日至到期兑付日的实际天数；M 为债券面值；N 为债券期限（年），即从起息日至到期兑付日的整年数；C 为债券票面年利息；f 为年付息频率；TY 为当前计息年度的实际天数，算头不算尾。

（2）对待偿期在 1 年以上的到期一次还本付息债券和零息债券，到期收益率按复利计算。其计算公式为：

$$PV = \frac{FV}{(1+y)^{\frac{d}{TY}+m}}$$

其中：PV 为债券全价；FV 为到期兑付日债券本息和，到期一次还本付息债券为 $M + N \times C$，零息债券为 M；y 为到期收益率；d 为结算日至下一最近理论付息日的实际天数；m 为结算日至到期兑付日的整年数；M 为债券面值；N 为债券期限（年），即从起息日至到期兑付日的整年数；C 为债券票面年利息；TY 为当前计息年度的实际天数，算头不算尾。

（3）对不处于最后付息周期的固定利率债券，到期收益率按复利计算。其计算公式为：

$$PV = \frac{c/f}{(1+y/f)^{\frac{d}{TS}}} + \frac{c/f}{(1+y/f)^{\frac{d}{TS}+1}} + \cdots + \frac{c/f+M}{(1+y/f)^{\frac{d}{TS}+n-1}}$$

其中：PV 为债券全价；C 为票面年利息；f 为年付息频率；y 为到期收益率；d 为债券结算日至下一最近付息日之间的实际天数；n 为结算日至到期兑付日的债券付息次数；M 为债券面

值;TS 为当前付息周期的实际天数。

（注:付息周期的实际天数是指下一个付息日与上一个付息日之间的实际天数,算头不算尾,含闰年的 2 月 29 日;计息年度是指发行公告中标明的第一个起息日至次年度对应的同月同日的时间间隔为第一个计息年度,依次类推。）

【例 8-1】　某种债券面值为 100 元,剩余期限为 20 年,票面利率为 10%,每年付息一次,目前刚付息后的市场价格为 85 元。该债券的到期收益率 y 可以通过解下列方程得到:

$$85 = \frac{10}{(1+y)} + \frac{10}{(1+y)^2} + \cdots + \frac{10+100}{(1+y)^{20}}$$

可得该债券的到期收益率 y 为 12%。

(四) 持有期收益率

持有期收益率是投资者持有证券一段时间并在到期日前把它卖出所取得的收益率,其计算公式为:

$$y = \frac{C + (FV - PV) \div n}{PV} \times 100\%$$

其中:y 为持有期收益率;C 为票面年利息;PV 为债券买入价;FV 为债券卖出价;n 为持有年数。

二、债券投资风险

债券投资风险是指由于未来的不确定性而给商业银行带来的投入本金和预期收益发生损失的可能性。

(一) 债券投资风险的分类

一般来说,债券投资风险根据能否通过投资组合来消除,可以分为系统性风险和非系统性风险。系统性风险又称不可分散风险,是指对市场上所有债券带来风险的可能性。这种风险的影响是全局性的,对于投资者来说无法消除,其来源可能是经济周期、通货膨胀、战争等因素,不能通过投资组合抵消或削弱。非系统风险也称为可分散风险,是指某种特定因素对某一个或某一类债券带来损失的可能性。它可以是由某个企业的生产经营状况、市场条件等发生变化引起的,可通过投资组合的方法降低风险或消除。

(二) 债券投资风险

债券投资面临的风险有利率风险、通货膨胀风险、政策风险、违约风险和流动性风险等。前三种风险属于系统风险,后两种风险属于非系统风险。

1. 利率风险

利率风险是指市场利率变动导致债券价格与收益发生变动的风险。由于大多数债券有固定的利率及偿还价格,市场利率波动将引起债券价格反方向变化。当市场利率上升并超过债券票面利率时,投资人就不愿意购买债券,导致债券需求下降,债券价格因此下跌;反之,当市场利率下跌至低于债券票面利率时,投资者就会争相购买债券,使债券需求量上升,价格上涨。此外,债券利率风险与债券持有期限的长短密切相关,期限越长,利率风险就越大。

2. 通货膨胀风险

通货膨胀风险又称为购买力风险,是指由于通货膨胀而使债券到期或出售时所获得的现金的购买力减少,从而使投资者的实际收益低于名义收益的风险。在通货膨胀情况下,货币的购买力就要下降,而债券是一种货币性资产,债券发行者在协议中承诺付给债券持有人的利息和本金都是事先约定好的固定金额,此金额不会因通货膨胀而有所增加,其结果是债券持有人从债券投资中得到的货币的实际购买力越来越低。

3. 政策风险

政策风险是指由于国家或地方政府的经济政策变化导致债券价格发生波动而产生的风险。政策风险具有多种形式。例如,投资人购买某种债券时,国家并不要求对其利息收入纳税,但在后期突然宣布债券要交利息税,就使投资者的实际收益率下降。又如,投资者购买免税的政府债券,就面临着利息税下调的风险,因为利息税越高,免税价值越大,该债券的价格就越高。

4. 违约风险

违约风险也称为信用风险,是指债券发行人不能履行合约规定的义务,无法按期支付利息和偿还本金而产生的风险。企业发行债券后,其营运成绩、财务状况都直接反映在债券的市场价格上,一旦企业的营运状况不良,企业就有可能丧失还本付息的能力,债券的市场价格就会下降。一般而言,政府债券被认为是无违约风险的"金边债券",具有相同期限的存在违约风险的债券与无违约风险债券之间的利差称为风险溢价,违约风险越大风险溢价越高,债券的违约风险大小可参照权威机构的信用评级结果。

5. 流动性风险

流动性风险又称为变现能力风险,是指债券持有人打算出售债券获取现金时,其所持有债券不能按目前合理的市场价格在短期内出售而形成的风险。如果一种债券能够在较短时间内按市价大量出售,则说明这种债券的流动性较强,投资于这种债券所承担的流动性风险较小;反之,如果一种债券按市价卖出很困难,则说明其流动性较差,投资者会因此而遭受损失。一般来说,政府债券以及一些著名的大公司债券的流动性较强。

第三节 债券投资利率风险管理

债券是一种典型的利率产品,债券投资中最经常发生的和最主要的风险是利率风险。市场利率的变化会引起债券价格的变化。债券价格对市场利率的变化越敏感,利率变化所引起的债券投资者潜在的损失或收益也越大。债券的价格与市场利率的一般关系式为:

$$P = \sum_{t=1}^{n} \frac{C}{(1+r)^t} + \frac{M}{(1+r)^n} \qquad (8-1)$$

其中:P 为债券的价值;C 为债券每年的利息收入;n 为从现在至债券到期的年数;M 为债券的面值;r 为市场利率。

若将债券的市场价格代入式(8-1),求得的 r 则为债券的到期收益率。

一、债券的价格与市场利率的关系

债券的价格与市场利率的关系存在以下五条定理。

（一）债券的价格与市场利率反方向变动

【例8-2】　面值为100元的债券,票面利率为8%,期限为10年。如果市场利率与票面利率相等,则债券的价格等于其面值;若市场利率为7%,债券的价格上升到110元;若市场利率为10%,债券的价格下降到90元。也就是说,债券的市场价格与债券的收益率呈反方向变动(见图8-2)。当市场利率高于票面利率时,债券价格低于面值称为折价;当市场利率低于票面利率时,债券价格高于面值称为溢价;当市场利率等于票面利率时,债券价格等于面值称为平价。

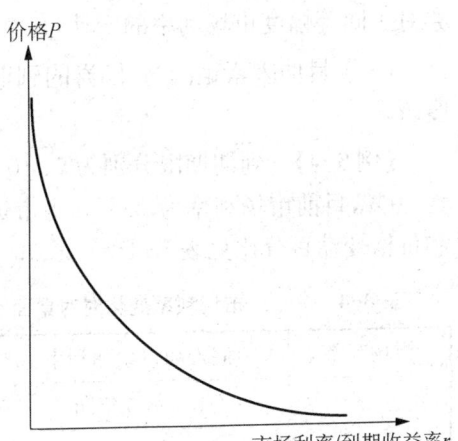

图8-2　债券价格与市场利率/到期收益率的关系

这一定理对债券投资分析的意义在于:当预测市场利率将要下降时,应及时买入债券,因为市场利率下降债券价格会上涨;反之,当预测利率将要上升时,应卖出手中持有的债券。

（二）市场利率的下降引起债券价格上升的幅度要大于市场利率以同等幅度上升而引起的债券价格下跌的幅度

债券的价格与市场利率之间的反向关系并非是线性关系,当市场利率逐步上升,债券价格以递减的速度下降,当市场利率逐步下降,债券价格以递增的速度上升。也就是说,随着市场利率的上升,债券价格的对利率变动的敏感性下降,随着市场利率的下降,债券价格对利率变动的敏感性增加,市场利率相同幅度的变化,引起的债券价格上升的幅度大于债券价格下跌的幅度。

【例8-3】　面值为100元的债券,票面利率为9%,期限为5年,目前市场利率为9%,当市场利率发生变化。该债券价格变动情况见表8-3。

表8-3　　　　　　　市场利率变化引起某债券价格变动情况

利率	变动幅度(基点)	价格(元)	价格变动绝对值(元)	价格变动百分比
6.00%	−300	112.80	12.80	12.80%
7.00%	−200	108.32	8.32	8.32%
8.00%	−100	104.06	4.06	4.06%
8.50%	−50	102.00	2.00	2.00%
9.01%	1	99.96	−0.04	−0.04%
9.50%	50	98.05	−1.95	−1.95%
10.00%	100	96.14	−3.86	−3.86%
11.00%	200	92.46	−7.54	−7.54%
12.00%	300	88.96	−11.04	−11.04%

这一定理对债券投资分析的意义在于:债券的价格对市场利率下降更敏感。同一个债

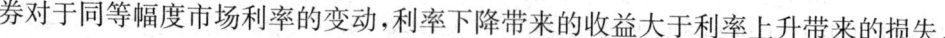

券对于同等幅度市场利率的变动,利率下降带来的收益大于利率上升带来的损失。

（三）其他因素相同时,债券的到期期限越长,市场利率变化引起的债券价格的变化幅度越大

【例8-4】 到期期限分别为5、10、15年的3种债券,票面面值均为100元,票面利率均为10%,目前市场利率为10%。当市场利率分别变动到8%和12%时,这3种债券的价格和价格变动百分比见表8-4。

表8-4　　　　市场利率变化时对票面利率相同期限不同的3种债券价格的影响

市场利率	债券品种(票面利率10%)	债券价格(元)	价格变动百分比
8%	5年期	107.99	7.99%
	10年期	113.42	13.42%
	15年期	117.12	17.12%
12%	5年期	92.79	−7.21%
	10年期	88.70	−11.30%
	15年期	86.38	−13.62%

由表8-4可以看出,其他因素相同时,债券的到期期限越长,利率变化导致的价格变化越大。

这一定理对债券投资分析的意义在于:长期债券比短期债券具有更强的利率敏感性。如果预测市场利率下降,在其他条件相同的前提下,投资者应选择到期期限长的债券投资;如果预测市场利率上升,投资者应避免持有到期期限长的债券。

（四）其他因素不变,债券的票面利率越低,债券的价格对市场利率的变化越敏感

【例8-5】 有两种面值均为100元的债券,期限均为5年,一种票面利率为9%,另一种票面利率为5%,目前市场利率为9%,这两种债券价格分别为100元和84.17元,当市场利率发生变化时,这两种债券价格变动的百分比见表8-5。

表8-5　　　　市场利率变化时对票面利率不同期限相同的两种债券价格的影响

到期收益率	变动幅度(基点)	票面利率9%的债券价格变动百分比	票面利率5%的债券价格变动百分比
6.00%	−300	12.80%	13.73%
7.00%	−200	8.32%	8.92%
8.00%	−100	4.06%	4.35%
8.50%	−50	2.00%	2.15%
9.01%	1	−0.04%	−0.04%
9.50%	50	−1.95%	−2.09%
10.00%	100	−3.86%	−4.13%
11.00%	200	−7.54%	−8.06%
12.00%	300	−11.04%	−11.89%

从表 8-6 中可以看出,当市场利率发生变化时,票面利率低的债券价格变动的百分比更大,债券价格对利率变化更敏感。

这一定理对债券投资分析的价值在于:若预测市场利率下降,买入票面利率低的债券,会获得更好的收益。若预测市场利率上升,买入票面利率高的债券,会有较好的抗风险能力。

(五) 如果市场利率不变且与债券票面利率不等,随着到期期限的增加,债券价格的利率敏感性以递减的速度增加

如果市场利率不变且与债券票面利率不等,债券会出现溢/折价。随着到期期限的增加,债券价格溢/折价程度增加,并且是以递减的速度增加;反之,随着债券到期期限的临近,债券价格的溢/折价程度减少,并且是以递增的速度减少。这一定理说明:当到期期限增加时,债券价格对市场利率的敏感性以递减的比率增加;而随着到期日的临近,债券价格对市场利率的敏感性以递增的比率减少。即债券的价格敏感性与期限之间并不是线性相关,随着到期期限的增加,价格的敏感性也会增加,但存在递减率,债券价格的利率敏感性的增加小于相应的债券到期期限的增加。

【例 8-6】 面值为 100 元的债券,票面利率为 6%,期限为 5 年,市场利率为 9%,随着到期期限临近,各年的折价率和折价率的变化值见表 8-6。

表 8-6　　　　　随着到期期限临近某债券折价率和折价率的变化值的情况

到期期限	5 年	4 年	3 年	2 年	1 年	0 年
债券价格(元)	88.33	90.28	92.41	94.72	97.25	100
面值与价格差价(元)	11.67	9.72	7.59	5.28	2.75	0
折价率	11.67%	9.72%	7.59%	5.28%	2.75%	0
折价率变化值	——	1.95%	2.13%	2.31%	2.53%	2.75%

从表 8-6 可以看出,随着到期期限的临近,该债券的价格以递增的速度接近面值。而随着到期期限的增加,该债券的折价程度以递减的速度增加。

这一定理对债券投资分析的价值在于:如果市场利率不变,对于票面利率低于市场利率的债券,投资者在临近其到期期限时进行买卖操作,所获得的收益更大。

综上所述,债券的价格与市场利率反向变动,债券价格对利率下降更敏感,到期期限越长、票面利率越低的债券其价格对利率的变化越敏感。当预测市场利率下降,选择期限长、票面利率低的债券能带来更多的收益;当预测市场利率上升,票面利率高的短期债券可以较好地回避风险。利率同等幅度的变化,利率下降带来的收益大于利率上升带来的损失。

二、债券价格的波动与利率风险的衡量

债券价格的波动与利率风险的衡量主要体现在久期与凸性的运用上。

(一) 久期

1. 久期的定义及计算

久期(duration)的概念最早是 Macaulay 在 1938 年提出来的,所以又称 Macaulay 久期(简记为 D)。久期是指使用加权平均的方法计算债券未来现金流的平均回收时间。它以各期现金流的现值占债券价格的比重为权重,对到期期限进行加权平均。其计算公式为:

$$D = \sum_{t=1}^{n} t \times W_t = \frac{\sum_{t=1}^{n} \dfrac{tC}{(1+r)^t} + \dfrac{nM}{(1+r)^n}}{P} = \frac{\sum_{t=1}^{n} \dfrac{tC}{(1+r)^t} + \dfrac{nM}{(1+r)^n}}{\sum_{t=1}^{n} \dfrac{C}{(1+r)^t} + \dfrac{M}{(1+r)^n}}$$

其中：D 为久期；t 为到期时间；W_t 为 t 期现金流的现值占债券价格的比重；C 为每年的利息；M 为债券面值；n 为到期期限；r 是当前的市场利率。

一次还本付息债券和贴息债券的久期等于其到期时间；附息债券的久期小于其到期期限；永续债券的久期为 $(1+r) \div r$；一个债券组合的久期就是对该组合中个别债券久期的加权平均。

【例 8-7】 某债券面值为 100 元，票面利率为 10%，债券的现价为 95.03 元，存续期还剩 3 年，当前市场利率为 12%。该债券的久期计算如下：

$$D = \frac{\sum_{t=1}^{3} \dfrac{t \times 10}{(1+12\%)^t} + \dfrac{3 \times 100}{(1+12\%)^3}}{\sum_{t=1}^{3} \dfrac{10}{(1+12\%)^t} + \dfrac{100}{(1+12\%)^3}} \approx 2.73 \text{(年)}$$

若市场利率下降到 5%，则该债券的久期为：

$$D = \frac{\sum_{t=1}^{3} \dfrac{t \times 10}{(1+5\%)^t} + \dfrac{3 \times 100}{(1+5\%)^3}}{\sum_{t=1}^{3} \dfrac{10}{(1+5\%)^t} + \dfrac{100}{(1+5\%)^3}} \approx 2.75 \text{(年)}$$

若市场利率上升到 20%，则该债券的久期为：

$$D = \frac{\sum_{t=1}^{3} \dfrac{t \times 10}{(1+20\%)^t} + \dfrac{3 \times 100}{(1+20\%)^3}}{\sum_{t=1}^{3} \dfrac{10}{(1+20\%)^t} + \dfrac{100}{(1+20\%)^3}} \approx 2.68 \text{(年)}$$

从上面的计算结果可以得出，债券的久期随着市场利率变化而发生反向变化，即市场利率上升，债券的久期下降；市场利率下降，债券的久期上升。

2. 久期的特性

对于附息债券来说，票面利率、到期期限、市场利率是影响其久期的三个重要因素。

（1）附息债券票面利率越低，久期越大。附息债券的票面利率越低时，早期的现金流现值占债券价格的权重越小。与此相对，后期的现金流现值占债券价格的权重就越大，使时间的加权平均值越大，即久期越大。

（2）附息债券到期期限越长，久期越大。附息债券的到期期限越长，未来现金流的平均回收时间越长，即久期越大。

（3）市场利率越低，附息债券的久期越大。市场利率越低时，附息债券后期的现金流现值越大，占债券价格的权重就越大，使时间的加权平均值越大，即久期越大。

（4）随着到期期限的临近，附息债券的久期以递增的速度减少；反之，随着到期期限的增加，附息债券的久期以递减的速度增加。

【例8-8】　某票面利率为10%的债券,每半年付息一次,在市场利率为8%时,随着到期期限的临近,久期及久期的变化值见表8-7。

表8-7　　　　　　　　　　到期期限与久期之间的关系　　　　　　　　　　单位:年

项目	数值		
到期期限	4	3	2
久期	3.42	2.67	1.86
久期的变化值	—	0.75	0.81
到期期限与久期的差	0.58	0.33	0.14

从表8-7可知,附息债券的到期期限越长,久期越大,而且到期期限与久期的差也越大,即久期增加的速度低于到期期限增加的速度。

3. 久期的运用

在债券分析中,久期已经超越了时间的概念,更多地被用来衡量债券价格变动对利率变化的敏感度,并且经过一定的修正,以使其能较准确地量化利率变动给债券价格造成的影响。

已知债券的价格和市场利率的关系式为:

$$P = \frac{C}{1+r} + \frac{C}{(1+r)^2} + \cdots + \frac{C+M}{(1+r)^n}$$

求P对r的导数以研究债券价格对利率变化的敏感性,可得:

$$\frac{dP}{dr} = \frac{-1C}{(1+r)^2} + \frac{-2C}{(1+r)^3} + \cdots + \frac{-n(C+M)}{(1+r)^{n+1}}$$

等式右边提出$\left(-\dfrac{1}{1+r}\right)$,然后两边同除以$P$,可得:

$$\frac{dP}{dr}\frac{1}{P} = -\frac{1}{1+r}\left[\frac{C}{1+r} + \frac{2C}{(1+r)^2} + \cdots + \frac{n(C+M)}{(1+r)^n}\right]\frac{1}{P} = -\frac{1}{1+r} \times D$$

可得:$\dfrac{dP}{P} = -\dfrac{1}{1+r} \times D \times dr$　　　　　　　　　　　　　　　(8-2)

由式(8-2)可知,久期越大,债券的价格对利率变化越敏感。期限长、票面利率低的债券其久期大,那么该债券的价格对利率变化更敏感。投资启示是:若预测市场利率上升,应集中持有久期小的债券,即期限短、票面利率高的债券,可以较好地回避风险;若预测市场利率下降,则投资于久期大的债券,即期限长、票面利率低的债券,从而获得更高的收益。

通常把$\dfrac{D}{1+r}$称为修正久期,简记为D^*,则:

$$\frac{dP}{P} = -D^* \times dr$$

修正久期表示在给定的市场利率水平下,债券价格对利率变动的灵敏性。当市场利率发生较小变化时,可用上述公式近似计算价格变化的百分比。

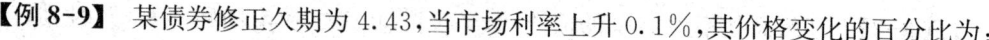

【例8-9】 某债券修正久期为 4.43,当市场利率上升 0.1%,其价格变化的百分比为:

$$\frac{\Delta P}{P} = -D^* \times \Delta r = -4.43 \times 0.1\% = -0.443\%$$

当市场利率变化较大时,用 $(-D^* \times \Delta r)$ 计算得出的债券价格变动幅度会产生较大的误差。产生误差的原因是,在计算时,以 $\frac{dP}{dr}$ 代替 $\frac{\Delta P}{\Delta r}$,其实是假定债券价格的变化率保持不变。但实际上,债券价格对利率的变化并非是线性关系,而是随着利率的上升,债券的价格越跌越慢,随着利率的下降,债券的价格越涨越快。

若市场利率下降幅度较大,用 $(-D^* \times \Delta r)$ 近似计算的价格变化百分比偏小;若市场利率上升幅度较大,计算出来的价格变化百分比的绝对值偏大。债券—利率曲线越弯曲,计算的误差越大。因此,当市场利率变化较大时,为了尽可能准确估计价格的变化值,久期近似计算公式需要用"凸性"加以修正。

(二) 凸性

1. 凸性的定义和计算

凸性(convexity,简记为C)是对债券价格收益率曲线弯曲程度的一种度量。由于债券的久期随着市场利率的变化而变化,当市场利率变化较大时,久期就不能完全描述债券价格对利率变动的敏感性。债券价格曲线弯曲程度越大即凸性越大,用久期度量债券的利率风险所产生的误差就越大,凸性就是用来对这个误差进行修正的。

债券价格—市场利率的关系式的泰勒级数二阶展开式为:

$$dP = \frac{dP}{dr}dr + \frac{1}{2}\frac{d^2P}{dr^2}(dr)^2$$

等式两边同除以 P,可得:

$$\frac{dP}{P} = \frac{dP}{dr}\frac{1}{P}dr + \frac{1}{2}\frac{d^2P}{dr^2}\frac{1}{P}(dr)^2$$

其中: $\frac{d^2P}{dr^2}\frac{1}{P}$ 为债券的凸性 C。

$$C = \frac{d^2P}{dr^2}\frac{1}{P} = \frac{1}{(1+r)^2}\frac{\sum_{t=1}^{n}\frac{(t^2+t)C}{(1+r)^t}+\frac{(n^2+n)M}{(1+r)^n}}{\sum_{t=1}^{n}\frac{C}{(1+r)^t}+\frac{M}{(1+r)^n}} = \frac{1}{(1+r)^2}\sum_{t=1}^{n}(t^2+t)\times W_t$$

凸性的计算与久期相似,权重依然是各期现金流的现值占债券价格的比重,对 (t^2+t) 进行加权平均,再除以 $(1+r)^2$。无论市场利率是上升还是下降,凸性所引起的修正都是正的。债券的凸性越大,市场利率下降引起价格上涨的幅度越大,市场利率上升引起价格下跌的幅度越小。利率变动幅度越大,债券凸性的价值就越高。

债券价格变化百分比的计算公式可进一步简化为:

$$\frac{dP}{P} = -D^* \times dr + \frac{1}{2} \times C \times dr^2$$

【例8-10】 票面利率为5%、期限为20年的债券,修正的久期为10.4,凸性为80.43,如果市场利率从9%增加到11%,该债券价格近似变化百分比为:

$$\frac{\Delta P}{P} = -D^* \times \Delta r + \frac{1}{2} \times C \times \Delta r^2 = -10.4 \times 2\% + \frac{1}{2} \times 80.43 \times 2\%^2 = -19.19\%$$

2. 凸性的特性

(1)凸性是有益的。债券的凸性越大,应对利率上升的抗风险能力越强,从利率下降中获得的收益也越大。

(2)凸性减少了久期的误差。利率变化越大,债券的凸性越大,使用凸性纠正久期计算误差的作用越大。

(3)凸性随久期的增加而增加。市场利率下降时,债券的久期增加,凸性增加。

3. 凸性与债券的投资

由于引入了对凸性的考虑,预测市场利率变化引起的债券价格波动的准确性大大得到了改善,这对正确做出投资决策是非常重要的。

图8-3中有两种债券,其中,B债券的凸性比较大。从直观上我们也可以看到,当市场利率下降时,B债券比A债券有更大的价格上涨的潜力;反之,当市场利率上升时,它的价格下跌幅度相对较小。因此,具有较大凸性的债券对投资者来说更具吸引力。

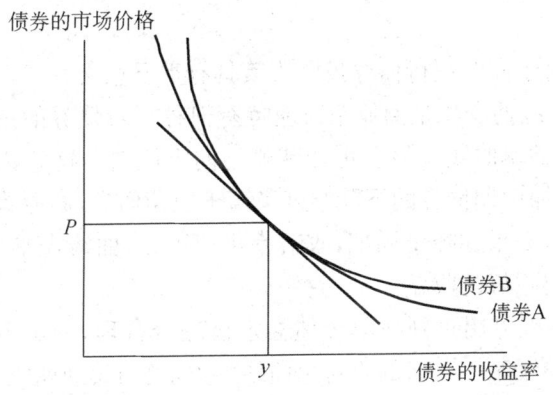

图8-3 市场利率变化时,凸性不同的两种债券价格变化

第四节 债券投资的策略

商业银行应在综合考虑自身的投资目的、流动性需要、税收利益和法规限制等各方面因素基础上,选择合适的债券投资策略。由于债券投资主要承担市场利率风险,因而投资策略的目标强调在控制利率风险前提下实现流动性和收益性的组合。

一、收益率曲线策略

债券收益率曲线是描述在某一时点上一组可交易债券的收益率与其剩余到期期限之间

数量关系的一条曲线。即债券收益率曲线是在直角坐标系中,以债券剩余到期期限为横坐标、债券收益率为纵坐标而绘制的曲线。

债券收益率曲线的形状可以反映出某时点长短期利率水平之间的关系,它是市场对当前经济状况的判断及对未来经济走势预期(包括经济增长、通货膨胀、资本回报率等)的结果。债券收益率曲线通常有四种情况:一是正向收益率曲线,表明在某一时点上债券的投资期限越长,收益率越高,也意味社会经济处于增长期阶段;二是反向收益率曲线,表明在某一时点上债券的投资期限越长,收益率越低,也意味着社会经济进入衰退期;三是水平收益率曲线,表明收益率的高低与投资期限的长短无关,也意味着社会经济出现极不正常情况;四是波动收益率曲线,表明债券收益率随投资期限不同而呈现波浪变动,也意味着社会经济未来有可能出现波动。在一般情况下,债券收益率曲线是有一定角度的正向曲线(见图8-4),即长期利率的位置要高于短期利率。这是因为,由于期限短的债券流动性要好于期限长的债券,作为流动性较差的一种补偿,期限长的债券收益率也就要高于期限短的债券收益率。

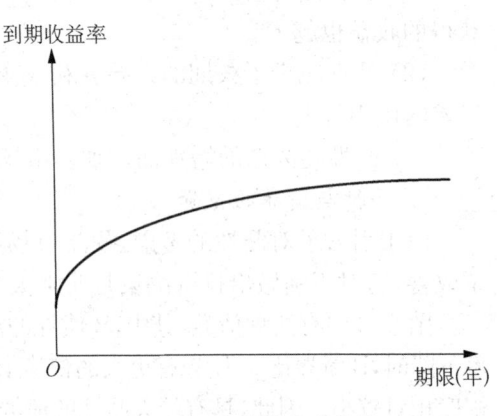

图8-4　债券收益率曲线

债券收益率曲线对于商业银行债券投资决策具有重要意义。

(1)债券收益率曲线的变化是商业银行应持有何种期限债券的重要参考依据。在经济处于升息周期,债券收益率曲线一般会更加陡峭地向上倾斜。这意味着长期债券的价格下跌幅度高于中期债券,而中期债券的下跌幅度又高于短期债券,商业银行应避免购买债券尤其是中长期债券;反之,如果在降息周期,收益率迅速下行,曲线先平后陡,持有各期限债券尤其是短期债券会取得很好的收益。

(2)债券收益率曲线可用于判断单个债券定价是否合理,为卖出或持有提供依据。若某一债券到期收益率位于某一时点的收益率曲线上方,说明其到期收益率暂时过高,价格偏低,商业银行可买入;若某一债券到期收益率位于收益率曲线下方,说明其到期收益率暂时过低,价格过高,不适合商业银行买入或银行可将其卖出。

(3)债券收益率曲线的形状决定应投资何种期限债券。在一般情况下,债券收益率曲线是正向曲线,若出现反向、水平、波动的收益率曲线,则预示着有好的投资机会。反向收益率曲线和水平收益率曲线情况下,商业银行应持有短期债券,因为反向或水平曲线向正向曲线回归过程中,短期债券价格涨幅更大或跌幅更小。波动收益率曲线情况下,商业银行应买入收益率在波峰的期限的债券,这类债券的价格在波动收益率曲线向正向曲线回归过程中有更大的涨幅。

二、周期投资策略

债券的收益主要依赖于利率的变化,而利率变化又与经济周期的变化息息相关。经济周期理论认为,从长期来看,经济增长取决于资源可得性、技术创新能力和制度保障机制等要素;但从短期来看,经济往往会偏离可持续的增长路径,因此经济周期性循环反而成为经济运行的常态,而政策制定者的工作就是要使其回复到可持续增长的路径上来。金融市场往往将经济增长的短期偏离误以为是其长期趋势改变。结果,在经济偏离的极限处,当政府的"矫正"政策就要起作用时,资产往往被错误定价。如果能够通过经济数据预期周期阶段的拐点,理论上就可以通过调整资产配置策略来获取超额收益。

美林证券根据1973年4月至2004年7月美国的资产和行业回报率数据制作了投资时钟(见图8-5)。"投资时钟"是一种将资产、行业轮动、债券收益率曲线和经济周期四个阶段联系起来的方法,是一个非常实用的指导周期投资的工具。

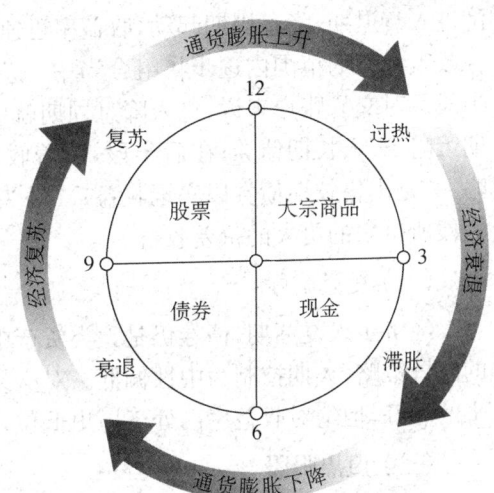

图8-5 美林证券"投资时钟"

美林证券"投资时钟"理论按照经济增长与通胀的不同组合,将经济周期划分为以下四个阶段:

(1)衰退阶段(6点~9点):经济下行,通胀下降,中央银行试图促使经济返回到可持续增长路径上而降低利率,债券收益率曲线下行而且陡峭。此阶段债券是最好的资产选择。

(2)复苏阶段(9点~12点):经济上行,通胀下降,此阶段企业盈利大幅上升、债券的收益率仍处于低位,但中央银行仍保持宽松政策。这个阶段是股权投资者的"黄金时期",股票是最佳选择。

(3)过热阶段(12点~3点):经济上行,通胀上升,在此阶段,通胀上升增加了持有现金的机会成本,中央银行提高利率,驱使经济返回到可持续增长路径上。加息政策降低了债券的吸引力,收益率曲线上行并变得平缓。股票的配置价值相对较强,此阶段大宗商品是最佳的资产选择。

(4)滞胀阶段(3点~6点):经济下行,通胀上升。在滞胀阶段,经济下行对企业盈利的冲击将对股票构成负面影响,债券相对股票的收益率提高,现金收益率提高,持有现金比较明智,大宗商品是最佳的资产选择。

根据"投资时钟",大类资产在不同阶段的收益率排序如下:

衰退阶段:债券>现金>股票>大宗商品

复苏阶段:股票>债券>现金>大宗商品

过热阶段:大宗商品>股票>现金/债券

滞胀阶段:大宗商品>现金/债券>股票

美林证券"投资时钟"的理论逻辑是在经济周期中,金融市场也会呈现出一定的周期性,可以根据市场周期的变动来选择投资标的。债券市场的牛市出现在经济衰退期,熊市则出现在过热期和滞胀期。伴随着债券市场牛熊市的转换,债券收益率曲线会出现陡峭和平坦的转换。在加息周期,债券整体收益率水平上升,但长期利率和短期利率的表现可能并不相同。在加息初期,长端收益率调整的幅度往往比短端更大,收益率呈现陡峭化的形态,之后才逐渐回归正常状态;相反,在降息周期,债券整体收益率水平下降,收益率曲线往往先表现出平坦化特征。

利率和收益率曲线随经济周期的变动为商业银行的债券投资提供了一种周期投资决策方法。

（一）衰退阶段

银行账户择机出售，交易账户全仓参与，并逐步由长久期策略转向短久期策略。随着经济进入衰退期，降息周期起动，收益率迅速下行，曲线先平后陡。对银行账户来说，可以在财务政策允许的范围内逐步将组合当中一些收益率偏低的债券抛售，卖出时点主要集中在后半段。对交易账户来说，进入降息周期就应马上加大仓位直到满仓参与，前半段可采取长久期策略，买入长期债券；在后半段，随着收益率曲线变平过程的逐渐完成，可转为短久期策略：一是出售长期债券以实现收益；二是买入中短期债券，获得收益率曲线变陡过程中对中短债所带来的更大的价差收益。

（二）复苏阶段

经济步入复苏期，债券仍是大类资产中表现较好的品种。对银行账户来说，可保持适中的配置策略，久期控制为中性偏低。对交易账户来说，债券交易仍然可以享受宽松政策所带来的利好，但绝对收益率已处于历史低位，选择中等规模及短久期策略更合适。

（三）过热阶段

银行账户等待，交易账户回避。经济过热，加息周期的来临，债券收益率开始抬升，在本阶段将主要以长端收益率的调整为主，长端收益率调整的幅度一般来说要大于短端调整的幅度。在这种情况下，各期限收益率都处于调整阶段，是市场风险最大的阶段，不管投资还是交易都不合适。

（四）滞胀阶段

银行账户尝试性买入，交易账户控制仓位谨慎参与。经济周期逐渐由过热步入滞胀，加息周期逐渐进入到中后期。相比于过热阶段，本阶段短端收益率的调整将更加明显。在这一阶段，尽管仍处于加息周期中，但由于长端收益率更早完成调整，所以加息对于长端利率的影响作用逐渐弱化。在这个阶段，银行账户可选择中长端品种作为尝试性配置的品种；同时，交易账户可以在控制仓位的情况下，把握市场超跌的机会谨慎参与。

三、免疫投资策略

利率风险包括价格风险和再投资风险。债券的价格与利率变化呈反向变动。当利率上升（下降）时，债券的价格便会下跌（上涨）。对于持有债券直至到期的投资者来说，到期前债券价格的变化没有什么影响；但是，对于在债券到期日前出售债券的投资者而言，如果购买债券后市场利率水平上升，债券的价格将下降，投资者将遭受资本损失。这种风险就是利率变动产生的价格风险。利率变动导致的价格风险是债券投资者面临的最主要风险。利息的再投资收入的多少主要取决于再投资发生时的市场利率水平。如果利率水平下降，获得的利息只能按照更低的收益率水平进行再投资，这种风险就是再投资风险。债券的持有期限越长，再投资的风险就越大；在其他条件都一样的情况下，债券的票面利率越高，债券的再投资风险也越大。

利率波动对债券价格和再投资收入的影响正好相反:当利率上升时,债券的价格将下跌,但是债券的再投资收入将增加;当利率下降时,债券价格将上涨,但是债券的再投资收入将会下降。利用价格风险和再投资风险相互抵销的特点,如果使单个债券或债券组合的久期等于商业银行计划持有期限,那么无论市场利率如何变化,该项投资价格变动幅度与再投资收益变动幅度恰好抵销,这样就规避了利率风险,使得该债券或债券组合获得了免疫性。这就是免疫策略的基本思想。

债券投资的免疫策略可以配合商业银行资产负债管理的需求。商业银行在将来偿还债务的本金和支付利息时会产生一系列的现金流支出,通过构建债券组合(该组合的久期和现值同债务的久期和现值相同),可以较好地规避利率风险,保证债务偿付。

【例 8-9】 某商业银行发行面值为 10 000 万元的定期存单,该存单期限为 5 年,年利率为 8%,复利计息,该银行 5 年后需支付 14 693.28 万元[10 000×(1+8%)^5]。

为了保证 5 年后有足够的资金偿还该定期存单所形成的债务,该商业银行决定进行债券投资,持有 5 年后出售,用来偿还债务。

为使该项债券投资免疫,即无论市场利率如何变化,5 年后债券的终值始终可偿还债务,该项债券投资的久期应等于商业银行计划持有的期限,即 5 年。该商业银行购买了按面值出售的 10 000 万元债券,债券的年利率为 8%,每年付息一次,6 年后到期。由计算可知,该债券的久期为:

$$D = \frac{\sum_{t=1}^{6} \frac{t \times 8}{(1+8\%)^t} + \frac{6 \times 100}{(1+8\%)^6}}{100} \approx 5$$

该商业银行 5 年后将债券销售以获得支付债务所需的资金。假设收益率曲线是水平的,并且只能平行移动。考察银行购买债券后利率变化的三种情况:一是利率始终保持在 8% 的水平;二是利率降为 7% 并维持不变;三是利率上升到 9% 并保持不变。

以第一种情况为例说明如何计算 5 年后债券的终值。

在第一年年底收到债券利息 800 元(10 000×8%),该笔现金流可以按照 8% 的年利率再投资 4 年,终值为 1 088.39 元[800×(1+8%)^4]。

在第二年年底收到债券利息 800 元(10 000×8%),该笔现金流可以按照 8% 的年利率再投资 3 年,终值为 1 077.77 元[800×(1+8%)^3]。

以此类推,到第 5 年获得利息 800 元,同时将债券按照当时的价格销售出去,债券 5 年后的销售价格等于第 6 年发生的现金流的贴现值 10 000 元[10 800÷(1+8%)]。

将上述所有现金流在第 5 年的终值加总,等于 14 693.28 元。

三种情况下 5 年后债券终值的计算见表 8-8。

表 8-8　　　　　　　　**三种利率水平下该债券 5 年后的终值**　　　　　　　金额单位:元

时间(年)	现金流	不同利率水平下的债券终值		
		8%	7%	9%
1	800	1 088.39	1 048.64	1 129.27
2	800	1 007.77	980.03	1 036.02

时间（年）	现金流	不同利率水平下的债券终值		
		8％	7％	9％
3	800	933.12	915.92	950.48
4	800	864.00	856.00	872.00
5	800	800.00	800.00	800.00
利息总收入		4 693.28	4 600.59	4 787.77
5年后债券价格		10 000.00	10 093.46	9 908.26
5年后债券组合终值		14 693.28	14 694.05	14 696.02

通过表 8-8 可以看出，利率从 8％降到 7％，债券的利息再投资收入减少了 92.69 元（4 693.28－4 600.59），但是销售价格却从 10 000 元涨到 10 093.46 元，两者基本相互抵销。当利率从 8％上涨到 9％时，利息收入的增加基本上被价格的降低所抵销。也就是说，不论利率如何变化，再投资风险和价格风险相互抵销，债券组合的利率风险被消除了。

从上述例子可以看出，免疫策略规避利率风险有两个条件：①债券组合和负债的现值相等。②债券组合和负债的久期相等。这两个条件就能保证投资者到期有足够的资金满足偿还单笔债务的需要。

免疫策略有它的局限性。一方面，免疫策略是以久期为基础的，而久期只能近似地衡量债券价格的变化，无法精确地衡量利率变化导致的债券价格变化，故通过资产负债久期匹配并非完全消除利率风险；另一方面，在整个目标期限内，债券组合（资产）和负债的久期会随着市场利率的变化而不断变化，并且两者的久期变化并不一致，即使最初资产负债的久期是匹配的，随着利率的变动，资产负债的久期也会出现不匹配，这时债券组合和负债也就无法实现免疫了。这意味着债券资产组合需要不断地再平衡以维持资产负债久期的匹配，从而保持免疫能力。这种平衡是通过出售手中所持有的某些债券，将它们替换成另一些债券，使新的债券组合就久期与剩余的负债现金流的久期相一致。

四、期限组合策略

期限组合就是指投资组合中短期债券和中长期债券的比重。常见的期限组合策略有以下几种。

（一）梯形期限策略

梯形期限策略是一种相对稳健的投资策略。该策略要求商业银行把全部的债券投资资金平均投入到不同期限的债券上，使商业银行持有的各种期限的债券数量都相等。当期限最短的债券到期后，商业银行用收回的资金再次购买期限最长的债券。如此循环往复，商业银行所持有的各种期限的债券总是保持相等的数额，从而可以获得各种债券的平均收益率。该策略虽然不会使投资收益最大化，但由于投资分散使得违约风险减少，收益较为稳定。因为该策略用图形表示很像阶梯形状，就被称为梯形期限策略。

梯形期限策略是中小商业银行在债券投资中较多采用的,其优点在于:①管理方便,容易掌握。商业银行只需要将资金在期限上作均匀分布,并定期进行再投资安排即可。②商业银行不必对市场利率走势进行预测,也不必频繁地进行债券交易。③该策略可以保障银行在避免因利率波动出现投资损失的同时,获取至少是平均收益的投资回报。但梯形期限策略也有其缺陷:①过于僵硬,缺少灵活性,当有利的投资机会出现,特别是当短期利率提高较快时,不能利用新的投资组合来扩大利润。②流动性不高,该策略中的短期债券持有量较少,当商业银行面临较高的流动性需求时,商业银行出售中长期债券有可能导致投资损失。

为了避免梯形期限策略的缺陷,一些商业银行采用了更为灵活的方法。当市场上短期利率上升、短期债券价格下降时,商业银行用到期债券收回的资金来购买短期债券而不是长期债券;当短期利率下降、短期债券价格上升后,商业银行再出售短期债券,购买长期债券。在这个循环后,商业银行持有的债券仍然是梯形的。

2. 前置期限策略

前置期限策略是指在商业银行面临高度流动性需求且其认为一段时间内短期利率将趋于下跌的情况下,商业银行将绝大部分债券投资资金投放在短期债券上,很少或几乎不购买其他期限债券的投资策略。

该策略使债券组合具有高度的流动性,强调投资组合主要作为流动性来源而非收益来源。当商业银行需要资金时,可以迅速地把短期债券卖出。但是,该策略的收益要取决于债券市场上利率变动的情况。如果商业银行购买债券后市场上短期利率下降,短期债券的价格就会上涨,商业银行就会获得资本收入;反之,如果市场短期利率上升,短期债券价格下降,商业银行就会遭受损失。

3. 后置期限策略

后置期限策略与前置期限策略恰恰相反,商业银行把绝大部分资金投资于长期债券上,几乎不持有任何其他期限的债券。

该策略强调把投资组合作为收益来源。由于长期利率的变化并不频繁,从而长期债券的价格波动不大,商业银行投资的资本收入和损失不明显,而且长期债券票面收益率比其他期限的票面收益率都要高,所以这种策略可以使商业银行获得较高的收益。但是该策略缺乏流动性,商业银行在需要现金时难以转手长期债券,或者在债券转让时可能遭到较大的损失,这样商业银行可能严重依赖于从货币市场上借款以满足流动性需要。

4. 杠铃期限策略

杠铃期限策略是前置期限策略和后置期限策略的一种组合策略。即商业银行把大部分资金投资于具有高度流动性的短期债券和较高收益率的长期债券,不投或只投少量资金用于购买中期债券。因为该策略用图形表示很像杠铃形状,于是被称为杠铃期限策略。

杠铃期限策略具有两个优势:一是比较灵活,商业银行可以根据市场利率的变动对其投资进行调整。当商业银行预期长期市场利率下降、长期债券价格将上升时,商业银行可以出售部分短期债券,用所得资金购入长期债券;等到长期利率确实下降、长期债券价格已经上涨到一定幅度时,商业银行再将这部分债券售出,购入短期债券,商业银行可以多获得一部分收益;当商业银行预测短期市场利率将下降、短期债券价格将上涨时,商业银行可以出售部分长期债券购入短期债券;等到短期利率确实下降、短期债券价格已经上涨到一定幅度时,商业银行再将这部分债券售出,购入长期债券,商业银行可以多获得一部分收益。二是可以使得商业银行的投资活动在保持较高收益的同时兼顾较好的流动性。但是,该策略对商业银行债券转换能力、交易能力和投资经验要求较高,风险也较高。

【知识链接】

1994 年美国债券危机

从 1990 年至 1994 年年初,美联储一直采取非常宽松的货币政策,试图刺激遭受存贷危机(20 世纪 80 年代后期美国存款和贷款机构发生的亏损危机)以后的美国经济。因为经济衰退和通缩压力压低了通胀预期,信贷利差不断收窄,美国 10 年期国债利率从 9%下滑至 5%,广义 CPI 持续保持下滑的趋势。这使很多人相信不存在利率上升的诱因,投资者大量从事杠杆交易和放大收益的结构性交易;同时,资本大量流入新兴市场,亚洲经济蓬勃发展,通胀走高,股市也大幅上涨。新兴市场的低的真实利率导致经济和固定资产投资的过快增长,留下大量的错配资本。当信贷变得稀缺时,新兴市场可能会出现大量的不良贷款和国际贸易情况的恶化。这两个影响都会导致新兴市场越来越依赖资本流入来维持平衡。

1994 年,美国的宏观经济活动开始加速,企业停止囤积现金,并开始寻求借款来扩充它们的业务。之前一直在囤积美国国债的美国银行业,为了增加企业贷款开始出售美国国债。结果,美国国债开始出现抛售潮。1994 年 2 月,面对不断变陡峭的收益率曲线和改善的宏观经济环境,美联储官员担心,如果他们不启动紧缩的过程,经济将会经历 1988、1989 年那样的通胀大涨。美联储选择加息 25 个基点应对,这出乎了市场的意料。时任美联储主席格林斯潘认为,收益率曲线将会变平坦,因为市场会预期紧缩的政策将缓和未来的通胀预期。但格林斯潘的想法并没有变成现实。相反,加息打击了预期收益率不会上涨的衍生品交易,压缩了套利交易的空间。这又导致了更为激烈的美国国债抛售现象,因为高杠杆的套利交易消失了。同时,商业银行也加速抛售国债,因为它们需要腾出空间增加企业贷款。所以,收益率曲线在 1 年以后变得更陡峭了。美国联邦基金利率只上调了 225 个基点,10 年期美国国债收益率却上涨了 306 个基点,美国债券投资者被打得措手不及。由于债券市场上大量的杠杆存在,危机很快演变为恐慌,而为债券投资者提供杠杆的商业银行和券商也大受打击。受此影响,投资银行基德皮博迪被收购,加州的奥兰治县破产,许多著名的对冲基金出现了规模巨大的亏损,墨西哥受到冲击,整个世界受到了影响。美国国内信贷需求的大幅上升,加上真实利率的上涨,导致了巨大的资本重新流入美国。这吸干了几个新兴市场的流动性,使得这些新兴市场的央行不得不买入它们国家的货币来偿还流出的美元。很快,这些曾经受到激进美元借款支持而经历了疯狂投资狂潮的国家遭受了巨大的经常账户赤字,进而使它们处于巨大的市场压力之下。1994 年,墨西哥比索危机爆发了。同时,这也为 1997 年亚洲金融危机的全面爆发埋下了种子。

【本章小结】

1. 商业银行进行证券投资可获得一定的收益,证券投资可作为流动性管理的工具和风险管理的手段。我国商业银行证券投资主要是债券投资,投资的场所主要是全国银行间债券市场,上市商业银行可进入交易所市场从事债券投资。

2. 债券的收益率包括票面收益率、当期收益率、到期收益率和持有期收益率。债券投

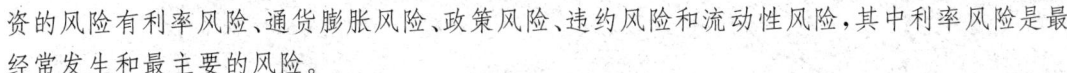

资的风险有利率风险、通货膨胀风险、政策风险、违约风险和流动性风险,其中利率风险是最经常发生和最主要的风险。

3. 债券的价格与市场利率呈反方向变动,市场利率同等幅度上升和下降引起债券价格的跌幅小于涨幅。票面利率越低、期限越长的债券,其价格对利率的变化越敏感。商业银行可利用久期来衡量债券价格变动对利率变化的敏感度,并用凸性进行修正,以使其能较准确地量化利率变动给债券价格造成的影响。

4. 债券投资策略有收益率曲线策略、周期投资策略、免疫投资策略和期限组合策略。

【关键术语】

利率债　信用债　到期收益率　持有期收益率　久期　凸性　收益率曲线策略
周期投资策略　免疫投资策略　期限组合策略

【问题思考】

1. 商业银行证券投资的目的是什么?

2. 我国商业银行债券投资的对象有哪些?

3. 如何计算债券到期收益率?

4. 债券投资的风险有哪些?

5. 什么是债券久期和凸性?如何将其应用于债券价格对利率敏感性的分析?

6. 商业银行债券投资的策略有哪些?

本章练习
参考答案

补充案例

本 章 练 习

一、单项选择题

1. 商业银行进行证券投资首要目的是（　　）。
   A. 流动性管理的重要手段　　　　　B. 获得一定的收益
   C. 风险管理　　　　　　　　　　　D. 合理避税

2. 商业银行以 95 元的价格购入面值为 100 元、票面收益率为 6% 的债券，那么该债券的当期收益率为（　　）。
   A. 5%　　　　　　B. 6%　　　　　　C. 6.32%　　　　　　D. 11%

3. 某距到期还有 1 年的 3 年期到期一次还本付息债券的面值为 100 元，票面利率为 6%，目前市场价为 110 元，该债券的到期收益率为（　　）。
   A. 7.27%　　　　　B. 10%　　　　　C. 6%　　　　　　D. −4%

4. 某待偿期在 2 年的零息债券面值为 100 元，目前市价为 89 元，该债券的到期收益率为（　　）。
   A. 5.5%　　　　　B. 6%　　　　　C. 5%　　　　　D. 6.5%

5. 某商业银行以 102 元价格购入某债券，票面利率为 5%，按年付息。该商业银行持有该债券 2 年后以 106 元的价格卖出，债券的持有期收益率为（　　）。
   A. 3.92%　　　　　B. 4.90%　　　　　C. 7%　　　　　D. 6.86%

6. 债券发行人不能按照约定的期限和金额偿还本金和支付利息的风险，被称为（　　）。
   A. 市场风险　　　　B. 系统风险　　　　C. 经营风险　　　　D. 违约风险

7. 某债券票面利率为 10%，现在市场利率为 8%，如果目前市场利率上升 0.5% 与下降 0.5%，则（　　）。
   A. 利率上升 0.5% 使债券价格下降幅度大于利率下降 0.5% 使债券上升幅度
   B. 利率上升 0.5% 使债券价格下降幅度小于利率下降 0.5% 使债券上升幅度
   C. 利率上升 0.5% 使债券价格下降幅度等于利率下降 0.5% 使债券上升幅度
   D. 条件不足，无法判定

8. 甲债券期限为 5 年，票面利率为 5%；乙债券期限为 10 年，票面利率为 5%。当市场利率下降时，（　　）。
   A. 两种债券价格都会上涨，乙债券涨幅更大
   B. 两种债券价格都会上涨，甲债券涨幅更大
   C. 两种债券价格都会下降，乙债券降幅更大
   D. 两种债券价格都会下降，甲债券降幅更大

9. 甲、乙两种债券的票面利息率都是 6%，期限分别为 6 年、8 年，目前市场利率为 6.8%。下列说法中，正确的是（　　）。

A. 两种债券价格都出现溢价,甲的溢价幅度更大

B. 两种债券价格都出现溢价,乙的溢价幅度更大

C. 两种债券价格都出现折价,甲的折价幅度更大

D. 两种债券价格都出现折价,乙的折价幅度更大

10. 在其他因素保持不变时,当市场利率下降1%,下列债券中,价格变化最大的是(　　)。

A. 10年到期,价格80元　　　　　　　B. 10年到期,价格100元

C. 20年到期,价格80元　　　　　　　D. 20年到期,价格100元

11. 若某债券的收益率在整个有效期内不变,则其折价或溢价减少的速度将随着到期日的临近而(　　)。

A. 逐渐加快　　　　B. 逐渐变慢　　　　C. 保持不变　　　　D. 递减的比率增加

12. 某债券的现价为100元,在某市场利率水平下,债券的修正久期为4.5,当市场利率上升1%,价格变化的幅度是(　　)。

A. 上升0.045元　　　B. 下降0.045元　　　C. 上升4.5元　　　D. 下降4.5元

13. 资产负债表日,不需计提资产减值损失的是(　　)。

A. 贷款　　　　　　　　　　　　　　B. 交易性金融资产

C. 持有至到期投资　　　　　　　　　D. 可供出售金融资产

14. 在一般情况下,债券收益率曲线通常是有一定角度的(　　)。

A. 反向曲线　　　　B. 水平曲线　　　　C. 正向曲线　　　　D. 直线

15. 在经济周期的(　　)阶段,债券投资的市场风险最大。

A. 衰退　　　　　　B. 复苏　　　　　　C. 过热　　　　　　D. 滞胀

二、多项选择题

1. 商业银行证券投资的主要功能有(　　)。

A. 获得收益　　　　　　　　　　　　B. 流动性管理的工具

C. 资金聚集　　　　　　　　　　　　D. 合理避税

E. 分散风险　　　　　　　　　　　　F. 资金均衡分布

2. 下列债券中,属于利率债的有(　　)。

A. 国债　　　　　　　　　　　　　　B. 政府支持机构债券

C. 政策性银行债券　　　　　　　　　D. 地方政府债券

E. 短期融资债券　　　　　　　　　　F. 二级资本债券

3. 债券投资所面临的非系统性风险有(　　)。

A. 利率风险　　　　　　　　　　　　B. 通货膨胀风险

C. 违约风险　　　　　　　　　　　　D. 政策风险

E. 流动性风险　　　　　　　　　　　F. 购买力风险

4. 下列说法中,正确的有(　　)。

A. 债券的市场价格与债券的收益率呈正向变动

B. 当市场利率与票面利率不等时,到期期限越长,溢折价程度越严重

C. 当市场利率与票面利率不等时,到期时间越短,价格波动幅度越小

D. 随着到期日的临近,债券价格对市场利率的敏感度以递增的比率减少

E. 当到期期限增加时,债券价格对收益变化的敏感性以递减的比率减少

F. 市场利率同等幅度变化引起债券价格上升幅度超过债券价格下跌的幅度

5. 利用修正久期计算债券价格对利率的变化幅度时,(　　)。

A. 当市场利率下降,计算出来的结果的绝对值偏大

B. 当市场利率下降,计算出来的结果的绝对值偏小

C. 市场利率上升时,计算出来的结果的绝对值偏大

D. 市场利率上升时,计算出来的结果的绝对值偏小

E. 债券—利率曲线越弯曲,计算的误差越大

F. 债券—利率曲线越弯曲,计算的误差越小

6. 下列说法中,正确的有(　　)。

A. 市场利率变化并不引起债券的久期变化

B. 市场利率越高,债券久期越大

C. 市场利率越低,债券久期越大

D. 凸性随久期的增加而减少

E. 凸性随久期的增加而增加

F. 无论收益率是上升还是下降,凸性所引起的债券价格的修正都是正的

7. 下列说法中,正确的有(　　)。

A. 在经济处于升息周期,债券收益率曲线一般会更加陡峭地向上倾斜,这意味着长期债券的价格上涨速度更快

B. 如果在降息周期,商业银行持有各期限债券尤其是短期债券会取得很好的收益

C. 若某一债券到期收益率位于某一时点的收益率曲线上方,说明该债券价格偏高

D. 商业银行应买入到期收益率位于收益率曲线上方的债券

E. 反向收益率曲线和水平收益率曲线情况下,商业银行应持有短期债券

F. 波动收益率曲线情况下,商业银行应买入收益率在波谷的期限的债券

8. 免疫策略规避利率风险的条件有(　　)。

A. 债券组合和负债的现值相等

B. 债券组合和负债的价值相等

C. 债券组合和负债的期限相等

D. 债券组合和负债的久期相等

E. 债券组合和资产的现值相等

F. 债券组合和负债的期限相等

9. 债券的利率风险包括(　　)。

A. 违约风险　　　　　　　　　　B. 通货膨胀风险

C. 价格风险　　　　　　　　　　D. 购买力风险

E. 流动性风险　　　　　　　　　F. 再投资风险

10. 债券投资的期限组合策略包括(　　)。

A. 梯形期限策略　　　　　　　　B. 前置期限战略

C. 杠铃期限策略　　　　　　　　D. 利率策略

E. 免疫策略　　　　　　　　　　F. 后置期限策略

三、判断题

1. 商业银行证券投资可作为风险管理的手段。　　　　　　　　（　　）
2. 国债和地方政府债券都是信用债。　　　　　　　　　　　　（　　）
3. 商业银行和政策性银行发行的债券均属于利率债。　　　　　（　　）
4. 次还本付息债券和贴息债券的 Macaulay 久期等于它们的到期时间。（　　）
5. 商业银行选择债券投资对象时应规避具有较大"凸性"的债券。（　　）
6. 随着利率的上升,债券的价格越跌越快,而随着利率的下降,债券的价格越涨越慢。

　　　　　　　　　　　　　　　　　　　　　　　　　　　（　　）
7. 凸性大的债券,当市场利率下跌时,它的价格涨的快,当市场利率上升时,它的价格跌的
慢。　　　　　　　　　　　　　　　　　　　　　　　　　（　　）
8. 债券收益率曲线是描述某时点一组可交易债券的收益率在不同剩余到期期限的数值的
一条曲线。　　　　　　　　　　　　　　　　　　　　　　（　　）
9. 在降息周期,债券整体收益率水平下降,收益率曲线往往先表现出平坦化特征。（　　）
10. 在其他条件都一样的情况下,债券的票面利率越低,债券的再投资风险也越大。（　　）

四、计算题

1. 某贴现债券的每张面值是 100 元,期限为 10 年,当前市场利率是 10%。

要求:计算债券的价值。

2. 某零息债券每张面值为 100 元,期限为 5 年。商业银行于该债券发行的第 3 年年末
以每张 85 元的价格买入,此时市场利率为 8%。

要求:计算该债券的价值,并评价商业银行的该项投资合理性。

3. 商业银行以 95 元的价格购入某 5 年期票面利率为 8%、面值为 100 元的一次性还本
付息债券,持有 2 年后以 112 元的价格出售。

要求:计算商业银行持有期收益率。

4. 某面值 100 元、票面利率为 8% 的 2 年期债券(利息支付每年 2 次),目前场利率
为 10%。

要求:计算该债券价格不高于多少才值得商业银行买入。

5. 某债券面值为 100 元,剩余期限为 3 年,票面利率为 8%,每年付息一次,目前刚付息
后的市场价格为 102.62 元,当前市场利率为 6.5%。

要求:计算债券的到期收益率 y,并分析商业银行是否应该买入该债券持有至到期。

6. 某附息债券面值为 100 元,票面利率为 6%,每年付息一次,剩余期限还有 3 年。

要求:计算市场利率分别为 6% 和 10% 时该债券的久期。

7. 某债券的久期为 3.5 年,目前价格为 98 元,预计市场利率将从 8% 上升到 9%。

要求:计算债券价格预期的变化百分比及债券价格变化值。

8. 某商业银行发行 2 亿元的同业存单,期限为 5 年,年利率为 5%,每年付息一次。为
了保证有足够的资金偿还该定期存单所形成的债务,该商业银行决定进行债券投资,选择了
A、B 债券,A 债券的票面利率为 12%,剩余期限为 5 年,每年付息一次;B 债券的票面利率
为 7%,剩余期限为 6 年,到期还本付息。目前市场利率为 5%。

要求:计算要使债务完全免疫每种债券的持有量。

第九章
利率风险管理

【学习目标】

通过本章的学习,学生应掌握利率风险的来源、利率风险的影响和利率风险的计量技术,掌握到期日/重新定价表的编制方法,掌握缺口分析、持续期分析和经济价值变动计量监管标准化框架。

【重点难点】

本章的重点和难点是到期日/重新定价表的编制和经济价值变动计量监管标准化框架。

【知识结构图】

利率风险管理
- 利率风险概述
  - 利率风险的来源
    - 缺口风险
    - 基准风险
    - 期权风险
  - 利率风险的影响
    - 对收益的影响
    - 对经济价值的影响
  - 利率风险的计量技术
    - 到期日/重新定价法
    - 模拟技术法
  - 利率风险管理的目标
- 到期日/重新定价表的编制
  - 利率敏感性头寸
  - 现金流时间区间的划分
- 利率对收益的影响
  - 利率敏感性缺口
  - 缺口分析
- 利率对经济价值的影响
  - 持续期分析的基本原理
  - 经济价值变动计量监管标准化框架Ⅰ
  - 经济价值变动计量监管标准化框架Ⅱ

利率风险是指利率水平、期限结构等不利变动导致商业银行经济价值和整体化收益遭受损失的风险。对商业银行来说,承受利率风险是正常的,它可以成为创造利润、提升股东价值的重要来源。然而,过度的利率风险会对商业银行的收益和资本构成严重威胁。市场利率变化时,可能引起商业银行表内外业务的未来重定价现金流或其折现值发生变化,导致经济价值下降;同时,利率变化还可能引起净利息收入减少,或其他利率敏感性收入减少、支出增加,从而使商业银行遭受损失。因此,商业银行应按照审慎原则对利率风险加以有效管理,这对于维护其自身的安全与稳健十分重要。

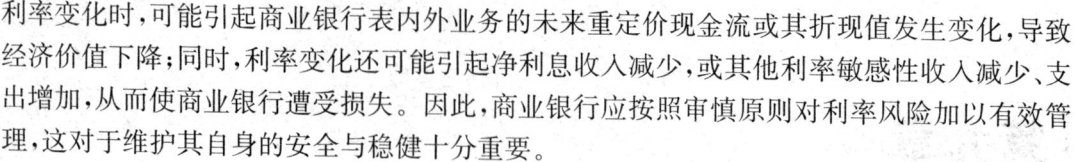

第一节 利率风险概述

一、利率风险的来源

商业银行通常面临的利率风险包括缺口风险、基准风险和期权性风险。

(一)缺口风险

缺口风险是指利率变动时,由于不同金融工具重定价期限不同而引发的风险。利率变动既包括收益率曲线平行上移或下移,也包括收益率曲线形状变化。由于金融工具的重定价期限不同,利率上升时当负债利率重定价早于资产利率,或利率下降时当资产利率重定价早于负债利率,商业银行会在一定时间内面临利差减少甚至负利差,从而导致损失。

例如,某商业银行的资产为5年期、利率6%的固定利率贷款100万元,负债为1年期、利率3%的存款90万元,利差为3%。1~5年期商业银行的负债先于资产重定价,缺口为-90万元,如果在此期间利率上升,商业银行的净利息收入与内在经济价值会减少。若商业银行的资产为1年期、利率为6%的贷款100万元,负债为5年期、固定利率3%的存款90万元,利差为3%。1~5年期商业银行的资产先于负债重定价,缺口为90万元,如果在此期间利率下降,商业银行的净利息收入与内在经济价值会减少。

(二)基准风险

基准风险是指定价基准利率不同的银行表内外业务,尽管期限相同或相近,但由于基准利率的变化不一致而形成的风险。

例如,某商业银行的资产为1年期、利率6%的贷款100万元,负债为1年期、利率3%的存款90万元,如果1年后资产的利率上升1%,负债的利率上升1.5%,即资产和负债利率变化不一致,利差由3%变动到2.5%,尽管资产和负债重定价时间相同,净利息收入也会减少。

(三)期权性风险

期权性风险是指商业银行持有期权衍生工具,或其银行表内外业务存在嵌入式期权条款或隐含选择权,使商业银行或交易对手可以改变金融工具的未来现金流水平或期限,从而形成的风险。期权性风险可分为自动利率期权风险和客户行为性期权风险两类。

自动利率期权风险来源于独立期权衍生工具,或金融工具合同中的嵌入式期权条款(如浮动利率贷款中的利率顶或利率底)。对于这类期权,如果执行期权符合持有人的经济利益,则持有人会选择执行期权,因此该期权称为自动期权。

客户行为性期权风险来源于金融工具合同中的隐含选择权(如借款人的提前还款权或存款人的提前支取权等)。利率变化时,这类选择权有可能会影响到客户行为,从而引起未来现金流发生变化。客户一般都是在对自身有利而对商业银行不利时执行这类选择权,而给商业银行带来风险。

二、利率风险的影响

如上所述,利率变动会给商业银行的收益和经济价值造成不利影响,因此对商业银行利率风险状况的评估是从利率风险对商业银行收益水平和经济价值的影响两个方面展开分析的。

(一) 收益变动分析

收益变动分析是众多商业银行计量利率风险的传统方法,分析的重点是利率变动对账面或报告收益的影响。收益变动分析之所以成为分析利率风险的关键,是因为收益减少甚至亏损会降低一家商业银行的资本充足率,并动摇市场的信心,从而直接威胁到该商业银行的财务稳健状况。在这方面,传统上最受关注的是净利息收入(即利息收入与利息支出之差)。这既反映了净利息收入在商业银行收益总额中的重要地位,同时也反映了它与利率变动之间存在的直接明显的联系。但是,随着商业银行业务中手续费和其他非利息收入的增加,另一种注重净收入总额(包括利息与非利息收支)的方法,已变得越来越普遍了。来自贷款服务和各种资产证券化项目等业务的非利息收入,对市场利率变动十分敏感,且相互关系复杂。例如,一些商业银行为不动产抵押贷款组合提供收取本息和贷款管理的服务,并按其管理的资产总量收费。当利率下降时,不动产抵押贷款提前还款,会导致这些商业银行的服务费收入减少。此外,即便是交易服务费等传统的非利息收入来源,对利率也越来越敏感。这种敏感性增强的现象,促使商业银行管理层和监管当局从更广的角度来分析市场利率变化对商业银行收益的潜在影响,并在测算不同利率环境下的预期收益时考虑这些因素。

(二) 经济价值变动分析

市场利率的变动也同样会影响到商业银行资产、负债和表外业务头寸的经济价值。商业银行的经济价值对利率波动的敏感度对于商业银行的股东、管理层和监管机构等方面十分重要。一种工具的经济价值代表着按照市场利率折算的、其预期净现金流量的现值。商业银行的经济价值可被视为预期净现金流量的现值。这里,预期净现金流量等于资产的预期现金流量减负债的预期现金流量,再加上表外业务头寸的预期净现金流量。在这种意义上,经济价值变动分析是一种反映商业银行经济价值对利率波动的敏感度的方法。

经济价值变动分析和收益变动分析具有互补性。它们都基于共同的假设,都反映了利率变化引起的现金流量变化的影响,预期收益的变化会反映在经济价值的变化上。经济价值变动分析关注的是利率变动对所有未来现金流量现值的潜在影响,涵盖了所有受影响的商业银行的资产、负债和表外项目剩余期限,与收益变动分析相比,它能够对利率变动的潜在长期影响进行更为深入全面的评估。收益变动分析则侧重于分析给定的未来时间范围内(只涵盖中短期,通常是1~3年)盈利能力的变化及对未来股东权益的影响,因此不能充分反映给定时间范围以外的、会继续影响收益的利率风险。

收益变动分析和经济价值变动分析所讨论的都是:未来利率的变动会对商业银行的财

务业绩产生何种影响。商业银行在测算它愿意并且有能力承担的利率风险时,还应考虑到过去的利率可能对未来业绩造成的影响。例如,过去在利率低迷时发放的长期固定利率贷款,如果近期以更高的利率重新融资,在其剩余贷款期内,利差的缩小将给商业银行带来损失。

三、利率风险的计量技术

计量利率变化对收益和经济价值影响的技术一直在不断地发展和变化中,这些技术在计量利率风险头寸时各有长短。因此,商业银行不应依赖单一的风险度量,而应使用多种方法,从基于使用当前持有量的静态模拟的简单计算到反映未来潜在业务活动的更复杂的动态建模技术,商业银行应力求较准确地计量基于经济价值和收益影响利率风险敞口。下面介绍几种主要的利率风险计量技术的简要特征。

(一)到期日/重新定价法

到期日/重新定价法依据到期日(对固定利率工具而言)或距下一次重新定价日前的时间(对浮动利率工具而言),将商业银行的利率敏感性资产、负债和表外业务头寸(受利率变化的影响,其利息收入/支出及内在价值会发生变化的项目),列入若干事先定义的时段之中。根据这个排列表,可以计算出收益和经济价值对于利率变动的简单的利率敏感指标。

1. 净利息收入变动分析

到期日/重新定价法可用来评估利率风险对收益的影响,通常也被称为缺口分析法。缺口分析是商业银行计量利率风险最早的方法之一,目前银行界仍在广泛使用这一方法。商业银行在评估收益风险头寸时,以各时段的利率敏感性资产,减去相应的利率敏感性负债,便得出相应时段的重新定价缺口。缺口的大小表明商业银行的重新定价风险敞口。商业银行用这一缺口乘以假定的利率变动,得出这一利率变动对净利息收入变动的大致影响。

2. 经济价值变动分析法

到期日/重新定价法还可用来分析利率变动对商业银行经济价值的影响。2004年7月,巴塞尔委员会在《利率风险与监管原则》中提出的计量经济价值变动的标准框架是:在到期日/重新定价法下,通过规定每一时段的敏感度权重(该权重通常是根据对每一时段内资产与负债的持续期的估算而得出的。其中,持续期用于计量利率小幅波动时,某一头寸的经济价值的变动),可以大致估算市场利率变化时商业银行经济价值的变动。2016年4月,巴塞尔委员会在《银行账簿利率风险监管标准》中提出的计量经济价值变动的标准框架是:在到期日/重新定价法下,计算各利率冲击情景下每个时间段中点的连续复利折现因子,对每个时段净名义重定价现金流进行折现,并计算各利率冲击情景下的净现值变动。

(二)模拟技术法

许多商业银行,特别是运用复杂金融工具或通过其他方式导致风险构成复杂的商业银行,采用的是比简单的到期日/重新定价法更为复杂的利率风险计量技术——以模拟技术为基础的利率风险计量方法。这类模拟技术一般是通过模拟未来的利率变动及其对现金流量的影响,来详细估算利率变动对收益和经济价值的潜在影响。在某种意义上,模拟技术可视为到期日/重新定价法的延伸和提炼。但模拟技术法通常对各类资产负债表内、外头寸进行了细分,并对由各类头寸引起的本息支付及非利息收支做出了具体假设。此外,这类模拟技术还可包

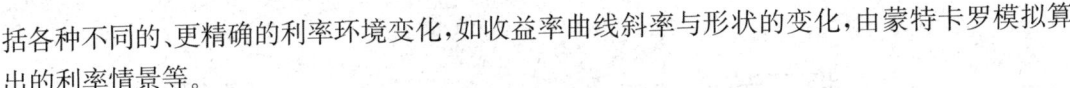

括各种不同的、更精确的利率环境变化,如收益率曲线斜率与形状的变化,由蒙特卡罗模拟算出的利率情景等。

1. 静态模拟

静态模拟评估了仅由商业银行当期表内外头寸导致的现金流量;对于收益风险的评估,则根据一种或多种假定利率变动情景进行模拟,测算出特定时期的现金流量及由此形成的收入流。这类模拟通常包括收益率曲线的相对简单的移位或倾斜,或不同利率间的利差变化。在商业银行持有头寸的全部预计期限内,对得出的现金流量进行模拟并折成现值后,测算出商业银行经济价值变化的估计值。

2. 动态模拟

动态模拟引入了关于未来利率走势以及在此期间商业银行业务预期变化的更为详尽的假设。例如,动态模拟可包括:关于商业银行调整其管理的利率(如储蓄存款利率)策略的假设,关于商业银行客户行为(如从活期存款和储蓄存款提款)的假设,关于商业银行将面临的未来业务流(新贷款或其他交易)的假设。此类模拟使用了这些关于未来业务和再投资战略的假设来预测预期的现金流量,以预估动态收益和经济价值结果。这些更为复杂的动态模拟技术考虑到了现金流与利率的动态交互作用,可以更好地反映隐性或显性期权的影响。

以模拟为基础的利率风险计量技术,有赖于基本假设条件的有效性和基本方法的准确性。复杂模拟的结果必须主要根据模拟的关于未来利率的假设的有效性和商业银行及其客户的行为的假设来评估。由此产生的一个主要担心是,此类模拟会成为"黑箱",使人们错误地相信测算值的精确性。

计量利率风险最困难的任务之一就是如何估测到期日不确定的头寸的未来现金流量,为此各种计量的方法都需设定相应的假设,利率风险估算的质量取决于这些假设的质量。商业银行通常根据此类头寸以往的表现来确定其将来现金流量的时间和规模。例如,商业银行用经济计量或统计分析来研究以往利率变动时商业银行持有的资产和负债的反应,然后将金额列入相应的各时段内。商业银行的管理部门和业务部门的运作也有重要影响,因为这些部门了解业务或重新定价战略的预计变化,这些变化会影响到期日不确定头寸的未来现金流量。

四、利率风险管理的目标

利率风险管理的目标是:商业银行将可能的利率风险限制在其自行设定的范围之内。商业银行应为利率风险整体水平划定限额,即在特定利率环境下,商业银行可承受的收益水平波动幅度和经济价值变动幅度。此类限额应与商业银行的规模、业务复杂性、资本充足率及其计量与管理风险的能力相一致。必要时,根据商业银行资产负债的性质和其业务的复杂程度,商业银行还可以按业务部门、资产组合种类、工具类型或具体的工具设定风险限额。任何超出限额水平的风险头寸都将立即引起管理层的注意。监管机构认定异常商业银行的阈值是按照标准化框架计量的经济价值变动超过自身一级资本的15%,采取的监管措施是要求商业银行在规定的时间降低利率风险敞口和在规定的时限内补充资本金等。商业银行控制利率风险敞口的方式有调整资产负债重定价期限结构、适时调整定价方式、资产证券化、运用利率衍生工具、调整投资组合久期等方式。

第二节 / 到期日/重新定价表的编制

一、利率敏感性头寸

利率敏感性头寸是指受利率变化的影响,其利息收入/支出及内在价值会发生变化的资产、负债和一些表外项目。其中,利率敏感性资产不包括固定资产、无形资产、股权敞口,以及核心一级资本中的扣减项等项目;利率敏感性负债包括计入其他一级资本和二级资本的债务工具等项目;利率敏感性表外项目包括固定利率表外承诺等项目。利率风险监管办法根据表内外相关项目的名义重定价现金流特点,将利率敏感性头寸划分为完全标准化头寸、半标准化头寸和非标准化头寸三类。对于非标准化头寸,商业银行应根据一种或多种假定利率变动情景进行模拟,测算出特定时期的现金流量。

(一)完全标准化头寸

完全标准化头寸包括两类:一是固定利率头寸,是指合同到期前有确定现金流的头寸,如无提前还款权的固定利率贷款、无提前支取权的定期存款等。二是浮动利率头寸,是指可在下一个重定价日被重置为面值的头寸。浮动利率头寸可分解为在下一个重定价日之前的一系列利息现金流,以及下一个重定价日的等同于面值的本金现金流。

(二)半标准化头寸

半标准化头寸主要是指自动利率期权,包括独立的期权衍生工具,以及其他金融工具中剥离出的嵌入式期权条款。

(三)非标准化头寸

非标准化头寸包括无到期日存款、有提前还款权的固定利率贷款和有提前支取权的定期存款。

1. 无到期日存款

商业银行根据存款人和存款的性质对无到期日存款进行分类,使用历史数据,识别核心和非核心存款,并确定相应的现金流。非核心存款将被视同隔夜存款,划至隔夜时间区间。

在稳定存款中,不因市场利率环境显著变化而引发重新定价的存款被视为核心存款。监管机构规定的各类无到期日存款的核心存款比例上限和平均期限上限见表9-1。

表9-1　　　　　　　核心存款比例上限和平均期限上限

项目	核心存款比例上限	核心存款平均期限上限(年)
零售存款(交易性账户)	90%	5
零售存款(非交易性账户)	70%	4.5
批发存款	50%	4

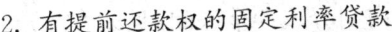

2. 有提前还款权的固定利率贷款

有提前还款权的固定利率贷款是指无需对提前还款支付成本,或高于规定门槛才需支付成本的固定利率贷款。在确定此类贷款的名义重定价现金流时,商业银行应按以下步骤进行:

(1)测算在基准情景下具有相同提前还款特点的贷款组合的基准提前还款率。

(2)计算不同利率冲击情景下,各贷款组合的提前还款率。计算公式为:

$$CPR_{i,c}^{p} = \min(1, r_i \cdot CPR_{o,c}^{p})$$

其中:i 表示利率冲击情景;c 表示币种;p 表示特定贷款组合;r_i 为利率情景乘数(监管机构设定);$CPR_{i,c}^{p}$ 为币种 c、在利率冲击情景 i 下,贷款组合 p 的提前还款率;$CPR_{o,c}^{p}$ 为无利率冲击情景下,贷款组合 p 的提前还款率。

(3)确定名义重定价现金流。计算公式为:

$$CF_{i,c}^{P}(k) = CF_{i,c}^{s} + CPR_{i,c}^{p} \cdot N_{i,c}^{p}(k-1)$$

其中:$CF_{i,c}^{s}$ 为按合同第 k 组时间区间内的应付利息和本金;$N_{i,c}^{p}(k-1)$ 为在第 $k-1$ 组时间区间末尚未到期的贷款名义本金;$CPR_{i,c}^{p}$ 为提前还款率;$CF_{i,c}^{P}(k)$ 为考虑提前还款后第 k 组时间区间内的现金流。

3. 有提前支取权的定期存款

有提前支取权的定期存款是指存款人具有提前支取存款权利,且存款人提前支取存款无须给予银行补偿,或给予的补偿不能弥补支取日至到期日之间的利息损失和经济成本的定期存款。

在确定此类存款的名义重定价现金流时,商业银行应按以下步骤进行:

(1)测算在基准情景下具有相同提前支取特征的定期存款组合的基准提前支取率。

(2)计算在不同利率冲击情景下各存款组合的提前支取率。计算公式为:

$$TDRR_{i,c}^{p} = \min(1, u_i \cdot TDRR_{o,c}^{p})$$

其中:i 表示利率冲击情景;c 表示币种;p 表示特定存款组合;u_i 为利率情景乘数(监管机构设定);$TDRR_{i,c}^{p}$ 为各存款组合的提前支取率。

(3)定期存款中有提前支取风险的部分,划入隔夜时间区间。计算公式为:

$$CF_{i,c}^{p}(1) = TD_{o,c}^{p} \cdot TDRR_{i,c}^{p}$$

其中:$TD_{o,c}^{p}$ 为该存款组合在计算时点的未到期合同本金;$CF_{i,c}^{p}(1)$ 为其中可能被提前支取的部分,划入隔夜时间区间。

二、现金流时间区间的划分

对于重新定价时间明确的现金流量,最为精确的方法是使用确切的重新定价日期,因为只要对时段中头寸/现金流量进行加总,都意味着信息损失,准确度降低。因此,重新定价时间区间的数量,反映了达到必要准确度的要求和追求更高精确性的代价。我国现行利率风险管理办法将利率敏感性头寸的名义重新定价现金流,按重新定价日期划入规定的 20 个时间区间内。距报告日越近,时间区间划分的越细,1 年内划分成 6 个区间(见表 9-2)。重新定价日期是指固定利率产品的本金偿还到期日,可变利率产品的本金最早重新定价日,以及所有未偿还或未重新定价本金的利息支付日。其中,可变利率产品是指浮动利率产品,或商业银行及其交易对手任一方可单方面改变利率的产品。

表 9-2 名义重新定价现金流时间区间表

时间区间					
短期利率	隔夜 (0.0028 年)	隔夜≤1 个月 (0.0417 年)	1 个月<t^{CF}① ≤3 个月 (0.1667 年)	3 个月<t^{CF} ≤6 个月 (0.375 年)	6 个月<t^{CF} ≤9 个月 (0.625 年)	9 个月<t^{CF} ≤1 年 (0.875 年)
	1 年<t^{CF} ≤1.5 年 (1.25 年)	1.5 年<t^{CF} ≤2 年 (1.75 年)				
中期利率	2 年<t^{CF} ≤3 年 (2.5 年)	3 年<t^{CF} ≤4 年 (3.5 年)	4 年<t^{CF} ≤5 年 (4.5 年)	5 年<t^{CF} ≤6 年 (5.5 年)	6 年<t^{CF} ≤7 年 (6.5 年)	
长期利率	7 年<t^{CF} ≤8 年 (7.5 年)	8 年<t^{CF} ≤9 年 (8.5 年)	9 年<t^{CF} ≤10 年 (9.5 年)	10 年<t^{CF} ≤15 年 (12.5 年)	15 年<t^{CF} ≤20 年 (17.5 年)	t^{CF}>20 年 (25 年)

三、到期日/重新定价表的编制方法

商业银行将其所有的利率敏感性资产、负债和表外业务头寸,根据到期日(对固定利率工具而言)或距下一次重新定价日前的时间(对浮动利率工具而言),列入划定的时间区间序列。

(1) 对于固定利率业务,合同规定的业务到期日即为重定利率日。

(2) 对于浮动利率业务,合同规定的距报告日最近的利率调整日即为重定利率日,如果报告日已超过浮动利率业务的最后利率调整日,则该笔浮动利率业务的到期日即为重定利率日。

(3) 对于分期偿还的生息资产和付息负债,商业银行应根据其分期偿还的日期安排,将生息资产和付息负区分为不同的部分,按这些不同部分的重定利率日列入相应的时间段内。

(4) 对于衍生产品,商业银行应将其拆分为基础工具,以基础工具的名义本金进行填列。期货和远期合同,根据相关合约的生效时间和到期时间按一个空头和一个多头填报。例如,一份 6 月份 3 个月的利率期货的多头(4 月份买入),将被视作一个到期日为 2 个月的空头,和一个到期日为 5 个月的多头。掉期交易将按两个具有相应到期日的名义头寸处理。例如,一项商业银行获得浮动利率、支付固定利率的利率掉期,将被视作一个到期日等于下

---

① t^{CF} 是指现金流所处的时间区间。

一次利率固定之前时期的浮动利率多头,和一个到期日等于该掉期合同剩余期限的固定利率空头。期权合同按标的工具或名义标的工具的本金值乘以 delta 值,把 delta 等值列入不同的时段类别时,也采用复式记录法。若商业银行购入一份 6 月份的 3 个月期看涨期权,该合约在 4 月份便应根据其 delta 等值,分别列为 5 个月期的多头及 2 个月期的空头。同样,看跌期权亦可相应列为 2 个月期的多头和 5 个月期的空头。

第三节　利率变动对收益的影响

一、利率敏感性缺口

利率敏感性缺口是指在一定时间区间内重新定价的资产和负债之间的差额,即利率敏感性资产和利率敏感性负债的差额。其计算公式为:

$$GAP_i = RSA_i - RSL_i$$

其中:GAP_i 是在 i 时期里的利率敏感性资产和利率敏感性负债之间的缺口;RSA_i 是在 i 时期里的利率敏感性资产;RSL_i 是在 i 时期里的利率敏感性负债。

利率敏感性缺口是利率敏感性资产与利率敏感性负债两者之间的差额,实际上就是利率风险敞口。

二、缺口分析

在一定时期内:

$$净利息收入(NII_i) = 资产利息收入 - 负债利息支出$$

当利率变化时:

$$\Delta NII_i = RSA_i \times \Delta R_{RSA} - RSL_i \times \Delta R_{RSL}$$

其中:ΔNII_i 是净利息收入的变化值;ΔR_{RSA} 是 i 时期里的利率敏感性资产利率的变动;ΔR_{RSL} 是 i 时期里的利率敏感性负债利率的变动。

(一)简单模型

假定利率敏感性资产和利率敏感性负债的利率以相同的幅度变动且重定价的时间相同,那么净利息收入的变化值为:

$$\Delta NII_i = (RSA_i - RSL_i) \times \Delta R_i = GAP_i \times \Delta R_i$$

其中:ΔNII_i 是 i 时期商业银行净利息收入的预期变化值;ΔR_i 是 i 时期利率敏感性资产和利率敏感性负债的利率预期变动幅度。

利率敏感性缺口 GAP 可以衡量商业银行净利息收入对利率变动的敏感程度,即利率风险程度。不同利率敏感性缺口下利率变动对净利息收入的影响见表 9-3。

表 9-3 不同利率敏感性缺口下利率变动对净利息收入的影响

利率敏感性缺口	利率变化	净利息收入的变化
>0	↑	↑
>0	↓	↓
<0	↑	↓
<0	↓	↑
0	↑	0
0	↓	0

当利率敏感性缺口为正缺口时,利率下降使利息收入的减少额超过利息支出的减少额,导致净利息收入减少,此时的投资风险称为再投资风险;当利率敏感性缺口为负缺口时,利率上升使利息支出的增加额超过利息收入的增加额,导致净利息收入减少,此时的投资风险称为再融资风险。利率敏感性缺口的绝对值越大,市场利率变化引起的商业银行净利息收入的变化越大(见图 9-1)。

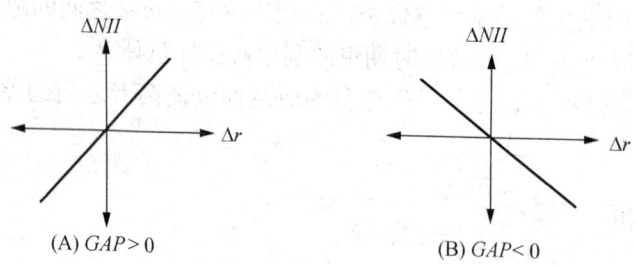

图 9-1 **GAP** 非零时利率变化对 **NII** 的影响

利率变动时,由于不同金融工具重新定价期限不同而引发的风险称为缺口风险。由于金融工具的重新定价期限不同,利率上升时当负债利率重新定价早于资产利率,或利率下降时当资产利率重新定价早于负债利率,商业银行在一定时间内面临利差减少甚至负利差,从而导致损失。

(二)利差效应

简单模型分析了在利率敏感性资产和利率敏感性负债的利率变化幅度相同的情况下,利率变化对净利息收入的影响。但事实上,资产利率的变化与负债利率的变化不可能完全一致。一般来说,利率上升时负债利率重新定价早于资产利率,利率下降时资产利率重新定价早于负债利率。即随着利率水平的变化,资产与负债的利差也发生变化,利差变小的可能性更大。在这种情况下,净利息收入的变化不仅要考虑利率敏感性缺口,还要考虑利差效应。

单就利差效应而言,当利率上升(下降)时,如果利率敏感性资产和利率敏感性负债的利差扩大,那么利息收入上升(下降)的幅度将会大于(小于)利息支出上升(下降)的幅度,这将导致净利息收入增加;反之,当利率上升(下降)时,如果利率敏感性资产和利率敏感性负债的利差缩小,那么利息收入上升(下降)的幅度将会小于(大于)利息支出上升(下降)的幅度,这将导致净利息收入减少。利差效应反映了这样的一个事实:无论利率朝哪个方向变化,利差变化与净利息收入的变化都是正相关的,即利差扩大(缩小),净利息收入增加(减少)。因此,当市场利率变化时,净利息收入的变化受到利率敏感性缺口效应和利差效应的综合影响。计算公式为:

$$\Delta NII_i = RSA_i \times \Delta R_{RSA} - RSL_i \times \Delta R_{RSL}$$

不同利率敏感性缺口下的利差变化及其对净利息收入的影响见表9-4。

表 9-4　　　　　　不同利率敏感性缺口下的利差变化及其对净利息收入的影响

利率敏感性缺口	利率变化	利差变化	净利息收入的变化
>0	↑	↑	↑
>0	↑	↓	↑↓
>0	↓	↑	↑↓
>0	↓	↓	↓
<0	↑	↑	↑↓
<0	↑	↓	↓
<0	↓	↑	↑
<0	↓	↓	↑↓
0	↑↓	↑	↑
0	↑↓	↓	↓

(三) 客户行为期权效应

简单模型未考虑利率变动时产生的提前还款或提前支取问题。实际上,如果金融工具合同中有隐含的选择权(如借款人的提前还款权或存款人的提前支取权等),利率变化时,这类选择权有可能会影响到客户行为,从而引起未来现金流发生变化。例如,当利率下降时,拥有提前还款权利借款人可能提前还款,对此,商业银行必须以较低的利率重新发放贷款或收缩资产规模;当利率上升时,拥有提前支取权的存款人可能提前支取定期存款,对此,商业银行必须以较高的利率补充资金或者收缩资产规模。提前还款和提前支取的存在意味着利率敏感性资产和利率敏感性负债的现金流会偏离预期值。因此,商业银行应估算 i 时期利率变动导致的各种资产和负债提前还款或提前支取的金额,将其计入利率敏感性资产和负债之中。

图9-2反映了利率变动时客户行为期权对净利息收入的影响。图9-2(A)中,因资产先于负债重新定价,利率敏感性缺口为正,当利率上升时,净利息收入增加,然而由于提前支取的风险存在,净利息收入增加的速度减缓;当利率下降时,净利息收入减少,然而由于提前还款风险的存在,净利息收入减少的速度加快。图9-2(B)中,因负债先于资产重新定价,利率

敏感性缺口为负,当利率下降时,净利息收入增加,然而由于提前还款的风险存在,净利息收入增加的速度减缓;当利率上升时,净利息收入减少,然而由于提前支取风险的存在,净利息收入减少的速度加快。

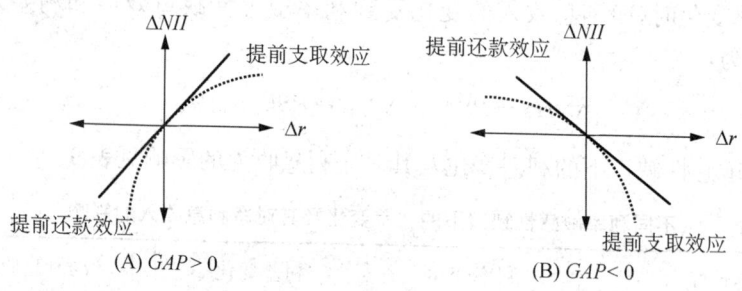

图 9-2　利率变动时客户行为期权效应

【例 9-1】 某商业银行 2020 年年末到期日/重新定价表见表 9-5。

表 9-5　　　　　资产及负债按合同重新定价日或到期日(两者较早者)分析结构

单位:百万元人民币

项目	1个月及以下	1~3个月	3~6个月	6~12个月	1~5年	5年以上	合计
利率敏感性资产:							
存放中央银行款项	10	—	—	—			10
存放同业等	2	3	8	4	2	1	20
客户贷款及垫款	60	20	80	150	90	20	420
债权投资	1	2	1	3	4	5	16
合计	73	25	89	157	96	26	466
利率敏感性负债:							
向中央银行借款	5	6	4				15
同业存放等	1	20	2	3	2		28
客户存款	200	20	50	60	30	10	370
已发行债务证券	2	1	2	3	8	4	20
合计	208	47	58	66	40	14	433
利率敏感性缺口	−135	−22	31	91	56	12	—

假设资产和负债的利率平行上升或下降 200、100、50 个基点并维持 12 个月,分析 1 年内该商业银行净利息收入的变化。假设所有资产和负债均在每个期限档次的中间点进行重新定价,不考虑管理层为降低利率风险而可能采取的风险管理活动。

根据假设,可计算出 1 年内净利息收入变化的时间权数(见表 9-6)。计算公式如下:

$$i \text{ 期缺口的时间权数} = \frac{12 \text{ 个月} - i \text{ 期缺口重定价时间}}{12 \text{ 个月}} \times \text{利率变动幅度}$$

表9-6　　　　　　　　　　　　1年内净利息收入变化的时间权数

利率上升点数	1个月及以下	1～3个月	3～6个月	6～12个月
200	1.917%	1.667%	1.250%	0.500%
100	0.958%	0.833%	0.625%	0.250%
50	0.479%	0.417%	0.313%	0.125%

当利率平行上升或下降时，$\Delta NII = \sum 12$个月内各期限的缺口×相应的时间权数。利率变动对净利息收入的影响见表9-7。

表9-7　　　　　　　　　　　　利率变动对净利息收入的影响

利率上升基点(BP)	净利息收入的变动(万元)	利率下降基点(BP)	净利息收入的变动(万元)
200	−211.22	200	211.22
100	−105.53	100	105.53
50	−52.76	50	52.76

如果资产与负债的利率上升或下降幅度不同，则：

$$\Delta NII = \sum \begin{matrix}12个月内各期限\\的利率敏感性资产\end{matrix} \times \begin{matrix}相应的\\时间权数\end{matrix} - \sum \begin{matrix}12个月内各期限\\的利率敏感性负债\end{matrix} \times \begin{matrix}相应的\\时间权数\end{matrix}$$

表9-8设定了四种资产与负债利率变化不同的情景，以此计算净利息收入的变化值。

表9-8　　　　　　　资产与负债利率变化幅度不同的情景下净利息收入的变化

项目	利差的变化	净利息收入的变动(万元)
资产利率上升1%，负债利率上升0.5%	增加0.5%	40
资产利率上升0.5%，负债利率上升1%	减少0.5%	−198.29
资产利率下降1%，负债利率下降0.5%	减少0.5%	−40
资产利率下降0.5%，负债利率下降1%	增加0.5%	198.29

三、缺口分析的不足

利率敏感性缺口分析是银行业较早采用的利率风险计量方法，因为其计算简便、清晰易懂，目前仍然被广泛使用。但是，缺口分析仍有许多的不足：

(1)缺口分析假定同一时间段内的所有头寸到期时间或重新定价时间相同，忽略了同一时段内不同头寸的到期时间或利率重新定价期限的差异。在同一时间段内的加总程度越高，对计量结果精确性的影响就越大。

(2)缺口分析未考虑利率风险与信用风险、流动性风险等相关风险间的关联性。事实上，利率变化时，金融工具和金融市场的流动性及金融工具预期违约水平也会发生变化。

(3)缺口分析主要衡量利率变化对净利息收入的影响，未能反映非利息收支的变动情况，而这种变动是当期收入的一个潜在而重要的风险来源。

因此,缺口分析仅仅是对选定的利率变动导致的净利息收入的变动做出的粗略估算。

第四节 | 利率变化对经济价值的影响

一、持续期分析的基本原理

商业银行的经济价值(EVE)等于资产的价值(A)减去负债的价值(L)。如果市场利率发生变化,以利率计价的资产和负债的价值也会发生变化,从而可能引起商业银行经济价值的变动。

由:

$$EVE = A - L$$

可知:

$$\Delta EVE = \Delta A - \Delta L$$

其中:EVE 是经济价值;A 是资产的价值;L 是负债的价值;ΔEVE 是商业银行经济价值的变动值;ΔA 是利率变动引起资产的价值变动值;ΔL 是利率变动引起负债的价值变动值。

假定资产和负债的利率变化幅度相同,且利率发生小幅变动,那么可以利用持续期近似计算利率发生 Δr 变化时,引起的资产和负债的变化以及最终导致商业银行经济价值发生的变化。计算公式为:

$$\Delta EVE = -\frac{\Delta r}{1+r} \times D_A \times A - \left(-\frac{\Delta r}{1+r} \times D_L \times L\right) = -\frac{\Delta r}{1+r} \times A \times \left(D_A - \frac{L}{A}D_L\right)$$

其中:D_A 为资产的持续期,它是各项资产持续期的加权平均值;D_L 为负债的持续期,它是各项负债持续期的加权平均值;A 为当前的资产值,L 为当前的负债值;r 为当前的利率水平,Δr 是利率的变化值。$D_A - \frac{L}{A}D_L$ 称为 D_{GAP},即持续期缺口。

则:

$$\Delta EVE = -\frac{\Delta r}{1+r} \times A \times D_{GAP} \tag{9-1}$$

式(9-1)中,利率变化对经济价值的影响可分解为以下三个因素:

(1) 持续期缺口。当持续期缺口为 0 时,商业银行经济价值不受利率变化的影响。也就是说,如果要使商业银行的经济价值免受利率变化的影响,资产的持续期应比负债的持续期略短一些,即 $D_A < D_L$,或者说 $D_A = \frac{L}{A}D_L$。当持续期缺口不为 0 时,利率变化就会导致商业银行经济价值的变化。如果持续期缺口大于 0,即 $D_A > D_L$,说明资产较负债对利率的变化更敏感,那么市场利率上升引起的资产下跌的幅度大于负债下跌的幅度,商业银行的经济价值会下降;市场利率下降引起的资产上涨的幅度大于负债上涨的幅度,商业银行的经济价值会增加。如果持续期缺口小于 0，即 $D_A < \dfrac{L}{A}D_L$，说明负债较资产对利率的变化更敏感，那么市场利率下降引起的资产上涨的幅度小于负债上涨的幅度，商业银行的经济价值会下降；市场利率上升引起的资产下跌的幅度小于负债下跌的幅度，商业银行的经济价值会增加。持续期缺口的绝对值越大，经济价值变化越大。持续期缺口 D_{GAP}、利率变动与商业银行经济价值变动之间的关系见表9-9。

（2）资产规模。在持续期缺口不为 0 的情况下，商业银行资产规模越大，一定幅度的利率变化带来的经济价值变化的幅度越大。

（3）利率的变化幅度。在持续期缺口不为 0 的情况下，一定的资产规模下，利率变化幅度越大，经济价值变化的幅度越大。

利用式(9-1)可近似地计算利率变化 Δr 时最终引起的商业银行经济价值的变化值。但是，当利率变化幅度较大时，式(9-1)计算的结果就会产生较大误差。

表 9-9 列示了不同持续期缺口下利率变动对商业银行经济价值的影响。

表 9-9　　　　　　　不同持续期缺口下利率变动对商业银行经济价值的影响

持续期缺口	利率变动	资产价值变动	变动幅度	负债价值变动	银行经济价值变动
>0	↑	↓	>	↓	↓
>0	↓	↑	>	↑	↑
<0	↑	↓	<	↓	↑
<0	↓	↑	<	↑	↓
0	↑	↓	=	↓	0
0	↓	↑	=	↑	0

【例 9-2】 当前市场利率为 7%，某商业银行的资产负债价值及持续期情况见表 9-10，若市场利率下降 1%，计算该商业银行经济价值的变化值。

表 9-10　　　　　　　　　某银行资产负债价值及持续期　　　　　　　金额单位：亿元

银行资产	市场价值	利率	持续期（年）	股本和负债	市场价值	利率	持续期（年）
工商贷款	100	12%	0.60	大额可转让存单	100	6%	1.94
消费贷款	50	15%	1.20	其他定期存款	125	7.2%	2.75
不动产贷款	40	13%	2.25	其他债务工具	50	9%	3.92
中短期贷款	20	6%	1.50	负债合计	275		
长期债券	90	10%	7.49	经济价值	25		
总　计	300			总计	300		

$$D_A = \sum_{i=1}^{m} W_i^A D_{Ai} = \frac{100}{300} \times 0.6 + \frac{50}{300} \times 1.2 + \frac{40}{300} \times 2.25 + \frac{20}{300} \times 1.5 + \frac{90}{300} \times 7.49 = 3.05$$

$$D_L = \sum_{j=1}^{m} W_j^L D_{Lj} = \frac{100}{275} \times 1.94 + \frac{125}{275} \times 2.75 + \frac{50}{275} \times 3.92 = 2.67$$

$$D_{GAP} = D_A - \frac{L}{A}D_L = 3.05 - \frac{275}{300} \times 2.67 = 0.6$$

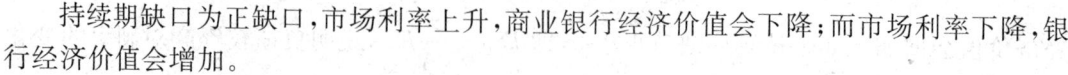

持续期缺口为正缺口,市场利率上升,商业银行经济价值会下降;而市场利率下降,银行经济价值会增加。

当市场利率从 7% 变动到 6% 时,

$$\Delta EVE = -\frac{-1\%}{1+7\%} \times 300 \times 0.6 = 1.68(亿元)$$

市场利率下降 1%,持续期正缺口使该商业银行经济价值上升 1.68 亿元。

二、经济价值变动计量监管标准化框架 I

前面介绍了持续期分析的基本原理,就是通过计算商业银行所有的资产和负债精确的持续期,分析利率小幅变化时商业银行经济价值的变化。2004 年 7 月,巴塞尔委员会在《利率风险与监管原则》中提出计量经济价值变动的标准化框架是:在到期日/重新定价法下,假定利率平行 200 个基点,根据各时段中点资产和负债的持续期的估算规定每一时段的利率风险权数,用来评估利率变化对商业银行经济价值的影响。具体说来,置入每一时段的头寸已被假定了一个"平均"的修正的持续期,用这个"平均"的修正的持续期乘以假定的利率变动幅度作为权数,对所有时段的缺口加权汇总,便得到经济价值变动的估值。这种方法相比精确的计算资产和负债的持续期,会因为各时段加总头寸/现金流量及估算持续期而产生误差。

【例 9-3】 某商业银行 2020 年年末到期日/重新定价表中各时段的利率敏感性缺口见表 9-11,计算利率平行上升 200 个基点情况下该商业银行经济价值的变化。

表 9-11　　　　　　　　　各时段的利率敏感性缺口　　　　　　单位:百万元人民币

时段	1个月以下	1～3个月	3～6个月	6～12个月	1～2年	2～3年	3～4年	4～5年	5～7年	7～10年	10～15年	15～20年	20年以上
利率敏感性缺口	−10	−40	−60	30	50	40	60	80	100	20	10	5	5

采用 2004 年 7 月巴塞尔委员会《利率风险管理与监管原则》中提供的每一时段的利率风险加权因子各时段的利率风险权数(见表 9-12)。

表 9-12　　　　　　　　　各时段的利率风险权数

时段	时段中点	修正的持续期(年)	假定的收益率变化(基点)	加权因子
1个月以下	0.5 个月	0.04	200	0.08%
1～3 个月	2 个月	0.16	200	0.32%
3～6 个月	4.5 个月	0.36	200	0.72%
6～12 个月	9 个月	0.71	200	1.43%
1～2 年	1.5 年	1.38	200	2.77%
2～3 年	2.5 年	2.25	200	4.49%
3～4 年	3.5 年	3.07	200	6.14%

（续表）

时段	时段中点	修正的持续期（年）	假定的收益率变化（基点）	加权因子
4～5 年	4.5 年	3.85	200	7.71%
5～7 年	6.0 年	5.08	200	10.15%
7～10 年	8.5 年	6.63	200	13.26%
10～15 年	12.5 年	8.92	200	17.84%
15～20 年	17.5 年	11.21	200	22.43%
20 年以上	22.5 年	13.01	200	26.03%

表 9-12 中修正的持续期和加权因子是在假定 200 基点收益率曲线平移，以及假定每一时段头寸到期日在时段中点，按年收/付息且收益率为 5% 的前提下计算出来的。

修正的持续期具体计算过程如下：

1 个月以下、1～3 个月、3～6 个月和 6～12 月的头寸只有一期的现金流，因此时段中点就是持续期，则：

$$修正的持续期 = 持续期 \div (1 + 5\%)$$

3～6 个月的时段，时段中点是 4.5 个月，则：

$$持续期\ D = 4.5 \div 12 = 0.375（年）$$
$$修正的持续期\ D^* = 0.375 \div (1 + 5\%) \approx 0.36（年）$$

1～2 年的时段，时段中点是 1.5 年，则：

$$P① = \frac{5\%}{(1+5\%)^{0.5}} + \frac{1.05}{(1+5\%)^{1.5}} \approx 1.024695（元）$$

$$D = \frac{\dfrac{5\%}{(1+5\%)^{0.5}} \times 0.5 + \dfrac{1.05}{(1+5\%)^{1.5}} \times 1.5}{1.024695} \approx 1.452381（年）$$

$$D^* = \frac{1.452381}{1+5\%} \approx 1.38（年）$$

2～3 年的时段，时段中点是 2.5 年，则：

$$P = 1.024695（元）$$

$$D = \frac{\dfrac{5\%}{(1+5\%)^{0.5}} \times 0.5 + \dfrac{5\%}{(1+5\%)^{1.5}} \times 1.5 + \dfrac{1.05}{(1+5\%)^{2.5}} \times 2.5}{1.024695} \approx 2.359410（年）$$

$$D^* = \frac{2.359410}{1+5\%} \approx 2.25（年）$$

以此类推，5～7 年的时段，时段中点是 6 年，则：

---

① P 为未来现金流的现值。

$$P = 1(元)$$

$$D = \frac{\frac{5\%}{1+5\%} \times 1 + \frac{5\%}{(1+5\%)^2} \times 2 + \frac{5\%}{(1+5\%)^3} \times 3 + \frac{5\%}{(1+5\%)^4} \times 4 + \frac{5\%}{(1+5\%)^5} \times 5 + \frac{1.05}{(1+5\%)^6} \times 6}{1}$$

$$\approx 5.329477(年)$$

$$D^* = \frac{5.329477}{1+5\%} \approx 5.08(年)$$

各时段的加权因子 = 各时段修正的持续期 × 2%

$$\Delta EVE = \sum (-1) \times 各期限档次的缺口 \times 相应的利率风险权数$$

利率上升 200 个基点对商业银行经济价值的影响见表 9-13。

表 9-13   利率上升 200 个基点对商业银行经济价值的影响

时段	利率敏感性缺口	利率风险权数	对经济价值的影响
1 个月以下	−10	0.08%	0.01
1～3 个月	−40	0.32%	0.13
3～6 个月	−60	0.72%	0.43
6～12 个月	30	1.43%	−0.43
1～2 年	50	2.77%	−1.39
2～3 年	40	4.49%	−1.80
3～4 年	60	6.14%	−3.68
4～5 年	80	7.71%	−6.17
5～7 年	100	10.15%	−10.15
7～10 年	20	13.26%	−2.65
10～15 年	10	17.84%	−1.78
15～20 年	5	22.43%	−1.12
20 年以上	5	26.03%	−1.30
合计	—	—	−29.90

无论是精确计算商业银行所有资产和负债的持续期,还是在到期日/重新定价法下,估算各时段中资产和负债的持续期,只要是用持续期来评估利率变化对商业银行经济价值的影响,都是将利率的变化与资产和负债价值的变化近似为线性关系。如果利率的变化幅度较大,持续期缺口分析的结果就不再准确。此外,未来现金流的确定、利率变动的预测及前提条件的设立等带有很强的主观性,这也会影响分析的准确性。特别是到期日/重新定价法下同一时段的头寸加总使用相同的收益率和修正的持续期,误差会更大。

三、经济价值变动计量监管标准化框架 Ⅱ

2016 年 4 月,巴塞尔委员会在《银行账簿利率风险监管标准》中提出的计量经济价值变动的标准框架是:在到期日/重新定价表的基础上(将利率敏感性头寸的名义重定价现金流按重定价日期划入 19 个时间区间内),设定六种利率冲击情景,以连续复利方式计算每一时段的折现因子,对名义重定价现金流进行折现汇总。与基准利率情景相比,各利率冲击情景下名义重定价现金流的净现值变动与自动利率期权的价值变动之和,即为该利率情景下的经济价值变动。六种利率冲击情景下经济价值变动损失最大值,即为基于经济价值变动的利率风险值。

(一) 利率冲击情景

计量框架采用六种标准化利率冲击情景,包括收益率曲线平行上移、平行下移、变陡峭、变平缓、短期利率向上移动和短期利率向下移动等。在各情景下,收益率曲线变动的计算公式见表 9-14。

表 9-14 六种标准化利率冲击情景下收益率曲线变动的计算公式

标准化利率冲击情景	收益率曲线变动的计算公式	人民币标准化利率冲击幅度
(1) 平行上移	$\Delta R_{1,c}(k) = \bar{R}_{parallel,c}$	$+250\text{BP}$[①]
(2) 平行下移	$\Delta R_{2,c}(k) = -\bar{R}_{parallel,c}$	-250BP
(3) 变陡峭 (短期利率下降,长期利率上升)	$\Delta R_{3,c}(k) = -0.65 \cdot \bar{R}_{short,c} \cdot e^{\frac{t_k}{4}} + 0.9 \cdot \bar{R}_{long,c} \cdot (1 - e^{\frac{t_k}{4}})$	$(-195\text{BP}, 135\text{BP})$
(4) 变平缓 (短期利率上升,长期利率下降)	$\Delta R_{4,c}(k) = 0.8 \cdot \bar{R}_{short,c} \cdot e^{\frac{t_k}{4}} - 0.6 \cdot \bar{R}_{long,c} \cdot (1 - e^{\frac{t_k}{4}})$	$(-90\text{BP}, 240\text{BP})$
(5) 短期利率向上移动	$\Delta R_{5,c}(k) = \bar{R}_{short,c} \cdot e^{\frac{t_k}{4}}$	$(0, 300\text{BP})$
(6) 短期利率向下移动	$\Delta R_{6,c}(k) = -\bar{R}_{short,c} \cdot e^{\frac{t_k}{4}}$	$(-300\text{BP}, 0)$

其中:i 表示利率冲击情景;c 表示币种;k 表示特定时间区间;t_k 为第 k 组时间区间的时间中点;$\Delta R_{i,c}(k)$ 表示在利率冲击情景 i 下,币种 c 的收益率曲线在时间点 t_k 上的变动值;$\bar{R}$ 为各币种的标准化利率冲击幅度。

(二) 经济价值变动的计算

在确定各类头寸的名义重定价现金流和期权价值变动后,按以下方法计算经济价值变动:

(1) 计算各利率冲击情景下的折现因子(连续复利方式)。计算公式为:

$$DF_{i,c}(t_k) = \exp(-R_{i,c}(t_k) \cdot t_k)$$

其中:i 表示利率冲击情景;c 表示币种;k 表示特定时间区间;t_k 为第 k 组时间区间的时间中点;$R_{i,c}(t_k)$ 为在利率冲击情景 i 下,币种 c 的收益率曲线在时间点 t_k 上的值;$DF_{i,c}(t_k)$ 为对应第 k 组时间区间中点的折现因子。

(2) 对名义重定价现金流进行折现。计算公式为:

---

① BP 是指基点。

$$EVE_{i,c}^{nao} = \sum_{k=1}^{K} CF_{i,c}(k) \cdot DF_{i,c}(t_k)$$

其中：$CF_{i,c}(k)$ 为第 k 组时间区间内的名义重定价现金流；$EVE_{i,c}^{nao}$ 为名义重定价现金流净现值。

（3）与基准利率情景相比，各利率冲击情景下名义重新定价现金流的净现值变动与自动利率期权的价值 $KAO_{i,c}$ 变动之和，即为该利率情景下的经济价值变动。计算公式为：

$$\Delta EVE_{i,c} = \sum_{K=1}^{K} CF_{0,c}(K) \cdot DF_{0,c}(t_K) - \sum_{K=1}^{K} CF_{i,c}(K) \cdot DF_{i,c}(t_K) + KAO_{i,c}$$

六种标准化利率冲击情景下经济价值变动损失的最大值，即为基于经济价值变动的利率风险值。

【知识链接】

利率期限结构理论

收益率曲线是指以横轴为期限，纵轴为收益率，将某一时点上具有相同风险、流动性和税收特征而期限不同的一组债券的收益率连接起来形成的曲线。收益率曲线的形状可以分为向上倾斜、平坦和向下倾斜三类，最为常见的收益率曲线形状是向上倾斜。为什么收益率曲线会有不同的形状？为什么收益率曲线通常向上倾斜？为什么不同期限的债券收益率随着时间的推移呈现出相同的变动特征？利率期限结构理论对这三个事实进行了解释。利率期限结构理论主要有预期理论、市场分割理论和流动性溢价理论。其中，前两种理论奠定了流动性溢价理论的基础，流动性溢价理论是对它们的修正和改进。

一、预期理论

预期理论认为，长期债券的利率等于长期债券到期期限内短期利率的预期平均值，不同期限的债券的收益率之间存在差异的原因在于未来短期利率预期值不同。

该理论的关键假设是：债券购买者对不同期限的债券没有偏好差异。利率期限结构完全取决于对未来利率的市场预期。如果预期未来利率上升，则利率期限结构会呈上升趋势；如果预期未来利率下降，则利率期限结构会呈下降趋势。

预期理论可以解释：①随着时间的推移，不同期限的债券的收益率呈现出相同的变动特征。②如果短期利率较低，收益率曲线会向上倾斜；如果短期利率较高，收益率曲线会向下倾斜。但它无法解释为什么收益率曲线通常向上倾斜。根据预期理论，收益率曲线通常应该是平坦的而不是向上倾斜的。

二、市场分割理论

市场分割理论将不同期限的债券的市场完全独立和相互分割，每种特定期限的债券的收益率取决于该债券自身的供求状况，不受其他期限债券的影响。

该理论的关键假设是：不同期限的债券不能完全相互替代，因为投资者只对特定期限的债券表现出强烈的偏好。如果某种债券的期限正好与某投资者意愿持有的期限相匹配，那么投资者就可以在完全无风险的条件下获得特定的收益率。显而易见，厌恶风险的投资者其意愿持有期较短，通常会偏好利率风险小的短期债券。在通常情况下，长期债券相对于短期债券的需求量较少，因而其价格较低，利率较高，所以收益率曲线通常向上倾斜。

虽然市场分割理论能够解释收益率曲线通常向上倾斜这一事实，但它无法解释：①不同期限的债券的收益率随着时间的推移会出现相同变动特征而不是相互不受影响。②为什么收益率曲线会向上倾斜或向下倾斜。

三、流动性溢价理论

流动性溢价理论认为,长期债券的利率等于长期债券到期期限之内的短期利率预期平均值加上随该债券供求状况变动而改变的流动性溢价。

该理论的关键假设是:不同期限的债券之间可以相互替代,这意味着某一债券的预期收益率会影响其他期限的债券,但同时该理论也承认投资者对不同期限债券的偏好,也就是说,不同到期期限的债券可以相互替代,但并非完全替代。假设投资者偏好特定的债券期限,更愿意对特定期限的债券进行投资,只有在其他期限债券具有更高的预期收益率的条件下,投资者才会选择购买这些债券。由于风险厌恶型投资者通常偏好于短期债券,所以只有在长期债券具有更高预期收益率的条件下,投资者才会选择持有长期债券。

流动性溢价理论可以解释上述三个事实,还可用于预测短期利率发展趋势:陡峭上升的收益率曲线意味着短期利率的预期值将会提高;平缓上升的收益率曲线意味着短期利率的预期值将保持不变;平坦的收益率曲线意味着短期利率的预期值将缓慢下降;向下倾斜的收益率曲线意味着短期利率的预期值将会下降。

近年来的一些研究成果表明,在解释短期利率变动和长期利率变动的原因方面,期限结构相关理论的解释能力较强,而在解释中期利率变动的原因方面,这些理论的结论并不可靠。

【本章小结】

1. 利率风险是指利率水平、期限结构等不利变动导致商业银行经济价值和整体收益遭受损失的风险。利率风险包括缺口风险、基准风险和期权性风险。利率变动会给商业银行的收益和经济价值造成不利影响,因此对商业银行利率风险状况的评估是从利率风险对商业银行收益水平和经济价值的影响两个方面开展。计量利率风险的技术主要是到期日/重新定价法及在此基础上延伸发展出的模拟技术法。计量利率风险的最困难之处是估测到期日不确定的头寸的未来现金流量。

2. 到期日/重新定价表是计量利率变动净利息收入和经济价值影响的基础。该表将商业银行所有的利率敏感性资产、负债和表外业务头寸,根据到期日(对固定利率工具而言)或距下一次重新定价日前的时间(对浮动利率工具而言),列入划定的时间区间序列。时间序列划分的越细,越有利于降低时段内头寸/现金流量加总计量带来的误差。

3. 某时段利率敏感性资产和利率敏感性负债的差额称为利率敏感性缺口。缺口分析法分析一定时期利率的变化对商业银行净利息收入的影响,它是一种较为简单初级的利率风险计量和管理的方法。假定利率敏感性资产和利率敏感性负债的利率变化幅度相同,净利息收入的变化值就等于敏感性缺口与利率变化幅度的乘积。如果利率敏感性资产和利率敏感性负债的利率变化幅度不同,净利息收入的变化受到利率敏感性缺口效应和利差效应的综合影响。利率变动时,在客户行为期权的影响下,净利息收入增加变缓,减少加快。

4. 持续期分析的基本原理是商业银行的经济价值等于总资产减去总负债,如果利率变化,总资产和总负债的价值也会变化,当利率小幅变化时,可以通过总资产和总负债的持续

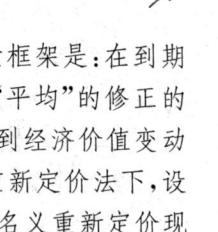

期近似计算经济价值的变动。2004年7月巴塞尔委员会提出的标准化计量框架是：在到期日/重新定价法下，给每一时段的头寸一个"平均"的修正的持续期，用这个"平均"的修正的持续期乘以假定的利率变动幅度作为权数，对所有时段的缺口加权汇总，得到经济价值变动的估值。2016年7月巴塞尔委员会提出的标准化计量框架是：在到期日/重新定价法下，设定六种标准化利率冲击情景，以连续复利方式计算每一时段的折现因子，对名义重新定价现金流进行折现汇总。与基准利率情景下的经济价值比较，各利率冲击情景下名义重新定价现金流的净现值变动与自动利率期权的价值变动之和，即为该利率情景下的经济价值变动。六种标准化利率冲击情景下经济价值变动损失的最大值，即为基于经济价值变动的利率风险值。

【关键术语】

缺口风险　基准风险　期权性风险　收益和经济价值　到期日/重定价法　模拟技术法　利率敏感性缺口　持续期缺口　修正持续期　折现因子

【问题思考】

1. 商业银行面临的利率风险可划分为哪几种？
2. 利率风险对商业银行的影响是什么？
3. 现有利率风险的计量技术有哪些？
4. 如何编制到期日/重新定价表？这个表的作用是什么？
5. 缺口分析的基本原理是什么？
6. 持续期分析的基本原理是什么？
7. 2004年7月和2016年4月巴塞尔委员提出的经济价值计量的标准化框架的主要内容是什么？

本章练习
参考答案

补充案例

本 章 练 习

一、单项选择题

1. 利率敏感性缺口是实际上就是( )。
   A. 流动性缺口　　　　　　　　B. 利率风险敞口
   C. 期限缺口　　　　　　　　　D. 持续期缺口

2. 当利率敏感性缺口为负值时,利率与收入的关系是( )。
   A. 负相关　　　　　　　　　　B. 无关
   C. 正相关　　　　　　　　　　D. 不确定

3. 预测市场利率大幅上升,应保持利率敏感性( )。
   A. 负缺口　　　　　　　　　　B. 零缺口
   C. 正缺口　　　　　　　　　　D. 不确定

4. 利率敏感性缺口分析的是利率变化对( )影响。
   A. 利润总额　　　　　　　　　B. 经济价值
   C. 净利息收入　　　　　　　　D. 银行价值

5. 当持续期缺口为正值时,利率与银行经济价值的关系是( )。
   A. 负相关　　　　　　　　　　B. 无关
   C. 正相关　　　　　　　　　　D. 不确定

6. 如果利率敏感性资产和利率敏感性负债的利差缩小,那么利差对净利息收入的影响是
   ( )。
   A. 净利息收入增加　　　　　　B. 净利息收入减少
   C. 视利率敏感性缺口而定　　　D. 净利息收入不变

7. 下列负债中,属于利率敏感性负债的是( )。
   A. 应交税费
   B. 应付职工薪酬
   C. 计入其他一级资本和二级资本的债务工具
   D. 应付利息

8. 如果利率下降,有提前还款权的客户可能提前还款,给银行带来的风险是( )。
   A. 缺口风险　　　　　　　　　B. 重定价风险
   C. 期权性风险　　　　　　　　D. 基准风险

9. 某银行资产负债率为90%,总资产加权平均的持续期为4.8,总负债加权平均的持续期
   为5,则( )。
   A. 持续期缺口率为1.33
   B. 持续期缺口为1.2

C. 利率下降时,经济价值下降

D. 利率上升时,经济价值下降

10. 根据我国现行利率风险管理办法,无到期日的存款属于( )。

    A. 完全标准化头寸   B. 半标准化头寸

    C. 非标准化头寸   D. 不确定

二、多项选择题

1. 下列有关利率敏感性缺口和利差效应综合影响的说法中,正确的有( )。

    A. 无论利率如何变动,单就利差效应而言,利差变化与净利息收入的变化都是正相关的

    B. 利率敏感性缺口为正缺口时,利率上升,利率敏感性资产和利率敏感性负债的利差缩小,净利息收入增加的更多

    C. 利率敏感性缺口为负缺口时,利率下降,利率敏感性资产和利率敏感性负债的利差扩大,净利息收入增加的更多

    D. 利率敏感性缺口为0时,利率上升,利率敏感性资产和利率敏感性负债的利差缩小,净利息收入可能上升可能下降

    E. 率敏感性缺口为0时,只要利率敏感性资产和利率敏感性负债的利差不变,无论利率如何变动,净利息收入保持不变

2. 下列有关持续期缺口分析的说法中,正确的有( )。

    A. 是比利率敏感性缺口分析更为先进的利率风险计量方法

    B. 可估算利率变动对银行经济价值的影响

    C. 利率变化持续期缺口随之而变

    D. 利率变化越大其分析的结果越不准确

    E. 资产和负债未来现金流的确定、利率变动的预测及前提条件的设立等带有很大的主观性

    F. 不考虑利率不敏感的资产和负债的状况

3. 利率敏感性资产不包括( )。

    A. 固定资产   B. 无形资产

    C. 债权投资   D. 长期股权投资

    E. 核心一级资本扣减项   F. 贷款损失减备

4. 影响利率敏感性缺口大小的因素有( )。

    A. 周期性还款

    B. 利率变动后可能的提前还款和提前支取

    C. 套期保值衍生交易

    D. 利率敏感性表外承诺业务

    E. 重定价时间区间的划分

    F. 利率变动的方式

5. 当持续期缺口大于零时,( )。

    A. 资产对利率变化的敏感性大于负债

B. 资产对利率变化的敏感性小于负债
C. 利率上升引起资产的跌幅大于负债的跌幅
D. 利率下降引起资产的涨幅大于负债的涨幅
E. 利率上升引起资产的跌幅小于负债的跌幅
F. 利率下降引起资产的涨幅小于负债的涨幅

三、判断题

1. 利率敏感性缺口与流动性缺口相同。　　　　　　　　　　　　（　　）
2. 利率敏感性缺口非零时,利率与收入的变化正相关。　　　　　（　　）
3. 敏感性缺口绝对值越大,银行承担的利率风险也就越大。　　　（　　）
4. 设定利率变动情景对客户期权行为的测算就属于模拟技术。　　（　　）
5. 单利差效应而言,利差的扩大有利于净利息收入的增加。　　　（　　）
6. 当市场利率上升,银行维持利率敏感性缺口和持续期缺口为正缺口是有利的。（　　）
7. 持续期缺口为负缺口时,利率上升,会导致银行经济价值下降。（　　）
8. 持续期缺口分析法下,当市场利率下降,计算出来总资产和总负债的变动幅度偏小。
　　　　　　　　　　　　　　　　　　　　　　　　　　　　　（　　）
9. 利率敏感性缺口和持续期缺口衡量的是银行利率风险敞口大小。（　　）
10. 持续期缺口是资产的持续期和负债持续期的差额。　　　　　（　　）

四、计算题

1. 已知某银行2020年年末3个月以内利率敏感性负缺口为12 000亿元,3个月到1年的利率敏感性正缺口为5 000亿元。

要求:计算在1年内市场利率下降100个基点情况下,该银行净利息收入的变化值。

2. 已知某行3个月以内和3个月至1年的利率敏感性资产与负债的情况见表9-15。

表9-15　　　　　　　　利率敏感性资产与负债的情况　　　　　　单位:亿元

项目	3个月以内	3个月至1年
利率敏感性资产	10 000	5 000
利率敏感性负债	15 000	4 000

要求:

(1) 如果1年内市场利率平行下降100个基点,该行净利息收入的变化值是多少?

(2) 如果利率敏感性资产利率下降100个基点,利率敏感性负债利率下降90个基点,该行净利息收入的变化值是多少?

(3) 如果利率敏感性资产利率下降90个基点,利率敏感性负债利率下降100个基点,该行净利息收入的变化值是多少?

3. 某银行在市场利率为5%时的资产负债价值及持续期见表9-16。

表 9-16　　　　　　市场利率为 5%时的资产负债价值及持续期　　　　　金额单位:亿元

银行资产	市场价值	利率	持续期（年）	股本和负债	市场价值	利率	持续期（年）
现金	300			大额可转让存单	120	2.5%	5.2
证券投资	200	5%	3.2	其他定期存款	800	3%	2.8
贷款	500	7%	6.5	经济价值	80		
总计	1 000			总计	1 000		

要求:计算当市场利率下降 1%时,银行经济价值的变化值。

第十章
衍生产品交易业务管理

【学习目标】

通过本章的学习,学生应掌握远期、远期、期货、互换和期权的具体含义及操作原理、运用及衍生产品公允价值的确定。

【重点难点】

本章的重点是远期、远期、期货、掉期(互换)和期权的操作原理及公允价值的确定;难点是衍生品公允价值的确定。

【知识结构图】

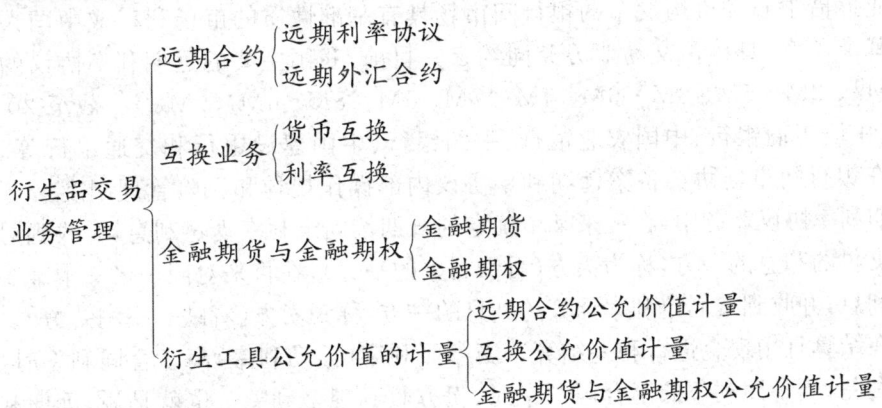

衍生产品是一种金融合约,其价值取决于一种或多种基础资产或指数。合约的基本种类包括远期、期货、互换和期权。衍生产品的特点是:其价值随特定利率、金融工具价格、商品价格、汇率、价格指数、费率指数、信用等级、信用指数或其他类似变量的变动而变动,不要求或要求较少的初始净投资及在未来某一日期结算。商业银行可以利用衍生产品交易进行利率风险管理、汇率风险管理和信用风险管理等。

第一节 / 远 期 合 约

远期合约是指交易双方约定在未来某一特定时间、以某一特定价格买卖某一特定数量和质量资产的交易形式,合约由买卖双方自行签订。商业银行所交易的远期合约主要是远期利率协议和远期外汇合约两类。远期利率协议交易最早起源于 1983 年的伦敦银行业同业拆借市场。目前,国际上主要的远期利率协议市场是伦敦市场和纽约市场。中国人民银行在 2007 年 9 月出台《远期利率协议业务管理规定》,自 2007 年 11 月 1 日起推出远期利率协议业务。远期外汇合约则是我国出现最早、应用最广泛的外汇衍生产品。

一、远期利率协议

(一) 远期利率协议的含义

远期利率协议(forward rate agreements, FRA)是指交易双方约定在未来某一日(结算日),交换协议期间内在一定名义本金基础上分别以合同利率和参照利率计算的利息的金融合约。其中,远期利率协议的买方支付以合同利率计算的利息,卖方支付以参照利率计算的利息。在我国,远期利率协议的参照利率为经中国人民银行授权的全国银行间同业拆借中心等机构发布的银行间市场具有基准性质的市场利率或中国人民银行公布的基准利率,具体由交易双方共同约定。目前,我国主要的远期利率协议的品种为 1M×4M[①]、2M×5M、3M×6M、4M×7M、5M×8M、6M×9M 等。截至 2019 年年末,共有中国工商银行、中国农业银行、中国银行、中国建设银行和交通银行等 60 家商业银行在银行间市场协会备案远期利率协议内部操作规程和风险管理制度。

远期利率协议业务中,在将来某个确定的日期按固定利率支付利息,并收到对方按浮动利率支付的利息的一方,称为买方(看涨利率的一方);在将来对同一名义本金支付浮动利率的利息,并收到按固定利率计算的利息的一方,称为卖方(看跌利率的一方)。远期利率合约在结算日用现金进行利差结算。当参照利率(浮动利率)高于合同利率时,买方收到现金利差;当参照利率低于合同利率时,卖方收到现金利差。也就是说,远期利率协议涉及的本金只是一种用于计算利息的名义本金,远期利率协议双方并不发生本金的实际借贷活动。

要注意的是,远期利率协议的结算日并不是整个交易期限的到期日,而是起息日。由于在起息日进行利差结算,所以应当采用贴现的方式来计算利差结算金额。其计算公式为:

$$\text{利差结算金额} = \frac{\text{名义本金} \times \text{利差} \times \dfrac{\text{实际天数}}{360}}{1 + \text{市场参考利率} \times \dfrac{\text{实际天数}}{360}}$$

---

① 1M×4M 是指从现在算起 1 个月后起息,4 个月后到期(2M×5M、3M×6M 等含义类推即可)。

其中：利差是指合同利率和结算日参考利率之差；实际天数是协定期限的实际天数。

（二）远期利率协议的基本要素

远期利率协议的基本要素见表10-1。

表 10-1　　　　　　　　　　　远期利率协议的基本要素

基本要素	内容
名义本金	FRA 合约中规定的在未来进行借贷的金额
基准日	确定参照利率的日期
交割日	名义借贷的结算日期，即协议期限的起息日
到期日	名义借贷到期日
合约期	交割日至到期日的天数，即协议期限
合约利率	FRA 中的固定利率，即协议利率
参照利率	也称结算利率，即结算日的市场利率，一般采用具有基准性质的市场利率
结算金额	按合约利率和参照利率差额计算的由交易一方支付给另一方的金额

（三）远期利率协议的功能

1. 远期利率协议为商业银行管理短期利率风险提供了工具

远期利率协议的作用在于规避市场利率风险。对资金融入方而言，远期利率协议有利于其锁定资金成本，确保所需的融资规模，避免之后货币市场利率价格波动带来的流动性风险；对资金融出方而言，由于事先确定了资金价格，有利于其提前锁定资金拆借的利息收益。远期利率协议并不进行资金的实际借贷，只是对以名义本金计算的利息的差额进行结算，因此资金流动量小，为商业银行提供了一种管理利率风险而又无须改变资产负债结构的有效工具。

2. 远期利率协议有助于抑制货币市场利率波动，推动货币市场基准利率的形成

与其他衍生产品相同的是，远期利率协议具有价格发现功能，其定价包含交易双方对未来利率的预期，大规模的远期利率协议交易能使未来利率波动趋于理性。同时，由于不涉及本金交割，远期利率协议中反映的短期利率走势不易受实际资产价格的影响，所形成的收益率曲线具有稳定性高、代表性强的特点，可通过衍生产品和基础资产的联动关系促使货币市场收益率曲线趋于完善。

3. 远期利率协议与利率互换在期限结构上有较好的互补性

远期利率协议与利率互换都属于利率风险管理工具，但远期利率协议的期限比较短，一般为 3、6、9、12、18 个月，并以 1 年期限内的品种为主，因此通常被视为货币市场工具，主要用于规避短期利率风险；而利率互换期限跨度较长，通常为 1~20 年，主要用于管理长期利率风险。远期利率协议和利率互换在期限结构上具有较好的互补性。远期利率协议的推出，使收益率曲线（包括货币市场和债券市场）上各期限品种均具备风险管理功能，有利于商业银行进行覆盖各期限、全方位的利率风险管理。

（四）远期利率协议操作实例

【例 10-1】 2007 年 11 月 1 日，汇丰银行与中信银行达成我国首笔人民币远期利率协

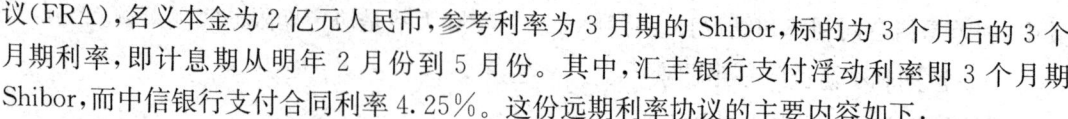

议(FRA),名义本金为 2 亿元人民币,参考利率为 3 月期的 Shibor,标的为 3 个月后的 3 个月期利率,即计息期从明年 2 月份到 5 月份。其中,汇丰银行支付浮动利率即 3 个月期 Shibor,而中信银行支付合同利率 4.25%。这份远期利率协议的主要内容如下:

买方:中信银行

卖方:汇丰银行

交易类型:3M×6M

交易名义本金:2 亿元人民币

合同利率:4.25%

参照利率:3 月期的 Shibor

交易日:11 月 1 日

起息日:2 月 1 日

到期日:5 月 1 日

交割日:2 月 1 日

协议期限:89 天

若 2 月 1 日当天 3 月期的 Shibor 为 4.08%,则在交割日中信银行应当向汇丰银行支付的金额为:

$$\frac{200\ 000\ 000 \times (4.25\% - 4.08\%) \times \frac{89}{360}}{1 + 4.08\% \times \frac{89}{360}} = 83\ 216.28(元)$$

若 2 月 1 日当天 3 月期的 Shibor 为 4.38%,则在交割日汇丰银行应当向中信银行支付的金额为:

$$\frac{200\ 000\ 000 \times (4.38\% - 4.25\%) \times \frac{89}{360}}{1 + 4.38\% \times \frac{89}{360}} = 63\ 589.21(元)$$

(五)远期利率协议的风险

(1)信用风险大。远期利率协议属于信用交易,没有保证金,没有清算所的保障,违约风险较大,因此开展交易时必须清楚了解交易对手的信誉。

(2)远期利率协议较难寻觅恰当的交易对手。交易各方对名义本金、结算日有不同的要求,交易成本高。

(3)远期利率协议没有流动性。买入之后不能卖出,只能与另一笔远期利率协议对冲。

(4)标准化的远期利率协议的期限可能与商业银行的风险暴露期限不完全一致,或使用的利率基础存在差异,因而不能将利率风险完全锁定。

二、远期外汇合约

(一)远期外汇合约的含义

远期外汇合约又称期汇交易,是指交易双方约定在将来某一时间按约定的汇率买卖一定金额的某种外汇的合约。

远期外汇合约的主要目的是规避汇率风险。不论是有远期外汇收入的出口企业,还是有远期外汇支出的进口企业,都可以与商业银行订立远期外汇合约,按预约的价格在将来到期时进行交割,避免进口产品成本上升和出口销售收入减少的损失,以控制结算风险。目前,我国可办理远期结售汇业务的银行有 6 家,分别是中国工商银行、中国农业银行、中国银行、中国建设银行、交通银行和中信银行。

(二) 远期外汇合约的主要特点

(1) 外汇远期合约的交易地点并不固定,通常是通过现代通信手段进行,交易时间也不受限制,可以 24 小时交易,因而属于无形市场。

(2) 外汇远期合约是交易双方经协商后达成的协议,在交易币种、汇率、交割方式、金额等方面能够灵活地满足交易双方的偏好,因而是非标准化的合约。

(3) 外汇远期合约双方当事人都要承担信用风险。

(三) 远期外汇合约的操作实例

【例 10-2】 2020 年 8 月 1 日,某造船厂与外商签订了一份出口协议,预期 3 个月后将收到 100 万美元的货款,为避免 3 个月后人民币升值使得结汇收入减少,该造船厂与某商业银行签订以固定远期汇率 6.12 元人民币的价格卖出外汇的协议。2020 年 11 月 1 日,该造船厂收汇。

若 2020 年 11 月 1 日美元即期汇率为 6.02 元人民币,通过远期外汇交易,造船厂减少汇率损失 100 000 元人民币[(6.12−6.02)×1 000 000]。

若 2020 年 11 月 1 日美元即期汇率为 6.25 元人民币,远期外汇交易使造船厂结汇收入减少 130 000 元人民币[(6.25−6.12)×1 000 000]。

无论收汇时即期利率是多少,远期外汇合约使得造船厂的结汇收入锁定在 6 120 000 元人民币,避免了汇率波动带来的结汇收入的不确定性。对于商业银行来说,可以进一步利用外汇期货市场规避汇率波动的风险,如在外汇期货市场中,卖出美元期货合约以锁定美元汇率。

远期外汇合约的优点在于:可以灵活地满足交易双方的需求。但是,远期合约存在两个问题:①较难寻找交易对手即市场缺乏流动性。②违约风险大,远期合约无第三方对该合约予以担保,如果一方破产或市场价格发生有利于其的变化,该方就可能违约,而使另一方遭受损失。

第二节　互换业务

互换是指交易双方约定在未来某一时期相互交换资产的协议。互换产生的条件是交易双方在两种金融产品上存在着比较优势,只要交易双方互为需求,就可以通过互换达到比较优势利益共享、降低筹资成本及规避利率或汇率风险的目的。互换业务不存在标准化的互换合约,交易双方就合约期限、还款的利率基础和时间安排等进行具体约定。互换业务主要有货币互换和利率互换。

一、货币互换

货币互换是指交易双方先按约定汇率在期初交换不同货币的本金,然后再按即期汇率定期交换利息,协议到期时再按约定汇率换回货币本金的金融合约。其中,利息的交换可按即期汇率折算为一种货币而进行差额支付。货币互换的利率形式可以是固定换浮动,或浮动换浮动,或固定换固定。货币互换中所约定的汇率可以是即期汇率,也可以是远期汇率,还可以由双方协定其他任意水平,但对应于不同汇率水平的利率会有所不同。

货币互换可以在商业机构间进行,也可以在中央银行间进行。商业机构货币互换的主要目的是降低筹资成本和规避汇率风险。中央银行货币互换的主要目的是:①作为维护汇率和金融市场的稳定的政策工具。②可通过商业银行向本国企业提供融资,以帮助企业规避汇率风险,节约汇兑费用,从而有利于促进双边贸易和投资的发展。

世界上第一笔商业性货币互换是 1981 年,以美国所罗门兄弟公司为中介,IBM 公司和世界银行之间的货币互换。各国中央银行间开展的双边货币互换则早在布雷顿森林体系时期就被美联储采用,1962 年 5 月,美联储同法国中央银行签订世界首个央行间双边互换协议。现在中央银行间的货币互换已被很多国家广泛应用。自 2008 年 12 月以来,中国人民银行积极与他国中央银行开展双边货币互换业务,目前已与世界上多个与中国经贸关系较为密切的国家和地区的中央银行签订双边本币互换协议。截至 2019 年年末,中国人民银行货币互换的规模为 3.47 万亿元人民币。

(一)货币互换的条件

(1) 交易双方因资本市场、货币市场差异和各国外汇管制政策,难以进入目标市场。

(2) 由于交易双方的规模、收益水平和信用级别各不相同,以及不同的筹资市场存在着信息不对称,交易双方在不同的金融市场筹资存在着比较优势,也就是说交易双方存在着互换利益。

(二)货币互换的功能

1. 获取利润、降低筹资成本

交易双方通过货币互换可以得到直接投资不能得到的高收益率的资产,或是取得比直接融资方式成本更低的资金。

2. 规避汇率风险和利率风险

交易双方可以根据货币的汇率和利率变化情况,通过货币互换调整资产和负债的货币结构和利率结构,以规避汇率和利率变化带来的风险。

3. 间接进入某些优惠市场

交易双方可以通过货币互换突破因资本市场、货币市场差异和各国外汇管制所造成的壁垒,以开拓更广阔的筹资途径。

(三)货币互换的操作实例

【例 10-3】 中国银行需要 2 亿瑞士法郎,日本某银行需要 1 亿美元,市场的即期汇率为 \$1=SF2。中国银行和该日本银行在美元市场和瑞士法郎市场上的相对借款成本见表 10-2。

表 10-2 中国银行和日本某银行的借款成本

项目	美元市场	瑞士法郎市场
中国银行	10.00%	5.00%
日本银行	13.00%	6.00%
利差	3.00%	1.00%

从利差情况可知,中国银行在美元市场有比较优势,日本某银行在瑞士法郎市场有比较优势,而中国银行需要瑞士法郎,日本某银行需要美元,因此可以设计一个货币互换合约。互换合约总收益为 2.0%(3.0%−1.0%),如果互换利益双方均分,那么中国银行实际的筹资成本为 4%,日本某银行实际的筹资成本为 12%。双方约定,中国银行向日本某银行支付 6.5% 瑞士法郎利息,日本某银行向中国银行支付 12.5% 美元利息。

第一步,双方发挥各自的比较优势,中国银行筹集 1 亿美元,日本某银行筹集 2 亿瑞士法郎,然后进行货币本金的交换(见图 10-1)。

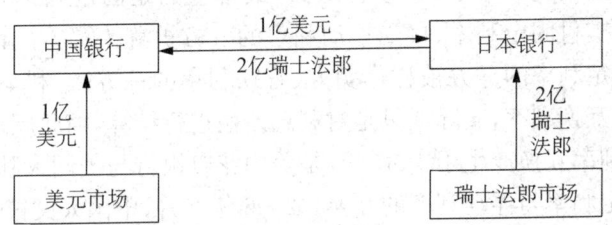

图 10-1 互换期初中国银行与日本银行互换货币本金

第二步,互换期间,双方互换利息,对利息差额进行结算(见图 10-2)。

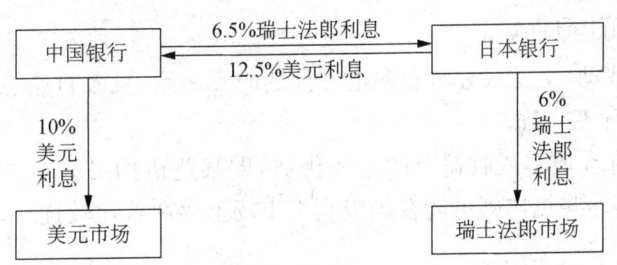

图 10-2 互换期间中国银行与日本银行互换利息

$$中国银行的筹资成本 = 6.5\% - (12.5\% - 10\%) = 4\%$$
$$日本银行的筹资成本 = 12.5\% - (6.5\% - 6\%) = 12\%$$

事实上,假定日本某银行向中国银行支付 X 美元利息,中国银行向日本某银行支付 Y 瑞士法郎利息,X、Y 满足:

$$\begin{cases} Y - (X - 10\%) = 4\% \\ X - (Y - 6\%) = 12\% \end{cases}$$

整理得: $$X - Y = 6\%$$

且:让互换的初始公允价值为 0 即可。

第三步,互换期末,双方再次互换本金(见图10-3)。

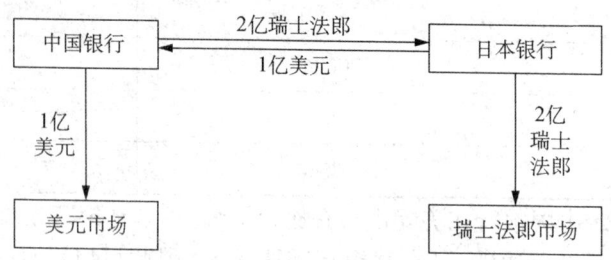

图 10-3　互换期末中国银行与日本银行互换货币本金

二、利率互换

利率互换是指交易双方约定在未来一定期限内,根据约定的本金和利率计算利息并进行利息交换的金融合约。利率互换有多种形式,最普遍的是固定利率和浮动利率的互换。在利率互换交易中,支付固定利率、接受浮动利率的一方被称为买方(看涨利率的一方);支付浮动利率、接受固定利率的一方被称作卖方(看跌利率的一方)。利率互换不涉及本金的交换,交易双方仅是互换利率,实际上只是对利息差额进行结算,因此风险相对较小。

世界上第一笔利率互换产生于1981年,是美国花旗银行与美国大陆伊丽诺斯银行之间美元7年期债券固定利率与浮动利率的互换。2006年2月,中国人民银行发布《中国人民银行关于开展人民币利率互换交易试点有关事宜的通知》,我国商业银行开始试点利率互换业务。截至2019年年末,已签署《中国银行间市场金融衍生产品交易主协议》并将利率互换业务内部操作规程和风险管理制度在银行间市场协会备案的市场成员共有268家。

(一)利率互换的条件

(1)利率发生波动,交易双方对利率走势预期的不一致,且各自愿意从事的交易方式与市场现有供给的品种不一致。

(2)交易双方存在成本或收益上的比较优势,即某些机构可能在浮动利率市场上存在着比较优势,而另外一些机构则可能在固定利率市场上存在着比较优势,也就是说交易双方存在着互换利益。

在具备上述条件的前提下,交易的结果可以使双方都降低成本或提高收益。

(二)利率互换的功能

1. 是商业银行进行资产负债管理的工具

商业银行不同程度地存在着资产负债期限错配和利率风险敞口。如果商业银行为规避利率风险直接去调整资产负债结构,一方面可能导致高昂的交易成本,另一方面也可能导致其在不同的资产配置方面的优势的丧失。而利率互换业务可以让商业银行在不改变资产负债结构的前提下,降低或消除利率风险。例如,如果预期利率上升,为避免利率上升带来的融资成本提高而产生损失,浮动利率负债的交易方可以通过利率互换将浮动利率转换成固定利率。如果预期利率下降,为获得利率下降带来融资成本降低的好处,固定利率负债的交易方可以通过利率互换将固定利率转换成浮动利率。

2. 可降低筹资成本

出于各种原因,对于同种货币,资信不同的商业银行在不同的金融市场融资的利率也不同,可能存在着相对的比较优势。利率互换可以利用这种相对比较优势进行互换套利以降低融资成本。

(三)利率互换操作实例

【例 10-4】　A 银行和 B 银行都想在国际市场上借入 1 000 万美元,期限为 5 年。由于对利率走势的看法不一样,A 银行希望按浮动利率借款(看跌利率的一方),而 B 银行希望按固定利率借款(看涨利率的一方)。根据两家金融机构的资信情况,各自能得到的筹资条件见表 10-3。

表 10-3　　　　　　　　　　　　A、B 两家银行筹资成本

项目	A 银行	B 银行	利差
固定利率	8.50%	10%	1.50%
浮动利率	Libor+0.25%	Libor+0.75%	0.50%
互换利益			1%

从交易报价情况,可以看到:A 银行的资信高于 B 银行,A 银行在固定利率市场上存在比较优势,而 B 银行在浮动利率市场上存在比较优势。

若双方通过发挥各自的比较优势,即 A 银行以固定利率筹资,B 银行以浮动利率筹资,然后再签订利率互换协议,则可使双方总的筹资成本降低。

$$互换利益 = (Libor+0.25\% + 10\%) - (8.5\% + Libor+0.75\%)$$
$$= 1.5\% - 0.5\% = 1\%$$

互换利益是双方合作的结果,由双方共同分享,假定双方均分,那么互换后,双方的筹资成本为:

$$A 银行的筹资成本 = Libor+0.25\% - 0.5\% = Libor - 0.25\%$$
$$B 银行的筹资成本 = 10\% - 0.5\% = 9.5\%$$

接下来是利率互换方案的设计,设 A 银行支付浮动利率 Libor+Y、接受固定利率 X,则 B 银行就是支付固定利率 X、接受浮动利率的 Libor+Y。利率互换中固定利率一般选择使互换初始价值为 0 的那个利率,假定固定利率 X 为 9.5%,互换后的现金流见图 10-4。

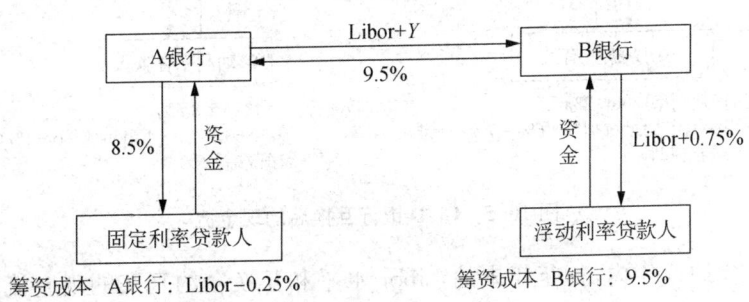

图 10-4　A、B 银行互换后的现金流

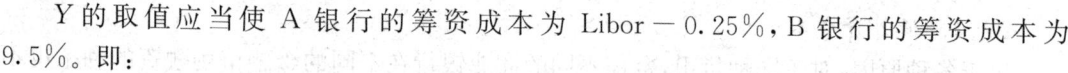

Y 的取值应当使 A 银行的筹资成本为 Libor－0.25％，B 银行的筹资成本为 9.5％。即：

$$Libor+Y-(9.5\%-8.5\%)=Libor-0.25\%$$
$$9.5\%-[(Libor+Y)-(Libor+0.75\%)]=9.5\%$$

可得：$Y=0.75\%$

互换达成后，A 银行和 B 银行均分互换利益，降低了筹资成本。

A 银行支付浮动利率 Libor＋0.75％、接受固定利率 9.5％，B 银行支付固定利率 9.5％、接受浮动利率的 Libor＋0.75％。每半年交换一次利息，实际上只对利息差额结算。

若第一次交换利息时的 Libor 为 9％，则：

A 银行应向 B 银行支付利息差额＝10 000 000×(9.75％－9.5％)×6÷12＝12 500(美元)

若第二次交换利息时的 Libor 为 8.45％，则：

B 银行应当向 A 银行支付利息差额＝10 000 000×(9.5％－9.2％)×6÷12＝15 000(美元)

【例 10-5】 C、D 两家银行的资产、负债构成见表 10-4。

表 10-4　　　　　　　　　　　**C、D 两家银行的资产、负债构成**　　　　　　金额单位：万元

C银行		D银行	
贷款(Libor＋2％)	5 000	贷款(固定利率8.5％)	5 000
中期票据(固定利率6％)	5 000	存款(Libor)	5 000

对于 C 银行，如果利率下降，收益会下降。它可以用浮动利率吸收存款降低风险，也可以以支付浮动利率为条件签订利率互换协议。

对于 D 银行，如果利率上升，收益会下降。它可以发行固定利率的中长期票据降低风险，也可以以支付固定利率为条件签订利率互换协议。

假定双方达成名义本金为 5 000 万元的利率互换协议，C 银行每年以 Libor＋1％支付浮动利率，D 银行每年以 7％支付固定利率。互换后的现金流见图 10-5。

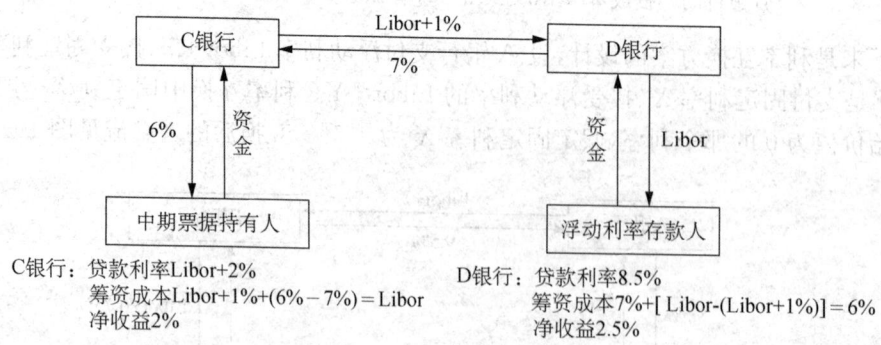

图 10-5　C、D 银行互换后的现金流

假定互换合约 5 年内，每年年末的 Libor 水平和互换合约真实的现金流见表 10-5 和表 10-6。

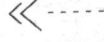

表 10-5　　　　　　　　合约期每年年末的 Libor 水平

时间	Libor
第 1 年年末	6.5%
第 2 年年末	6.0%
第 3 年年末	5.5%
第 4 年年末	5.0%
第 5 年年末	4.5%

表 10-6　　　　　　　　每年年末互换合约真实的现金流　　　　　金额单位:万元

时间	Libor+1%	固定利率	C 银行净支付	D 银行净支付
第 1 年年末	7.5%	7%	25	—
第 2 年年末	7.0%	7%	—	—
第 3 年年末	6.5%	7%	—	25
第 4 年年末	6.0%	7%	—	50
第 5 年年末	5.5%	7%	—	75
合计			25	150

【例 10-6】　2006 年 2 月 9 日,国家开发银行与中国光大银行完成我国首笔人民币利率互换交易,协议的名义本金为 50 亿元人民币,期限为 10 年,光大银行向国家开发银行支付 2.95% 的固定利率,国家开发银行向光大银行支付以 1 年期定期存款利率为基准的浮动利率。[①]

利率互换前,光大银行资产负债情况是:负债成本是 1 年期定存利率(浮动利率),发放贷款是固定利率 6.18%,利率敏感性缺口为负;国家开发银行资产负债的情况是:负债成本是固定利率 3.01% 的债券,发放的贷款是浮动利率为主,利率敏感性缺口为正。

互换后的现金流见图 10-6。

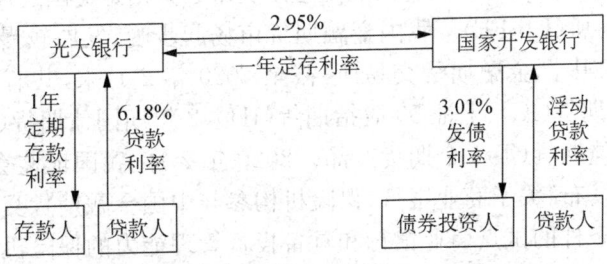

图 10-6　兴大银行与国家开发银行互换后的现金流

---

① 国际金融市场利率互换的浮动参考利率一般是 Libor。我国的利率互换浮动参考利率主要有 7 天回购利率、Shibor(以隔夜和 3 个月利率为主)和 1 年期定期存款利率三种。

互换后,光大银行的存贷差为 3.23%(6.18%−2.95%);国家开发银行的存贷差为浮动贷款利率−(1 年定期存款利率+2.95%−3.01%)。假定浮动贷款利率和 1 年定期存款利率之差较为稳定,约为 3%,那么国家开发银行的存贷差就稳定在约 2.94%的水平。这样通过利率互换,光大银行和国家开发银行锁定了存贷差,稳定了收益,有效地进行了利率风险敞口的管理,规避了利率变动的风险。

与远期合约、金融期货、金融期权相比,互换业务的优势在于它的期限可以很长,如果商业银行需要在较长时间内规避利率风险,就可以选择互换市场。但同远期合约市场一样,互换市场缺乏流动性较难寻找交易对手,也同样面临着违约风险大的问题。

第三节 金融期货与金融期权

期货交易是指特定商品的标准化合约即期货合约的买卖。期货合约是由期货交易所统一制定的、规定在将来某一特定的时间和地点交割一定数量和质量商品的标准化合约。期货交易由交易所担保清算,交易者可采用对冲的方式了结交易以避免实物交割。因此,与远期合约交易相比,期货交易流动性好、违约风险小、交易成本低。期权交易是买卖权利的交易,期权合约赋予买方在某一特定时间、以某一特定价格买卖某一特定种类、数量、质量的标的资产的权利。期权合约有在交易所上市的标准化合约,也有在柜台交易的非标准化合同。期权和期货都有风险管理、资产配置和价格发现等功能。但期权交易操作更简便灵活,更利于管理波动性风险。

一、金融期货

(一)金融期货的含义

金融期货交易是指交易双方在交易所内以公开竞价的方式所进行的以各种金融工具或金融商品(如外汇、债券、存款证、股票指数等)作为标的物的期货合约的交易。

最早的金融期货是 1972 年美国芝加哥商品交易所(CME)成立的国际货币市场(IMM)所推出的外汇期货交易。世界两大金融期货中心分别是美国芝加哥商品交易所和伦敦国际金融期货交易所(LIFFE)。我国金融期货市场起步晚、发展较慢、产品品种少,金融期货交易全部集中在中国金融期货交易所,截至 2020 年 2 月末,共有沪深 300 股指期货(IF)、中证 500 股指期货(IC)、上证 50 股指期货(IH)、2 年期国债期货(TS)、5 年期国债期货(TF)、10 年期国债期货(T)6 个期货产品。2020 年 2 月,我国证监会、财政部、央行、银保监会四部门联合发布《关于商业银行、保险机构参与中国金融期货交易所国债期货交易的公告》,允许符合条件的试点商业银行和具备投资管理能力的保险机构参与国债期货交易。第一批试点银行是中国工商银行、中国农业银行、中国银行、中国建设银行和交通银行。

(二)金融期货的种类

金融期货的种类见表 10-7。

表 10-7   金融期货的种类

种类	内容
外汇期货	以外汇作为标的物的标准化合约。国际货币市场主要进行澳元、英镑、加拿大元、欧元、日元和瑞士法郎的期货合约交易
利率期货	以附有利率的有价证券作为标的物的标准化期货合约交易,如国债期货、欧洲美元定期存单期货
股票指数期货	以股票市场的价格指数作为标的物的标准化期货合约的交易,如标准普尔 500 指数,日经 225 指数、沪深 300 指数

(三) 金融期货交易的特点

1. 合约标准化

期货交易是通过买卖期货合约进行的,而期货合约是标准化合约,由期货交易所统一制订,交易商品的数量、等级、交割时间与地点、交割方式等条款都是标准化的,唯有价格是变量,由公开竞价产生。期货合约标准化给期货交易带来了极大的便利,交易双方不需对交易的具体条款进行协商,提高了交易效率,降低了交易成本。

2. 交易集中化

期货交易必须在期货交易所内进行。期货交易所实行会员制,只有会员才能进场交易。场外投资者若想参与期货交易,只能委托期货经纪公司代理交易,期货交易最终在期货交易所内集中完成。

3. 双向交易和对冲机制

双向交易指期货交易者既可以先买后卖,也可以先卖后买。与双向交易的特点相联系的还有对冲机制。对冲是指交易者在期货合约到期前,进行与前期操作反向的交易来了结交易活动,而不必交割标的资产(远期合约到期必须交割)。期货交易的双向交易和对冲机制的特点,吸引了大量期货投机者参与交易。因为在期货市场上,投机者有双重的获利机会,期货价格上升时,可以低买高卖来获利,价格下降时,可以通过高卖低买来获利,并且投机者可以通过对冲机制免除进行实物交割的麻烦,投机者的参与大大增加了期货市场的流动性。

4. 杠杆机制

期货交易实行保证金制度,交易者在进行期货交易时只需缴纳少量的保证金,一般为成交合约价值的 5%～10%,就能完成数倍乃至数十倍的合约交易。期货交易的这种特点吸引了大量投机者参与期货交易。期货交易具有的以少量资金就可以进行较大价值额的投资的特点,被形象地称为杠杆机制。期货交易的杠杆机制使期货交易具有高收益高风险的特点。

(四) 期货合约的构成要素

期货合约的构成要素见表 10-8。

表 10-8   期货合约的构成要素

构成要素	内容
交易的品种	即期货合约的标的物,如 5 年期国债期货(TF)的标的物是票面利率为 3% 的名义标准券

(续表)

构成要素	内容
标准化的交易单位	每份合约的数量都是确定的,如 5 年期国债期货(TF)最小交易单位是面值为 100 万元人民币、票面利率为 3%的名义中期国债
最小变动价位	即期货价格报价的最小变动数值,如 5 年期国债期货(TF)最小变动价位为 0.002 元
标准交割时间	交易所规定的期货合约交割的未来月份,如 5 年期国债期货(TF)合约是最近的三个季月(3 月、6 月、9 月、12 月中的最近 3 个月循环)
保证金	即交易双方为保证合约得以履行而存储的保证金。如 5 年期国债期货(TF)保证金比例为 2%,最低交易保证金比例为 1.5%

(五) 期货交易的功能

1. 套期保值

套期保值利用期货市场来降低或消除未来现货市场的价格风险,通过现货市场与期货市场的逆向操作,将价格盈亏抵销从而达到保值目的。具体来讲,投资者在现货市场和期货市场对同一种类的商品同时进行数量相等但方向相反的买卖活动,即在买进或卖出现货的同时,在期货市场上卖出或买进同等数量的期货。经过一段时间,当价格变动使现货买卖上出现盈亏时,可由期货交易上的亏盈得到抵销或弥补。从而在"现"与"期"之间、近期和远期之间建立一种对冲机制,以使价格风险降到最低。

2. 投机

期货投机是以获得价差收益为目的的合约买卖。投机者依据对市场行情的判断,做出买入或卖出期货合约的决定,合约到期前做对冲平仓,如果行情预测正确,将会获利;反之,则会遭受损失。投机交易是期货交易市场不可缺少的组成部分,因为期货市场的活力在于流动性,而投机者的介入创造了市场,为套期保值提供了机会。

3. 价格发现

期货价格的形成有以下特点:期货交易的透明度高;供求集中,市场流动性强;信息质量高;价格预期不断调整,形成良性互动;众多交易者通过公开竞价形成对未来价格走势的综合判断,期货价格具有预期性、连续性、权威性。所以,期货价格能准确、全面地反映真实的供求情况及其变化趋势。

(六) 金融期货交易操作实例

【例 10-7】 2020 年 6 月 21 日,某商业银行估计在 11 月将收到 100 万美元现金,并准备投资于 3 个月的欧洲美元存单。如果这 3 个月利率下降,该商业银行将出现机会损失。为达到保值目的,该商业银行购买 12 月份到期的 3 个月欧洲美元定期存单期货进行套期保值(欧洲美元是指美国本土以外的美元),欧洲美元定期存单期货合约报价方式为指数报价法($100-R$, R 为不带百分号的年利率),以欧洲美元定期存单利率为标的物,每一张合约的金额(即交易单位或 1 手)为 100 万美元,一张 100 万美元 3 个月欧洲美元定期存单每个基点是 25 美元($1\,000\,000\times\dfrac{0.01\%}{4}$)。

该商业银行买入套期保值操作见表 10-9。

表 10-9   买入套期保值操作

时间	现货市场	期货市场
6月21日	该商业银行准备3个月后，投资100万美元于欧洲美元存单，当前市场利率为5.70%	该商业银行购买2020年12月到期的欧洲美元定期存单期货合约100万美元，期货价格为94.26(5.74%①)
11月11日	该商业银行投资100万美元购买3个月欧洲美元现货存单，当期利率为5.35%	该商业银行卖出12月期货合约，市场价格为94.51(5.49%②)
损失或收益	现货市场机会损失为875美元 [1 000 000×(5.70%－5.35%)×3÷12]	期货市场对冲收益为625美元 [(94.51－94.26)×100×25]

如果不做套期保值，该商业银行在11月份购买3个月欧洲美元现货存单，比3个月前利息收入减少875美元，但利用期货市场套值保值，其现货市场的大部分损失可用期货市场的盈利来补偿。套期保值率和实际利息率的计算如下：

$$套期保值率 = \frac{期货收益}{现货损失} \times 100\% = \frac{625}{875} \times 100\% = 71.43\%$$

$$实际利息率 = \frac{1\,000\,000 \times 5.35\% \times 3 \div 12 + 625}{1\,000\,000} \times \frac{12}{3} = 5.6\%$$

这种因担心现货价格上涨而买入相应期货合约进行套期保值的交易方式就是买入套期保值(即在期货市场上先建立多头交易头寸，在套期保值期结束时再对冲)，也称为多头保值。买入套期保值的目的是锁定目标现货的买入价格，规避价格上涨(利率下跌)的风险。

【例 10-8】 2020年6月29日，某商业银行准备在8月17日从某投资组合中出售100万美元的3个月期的欧洲美元存单。该商业银行担心利率会大幅上升，为了保值，立即卖出欧洲美元定期存单期货合约，并准备在8月份在出售现货时再买进期货合约，以达到保值目的。

该商业银行卖出套期保值操作见表10-10。

表 10-10   卖出套期保值操作

时间	现货市场	期货市场
6月29日	该商业银行准备在49天后出售100万美元的欧洲美元存单，当期利率为5.7%	该商业银行卖出9月到期的100万美元的欧洲美元定期存单期货合约，当期价格为94.31(5.69%)
8月17日	该商业银行出售100万美元的欧洲美元存单，当期利率为6.21%	该商业银行买回9月到期的期货合约，价格为93.92(6.08%)
损失或收益	现货市场机会损失为1 275美元 [1 000 000×(6.21%－5.7%)×3÷12]	期货市场对冲收益为975美元 [(94.31－93.92)×100×25]

---

① ② 均为欧洲美元定期存单期货合约利率。

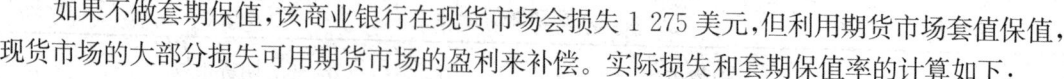

如果不做套期保值,该商业银行在现货市场会损失 1 275 美元,但利用期货市场套值保值,现货市场的大部分损失可用期货市场的盈利来补偿。实际损失和套期保值率的计算如下:

$$实际损失 = 1\ 275 - 975 = 300(美元)$$

$$套期保值率 = \frac{期货收益}{现货损失} \times 100\% = \frac{975}{1\ 275} \times 100\% = 76.47\%$$

这种因担心现货价格下跌而卖出相应期货合约进行套期保值的交易方式就是卖出套期保值(即在期货市场上先建立空头交易头寸,在套期保值期结束时再对冲),也称为空头保值。卖出套期保值的目的是锁定目标现货的卖出价格,规避价格下跌(利率上升)的风险。

商业银行可以利用利率期货规避某种特定资产的利率风险,还可以用来规避整个资产负债组合的利率风险。例如,某一时间商业银行利率敏感性资产小于利率敏感性负债(即利率敏感性缺口为负),利率上升会导致商业银行净利息收入下降。这时,商业银行可以出售在利率上升时获利的利率期货合约,进行现货与期货的盈亏抵销,从而规避利率风险。

二、金融期权

(一)金融期权的含义

金融期权是指期权交易的买方支付给卖方一笔费用(权利金),获得一种权利,从而可在期权的到期日内或到期日,以协议价格买入或卖出一定数量的基础金融产品的权利。期权的买方可以执行合约,也可以放弃执行合约,而卖方只有执行的义务而无放弃的权利。

1973 年,芝加哥期权交易所设立,它是第一家专门从事股票期权交易的交易所。1982 年,金融期货期权合约首次上市交易。进入 20 世纪 80 年代中期之后,期权市场开始迅速增长。目前,芝加哥期权交易所是全球最大的期权交易所,接下来是欧洲证券交易所。期权交易所主要的金融期权种类有股票期权、股票指数期权、利率期货期权、外汇期货期权、股票指数期货期权等。在我国,自 2002 年起,中国银行开办外汇类期权业务;2011 年 4 月,国家外汇管理局发布《国家外汇管理局关于人民币对外汇期权交易有关问题的通知》,自 2011 年 4 月起,商业银行可为企业办理人民币对外汇期权业务。目前,中国银行、中国工商银行、招商银行、平安银行等都有外汇期权业务,主要品种有外汇期权交易、外汇利率期权交易、外汇利率/货币掉期期权、外汇期权组合等。2015 年 2 月 9 日,我国首只场内金融期权上证 50ETF 期权在上海证券交易所上市。2019 年 12 月,沪深 300 股指期权合约在中国金融期货交易所上市交易。

(二)金融期权的分类

金融期权的分类见表 10-11。

表 10-11 金融期权的分类

分类标准	种类
按期权的权利划分	看涨期权:是指期权买方拥有在规定时间按约定的执行价格从卖方购买金融资产的选择权
	看跌期权:是指期权买方拥有在规定时间按约定的执行价格向卖方出售金融资产的选择权

(续表)

分类标准	种类
按期权合约是否标准化划分	场内期权:是指在集中性的金融期货市场或期权市场进行交易的金融期权合约,它是标准化合约,交易数量、执行价格、到期日等均由交易所统一规定
	场外期权:是指在非集中性的交易场所进行的金融期权合约,它是非标准化的合约,其交易数量、执行价格、到期日等均由交易双方自由议定
按期权合约的标的资产划分	现货期权:是指以各种金融商品本身作为期权合约标的物的期权,包括股票期权、外汇期权、利率期权和股票指数期权等
	期货期权:是指以各种金融期货合约作为期权合约标的物的期权,包括外汇期货期权、利率期货期权、股指期货期权等
按期权买方行权的时间划分	欧式期权:是指期权买方只能在期权到期日才能行权的期权
	美式期权:是指期权买方在期权到期前的任何时间均可行权的期权,美式期权赋予买方更多的选择,权利金相对较高

(三) 金融期权的特点

1. 期权交易的对象是一种权利

期权交易是一种权利买卖。买方买入的是将来按约定价格买进或卖出某种金融产品的权利,这个权利是单方面的,买方并不承担一定要买进或卖出的义务。

2. 期权交易具有杠杆效应

期权交易可以以小博大,买方以支付一定的权利金为代价购买到无限盈利的机会。

3. 期权交易的买卖双方的权利与义务、风险与收益不对称

期权的买方拥有履约的权利而不承担义务,期权的卖方只有义务而无权利。同时,买、卖方在风险与收益上也具有不对称性,期权的买方承担的风险有限,收益可能无限;期权的卖方收益有限,风险可能无限。

4. 期权的买方具有选择权

期权的买方购买的权利是可以选择的,可执行、转让或放弃。其他交易(如商品期货交易、金融期货交易和远期外汇交易)则不具有选择权,若到期不执行合约规定,就被视为违约。

(四) 期权合约的构成要素

期权合约的构成要素见表 10-12。

表 10-12　　　　　　　　　　　期权合约的构成要素

构成要素	内容
交易单位	是指每手期权合约所代表的基础资产的数量
最小变动价位	是指权利金报价变动的最低单位

（续表）

构成要素	内容
每日报价最大波动限制	是指在一个交易日中的权利金波动不得高于或低于规定的涨跌幅度
行权价格	是指期权的买方行使权力时事先确定的买卖价格
行权价格间距	是指相邻两个行权价格之间的差,并在期权合约中载明
合约月份	是指期权合约的交易月份
最后交易日	是指某一期权合约能够进行交易的最后一日
到期日	是指期权买方能够行使权力的最终一日
权利金	即期权的价格,是期权合约中唯一的变量,由买卖双方在国际期权市场公开竞价形成,是期权的买方为获取期权合约所赋予的权利而必须支付给卖方的费用
合约到期日	是指行权的最终日期,欧式期权只有在合约到期日方可履行期权,美式期权规则在合约到期日之前的任何一个买卖日(含合约到期日)均可履行期权

（五）金融期权的盈亏分析

1. 买入看涨期权

买入看涨期权是指买方向卖方支付一笔权利金,获得在合约到期日或到期日之前按行权价买入合约规定的金融工具的权利。当合约标的资产市价低于行权价时,买方放弃行使期权,其损失是权利金;当标的资产市价高于行权价时,买方行使期权,随着标的资产市价的上升,买方的损失逐渐减少,达到盈亏平衡点后(盈亏平衡点为标的资产市价＝行权价＋权利金),买方开始获利,随着标的资产市价进一步上升,买

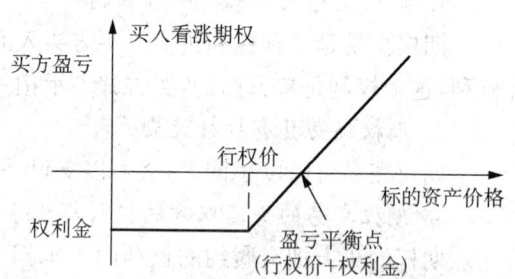

图 10-7　买入看涨期权盈亏分析

方获得更多的收益(见图 10-7)。因此,当预期标的资产价格上升时,投资者可买入看涨期权。

2. 卖出看涨期权

卖出看涨期权是指卖方向买方出售期权合约取得权利金。当合约标的资产市价低于行权价时,买方将选择不执行合约,卖方的收益就是权利金;当标的资产市价高于行权价时,买方行使期权,卖方的收益开始减少,达到盈亏平衡点(此时标的资产市价＝行权价＋权利金)后,卖方开始亏损,随着标的资产市价进一步上升,卖方遭受更大的损失(见图 10-8)。因此,当预期标的资产价格下降时,投资者可卖出看涨期权。

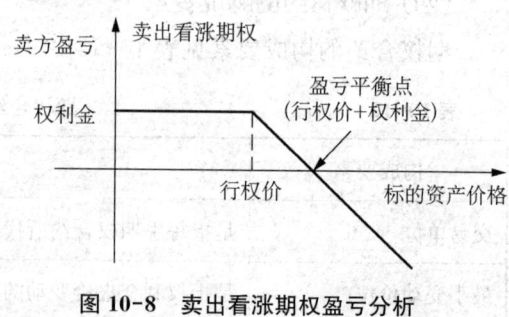

图 10-8　卖出看涨期权盈亏分析

3. 买入看跌期权

买入看跌期权是指买方向卖方支付一笔权利金,获得在合约到期日或到期日之前按行权价卖出合约规定的金融工具的权利。当合约标的资产市价高于行权价时,买方放弃行使期权,其损失是权利金;当标的资产市价低于行权价时,买方行使期权,随着标的资产市价的下降,买方的损失逐渐减少,达到盈亏平衡点(此时标的资产市价＝行权价－权利金)后,

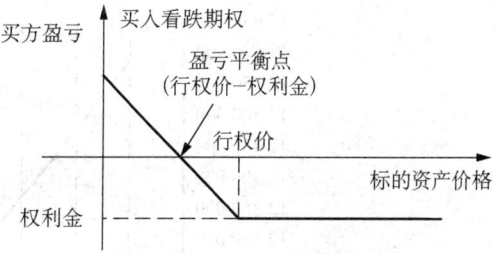

图 10-9　买入看跌期权盈亏分析

买方开始获利,随着标的资产市价进一步下降,买方获得更多的收益(见图 10-9)。因此,当预期标的资产价格下降时,投资者可买入看跌期权。

4. 卖出看跌期权

卖出看跌期权是指卖方向买方出售期权合约取得权利金。当合约标的资产市价高于行权价时,买方将选择不执行合约,卖方的收益就是权利金;当标的资产市价低于行权价时,买方行使期权,卖方的收益开始减少,达到盈亏平衡点(此时标的资产市价＝行权价－权利金)后,卖方开始亏损,随着标的资产市价进一步下降,卖方遭受更大的损失(见图 10-10)。因此,当预期标的资产价格上升时,投资者可卖出看跌期权。

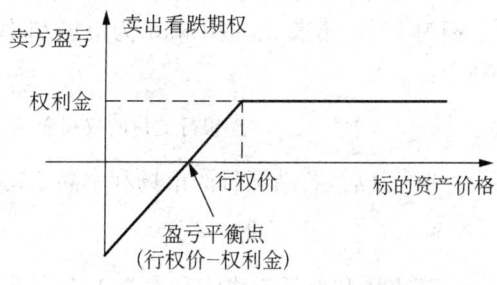

图 10-10　卖出看跌期权盈亏分析

（六）金融期权操作实例

【例 10-9】 B公司向日本出口农产品,收入为日元。据估计,日元兑美元为 118.00 时即可保本。B公司预计 3 个月后有一笔日元收入,公司希望锁定利润,但若日元升值,又可以按照市场价格卖出日元。中国银行与 B 公司签订外汇期权合约,B 公司买入了日元换美元远期外汇期权(目前客户只能从银行买入期权,不得卖出期权)。买入期权后,B 公司有权利在 3 个月后按照 116.90 的价格卖出 14.5 亿日元,为此 B 公司需要付出 13 万美元的权利金。

如果合约到期时,日元兑美元低于 116.9 元,比如为 115 元,B 公司放弃行权,付出了 13 万美元的权利金,最终取得 12 478 695.65(美元)[1 450 000 000÷115－130 000],高于业务保本点 12 288 135.6 美元(1 450 000 000÷118)。

如果合约到期时,日元兑美元高于 116.90 元,比如为 119 元,B 公司行使期权,以 116.90 元价格向中行卖出 14.5 亿日元,最终取得 12 273 763.9 美元(1 450 000 000÷116.9－130 000)。

通过这个外汇期权合约,无论日元如何贬值,B 公司最低获得 12 273 763.9 美元,若日元升值,升值幅度越大,取得的美元越多(见图 10-11)。

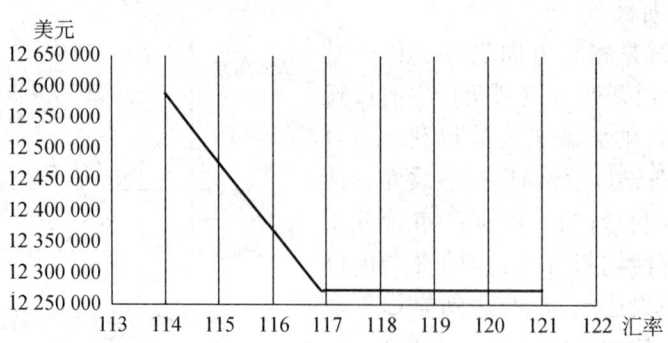

图 10-11　日元兑美元汇率变化与 B 公司取得的美元数额

【例 10-10】　A 银行在国际金融市场发行 2 年期的 1 000 万美元的浮动利率债券,为避免利率上升导致利息支出增加,A 银行买入协定利率为 5.0% 的 1 年期美元利率封顶期权,金额为 1 000 万美元,以 Libor 为市场利率,每季度结算一次,买方向卖方支付 0.25% 的权利金:

$$A 银行支付的权利金 = 1\,000 \times 0.25\% = 2.5(万美元)$$

3 个月后,若结算日的市场利率高于协定利率为 5.5%,则卖方向买方支付利差:

$$利差 = 1\,000 \times (5.5\% - 5.0\%) \times 90/360 = 1.25(万美元)$$

若市场利率低于协定利率为 4.5%,买方会放弃执行期权,损失权利金,但以较低的市场利率向债券投资者支付浮动利率。

这样通过利率封顶期权交易,A 银行就控制了利率上升带来的损失,如果市场利率上涨到 5% 以上,买方行使期权,最大的支出是 15 万美元($1\,000 \times 5.0\% \times 90 \div 360 + 2.5$)。

只要市场利率在 5% 以下,买方放弃行使期权,市场利率越低,总支出越低(见图 10-12)。

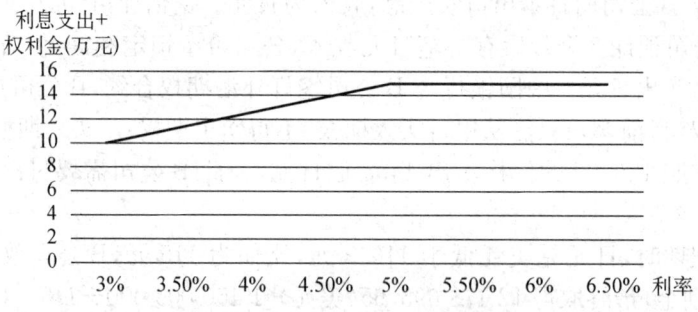

图 10-12　利率变化与 A 银行的总支出

【例 10-11】　C 公司借入 100 万美元浮动利率外汇贷款。为了在防范利率上涨风险的同时,还能降低利率封顶权的交易成本,C 公司与中国银行签订 100 万美元的 2 年期双限期权合约,即买入利率封顶期权的同时卖出利率封底期权。利率下限为 8%,利率上限为 10%,每年年末结算一次。假定利率封顶权利金和利率封底权利金相同,双方皆不必付出权利金。

如果市场利率为 11%,中国银行向 C 公司支付 1 万美元[$100 \times (11\% - 10\%)$]。

如果市场利率为 7％,C 公司向中国银行支付 1 万美元[100×(8％－7％)]。

通过双限期权合约,C 公司以最低的交易成本将利率水平锁定在封底至封顶的利率区间内(见图 10-13)。

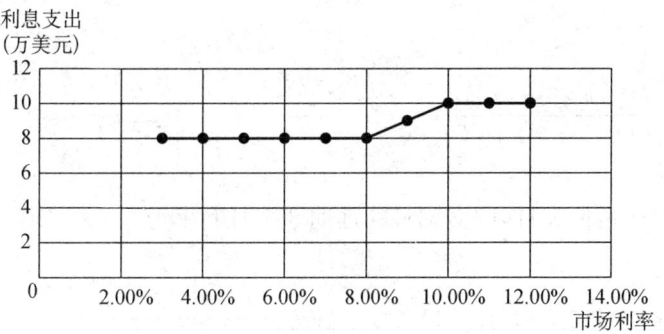

图 10-13　利率变化与 C 公司的利息支出

第四节　衍生工具公允价值的计量

衍生工具的初始计量和后续计量均采用公允价值计量。公允价值是指市场参与者在计量日发生的有序交易中,出售一项资产所能收到或者转移一项负债所需支付的价格即脱手价格。

一、远期合约公允价值计量

(一) 远期利率协议公允价值计量

远期利率协议初始计量的公允价值为 0,资产负债表日远期利率合约的公允价值按下列公式计算:

资产负债表日远期外汇利率协议的公允价值＝(合同约定的远期利率－资产负债表日金融市场上交割日与该远期合同相同的远期利率协议的远期利率)×名义本金×实际天数÷360×折现率。

根据无风险套利原理,远期利率的定价公式为:

$$i_F = \frac{T \times i_T - t \times i_t}{(1 + t \times i_t) \times (T - t)}$$

其中:i_F 是($T-t$) 年期的远期利率($T > t$);i_t 是 t 年期的即期年利率;i_T 是 T 年期的即期年利率。

【例 10-12】　2020 年 11 月 1 日,某商业银行向客户出售一个 3M×6M 的 1 000 万美元的远期利率协议,此时美元即期市场利率报价情况为:3 个月(年利率)5％～5.2％;6 个月(年利率)5.8％～6％。请计算银行远期利率协议的报价。

为保证能在交易日的 3 个月后发放一笔为期 3 个月的 1 000 万美元贷款,该商业银行必须按即期利率 6％借入一笔期限为 6 个月的资金,并以利率 5％拆放 3 个月,3 个月后连本带

利收回 1 000 万美元,向客户融资 3 个月,3 个月后客户归还的本息正好与银行借款本息一致。即:

$$(1+t\times i_t)[1+(T-t)\times i_F]=1+T\times i_T$$

则有:

$$i_F=\frac{T\times i_T-t\times i_t}{(1+t\times i_t)\times(T-t)}=\frac{\dfrac{1}{2}\times6\%-\dfrac{1}{4}\times5\%}{(1+\dfrac{1}{4}\times5\%)\times(\dfrac{1}{2}-\dfrac{1}{4})}\approx6.91\%$$

12 月 31 日资产负债表日,同交割日的远期 3 个月利率为 6.8%,则:

$$12 月 31 日资产负债表日远期利率协议的公允价值=\frac{(6.91\%-6.8\%)\times10\,000\,000\times\dfrac{90}{360}}{1+6.91\%\times\dfrac{90}{360}}$$

$$=2\,703.30(美元)$$

对该商业银行来说,该远期利率协议在资产负债表日的公允价值为 2 703.30 美元。

（二）远期外汇合约公允价值计量

远期外汇合约初始计量的公允价值为 0,资产负债表日远期外汇合约的公允价值按下列公式计算:

$$\begin{array}{c}资产负债表日远期外汇\\合约的公允价值\end{array}=\left(\begin{array}{c}合同约定\\的远期汇率\end{array}-\begin{array}{c}资产负债表日金融市场上交割日与\\该远期合同相同的远期外汇合约远期汇率\end{array}\right)\times\begin{array}{c}到期交割\\外汇金额\end{array}$$

这里的远期汇率是指从合约签订时至合约到期日为止的远期汇率。在合约签订时,这一汇率是合约规定的远期汇率。随着时间的推移,这一汇率随着市场即期利率及期限的变动而变动。根据无风险套利原理,对远期汇率的定价公式是:

$$F=S\times\left(\frac{1+i_q\times\dfrac{D}{B_q}}{1+i_b\times\dfrac{D}{B_b}}\right)$$

其中:F 是远期汇率;S 是当前的即期汇率;i_q 是报价货币的利率;i_b 是基础货币的利率;D 是从即期到远期的天数;B_q 标价货币天数计算惯例;B_b 基础货币天数计算惯例。

【例 10-13】 2020 年 11 月 1 日,某企业预计 3 个月后能收到 10 万欧元来支付美元债务,目前 1 欧元=1.35 美元,美元 3 个月即期利率为 8%,欧元 3 个月即期利率为 6%,为了规避风险,该企业与某商业银行签订远期外汇合约,3 个月后用欧元购买美元。请计算远期外汇合约中的远期外汇汇率。

在 3 个月后要将欧元兑换成美元,方法有两种:一是现在将欧元兑换成美元,把美元存定期 3 个月;二是现在先将欧元存 3 个月定期,到期后再连本带息兑换成美元。这两种方法获得的美元数量应该是一样的;否则,市场就会出现套利的行为。即:

$$F\times\left(1+i_b\times\frac{D}{B_b}\right)=S\times\left(1+i_q\times\frac{D}{B_q}\right)$$

则：

$$F = S \times \frac{1 + i_q \times \dfrac{D}{B_q}}{1 + i_b \times \dfrac{D}{B_b}} = 1.35 \times \frac{1 + 8\% \times \dfrac{90}{360}}{1 + 6\% \times \dfrac{90}{360}} = 1.3566$$

12 月 31 日资产负债表日，同交割日的远期外汇合约的远期汇率为 1 欧元＝1.33 美元，则：

12 月 31 日资产负债表日远期合约公允价值 ＝ $(1.3566 - 1.33) \times 100\ 000 = 2\ 660$（美元）

对该商业银行来说，12 月 31 日该合约的公允价值为－2 660 美元。

二、互换公允价值计量

（一）货币互换公允价值计量

货币互换可以分解为一份外币债券和一份本币债券的组合来进行定价。

收入本币、付出外币的一方：

$$V_{互换} = B_D - S_0 B_F$$

付出本币、收入外币的一方：

$$V_{互换} = S_0 B_F - B_D$$

其中：$V_{互换}$ 是货币互换的价值；B_F 是用外币表示的从互换中分解出来的外币债券的价值；B_D 是从互换中分解出来的本币债券的价值；S_0 是即期汇率（直接标价法）。

【例 10-14】 假设在美国和日本 Libor 利率的期限结构是平的，在日本是 4％而在美国是 9％（都是连续复利）。某一金融机构在一笔货币互换中每年收入日元，利率为 6％，同时付出美元，利率为 8％（两者均为年单利）。两种货币的本金分别为 1 000 万美元和 120 000 万日元。资产负债表日这笔互换还有 3 年的期限，即期汇率为 1 美元＝110 日元。

如果以美元为本币，则：

$$B_D = 0.8e^{-0.09 \times 1} + 0.8e^{-0.09 \times 2} + 10.8e^{-0.09 \times 3} = 964.4（万美元）$$

$$B_F = 72e^{-0.04 \times 1} + 72e^{-0.04 \times 2} + 1\ 272e^{-0.04 \times 3} = 123\ 055（万日元）$$

资产负债表日货币互换的价值为：

$$V_{互换} = S_0 B_F - B_D = \frac{123\ 055}{110} - 964.4 = 154.28（万美元）$$

如果金融机构是支付日元收入美元，则货币互换对它的价值为－154.28 万美元。

（二）利率互换公允价值计量

利率互换可以分解为固定利率债券与浮动利率债券的组合来进行定价。计算公式为：

$$V_{互换} = B_{fl} - B_{flx}$$

$$B_{fl} = (L + K^*)e^{-r_1 t_1}$$

$$B_{flx} = \sum_{i=1}^{n} K e^{-r_i t_i} + L e^{-r_n t_n}$$

其中：$V_{互换}$ 为利率互换的价值；B_{fl} 为互换合约中分解出的浮动利率债券的价值；B_{flx} 为互换合约中分解出的固定利率债券的价值；t_i 为距第 i 次现金流交换的时间；L 为利率互换合约中的名义本金额；r_i 为贴现率；K 为支付日支付的固定利息额；K^* 下一支付日应支付的浮动利息额。

【例 10-15】 在一笔互换合约中，某商业银行支付 6 个月期的 Libor，同时收取 8% 的年利率(半年计一次复利)，名义本金为 1 亿元。资产负债表日互换还有 1.25 年的期限。3 个月、9 个月和 15 个月的 Libor(连续复利率)分别为 10%、10.5% 和 11%。上一次利息支付日的 6 个月 Libor 为 10.2%(半年计一次复利)。请计算互换的公允价值。

这里：$K = 400$ 万元，$K^* = 510$ 万元

$$B_{flx} = 4e^{-0.1 \times 0.25} + 4e^{-0.105 \times 0.75} + 104e^{-0.11 \times 1.25} = 0.9824(亿元)$$

$$B_{fl} = (100 + 5.1)e^{-0.1 \times 0.25} = 1.0251(亿元)$$

因此，资产负债表日利率互换的价值为：

$$互换的价值 = 0.9824 - 1.0251 = -0.0427(亿元)$$

利率互换中固定利率一般选择使互换初始价值为 0 的那个利率。在利率互换的有效期内，它的价值有可能是负的，也有可能是正的。

三、金融期货与金融期权公允价值计量

(一) 金融期货合约

以国债期货合约为例，其公允价值的计算公式为：

$$公允价值 = 利差 \times 实际天数 \div 360 \times 合约本金$$

【例 10-16】 某商业银行手中持有 1 000 万元国债，为规避风险，2020 年 11 月 1 日，该商业银行出售 10 手 3 个月到期(即次年 2 月 1 日到期)的国债期货合约，合约价 90.25 (9.75%)，12 月 31 日资产负债表日，该合约市场结算价为 88(12%)。则：

$$资产负债表日的公允价值 = (12\% - 9.75\%) \times \frac{90}{360} \times 10\,000\,000 = 56\,250(元)$$

(二) 金融期权合约

期权合约的公允价值主要体现在期权的价格，即期权的权利金上。期权有多种估价模型，其中最著名和最常用的是布莱克-斯科尔斯模型。

以不含分红派息的欧式股票期权作为研究对象，其模型为：

$$C_0 = SN(d_1) - Xe^{-rT}N(d_2) \tag{10-1}$$

其中：C_0 为看涨期权的价值；X 为期权执行价；S 为标的资产现实价格；r 为连续复利计算的无风险收益率；T 为期权到期时间；$N(\ )$ 为标准正态密度函数；d_1 和 d_2 为布莱克-斯科尔斯模型的两个参数。

$$d_1 = \frac{\ln\left(\frac{S}{X}\right) + \left(r + \frac{\sigma^2}{2}\right)}{\sigma\sqrt{T}}$$

$$d_2 = d_1 - \sigma\sqrt{T}$$

其中：X 为期权执行价；S 为标的资产现实价格；r 为连续复利计算的无风险收益率；T 为期权到期时间；σ 为股票波动率。

【例 10-17】　假设某上市银行授予其总经理有效期为 6 个月的股票期权，且在 6 个月后才能行权，资产负债表日股票价格为 30 元，行权价格定为 30 元，无风险利率为 10%，不考虑股利的因素，股票波动率假定为 30%。请计算该股票期权的每股公允价值。

这里 $S = 30$，$X = 30$，$r = 10\%$，$\sigma = 30\%$，$T = 0.5$，查正态分布函数表，得 $N(d_1) = 0.633$ $N(d_2) = 0.552$，代入式(10-1)，得：

$$C_0 = 30 \times 0.633 - 30 \times e^{-10\% \times 0.5} \times 0.552 = 3.24(元)$$

因此该股票期权每股的公允价值为 3.24 元。

【知识链接】

美国国际集团的崩溃

美国国际集团（AIG）是一家拥有上万亿美元资产的巨型保险公司，在 2008 年之前是世界上最大的 20 家公司之一。美国国际集团一家子公司的金融产品部门，大量涉足信用违约互换业务（credit default swap，CDS），承保了超过 4 000 亿美元的证券，其中有 570 亿美元是次级抵押贷款支持证券。CDS 就是在一定期限内，买卖双方就指定的信用事件进行风险转换的一个合约，违约互换买方定期向违约互换卖方支付一定费用，而一旦出现信用风险事件，违约互换卖方需要向买方进行支付。对买方而言，购买信用违约互换相当于对债权工具投保，当负面的信用事件发生时，由保险公司来赔付。

2008 年 9 月 15 日，雷曼兄弟公司陷入困境并最终破产，由此暴露出次级抵押贷款证券的真实价值远远低于它们的账面价值，投资者开始意识到美国国际集团的损失早在上半年就足以使其破产。2008 年 9 月 16 日，美国国际集团在其信用评级被调低之后遭遇了巨大的流动性危机，借款者开始大量收回资金，美国国际集团难以融到足够的资金来维持经营。当天，美联储和美国财政部决定援救美国国际集团，因为它的破产被认为会对金融系统带来灾难性的影响。银行和共同基金是美国国际集团的主要债权人，而且美国国际集团的破产会导致它已出售的信用违约互换产品一文不值，因此会对购买它们的金融机构带来巨大的损失。美联储募集了 850 亿美元的信用贷（随后美联储和政府对其贷款增加到 1 730 亿美元）向美国国际集团提供流动性。然而，援救行动却价格不菲：联储和政府向美国国际集团收取很高的贷款利率，如果它生存下来，它们将占有美国国际集团 80% 的股份。美国国际集团的前首席执行官莫里斯·格林伯格，将政府的行动描述为对美国国际集团的国有化。

资料来源：弗雷德里克·S·米什金.货币金融学[M].蒋先玲，等，译.北京：机械工业出版社，2017.

【本章小结】

1. 远期利率协议是指交易双方约定在未来某一日,交换协议期间内在一定名义本金基础上分别以合同利率和参照利率计算的利息的金融合约。商业银行可利用其管理短期利率风险。远期外汇合约是指交易双方约定在将来某一时间按约定的汇率买卖一定金额的某种外汇的合约。远期合约的优点是可以灵活地满足交易双方的需求,缺点是存在违约风险和市场流动性差。

2. 货币互换是指交易双方先按约定汇率在期初交换不同货币的本金,然后再根据约定按即期汇率定期交换利息,待到期时再按约定汇率换回货币本金的金融合约。其中利息的交换可按即期汇率折算为一种货币而只作为差额支付。货币互换可用于汇率风险和利率风险的管理。

3. 利率互换是指交易双方约定在未来一定期限内,根据约定的本金和利率计算利息并进行利息交换的金融合约。它可用于利率风险的管理。

4. 期货交易和远期合约都是远期交易,不同的是期货交易是由交易所参与的交易双方对标准化合约(即期货合约)的买卖。它的优点是交易成本低、效率高,有对冲机制。期货交易可用于利率风险和汇率风险的管理。

5. 期权交易是买卖权利的交易。买方支付权利金,便享有将来某一特定时间、以某一特定价格买卖某一特定种类、数量、质量原生资产的权利。期权合约有在交易所上市的标准化合约,也有在柜台交易的非标准化合同。期权交易可用于利率风险和汇率风险的管理。

【关键术语】

衍生产品　远期利率协议　远期外汇合约　利率互换　货币互换　期货和期权　衍生产品公允价值

【问题思考】

1. 简述衍生产品的定义和基本种类。
2. 什么是远期利率协议?什么是远期外汇?
3. 什么是货币互换?什么是利率互换?
4. 什么是金融期货?什么是金融期权?
5. 如何计量远期、互换、期货和期权的公允价值?

本 章 练 习

本章练习
参考答案

补充案例

一、单项选择题

1. 利率互换可用来进行( )的管理。
   A. 汇率风险 　　 B. 信用风险 　　 C. 利率风险 　　 D. 操作风险

2. 远期外汇合约的主要目的是规避( )。
   A. 汇率风险 　　 B. 信用风险 　　 C. 利率风险 　　 D. 操作风险

3. 交易双方先按约定汇率在期初交换不同货币的本金,然后再根据约定按即期汇率定期交换利息的交易是( )。
   A. 期货交易 　　 B. 期权交易 　　 C. 货币互换 　　 D. 远期外汇合约

4. 利率互换中固定利率一般选择( )的利率。
   A. 双方协商而定 　　　　　　　　　　 B. 使互换初始价值为 0
   C. 选取的参照利率的即期 　　　　　　 D. 使互换初始价值最大

5. 某银行资产负债情况是:负债成本是浮动利率,发放贷款是固定利率,若进行利率互换规避风险,它应当( )。
   A. 换出浮动利率 　　　　　　　　　　 B. 换出固定利率
   C. 换进固定利率 　　　　　　　　　　 D. 不确定

6. 远期利率协议的结算时间点是( )。
   A. 交易日 　　 B. 到期日 　　 C. 起息日 　　 D. 基准日

7. 银行持有美元净资产,为防止美元贬值,应当( )。
   A. 外汇期货空头套期保值 　　　　　　 B. 外汇期货多头套期保值
   C. 利率期货空头套期保值 　　　　　　 D. 利率期货多头套期保值

8. 期权合约中的变量是( )。
   A. 执行价格 　　 B. 合约月份 　　 C. 执行价格间距 　　 D. 权力金

9. 2020 年 12 月 1 日,某银行向客户出售一个 4M×7M 的 2 000 万美元的远期利率协议,合同利率 6.5%,12 月 1 日该远期利率协议的公允价值为( )。
   A. 0
   B. 32.5 万美元
   C. −32.5 万美元
   D. 不确定

10. 某企业与银行签订远期外汇合约,3 个月后用日元购买 500 万美元,合同汇率为 1 美元＝120 日元。12 月 31 日,同交割日的远期外汇合约的远期汇率为 1 美元＝125 日元,银行确认的该合约的公允价值为( )。
    A. 2 500 日元
    B. −2 500 日元
    C. 2.08 万美元
    D. −2.08 万美元

二、多项选择题

1. 远期利率协议的特点有(   )。

    A. 规避市场利率风险

    B. 覆盖长短期各期限

    C. 没有流动性。买入之后不能卖出,只能与另一笔远期利率协议对冲

    D. 有助于抑制货币市场利率波动

    E. 只是对以名义本金计算的利息的差额进行结算,因此资金流动量小

    F. 属于信用交易,没有保证金,没有清算所的保障,违约风险较大

2. 远期外汇合约的特点有(   )。

    A. 交易地点不固定   B. 交易时间不受限制

    C. 标准化的合约   D. 买方承担信用风险

    E. 卖方承担信用风险   F. 双方缴纳保证金

3. 下列关于货币互换的说法中,正确的有(   )。

    A. 利息的交换可按即期汇率折算为一种货币而只作为差额支付

    B. 不涉及本金互换

    C. 可以是固定利率换浮动利率,也可以浮动利率换浮动利率,还可以是固定利率换固定利率

    D. 本金互换可以用即期汇率,也可以用远期汇率,还可以由双方协定取其他任意水平

    E. 交易双方对利率走势预期的不一致

    F. 间接进入某些优惠市场

4. 金融期货交易的特点有(   )。

    A. 合约标准化   B. 交易时间不受限制

    C. 双向交易   D. 对冲机制

    E. 杠杆机制   F. 交易集中化

5. 银行在国际金融市场发行5年期的1 000万美元的浮动利率债券,为避免利率上升增加利息支出,它可以(   )。

    A. 买入欧洲美元期货合约   B. 卖出欧洲美元期货合约

    C. 卖出利率封顶期权   D. 买入利率封顶期权

    E. 买入外汇期货合约   F. 卖出外汇期货合约

6. 下列有关期权交易的说法中,正确的有(   )。

    A. 合同双方的权利义务具有明显的不对称性

    B. 买方若选择不执行合约,其损失是权利金

    C. 期权的卖出方其可能的收益和损失是无限的

    D. 看涨期权赋予买方在规定时期内按规定价格卖出特定的金融资产的权利

    E. 期权交易的对象是一种特定的金融资产

7. 某行以Libor吸收存款,发放5年期、10%固定利率贷款,预测利率上升,该行采用利率互换方式规避风险,正确的操作有(   )。

    A. 支付7.5%固定利率   B. 换入7.5%固定利率

    C. 支付Libor+1%浮动利率   D. 换入Libor+1%浮动利率

8. 某行以 7％固定利率吸收 5 年期存款,发放 Libor＋3％固定利率贷款,预测利率下降,该行采用利率互换方式规避风险,下列操作中,正确的有(　　)。

    A. 支付 6.5％固定利率　　　　　　　　B. 换入 6.5％固定利率

    C. 支付 Libor＋0.5％浮动利率　　　　　D. 换入 Libor＋0.5％浮动利率

9. 某行以 Libor 吸收存款,为防范利率上升的风险,可进行的操作有(　　)。

    A. 利率互换的买方　　　　　　　　　　B. 利率互换的卖方

    C. 买入利率封顶期权　　　　　　　　　D. 卖出利率封顶期权

    E. 买入国债期货　　　　　　　　　　　F. 卖出国债期货

10. 下列有关远期利率协议和利率互换的说法中,正确的有(　　)。

    A. 都可用于规避汇率风险　　　　　　　B. 都可用于规避利率风险

    C. 远期利率协议期限短　　　　　　　　D. 利率互换期限较长

    E. 都是场外交易品种　　　　　　　　　F. 利率互换是场内交易

三、判断题

1. 货币互换交易双方既要互换本金,也要互换利息。　　　　　　　　　　(　　)

2. 远期利率协议双方并不发生本金的实际借贷活动。　　　　　　　　　　(　　)

3. 期权交易双方潜在的盈利和亏损都是无限的。　　　　　　　　　　　　(　　)

4. 利率互换不涉及本金的交换,交易双方仅是互换利率,实际上只是对利息差额进行结算,因此风险相对较小。　　　　　　　　　　　　　　　　　　　　　　　(　　)

5. 期货交易的杠杆性表现为可以通过对冲机制免除进行实物交割的麻烦。　(　　)

四、计算题

1. A、B 银行 7 月 1 日达成远期利率协议(FRA),名义本金为 1 亿元人民币,参考利率为 3 月期的 Shibor,标的为 1 个月后的 3 个月期利率。其中,A 银行支付浮动利率即 3 个月期 Shibor,而 B 银行支付合同利率 3.45％。这份远期利率协议的主要内容如下:

买方:A 银行

卖方:B 银行

交易类型:1M×4M

交易名义本金:1 亿元人民币

合同利率:3.45％

参考利率:3 月期的 Shibor

交易日:7 月 1 日

起息日:8 月 1 日

到期日:11 月 1 日

交割日:8 月 1 日

要求:

(1) 若 8 月 1 日当天 3 月期的 Shibor 为 3.25％,计算协议一方支付的金额。

(2) 若 8 月 1 日当天 3 月期的 Shibor 为 3.75％,计算协议一方支付的金额。

2. 某企业进口一套大型设备,3 个月后支付 2 000 万美元,目前美元汇率为 6.12 元,因担心汇率上升,该企业与银行签订以固定汇率6.15元买入美元的远期外汇协议。

要求:计算3个月后即期汇率分别为6.23、6.09元情况下,银行售汇收入是增加还是减少?

3. A银行和B银行都想在国际市场上借入5 000万美元,期限为3年。由于对利率走势的看法不一样,A银行希望按浮动利率借款,而B银行希望按固定利率借款。根据两家金融机构的资信情况,各自能得到的筹资条件见表10-13。

表10-13　　　　　　　　　　　　　　筹资条件

项目	A银行	B银行
固定利率	5%	6%
浮动利率	Libor+0.1%	Libor+0.3%

互换利益均分,已知使互换初始价值为0的固定利率为5.5%。

要求:计算互换后A、B银行的实际筹资成本并设计互换方案。

第十一章
表外业务管理

【学习目标】

通过本章的学习,学生应理解商业银行表外业务的定义、特点和分类,理解和掌握目前我国商业银行开展的三类表外业务即担保类、承诺类和理财类的定义、性质、操作等。

【重点难点】

本章的重点是担保类、承诺类和理财类业务的操作管理及风险控制;难点是表外业务风险的控制。

【知识结构图】

表外业务管理
- 表外业务概述
  - 表外业务的范围
  - 表外业务的特点
- 主要的表外业务
  - 担保业务
  - 承诺业务
  - 理财产品
- 表外业务的管理
  - 表外业务的风险及控制
  - 表外业务的信息披露

表外业务是指商业银行所从事的,按照现行的会计准则不计入资产负债表内,不形成商业银行现实的资产和负债,但能改变损益的业务。表外业务是商业银行金融创新的主要内容,是商业银行实现多元化经营的重要手段。商业银行的表外业务同样受到监管机构的严格监管。例如,在资本充足率计算时,承受风险的表外业务需按一定的方法计入风险加权资产,占用商业银行的资本金;央行的宏观审慎评估体系涵盖商业银行表外理财业务等。

第一节 表外业务概述

一、表外业务的范围

2000年11月,中国人民银行的《商业银行表外业务风险管理指引》规定,表外业务包括担保类、承诺类和金融衍生交易三类。从 2007 年起,我国上市公司和股份制商业银行金融衍生工具相关业务纳入表内核算。2011 年 3 月,银监会的《商业银行表外业务风险管理指引》规定表外业务包括担保类、部分承诺类两种类型业务。2016 年 11 月,银监会的《商业银行表外业务风险管理指引(修订征求意见稿)》将表外业务的范围扩展为担保承诺类、代理投融资服务类、中介服务类、其他类业务等(见表 11-1),修改后的表外业务范围与国际标准趋于一致。

表 11-1　　　　　　　　表外业务的分类、定义及具体业务形式

表外业务分类	定义	具体业务形式
担保承诺类业务	担保业务是指商业银行对第三方承担偿还责任的业务;承诺业务是指商业银行在未来某一日期按照事先约定的条件向客户提供约定的信用业务	担保业务包括但不限于银行承兑汇票、保函、信用证、信用风险仍在银行的销售与购买协议等;承诺业务包括但不限于贷款承诺等
代理投融资服务类业务	商业银行根据客户委托,为客户提供投融资服务但不承担代偿责任、不承诺投资回报的表外业务	包括但不限于委托贷款、委托投资、代客非保本理财、代客交易、代理发行和承销债券等
中介服务类业务	商业银行根据客户委托,提供中介服务、收取手续费的业务	包括但不限于代理收付、财务顾问、资产托管、各类保管业务等
其他类业务	上述业务种类之外的其他表外业务	—

二、表外业务的特点

(一) 表外业务不运用或不直接运用商业银行资金

商业银行在从事表外业务时,主要是运用自身的信誉、机构、设备及人员,依靠其特有的场地、人力、金融技术、经营诀窍、金融工具等为客户提供服务,并收取一定的手续费及佣金,从而实现对自身非资金资源的充分利用。"不直接运用商业银行的资金"的含义是指当期来看不形成资金的流动,但未来可能会因为此业务形成资产或负债,从而带来收入或损失。例如,贷款承诺业务,虽然商业银行向客户做出贷款承诺后不需要当期支付资金,但为履行承诺,商业银行必须储备相应的流动性以满足未来可能发生的客户贷款需求。

(二) 表外业务以收取手续费的方式获得收益

商业银行从事表外业务需要承担一定的风险,因此必须通过收取手续费的方式得以补偿。手续费不仅和业务成本有关,还包含相应的利息和风险的补偿,利息和补偿金的多少与表外业务运用的资金规模、预期风险大小成正比。

(三) 担保和承诺类表外业务的财务实质是或有事项

《企业会计准则第 13 号——或有事项》规定,过去的交易或者事项形成的,其结果须由某些未来事项的发生或不发生才能决定的不确定事项,称为或有事项。商业银行的担保和承诺业务在未来可能会转换为资产负债表内业务,属于《企业会计准则》所指的或有事项。例如,商业银行利用自身信用办理担保类业务时,若客户出于种种原因不能按时履约,则商业银行必须代为履约付款,从而形成对被担保方的垫款,在表内相关业务科目反映。按照

《企业会计准则》的要求,商业银行应当在会计报表附注中披露或有事项的相关信息。

三、开展表外业务的原则

表外业务同样存在较大的风险。监管机构要求商业银行在开展表外业务时遵循的原则见表11-2。

表 11-2 商业银行开展表外业务的原则

原则	内容
全覆盖原则	对表外业务实施全面统一管理,覆盖表外业务所包含的各类风险
分类管理原则	区分自营业务与代客业务;区分不同表外业务的性质和承担的风险种类,实行分类管理
实质重于形式原则	按照业务实质和风险实质归类和管理表外业务
内控优先原则	坚持风险为本、审慎经营的理念,坚持合规管理、风险管理优先
信息透明原则	按照监管要求披露表外业务信息

第二节 主要的表外业务

一、担保业务

担保业务是指商业银行接受客户的委托对第三方承担责任的业务。商业银行根据交易中一方的申请,为申请人向交易的另一方出具履约保证,承诺当申请人不能履约时,由商业银行按照约定履行债务或承担责任。担保业务虽不占用商业银行的资金,但形成商业银行的或有负债。商业银行在提供担保时,要承担违约风险、汇率风险和国家风险等多项风险,因此要收取担保手续费用。

(一)保函

保函又称保证书,是商业银行应申请人的请求,向第三方开立的一种书面信用担保凭证,用来保证在申请人未能按双方协议履行责任或义务时,由担保人代其履行一定金额、一定期限范围内的某种支付责任或经济赔偿责任。保函包括融资保函和非融资保函两种。

1. 融资保函

融资保函又称融资性保函或融资类保函,是指担保银行应借款人的申请而向贷款人出具的,保证借款人履行借贷资金偿还义务的书面文件。该保函主要包括借款保函、透支保函、有价证券发行担保、融资租赁担保、延期付款担保、银行授信额度保函等。

2. 非融资保函

非融资保函是指在规定范围内,以客户提供符合要求的反担保条件为基础,商业银行为

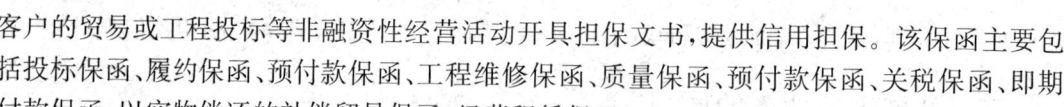

客户的贸易或工程投标等非融资性经营活动开具担保文书,提供信用担保。该保函主要包括投标保函、履约保函、预付款保函、工程维修保函、质量保函、预付款保函、关税保函、即期付款保函、以实物偿还的补偿贸易保函、经营租赁保函。

(二)备用信用证

备用信用证又称担保信用证,是指不以清偿商品交易的价款为目的,而以贷款融资,或担保债务偿还为目的所开立的信用证。开证行保证在开证申请人未能履行其应履行的义务时,受益人只要凭备用信用证的规定向开证行开具汇票,并随附开证申请人未履行义务的声明或证明文件,即可得到开证行的偿付。备用信用证具有不可撤销性、独立性、跟单性和强制性的特点。

(三)信用证

信用证是指开证银行应申请人(买方)的要求并按其指示向第三方开立的载有一定金额的、在一定的期限内凭符合规定的单据付款的书面保证文件。信用证是国际贸易中最主要、最常用的支付方式。信用证以其是否跟随单据,分为光票信用证和跟单信用证两大类。在国际贸易中,买卖双方主要使用的是跟单信用证。

(四)银行承兑汇票

银行承兑汇票是商业汇票的一种,是指由在承兑银行开立存款账户的存款人出票,向开户银行申请并经银行审查同意承兑的,保证在指定日期无条件支付确定的金额给收款人或持票人的票据。对出票人签发的商业汇票进行承兑是商业银行基于对出票人资信的认可而给予的信用支持,票据到期银行具有见票即付的义务。银行承兑汇票适用于商品采购、劳务、运输等交易双方的结算。严禁签发不具有真实贸易背景的银行承兑汇票。

二、承诺业务

承诺业务是指商业银行在未来某一日期按照事先约定的条件向客户提供约定的信用业务。

(一)贷款承诺

贷款承诺是指商业银行与客户所达成的关于商业银行承诺贷款事宜的一种具有法律效应的契约。根据契约规定,商业银行应该在承诺有效期内,按照双方事先约定的条件(主要涉及贷款的金额、利率、期限与用途以及保证费用等),随时准备根据客户的要求向其提供信贷服务。贷款承诺是商业银行典型的或有资产业务。承诺未兑现前,它属于商业银行的表外业务;一旦承诺兑现,则转化为商业银行的表内业务。商业银行的贷款承诺一般可以划分为可撤销承诺与不可撤销承诺两种。

1. 可撤销承诺

可撤销承诺是指在事先约定的条件中规定客户取得贷款前必须履行特定条款的贷款承诺。如果客户不符合或者不能履行特定条款,商业银行可以撤销贷款承诺。

2. 不可撤销承诺

不可撤销承诺是指商业银行所提供的具有法律约束力的贷款承诺。根据该承诺,商业银行未经客户同意不得擅自撤销其承诺。

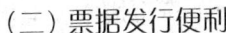

（二）票据发行便利

票据发行便利是指商业银行(包括发行银行、包销银行与其他投资人)与客户所达成的并具有法律约束力的一种中期(一般是 5～7 年)循环融资承诺。在承诺有效期内,商业银行应该根据契约规定并按照双方事先约定的条件,以承购连续性短期(通常是 3 个月或者 6 个月)票据的形式向客户提供信贷服务。

三、理财产品

理财业务是指商业银行接受投资者委托,按照与投资者事先约定的投资策略、风险承担和收益分配方式,对受托的投资者财产进行投资和管理的金融服务。理财产品是指商业银行按照约定条件和实际投资收益情况向投资者支付收益、不保证本金支付和收益水平的非保本理财产品。近年来,我国商业银行理财产品业务发展迅速,已成为商业银行最重要的表外业务。理财产品的财产独立于商业银行的自有资产,每只理财产品与所投资资产相对应,单独管理、单独建账、单独核算。在我国,银行理财资金的投向受到严格限制,如不得直接或间接投资于本行信贷资产及其受(收)益权,不得直接或间接投资于本行发行的理财产品,不得直接或间接投资于除货币市场基金和债券型基金之外的证券投资基金,不得直接或间接投资于境内上市公司公开或非公开发行或交易的股票及其受(收)益权,不得直接或间接投资于非上市企业股权及其受(收)益权等。监管机构要求商业银行按照实质重于形式原则和穿透原则(即向上识别理财产品的最终投资者,向下识别理财产品的底层资产),对理财产品进行减值准备和资本的计提。同时,表外理财也被纳入广义信贷范围,进行 MPA 考核。

第三节 | 表外业务的管理

一、表外业务的风险类型及管理

（一）表外业务的风险类型

1. 信用风险

信用风险是指业务对象由于主、客观原因不履行合约而使商业银行在表外业务中遭受损失的可能性。信用风险主要存在于担保承诺类业务中。例如,在备用信用证业务中,若借款人违约,开证银行就要向受益人赔偿损失;在票据发行便利业务中,当票据发行人破产或由于其他原因不能履行还本付息义务时,商业银行就要承担对票据持有人还本付息的责任;在担保业务中,被担保的客户因某种原因破产,无法履行合同义务,担保银行便要承担赔偿责任。此外,在票据承兑、有追索权的贷款出售等业务中,商业银行都在一定程度上面临着信用风险。

2. 市场风险

市场风险是指由于市场利率、汇率的变动而使商业银行在表外业务中遭受损失的可能性。例如,对于贷款承诺协议,若市场利率在协议期间上升,商业银行的资金成本就会提高,而借款人仍可按照固定利率获得贷款,这将会使商业银行收益下降或承担亏损;对于固定利率的票据发行便利业务,商业银行会面临市场利率上升、票据发行价格下跌的风险。

3. 流动性风险

流动性风险是指商业银行的表外金融工具不能以市场价格或接近市场价格迅速转让变现而使商业银行面临资金头寸短缺或被迫低价转让资产的可能性。例如,在贷款承诺协议中,借款人在协议期内的任何一个营业日都可在贷款限额内提取任何金额的资金,商业银行则必须随时准备提供贷款,这就在一定程度上增加了商业银行的流动性风险;在备用信用证业务中,商业银行也面临着债务人违约、或有资产变成现实资产的流动性风险。此外,流动性风险还包括由于表外业务的开展造成商业银行整体流动性不足的风险。

4. 操作风险

操作风险是指由不完善或有问题的内部程序、员工和信息科技系统,以及外部事件(包括法律风险)而使表外业务遭受损失的可能性。对于代理投融资服务类和中介服务类业务,商业银行需要重点监测操作风险。例如,商业银行代理投融资服务类表外业务时,参与主体之间应当签订书面合同,确定商业银行、客户、合作金融机构、资金使用方等各方参与主体权利、义务和应当承担的法律责任,避免事后出现纠纷;同时,还要加强代理投融资服务类表外业务的专营管理,防止分支机构未经总行授权代理销售第三方产品而引发法律风险。商业银行开展的各类担保业务,各种担保关系也应通过法律合同予以明确,以避免事后法律风险。

5. 声誉风险

声誉风险是指表外业务开展过程中发生的利益相关方对商业银行负面评价的风险。这种风险会对商业银行形象、声誉、品牌价值造成负面影响或损害。对于代理投融资服务类、中介服务类表外业务,商业银行需要重点监测声誉风险;对于表外理财业务,从严格意义上来说,商业银行不承担信用风险,但由于此类业务与投融资高度相关,投资者存在刚性兑付信仰,若商业银行打破刚兑,就要承担声誉风险。

(二)表外业务的风险管理

1. 全面风险管理体系

商业银行应将表外业务纳入全面风险管理体系,对所承担的信用风险、市场风险、操作风险、流动性风险、声誉风险以及其他风险及时识别、计量、评估、监测、报告、控制或缓释,并建立业务、风险、资本相关联的管理机制;准确识别不同表外业务所包含的不同风险,对不同种类的业务实行区别的风险管理。担保承诺类业务主要风险是信用风险和流动性风险,信用风险可以通过信用风险资产五级分类、减值准备计提、表外信用风险加权资产来计量;流动性风险可以通过流动性覆盖率、净稳定资金比例等来监测。表外理财业务虽然不反映在传统资产负债表中,但要做到每只产品单独管理、单独建账、单独核算,风险管理要求等同于商业银行表内资产负债。

2. 限额管理

对需要设定风险限额的表外业务,商业银行应设定相应的风险限额。具体确定限额时,商业银行应根据风险偏好,按照客户、行业、区域、产品等维度设定,且应综合考虑资本、风险集中度、流动性、交易目的等。担保承诺类业务纳入统一授信,考虑授信集中度。实质上由商业银行承担信用风险的业务需要纳入统一授信管理,设定风险限额。表内理财和表外理财需要合并计算投资非标准化债权资产的限额。

3. 授权管理

商业银行应建立表外业务授权管理体系,授权管理体系应与表外业务管理模式、业务规模、复杂程度、风险状况等相适应;根据各分支机构和各部门的经营能力、管理水平、风险状况和业务发展需要,建立相应的授权体系,明确各级机构、部门、岗位、人员办理业务和事项的权限,并实施动态调整。

4. 会计和统计要求

商业银行应对表外业务进行完整、准确的会计记录,并严格按照有关规定进行会计核算;表外业务形成的垫款纳入表内相关业务科目进行核算和管理;建立覆盖所有表外业务的全口径统计制度,制定全行统一的统计标准。

5. 信息管理系统

商业银行应建立表外业务相关信息管理系统。该系统应具备统计、计量、监控、报告等功能,能够全面准确反映单个和各类表外业务规模、结构、风险情况,为风险评估、计量、绩效考核、统计分析、监管报告等提供基础数据支持。

6. 风险评估

商业银行应对复杂交易结构的表外业务中承担的风险进行实质评估和审查;建立专业化的管理机制,确保前、中、后台充分了解复杂交易结构的风险信息;要对各种担保关系通过法律合同予以明确,准确识别和控制参与代理业务而产生的相关风险。

7. 减值准备和资本计提

商业银行应遵循《企业会计准则》和监管规定,按照实质重于形式的原则和穿透原则,对担保承诺类、实质承担信用风险的投融资服务类及中介服务类表外业务计提减值准备,并根据资本管理办法的规定审慎计算风险加权资产,计提资本。

二、表外业务的信息披露

商业银行的表外业务在未来可能会转换为资产负债表内业务,属于或有事项。根据《企业会计准则第 13 号——或有事项》的要求,商业银行应履行信息披露的义务。

商业银行要在会计报表附注中披露与或有事项有关的下列信息。

(一) 预计负债

(1) 预计负债的种类、形成原因以及经济利益流出不确定性的说明。

(2) 各类预计负债的期初、期末余额和本期变动情况。

(3) 与预计负债有关的预期补偿金额和本期已确认的预期补偿金额。

(二) 或有负债[①]

(1) 或有负债的种类及其形成原因,包括已贴现商业承兑汇票、未决诉讼、未决仲裁、对外提供担保等形成的或有负债。

[①] 此处的或有负债不包括极小可能导致经济利益流出的或有负债。

（2）经济利益流出不确定性的说明。

（3）或有负债预计产生的财务影响，以及获得补偿的可能性；无法预计的，应当说明原因。

（三）或有资产

商业银行在会计报表附注中通常不披露或有资产，但如果或有资产很可能会给其带来经济利益的，应当披露其形成的原因、预计产生的财务影响等。

在涉及未决诉讼、未决仲裁的情况下，若披露全部或部分信息预期对商业银行造成重大不利影响的，商业银行无须披露这些信息，但应当披露该未决诉讼、未决仲裁的性质，以及没有披露这些信息的事实和原因。

此外，2014 年修订的《公开发行证券的公司信息披露编报规则第 26 号——商业银行信息披露特别规定》（中国证券监督管理委员会公告〔2014〕3 号）特别指出，"商业银行应在定期报告中披露对财务状况和经营成果造成重大影响的表外项目余额，包括但不限于信贷承诺（不可撤销的贷款承诺、银行承兑汇票、开出保函、开出信用证）、租赁承诺、资本性支出承诺等项目的具体情况"。

监管当局对表外业务信息披露的内容、频率、形式要求见表 11-3。

表 11-3 　　　　　　　　　　表外业务信息披露要求

项目	要求
信息披露内容	包括但不限于表外业务总体和各类表外业务的规模、结构、风险状况
信息披露频率	定期信息披露（根据监管规定或表外业务产品说明书、协议约定的间隔期定期披露相关信息）
	临时信息披露（根据表外业务服务协议约定，对包括但不限于重大事件、风险事件、产品管理、投资运作情况等内容及时进行披露）
信息披露形式	采用商业银行官方网站发布、营业网点发布等途径
合作金融机构信息披露	对于应当由表外业务合作金融机构披露的信息，应当加强与合作机构沟通，及时掌握其拟披露信息的内容

【知识链接】

银行业与金融服务业的伦理道德

伦理学是一套判别是非曲直、分清道德责任和义务的准则体系。通常，一个社会如何应用伦理学是由这个社会的道德规范、制度和法律准则决定的。从实际的角度看，法律准则和政府作用是决定人们行为规范的重要因素。当然，激励性合约也会起到作用：实施合同以鼓励道德行为；取消合同以阻碍不道德的行为。20 世纪八九十年代，金融服务业道德行为的缺失引起了广泛的关注和忧虑。在商业银行和金融服务业中的不道德行为主要是指欺诈和过失误述。伦理学在信息，特别是私人部门的信息披露方面作用巨大，在化解这些信息问题方面也举足轻重。

良好的声誉对任何企业来说都是一项重要的无形资产，特别是对于商业银行和其他金融服务企业，因为它们要赖此为生。1995 年 10 月 8 日，J·P·摩根集团的前任主席丹尼斯·韦瑟斯通在华盛顿的国际金融研究所发表题为《银行业的反省》的演讲。他把银行业的成功因素归结为:"真正最为重要的是品质,员工的品质决定了公司的质量。在我们的道德标准中,信用和信心是最为重要的。真正的良好品质通常在压力之下得以显露。"总之,不道德的人类行为是企业获得信赖、健康运营、有效发挥功能的主要障碍。进入21世纪,银行家、监管者、存款保险机构需要向世人表明品质、恪守道德,而不是花言巧语。

解决商业银行和金融服务企业道德困境的办法都是一条:让市场去发挥作用吧!也就是说市场自己会奖赏那些遵循伦理、财务管理良好的公司,也会惩罚那些没有道德、营私舞弊的公司。由于不道德行为比道德行为更容易招致更多的公众关注,也就更容易受到市场的惩罚。

我们国家福祉的最大保证不是刻在石碑上的法律条文,而是我们民众每一个人的原则、意识和道德。

资料来源:小约瑟夫·F·辛基.商业银行财务管理.黄金老,主译.北京:中国人民大学出版社,2005.

【本章小结】

1. 表外业务是指商业银行所从事的,按照现行的会计准则不计入资产负债表内,不形成现实资产和负债,但能改变损益的业务。现行监管规定表外业务的范围包括担保承诺类、代理投融资服务类、中介服务类、其他类业务等。

2. 表外业务的特点是不运用或不直接运用商业银行资金,以收取手续费的方式获得收益,担保和承诺类表外业务的财务实质是或有事项。表外业务同样面临信用、市场、操作和流动性风险等。根据监管要求,对于表外业务,商业银行应建立全面风险管理体系并进行充分信息披露。

【关键术语】

表外业务 或有事项 担保 承诺 理财产品 表外业务的风险管理
表外业务的信息披露

【问题思考】

1. 简述表外业务的定义。
2. 表外业务的特点有哪些?
3. 我国商业银行主要的表外业务有哪些?
4. 表外业务的主要面临哪些风险?
5. 商业银行表外业务风险管理的内容有哪些?

本章练习
参考答案

补充案例

本 章 练 习

一、单项选择题

1. 表外业务中的"表"是指(　　)。

   A. 财务报表　　　　　B. 资产负债表　　　　C. 利润表　　　　　D. 现金流量表

2. 担保和承诺类表外业务的财务实质是(　　)。

   A. 资产　　　　　　　B. 负债　　　　　　　C. 或有事项　　　　D. 收入

3. 下列关于银行承兑汇票的说法中,正确的是(　　)。

   A. 以银行为承兑人的不可流通转让的远期汇票

   B. 主要用于国际贸易中,国内贸易一般不使用

   C. 汇票一经承兑,银行即负有不可撤销的第一性的到期付款责任

   D. 银行汇票的签发可以仅基于融资目的

4. 下列关于商业银行表外业务的说法中,错误的是(　　)。

   A. 经营的是"信誉"而非资金　　　　　　B. 提供资金和提供服务相分离

   C. 取得手续费收入　　　　　　　　　　D. 取得利差收入

5. 商业银行开展备用信用证业务,若借款人违约,开证银行就要向受益人赔偿损失。这是
   (　　)。

   A. 流动性风险　　　B. 信用风险　　　　C. 市场风险　　　　D. 经营风险

二、多项选择题

1. 下列各项中,属于代理投融资服务类业务的有(　　)。

   A. 财务顾问　　　　　　　　　　　　　B. 委托投资

   C. 资产托管　　　　　　　　　　　　　D. 代客非保本理财、

   E. 代客交易　　　　　　　　　　　　　F. 代理发行和承销债券

2. 下列业务中,属于担保类表外业务的有(　　)。

   A. 承兑　　　　　　　　　　　　　　　B. 票据发行便利

   C. 贷款承诺　　　　　　　　　　　　　D. 跟单信用证

   E. 担保(保函)　　　　　　　　　　　　F. 备用信用证

3. 表外业务的特点有(　　)。

   A. 表外业务不运用或不直接运用商业银行资金

   B. 表外业务占用表外资金

   C. 表外业务以收取手续费的方式获得收益

   D. 表外业务无风险或低风险

   E. 担保和承诺类表外业务的财务实质是商业银行的或有事项

4. 表外业务的风险包括(　　　)。

A. 信用风险　　　　　　　　　　B. 市场风险

C. 流动性风险　　　　　　　　　D. 操作风险

E. 声誉风险

5. 对表外业务信用风险进行计量和管理的方法有(　　　)。

A. 信用风险资产五级分类　　　　B. 减值准备计提

C. 计量表外信用风险加权资产　　D. 流动性覆盖率

E. 不良贷款率

三、判断题

1. 商业银行所从事的金融衍生交易业务为表外业务。　　　　　　　　　　(　　)

2. 银行在提供担保时,要承担违约风险、汇率风险以及国家风险等多项风险,因此银行要收取担保手续费用。　　　　　　　　　　　　　　　　　　　　　　　　　(　　)

3. 银行承兑汇票适用于商品采购、劳务、运输等交易双方结算,严禁签发不具有真实贸易背景的银行承兑汇票。　　　　　　　　　　　　　　　　　　　　　　　(　　)

4. 理财业务的穿透原则是指向上识别理财产品的最终投资者,向下识别理财产品的底层资产的原则。　　　　　　　　　　　　　　　　　　　　　　　　　　　　(　　)

5. 商业银行要在会计报表附注中披露所有或有事项。　　　　　　　　　　(　　)

主要参考文献

1. 安东尼·桑德斯,等.金融市场与机构[M].6 版.北京:机械工业出版社,2017.
2. 弗里德里克·S·米什金.货币金融学[M].4 版.北京:机械工业出版社,2017.
3. 兹维·博迪,等.金融学[M].2 版.北京:中国人民大学出版社,2017.
4. 小约瑟夫·F·辛基.商业银行财务管理[M].北京:中国人民大学出版社,2005.
5. 潘功胜.大行蝶变[M].北京:中国金融出版社,2012.
6. 郑振龙,陈蓉.金融工程[M].北京:高等教育出版社,2012.